스포츠 정치학의 입문

스포츠정치학은 스포츠와 정치의 상호관계 및 그 영향을 분석하고 연구하는 스포츠학과 정치학의 학제 간에 합성된 학문의 한 영역이다.

The Politics of Sport

스포츠정치학

양동주 저

서로의 기능상 '스포츠의 정치화'(politicization of sport)와 '정치의 스포츠화'(sportization of politics) 현상이 일어나고 동시에 근대국가성립이후 국가의 스포츠 정책이나 스포츠의 정치적 이데올로기와의 관계 등이 모두 스포츠정치학의 이론적 연구대상이 되어왔다.

東明社

책머리에

스포츠정치학의 입문

스포츠정치학은 스포츠와 정치의 상호관계 및 그 영향을 분석하고 연구하는 스포츠학과 정치학의 학제 간에 합성된 학문의 한 영역이다. 스포츠와 정치는 서로의 공통적 본질인 경쟁성과 상징성, 동일시성, 불확실성 등 여러 속성이 동질적이며 선수 이적(移籍)과 당적(黨籍)변경, 팬과 유권자, 결과중시와 최종평가 등 상호대칭적인 여러 개념의 상사점을 공유한다. 한편 스포츠와 정치가 추구하는 자유 · 평등 · 정의 · 윤리 · 카타르시스와 같은 자생 또는 외적개입의 내재적 가치도 함께 공유한다. 다른 한편으로 서로의 기능상 '스포츠의 정치화'(politicization of sport)와 '정치의 스포츠화'(sportization of politics) 현상이 일어나고 동시에 근대국가성립이후 국가의 스포츠 정책이나 스포츠의 정치적 이데올로기와의 관계 등이 모두 스포츠정치학의 이론적 연구대상이 되어왔다.

그러나 지금까지 스포츠정치학 연구는 국내외에서 매우 척박한 입지에 놓여왔던 것도 사실이다. 인간에게 스포츠현상과 정치현상의 역사가 인류의 원시공동사회출현과 함께 이루어져 왔던 사실을 고려한다면 만시지탄(晩時之歎)의 안타까움을 토로하지 않을 수 없다. 특히 국내의 경우 어느 대학에서도 스포츠정치학이 독립적으로 개설 · 소개되어 있지 않고 있으며, 어느 출판사나 서점에서도 스포츠정치학과 관련된 교재를 발행하거나 판매하는 곳을 거의 찾아 볼 수 없었다. 간혹 눈에 띄었던 교재들이라고 해야 「스포츠사회학」등 주변적 학문의 교재 일부에 아주 적은 부분으로만 취급되어 있는 실정이다.

다행히 저자가 2000년 봄 학기부터 국내의 한 체육대학원에서 '스포츠정치학'을 처음 개설하여 강의를 시작하며 그 동안 파편적으로 산재해 온 국내자료와 외국원서로 된 교재들을 함께 활용하면서 수강생들에게 새로운 학문분야를 소개하고 강의하기 시작한 것이 큰 계기가 된 것 같다. 그 이후 계속하여 후학들과 함께 '스포츠정치학'에 대한 이론적 연구와 실증을 벌여오면서 나름대로 입문적인 궤도나마 어느 정도 학문적 반열에 올려놓을 수 있었다고 감히 말할 수 있을 것 같다. 이런 일들은 마치 천재일우(千載一遇)와 같은 기회로 생각되며 마치 미국의 서부개척시대 황금을 케어 가는 프런티어(frontier)와 같은 심정으로 열심히 달려왔던 결과가 아니었을까 생각하며 일순 전광석화(電光石火)와 같은 짜릿한 보람을 느끼지 않을 수 없었다고 하는 것이 저자의 솔직한 고백이다.

그 이후 후학들의 새로운 학문에 대한 호기심과 열정은 2002년도 한국국제정치학회 · 한국프랑스정치학회 공동개최의 추계학술회의와 2008년에는 한국국제정치 · 정치학회 · 지역학회 공동개최의 하계학술대회 등으로 이어오면서 여러 연구논문과 저서들이 출판되어 새로운 학문의 저변이 더욱 확대되어 온 셈이다.

그러나 아직도 스포츠정치학 분야의 여러 이론적 전망과 실증에 대한 종합적이고 체계적인 입문서가 없는 현재의 실정에서 부족하지만 저자는 감히 새로운 스포츠정치학 입문서를 기획한 후 오늘에 이르러 출판하게 되니 기쁜 마음 그지없으며 앞으로

'스포츠의 지구촌시대'에 걸 맞는 '스포츠정치학'을 이끌어 갈 후학들에 대한 기대가 더욱 새로워진다.

이 책은 앞서 지적했듯이 그 동안 강의한 자료와 단편적 논문들을 모으고 몇 개의 실증자료를 덧붙여 만들어졌다. 모두 2부7장으로 구성되어 제1부 이론면의 제1장에서는 스포츠와 정치의 본질을 논하였고 제2장에서는 스포츠의 정치철학적 가치, 그리고 뒤이어 기능, 국가와 스포츠, 스포츠와 이데올로기 등 이론적 분석틀을 논하고 제2부 실증측면에서 이러한 스포츠정치학의 이론들을 실증하기 위해 올림픽과 월드컵정치, 정치인들의 스포츠이용 등을 분석 논증하였다.

끝으로 이 책이 나오기까지 수고해주신 여러분들께 깊은 감사를 드리고 싶다. 특히 스포츠정치학의 척박한 토양에서 첫 개설된 강의시간부터 지금에 이르기까지 열정적으로 강의를 수강하며 함께 새로운 학문의 이정표를 세우기 위해 노력해왔던 대학원 제자들에게 깊은 감사를 전하고 아울러 이 책의 출판을 흔쾌히 받아주신 동명사의 사장님과 편집을 위해 수고를 아끼지 않았던 편집부 여러분들께 깊은 감사를 드린다.

2010년 10월 17일
명동 연구실에서

차례

CHAPTER 1 스포츠와 정치의 본질

CHAPTER 2 스포츠와 정치의 관계

CHAPTER 3 스포츠의 정치철학적 가치

CHAPTER 4 국가와 스포츠

CHAPTER 5 이데올로기와 스포츠

CHAPTER 6 올림픽과 월드컵 정치

CHAPTER 7 정치가들의 스포츠정치화

제1장 스포츠와 정치의 본질

1. 스포츠의 본질

1) 스포츠의 정의

인간은 원시부터 스스로의 생존을 위해 신체를 단련하며 수렵이나 어획활동 등 일상생활을 영위해가는 데 필요한 경쟁적이고 투쟁적인 신체활동을 해왔다. 스포츠란 용어는 라틴어의 'Deporture', 영어의 'Disport'의 어원인 라틴어 'Deportare'의 "들고 가다 또는 옮기다"에서 비롯되어 중세 영어의 'sporten' 즉 "전환하다"로 표현되면서 방향전환과 오락(recreation), 그리고 경쟁이나 투쟁과 같은 관련된 의미의 다원적 어원을 갖는다.[1)]

스포츠의 정의에 대해서는 그 어원에서 보듯이 정확한 방향을 제시하는 정의가 주어지지 못하고 있다. 매킨토시(P.C. Mcintosh)의 주장처럼 각 사회의 실정에 따라 다르며 스포츠의 양상도 역사적으로나 사회적으로 다르기 때문에 스포츠란 말을 단순하고 일률적으로 정의한다는 것은 곤란하다는 지적이다.[2)] 그러나 일부 학자들은 스포츠를 본질적으로 규정할

1) Webster, New Collegiate Dictionary (London, 1972).
2) P. C. Mcintosh, Sport in Society (London: C.A. Watts & Co Ltd,

수 없는 과정으로 인식하면서도 스포츠를 종교에 비유하며 신비적 헌신(獻身 commitment)이나 봉헌(奉獻 contribu-tion)을 의미하는 것으로 파악했다. 슬러쉬(Howard S. Slusher)는 "종교와 스포츠에는 어떤 식별 가능한 어떠한 실체도 없다"고 단언하고 있다.[3] 실제로 고대 올림픽은 그 기원이 올림퍼스(Olympus)산에 사는 12신(神)을 기리기 위하여 열렸으며 신들의 만족과 위안을 위하여 참가자들은 종교적 의식뿐만 아니라 시, 웅변, 음악 등을 경쟁하였다. 이에 비해 뤼센(Gunther Lu"schen)은 스포츠를 "놀이와 일의 연속선 가운데에 위치해 있는 경쟁적인 신체적 활동의 제도화된 형태"라고 정의했다.[4] 따라서 스포츠 활동을 신체적인 것으로만 한정한다면 바둑이나 장기, 화투 및 체스와 포커와 같은 놀이는 일정한 규칙에 의해 지배되는 경쟁적인 활동이기는 하나 정신적인 정태적인 활동이기 때문에 스포츠에서 제외된다.[5] 이와

1963).

3) Howard S.P. C. M Slusher, Man, Sport and Existence: A Critical Analysis (Philadelphia: Lee and Febiger, 1967) p. 141; 박홍규, 정홍진, 임현진 공편, 스포츠 사회학(서울: 나남신서, 1992) p. 40.

4) Gunther Lu"schen, "The Sociology of Sport: A Trend Report and Bibliography," Current Sociology 15(No.3, 1967), pp. 5–140; G. Lu"schen, The Cross-Cultural Analysis of Sports and Games (Champaign,Il: Stipes, 1970); G. Lu"schen, "On Sociology of Sport; General Orientation and its Trend in the Literature," in O, Grupe, D. Kurtz and J. Teipel(eds.), The Scientific View of Sport (Heidelberg: Springer-Verlag, 1972).

5) 스포츠학자들의 이와 같은 일반적인 견해와는 다르게 케일르와(Caillois)를 포함한 일부 학자들은 신체적인 동태적 활동 뿐 만 아니라 정신적인 정태적 활동도 스포츠에 포함시켜야 한다고 주장한다. Caillois, R., 多田, 塚崎共編, Les Jeux et., Les Hommes(東京: 講談社 1973); 역사적 산물로서의 스포츠가 현대의 복합적 지식산업사회에서는 보다 만족스런 인간의 삶을 보장하는 정신적, 감성적, 사회적 요구에 의해 비신체적 스포츠

같은 스포츠의 신체적 활동에만 국한된 견해는 케뇬(G. Kenyon)에 의해 재강조 되면서 스포츠가 "조직화되고 경쟁적인 총체로서의 신체활동"으로 정의되었다.[6] 나아가 로우더(John D. Lawther)는 "쾌감과 여가선용을 위하여 활동 그 자체를 추구하며 또한 보편적으로 일정의 전통적인 형태 혹은 일련의 규칙에 따라 수행되는 다소 활발한 신체활동"이라고 정의하고 있다.[7]

한편 스포츠 심리학자 싱어(Robert N. Singer)는 스포츠를 "특정의 행정적 조직을 포함하는 인간행동이며 인간행동의 목적을 정의하고 그것의 유형을 제한하는 규칙의 역사적 배경이다"이라고 규정하고 이는 "경쟁 또는 도전, 그리고 일차적으로 신체적 숙련에 의해 결정되는 뚜렷한 결과와 관련이 된다."고 했다. 그는 또한 스포츠와 구별되는 게임과 놀이(play)에 대해 각 각 다음과 같이 그 정의를 내리고 있다. "게임이란 인간행동 유형의 목적을 정의하고 그것의 유형을 한계지우는 규칙을 통한 합의하에 시간, 공간, 그리고 지역을 조직한 활동이다. 승자와 패자를 결정하게 될 결과는 결과적으로 매겨진 점수나 성적을 합하거나 모아서 이루어진다. 놀이는 개인적인 목적이나 표출적인 충동에 따라 자발적인 행위에서 파생되는 즐길 만한 경험이다. 그것은 동작능력의 모든 범위를 포함하며 그 규칙들은 자연적이다. 그것은 일시적인 연속성을 가지기는 하나 그 결과가 사전에 결정되어 있지는

활동을 포함한 광의의 스포츠로 확대되어 가는 추세라고 말할 수 있다.

6) G. Keyon, "A Sociology of Sport: On Becoming a Sub-Discipline," G. N. Sage (eds.), Sport and American Society (Don Mills: Addison-Wesley, 1974), p. 22.

7) John D. Lawther, Sport Psychology(Englewood Cliffs, N.J.: Prentice-Hall, 1972) pp. 2-3.

않다. 또한 그것은 어떠한 실질적인 결과나 승리, 보상으로 귀결되지는 않는다."[8] 따라서 싱어에 따르면 게임도 승패에 연관됨으로서 스포츠의 일종이며 놀이도 게임의 속성을 완전히 배제하고 있지 않으나 일정한 보상을 전제로 하는 행위양식이 아니라는 점에서 게임과는 분명하게 구별된다.

한편으로 또 다른 스포츠 학자들은 놀이와 스포츠를 개념화하기 위해 반대되는 양극단간의 단계적 변화를 구분하는 '연속선(continuum)'을 사용해 왔다. 예를 들면 에드워즈(Harry Edwards)는 이와 같은 극단적인 연속선상의 개념화에서 놀이가 다음의 변화가 일어남에 스포츠로 변해간다고 보았다. (1) 신체적 활동이 개인적 판단에 의해 영향을 덜 받게 되고 그에 따라 자발성이 줄어들 때; (2) 명시적인 규칙, 역할, 그리고 규제가 신체적 활동에서 중심적인 것으로 될 때; (3) 신체적 활동에서 자신의 수행능력의 자질에 대해 책임질 것이 강조될 때; (4) 신체적 활동의 결과(승패)가 신체적 활동에 대한 참가자 이외로 확대될 때; (5) 참가자의 동기가 더욱 외적으로 되고 사회적 기대에 의해 영향을 받게 될 때; (6) 참가자가 신체적 활동의 흐름에 대한 통제를 상실할 때; (7) 신체적 활동의 엄격함 때문에 더욱 더 많은 양의 개인의 시간과 에너지가 소비될 때--즉 참가자가 그 활동의 흐름에 대한 통제를 상실할 때; (8) 그 활동의 신체적, 정신적 요구가 단순한 여가와 오락을 넘어설 때의 경우 등이다.[9] 이런 맥락에서 에드워드는 스포츠를 다음과 같이 정의했다. "공식적으로 기록

8) Robert N. Singer, Physical Education: Foundations (New York: Felt, Rinehart and Winston, 1976) p.40; 박홍규 외 (1992), p. 41.

9) Harry Edward, The Sociology of Sport (Homewood, Il.: Dorsey Press, 1973); 박홍규 외(1992), p.59.

된 역사와 전통을 가지고 있고 역할과 지위관계를 지배하는 명시적이고 형식적인 규칙에 의해 주어지는 한계 내에서의 경쟁을 통한 신체적 노력을 강조하며 상대집단을 패배시킴으로써 유형의 혹은 무형의 가치를 획득할 것을 목표로 삼는 공식적으로 조직화된 단체들을 대표하거나 그에 소속해 있는 행위자들에 의해 수행되는 활동이다."[10]

슈나이더와 스프라이쩌(E.E Snyder & E.A Spreitzer)는 이와 대조적으로 놀이를 다음과 같은 특징으로 구분했다.

(1) 개인의 선택에 의해 영향을 받고 그 시작과 끝이 자발적이다; (2) 어떠한 형식적인 규칙, 역할, 그리고 지위의 위계가 없다; (3) 일상생활의 강박감과는 분리되어 있다; (4) 놀이하는 동안 개인의 의무나 책임에 대한 어떠한 객관적 척도도 없다; (5) 결과는 그 활동 범위 안에만 관련되며 그 행위의 내용을 벗어난 영향력은 배제 된다; (6) 놀이의 목적은 내적이며 자기 목적적이고 그 결과는 비공리적이다; (7) 놀이는 의지에 의해, 내적 만족에 의해서만 결정되는 신체적, 정신적 노력으로 시작되고 끝이 난다.[11]

에드워드처럼 놀이와 스포츠를 연속선상에서 바라 본 슈나이더(E.E. Snyder)와 스프라이쩌(E. A. Spreitzer)는 표 1-1에서 처럼 그 연속선(continuum)위에 놀이와 스포츠의 관계를 이념형(Ideal types)으로 상정하여 분석적 도구로서의 가치를 인정하고 실제 순수한 놀이나 순수한 스포츠는 구별될 수 없고 많은 신체활동들이 놀이와 스포츠의 성격 모두

10) 앞의 책.

11) E. E. Snyder and E. A. Spreitzer, Social Aspects of Sport (Englewood Cliffs: Prentice-Hall, 1983) 제 2 장 "The Nature of Sport," pp.12-28; 박홍규 외 공편(1992), pp. 59-60.

를 보여 주고 있다고 말한다.

표 1-1. 놀이와 스포츠의 관계

놀이 (여가, 오락)	비공식적 스포츠	반(半)공식적 스포츠	공식적 스포츠 (운동경기)

←――――――――――――――――――――――――――――――――→

출처: E. E. Snyder, and E. A. Spreitzer, Social Aspects of Sport (Englewood Cliffs, N.J.: Prentice-Hall, 1983) p.26.

공식화된 스포츠는 규칙과 규제에 제한을 받으며 외적 고려사항에 의해 더욱 더 지배당하게 된다는 점뿐이다. 예를 들어 수영은 주로 운동과 즐거움을 위해 행해질 경우에는 놀이의 한 형태이지만 그 목표가 상대방을 이기는 경쟁적인 활동이고 수영하러 모인 사람들을 지배하는 특정한 규칙에 의해 규제될 경우에는 스포츠가 된다. 또한 한 고등학교 선생들이 주말에 자기들끼리 모여 정구시합을 한다면 이는 여가에 가까운 비공식적 스포츠 활동이지만 만일 이들이 다른 학교 선생들과 시합을 갖는다면 그것은 운동경기에 가까운 반(半)공식적 스포츠 활동이 될 수 있다.

아이젠(D. Stanley Eitzen)과 세이지(George Sage)는 스포츠의 수준을 비공식적 스포츠, 조직화된 스포츠, 그리고 법인 조직적 스포츠로 구분하고 있다. 비공식 스포츠는 동네 축구와 같은 놀이의 성격을 갖는 체육활동이며 조직화된 스포츠는 정기적으로 개최되는 고등학교연맹 야구경기처럼 명시적 규칙, 조직 및 팀을 가지는 경우이며 법인 조직적 스포츠는 프로야구나 프로축구처럼 이윤추구를 위하여 관람자를 상대로 이루어지는 운동경기로 구별한다. 이에 더해 운동선수들이 관중의 흥미만을 위해 미리 짜놓은 각본에 의해 경기를 하거나 경쟁이 결여된 프로 레슬링 같은 것을 유사 스포츠(pseudo

-sport)로 불러 구분했다.[12)]

마이클 노박(Michael Novak)은 스포츠가 일종의 일, 직업과 같은 외적 목적의 도구가 되는 것에 대해 우려하며 경험의 내적이고 자율적인 즐거움 그 자체로 파악되어야 한다고 주장하면서 "스포츠란 그 자체로 즐거운 것이다. 우리는 그것들의 가치가 얼마만큼 삶의 다른 부분으로 이전될 수 있는가에 대해 순진한 생각을 가져서는 안 된다."고 말한다.[13)] 그리고 노박은 폴 호흐(Paul Hoch)와 같은 마르크스주의자들의 스포츠에 대한 부정적 견해에 대서도 단호한 비판을 아끼지 않았다. "호흐는 스포츠를 아편이라고 주장하고 있다. 그러나 그는 잘 못 알고 있다. 반대로 스포츠는 실재하는 사물이다. 일이 아편이다. 일, 혁명, 그리고 정치--이러한 것들은 시간을 때우고, 생활수단을 얻고 , 권력, 그리고 재산을 얻기 위한 마취제와 같은 것이다. 스포츠는 전혀 다른 영역, 보다 자유로운 영역, 목적의 영역이며, 응축되고 자기 내포적이며 찰나적(刹那的)인 시간이 영원으로 변하는 지점이다."[14)]

결론적으로 스포츠는 일차적으로 신체적인 활동으로 경쟁적이며 제도화된 규칙에 의해 지배되는 현상으로 정의할 수 있다. 이에 비해 자발적이고 자기만족적이며 비공리적으로 일정한 유형무형의 가치보상을 전제하지 않고 표출적인 충동으로 전개되는 놀이와 구별된다. 한편으로 승패를 가르는 스포츠의 일종이나 비공식적이고 자기목적인 형태로 보다 자발적이며

---

12) D. Stanley Eitzen and George Sage, The Socialogy of American Sport (Dubuque, Iowa: Wm. C. Brown, 1978), pp.16-17.

13) Michael Novak, The Joy of Sports: End Zone, Bases, Baskets, Balls, and Consecration of the American Spirit (New York: Basic Books, 1976), p. 206; 박홍규 외 공편(1992), p. 61.

14) 앞의 책, pp. 206-207; 박홍규 외 공편(1992), p. 61.

자유 재량적이며 심미적이고 오락적인 요소들에 의해 진행되는 비공식적 스포츠와 조직화되고 공식화되어 보다 덜 자발적이며 덜 자유 재량적으로 일정한 규칙과 규제의 제한을 받으며 외적 고려사항에 의해 더욱 더 지배당하게 되는 공식적 스포츠와 구분된다. 다른 한편으로 여가(leasure)에 가까운 비공식적 스포츠 활동이지만 조직적으로 경쟁성이 부여되어 운동경기에 가까운 반(半)공식적 스포츠로 구별될 수 있다. 나아가 관중의 흥미만을 위해 미리 짜놓은 각본에 의해 경기가 진행되거나 경쟁 없이 거의 승패가 정해진 프로 레슬링 같은 유사 스포츠도 공식적이고 경쟁적이며 불확정적인 스포츠와 구별된다. 한편으로 슈나이더와 스프라이쩌가 이야기한 것처럼 보다 조직화되고 공식화된 스포츠가 직업이나 일로서의 특징들을 많이 나타내게 되며 스포츠의 결과에 의한 동기유발로 점 점 더 많은 스포츠 소비자들이 대리적 경험과 만족을 위해 관람자나 팬으로 참여 한다.

한편으로 스포츠도 사회적, 경제적, 문화적 영향을 받으면서 변해온 역사적 산물로 이해한다면 원시부터 현대에 이르기까지 그 의미는 매우 광범위하게 확대되어 왔다고 볼 수 있다. 따라서 원시시대의 스포츠가 단순한 신체적 활동이라는 점에 국한되어 있었다면 현대의 복잡한 지식산업사회에서는 신체활동뿐 아니라 여기에 추가적으로 인간의 무한한 잠재력을 향상시키고 삶을 보다 풍요롭게 할 수 있는 정신적, 감성적, 사회적 요구에 의한 비신체적 활동도 광의의 스포츠에 포함될 수 있다.

2) 스포츠의 속성

(1) 경쟁성

경쟁이란 요소는 스포츠의 정의에 대한 가장 주요한 요소로서 스포츠의 경쟁적, 투쟁적 성격을 갖는다. 우선 경쟁(compete-competition)이라는 단어는 라틴어의 〈cum〉과 〈pedere〉로부터 파생된 복합어로 '함께 경쟁 한다'는 선의의 투쟁이란 개념이 내재되어 있다. 경연(競演 contest)이라는 단어 또한 라틴어의 〈con〉과 〈testare〉에서 파생되어 다른 사람과 함께 시험하거나 증인이 된다는 함축적인 뜻을 갖는다.[15] 경연이 함께 시험하거나 증인이 된다는 〈con-test〉는 이러한 〈함께〉는 〈맞서서〉를 포함하며 그것을 보완한다. 경연은 투쟁, 갈등 그리고 승리하기 위한 노력과 관계되나 그것은 동일한 규칙들을 인정하며 누구에게나 공정하게 다루어져야할 권리를 부여하는 데 동의하는 다른 사람들과 함께하는 투쟁이거나 갈등인 셈이다.[16]

스포츠의 핵심가치로서의 경쟁성은 '공정한 경쟁'을 통해 승리를 목표로 하면서 항상 강인한 불굴의 정신으로 '삶의 게임'(game of life)에서 이길 수 있게 적극적인 노력을 게을리 하지 않은 훌륭한 스포츠맨십(sportmanship)을 가져다준다. 그러나 공식적 스포츠처럼 승리를 위한 경쟁을 너무 지나치게

---

15) Metheny Eleanor, "Symbolic Forms of Movement: The Feminine Image in Sports," in Metheny Eleanor (ed.) Connotations of Movement in Sport and Dance(Dubuque, Iowa: Wiiliam G. Brown, 1965), p. 40.

16) Weiss Paul Sport: A Philosophical Inquiry (Carbondale: Outhern Illinois, 1969), p.151.

강조하여 부적절한 경쟁심으로 폭력적이자 비인간적이며 나아가 착취적이자 병리적인 가치전도의 결과를 초래할 수도 있다. 그러나 현실적으로 스포츠는 개인이나 지역 간 그리고 국가 간의 경쟁에서 죠지 오웰(George Owell)이 지적했듯이 마치 '총알 없는 전쟁'(war minus the shooting)의 치열한 싸움임에는 틀림없다. 그는 자신의 저서 「스포츠정신」에서 "치열한 경쟁의 스포츠경기는 페어플레이와 무관하게 필연적으로 경쟁자를 증오하고 시기(猜忌)하며 허풍과장(虛風誇張)하고, 경기규칙을 무시하거나 폭력을 가학적(加虐的)으로 즐긴다. 달리 표현하면 총알 없는 전쟁이다."이라고 밝혔다.[17] 보편적으로 경쟁이란 유해한 '파괴적 경쟁'과 유익한 '협력적 경쟁'으로 구분되며 전자는 자기개인이나 단체 또는 유기적 조직체에 대해 유리하도록 경쟁적인 상대방을 제거하거나 손해를 가하는 정신적 · 육체적 행위를 말하며 결코 상생을 원하지 않는다. 곧 '제로 썸 게임'(Zero Sum Game)방식으로 '승리자의 독식'(Winner takes all)을 원칙으로 한다. 따라서 항상 상대방의 희생과 실패를 전제로 이를 위해 항상 공포를 조장하고 선제공격의식(a first strike mentality)이나 불법침입(trespass)하는 성향을 갖는다. 그러나 후자는 상생을 전제로 이를 증진시키기 위해 서로 협력하며 경쟁(Cooperative competition-'coopetition') 하는 '윈-윈 게임(win-win game)이다.[18] 이는 곧 자본주의의 대부(代父)로 불리는 아담

---

17) George Owell, "The Sporting Spirit", in The Collected Essays, Journalism and Letters of George Orwell, Volume 4(Harmonds worth: Penguin Books, 1970, 1945), p. 63.

18) '협력적 경쟁'(coopetition))에 대해서는 "Co-opetition", Los Angeles Times, Nov 20, 1937, p. a4; Adam Brandenburger and Barry Nalebuff, Co-opetition : A Revolution Mindset That Combines

스미스(Adam Smith)의 '보이지 않은 손'(invisible hand) 처럼 자신의 행복수준을 향상시키기 위해 남을 짓밟지 않고 평화적으로 서로 교환(peaceful exchange)하는 과정을 밟는다. 경쟁은 따라서 다윈(Charles Darwin, 1809-82)의 생물진화론자들이 주장하는 다종(多種)끼리(inter-species) 또는 단종(單種)내(intra-species)에서 단계적으로 적응하여 마침내 진화(進化-evolution)를 추동하는 힘(driving force)으로 간주되거나 사회진화론자들이 사회발전을 위한 정치 · 경제 · 생태적인 최적자 생존의 메커니즘으로 작용한다고 주장한다.

결론적으로 스포츠의 경쟁은 '공정한 경쟁'과 '협력적 경쟁'으로 강인한 정신무장과 부단한 신체적 노력으로 훌륭한 스포츠맨십을 발휘할 때 진정한 승리를 얻을 수 있다. 반면에 파괴적이고 폭력적인 그리고 불법적이고 괴도한 경쟁은 항상 값진 지인과 에너지를 불필요하게 낭비하면서 항상 실패를 낳고 승리와 성공을 위해 약물복용과 같은 불법행위도 신체의 한계점을 넘어서면서 선수 자신의 신체에 매우 유해함으로써 선수는 물론 참가자 모두에게 엄청난 피해를 가져다줄 뿐이다. 작은 눈앞의 이익을 얻기 위해 지고(至高)한 삶의 원칙을 타협하여 소탐대실(小貪大失)의 우(愚)를 범하는 것과 다름이 아니다. 바로 스포츠의 경쟁은 페어게임의 스포츠맨십으로 강육약식(强肉弱食 survival of the strongest)이나 적자생존(適者生存 survival of the fittest)의 "정글의 법칙"(the law of the jungle)에서 논의되는 생물세계의 경쟁과 구별되기 때문이다.

Competition and Cooperation...The Game Theory Strategy That's Changing the Game of Business (Currency, 1996) 참고.

(2) 상징성

스포츠는 속성상 여러 가지 정치적 상징성을 내포하고 있다. 상징이란 어떤 의미와 의의를 가지고 있는 사회집단의 약속으로서 말로는 설명하기 힘든 개념 따위를 구체적인 사물에 의해 나타내는 일이나 또는 그렇게 나타내는 대상물을 의미한다. 스포츠는 먼저 '동일시(同一視) 또는 동일화(同一化)의 상징'(symbol of identification)으로 사람들에게 어떤 정서적 공감대나 일체감을 형성할 수 있는 상상적인 공동체(imagined community)를 제공하고 그들에게 자신의 소속감(sense of belonging)이나 상호의 정체성(正體性 identity)을 동일시하게 한다. 여기서 동일시 또는 동일화는 자아와 타자가 혼돈되어 자아가 그 역할을 수행하기 원하는 타자에게 감정을 이입시키거나 타자와 일체가 되어 동화(同化 assimilation)하는 것으로 사회적 동의성을 갖는 근거이면서 불특정 일반인의 사고를 강제나 명령 없이 '우리'의 사고와 감정을 형성함으로써 관념을 행동으로 나타내게 한다. 곧 스포츠라는 허구의 세계가 국민들로 하여금 실제 경험하는 사회환경으로 착각케 함으로써 스포츠에서의 승리를 국가발전과 민족의 영예를 드높이는 애국적 행동으로 동일화시키는 것이다. 또한 스포츠가 어떤 특정인이나 팀을 영웅시함으로써 팬들로 하여금 스포츠영웅이나 스포츠기업, 팀, 국가와 동일화시켜 자기의 소속 집단이나 사회 속에서 자신의 존재의의를 인식하는 것처럼 착각케 한다. 아마추어스포츠와 프로스포츠에서는 주로 학연이나 지연이란 동일시의 상징을 이용하며 올림픽과 같은 국가 간 스포츠경기에서 국기나 국가, 제복 등의 상징으로 민족주의나 국가주의에 복종하게 한다.[19] 한편으로 사회통합이나 갈등해소를 위해서 또는 역사적으로 계급투쟁에서 노동자계급이 자본가계급에 대항하기 위한 내부적 결속과 외부적 적대감을 높이기 위해 '노동자올림픽'과 같은 스포츠가 활용되었다.[20]

스포츠의 상징성은 인간의 감정적이고 정서적인 심리현상에서 비롯되었다. 원래 인간은 정치사회적 동물로서 처음부터 자유와 고독에 대한 공포를 무의식적으로 갖고 있으며 이러한 원천적인 '자유에 대한 공포'와 '격리불안'(隔離不安-separation anxiety)을 갖고 있으며 이를 해소하기 위해 첫째, 어떤 정서적인 공감의 유대를 희구하며 둘째, 어떤 질서에 귀속되기를 바라게 된다.[21] 전자의 정서적, 비합리적 심리에 호소하는 상징을 '동일시의 상징'이라고 하며 이는 소속감과 일체감을 자아내게 하고 후자는 합리적이고 이지적(理智的)인 면에 호소하는 '합리화의 상징(symbol of rationalization)으로 귀속된 조직체를 지지하게 된다.

---

19) 이와 같은 '스포츠민족주의'와 국가주의는 올림픽이나 월드컵과 같은 국제대회에서 나타난다. '스포츠민족주의'에 대해서는 뒷장의 '스포츠와 이데올로기'에서 다시 논의함. John Hoberman, Sport and Political Ideology (Austin: University of Texas Press, 1984); J. Hoberman, "Sport and Ideology in the Post Communist Age," Lincoln Allison, ed., The Changing Politics of Sports (Manchester: Manchester University Press, 1993); Edward Wong, "The Olympics: Snow Boarding; Riders Keep Looking for More Air Time," The New York Times, February 10, 2002; 양순창, "스포츠의 정치적 상징성과 상징조작 기제에 관한 연구," 「國際政治論叢」 제43집, (3)호 (2003), p. 56. 등 참고.

20) 스포츠의 기능에 대해서는 뒤에 다시 논의함.

21) Erich Fromm, The Fear of Freedom (London: Routledge & Kegan Paul, Ltd, 1955); S. de Grazia, The Political Community (Chicago: The Univ. of Chicago Press, 1963), p. 11. 참조

이와 같은 사람들의 심리적 현상에 주목하여 시카고학파의 찰스 메리암 교수(Charles E. Merriam)는 정치권력을 신성화·미화시키거나 또는 정당화·합리화시키는 경향을 권력의 '미란다'(Miranda)와 '크레덴다'(Credenda)라고 불렀다. 라틴어의 '감탄할 만한(admirable)이란 어원의 '미란다'는 권력을 신성화하거나 미화시키는 '동일시의 상징'으로 조작되고 '크레덴다'는 신학용어의 '크레도'(credo 신조信條)라는 의미로 권력에 대한 복종을 유도하기 위해 권력을 정당화·합리화시키는 '합리화의 상징'으로 모두 정치적 상징조작을 말한다.[22)]

둘째, 스포츠는 '지배의 상징성'을 갖는다. 상상의 공동체 속에서 구분된 '적과 동지'(enemy and friend/freund und feind)의 이분법은 스포츠 경쟁에서의 승패가 곧 적과 동지의 우열을 가르게 하여 경기에서의 승리가 공동체의 '상대적 우월성'(relative superiority)을 상징함으로써 인간의 지배 지향적 욕구를 충족시켜 주는 수단으로 작용하게 된다. 독일 사회심리학자, 프롬(Eric Fromm)에 의하면 인간은 복종지향적인 '매저키즘(masochism)적 경향'과 지배지향적인 '새디즘(sadism)적 경향'으로 구분된다고 한다.[23)] 그러나 사회적 존재로서의 양자는 다른 사람과 일체화(一體化)되기를 원하는 '상리공생'(相利共生 또는 相生-symbiosis)의 관계를 맺고자 하며 전자는 복종적 위치에서 상생관계를 유지하고자하는 소극적 형태라면 후자는 지배적 위치에서 이를 유지하려는 적극적 형태를 말한다. 이는 양자의 어느 경우에도 앞에서 지적한 본능적인 '격리공포'를 해소시키려는 욕구에서 비롯된 가상의

22) Charles. E. Merriam, Political Power (Glencoe: The Free Press, 1950), pp. 101-132.

23) E. Fromm (1955), Chapter V. 참고.

공동체에 대한 귀속감 및 일체감 때문이다.

셋째, '보수적 상징'으로 스포츠는 규칙에 의해 진행되기 때문에 규칙준수의 당위성은 스포츠 조직과 체계 그리고 선수 개개인의 복종(최소한 동조)을 요구하며 이는 곧 스포츠의 보수적 상징으로 작용하여 사회의 기존질서를 유지하게 한다. 동시에 규칙의 평등한 적용은 '공평성'(fairness)이란 스포츠 고유의 귀중한 가치를 제시하기도 한다.[24]

넷째, 스포츠는 다양한 외교적 상징으로 스트렝(Andrew Strenk)이 지적하는 것처럼 외교적 승인과 거부, 정치이데올로기의 전파, 국가위상제고, 국제이해와 평화촉진, 저항수단, 총알 없는 전쟁 등 국제정치외교의 수단으로 작용한다.[25]

(3) 불확정성

동등한 경쟁적 상황에서 누구에게나 공평하게 규칙이 적용되는 스포츠 경기는 결과를 예측할 수 없기 때문에 대중에게 끊임없이 매력을 갖게 한다. 만약 경기가 치러지기 전에 사전에 승패가 이미 예견되거나 결정되어 있다면 이러한 경기는 극적일 수 없고 아무에게도 흥미를 주지 못할 것이다.

사회의 어떤 다른 분야보다 결과가 불확실하고 우연의 요소가 가장 많이 작용하는 곳이 스포츠이다. 슈나이더(E.E. Snyder)와 스프라이쩌(E.A. Spreitzer)는 바로 이런 불확정성이 스포츠로 하여금 대중들에게 매력적일 수 있게 만드는 스포츠의 또 다른 본질적 요소라고 본다.[26] 경기의 결과를 예

---

24) 스포츠의 공정성, 페어플레이(Fair play)와 정치윤리에 대해서는 뒤에 다시 논의함.

25) Andrew Strenk, "Sport As an International Political and Diplomatic Tool", Arean Newletter, 1, pp.3-10.

측하기 어려운 경우뿐만 아니라 어느 정도 예상되어질 때에도 불확실성과 우연성이라는 요소가 사람들로 하여금 스포츠에 매료되게 한다. 또한 스포츠에서의 우연성은 사회의 다른 어떤 분야에서보다 동일하고 표준화된 규칙이 적용된다는 점에서 공평하다.

스포츠의 우연이란 요소는 스포츠의 복합성으로 인한 비합리적 요소로서 "이성으로서도 알 수 없는 어려운 속성들이 어디에서나 나타나고 해답이 없는, 또는 우리 인간의 의지로 인해 해답을 낼 수 없는 많은 문제들이 제기된다."는 것이다.[27] 이러한 스포츠의 우연성은 관중과 참여자들에게 희망을 주게 된다.

한편으로 엘리어스(Robert Elias)와 던닝(Eric Dunning)은 스포츠의 불확실성이 스포츠 경기가 지속하는 데 필요한 긴장과 흥분을 제공해 준다고 본다.[28] 스포츠의 규칙들까지도 경쟁자들을 평등하게 함으로써 그러한 긴장과 흥분을 유지하도록 되어 있다. 어떤 한 팀이 그들의 상대 팀을 거의 이길 수 없거나 그럴 기회가 거의 없다면 경기가 열릴 수도 없으며 곧 실증이 날 수도 있다. 따라서 스포츠 결과의 평등과 불확정성을 유지하기 위해 연령과 체중, 신장, 그리고 기준 등의 핸디캡(handicap) 재도를 두고 있다. 동시에 한 팀의 다른

---

26) E. E. Snyder & E. A Spreitzer, Social Aaspects of Sport (Englewood Cliffs: Prentice-Hall, 1983), pp. 12-28; 박홍규 외 공편(1994), p.45.

27) Neal Patsy, Sport and Identity (Philadelphia: Dorrance, 1972), p.69: 박홍규 외(1994), p. 45.

28) Robert Elias and Eric Dunning, "Dynamics of Sport Groups with Special Reference to Football," in E. Dunning, (ed,), Sport: Readings from a Sociological Perspective (Toronto: Toronto Press, 1970) 참고.

팀에 대한 불공정한 전술과 지나친 우세의 가능성을 줄이거나 막기 위해 일정한 규칙이 적용되기도 한다. 예를 들어 농구에서 키가 몹시 큰 '장신 선수'를 가진 팀이 일방적으로 유리하지 않도록 특별하게 자유투 라인을 확장하고 3초란 규칙을 만들어 동등한 경쟁의 기회를 만들어 내도록 한다. 야구에도 마찬가지로 투수가 공에 침을 발라서 던지는 '스피트 볼'(spit ball)이 타자에 대해 지나치게 유리하게 된다는 이유로 불법으로 규정되었다. 나아가 어떤 스포츠에서건 한 팀이 불법적인 전략을 사용하는 것이 발견되면 상대방 팀에게 잠정적으로 우세를 주거나 불법적인 전술에 의해 그 팀이 받는 손해를 보상받을 수 있도록 그 팀에게 벌점을 주기도 한다. 또한 스포츠 경기의 불확정성은 연맹 규칙뿐만 아니라 개개의 직업 팀의 재정적 구조에 있어서도 주요한 요소가 된다. 연맹 내 최하위 팀에게 우선적 선택권을 주는 선수 스카우트 제도는 부분적으로 연맹 내 팀 간의 경쟁적 동등성을 유지하기 위해서이다.[29]

스포츠 결과의 불확정성과 우연성으로 선수들은 우연이란 요소를 줄이기 위해 여러 가지 시도를 한다. 그러나 인간의 통제를 벗어난 경우에는 마술과 미신의 메커니즘에 기대려는 유혹에 빠지게 된다. 그러나 선수들의 맹렬한 훈련, 스포츠의 극적인 반전, 그리고 큰 도박 등으로 행운의 여신을 붙들려 한다. 끝내 선수들은 상황의 불확실성이 클수록 더욱 더 마술에 의지하려고 한다.

29) Roger G. Noll, Government and the Sport Business: Studies in the Regulation of Economic Activity (Washington D.C.: The Brookings Institute, 1974) 참고.

2. 정치의 본질

1) 정치의 정의: 역사적 고찰

정치에 대한 정의도 스포츠처럼 시대와 사람에 따라 각각 다르다. 기원전 4세기 아리스토텔레스(Aristotle 384-322 B.C)는 "국가(Polis-도시국가)는 자연적 창조물이며 인간은 본질적으로 정치적 동물이다."라고 표현함으로써 정치란 인간과 인간의 모든 관계를 지칭하며 국가공동체 속에 개인을 통합하여 정의와 윤리적 최고선(最高善)을 실현시키는 수단이었다.[30] 이는 곧 공자(孔子 552-478 B.C)의 위정이덕(爲政以德)이나 정자정야(政者正也)라는 중국의 왕도(王道)정치사상과 같은 의미이다.[31] 또한 플라톤(Plato 428/427 B.C-348/347 B.C)의 '철인왕(哲人王)'과 '철인정치(哲人政治)'의 정치사상에서 나온 윤리적 및 철학적 예지(叡智)작업을 정치로 보았던 것과 마찬가지이다.[32]

중세의 압도적인 기독교사상에 영향을 받은 토마스 아퀴나스(Thomas Aquinas)도 아리스토텔레스의 영향을 받아 "인간은 본래 집단을 이루어 생활하는 사회적, 정치적 동물이다"고 하면서 정치와 사회를 구분했다.[33] 그는 여전히 국가와 사

---

30) Aristotle, Politica(Politics, BC 350), Benjamin Jowett trans., in Richard Mckeon (ed.), Introduction to Aristotle (New York: The Modern Library, 1947), p. 556.

31) 공자孔子, 논어(論語), 위정(爲政) 제이(第二); 논어, 설문(說文), 석명(釋名). 왕도정치(王道政治)는 어디까지나 인의(仁義)를 중히 여기고 예악(禮樂)을 정치의 중심으로 하고 형정(刑政)은 그 수단에 불과한 것으로 본다. 이와 정반대로 패도(覇道)정치가 있다.

32) Platon, The Republic, Part, II, 2.; 李克燦, 政治學(서울: 法文社, 1995 제5개정판), p. 103.

회를 동일 범주로 보고 사회에서 분리된 정치를 종교와 불가분의 것으로 밀착시키고 본원적(本源的)인 권력은 신에게 귀속되고 하부권력은 모두 신으로부터 나온다고 보았다. 나아가 지상에 대리인을 임명하는 것도 신이며 이 대리인이 신의 본원적 권리를 구현하며 최고 권력자는 신에게만 책임을 진다고 보았다. 따라서 그는 권력의 본질적 실재(實在)를 신의 하사물(下賜物)로 보고 국가는 다만 교회의 명령에 복종하여 교회의 사명을 완수하기 위하여 공헌하고 협력해야 하며 정치는 종교활동에 기여하기 위하여 존재하는 보조물로써 신에 봉사하는 수단에 불과한 것으로 파악했다.[34] 이는 곧 중세의 신정정치(神政政治) 또는 교권정치(敎權政治)로 해석되었다.

중세말기에 서서히 드러난 산업혁명(Industrial Revolution), 종교개혁(Reformation), 그리고 문예부흥(Renaissance) 등 일련의 대변동은 교회중심의 기존질시에서 벗어나 국가와 개인이 교회로부터 독립하여 국가의 자주성과 정치의 세속화가 이루어 졌다. 먼저 근대의 제1단계인 절대주의 시대에는 근세정치학의 시조라고 불리는 마키아벨리(Niccolo Machiavelli 1469-1527)가 정치를 윤리적, 도덕적, 그리고 종교적인 숭고한 목적을 달성하기 위한 것이 아니라 권력 장악이란 실용적 목적을 가진 것으로 보았다. 그는 건국초기 단계에서 정치권력의 획득, 유지, 확대라는 목적을 달성하는 그 자체가 정당화되어 도덕이나 종교를 무시하거나 이와 무관한 것으로 보았다.[35] 물론 건국 후에는 국가의 안전과 확대를 위

33) Dino Bigongiari (ed.), The Political Ideas of St. Thomas Aquinas: Representative elections (New York: Harfner, 1969), p.175.

34) Bigongiari (1969), pp. 176-177.

35) 鄭仁興, 政治思想家評傳 (서울: 박영사, 1976), pp. 186-187.

해 종교도 이용하고 윤리적인 것도 주장할 수 있지만 이는 모두 권력유지를 위한 수단에 불과하다. 그는 〈군주론-The Prince〉에서 "군주는 유덕(有德)한 사람이 되기보다는 오히려 늑대와 여우의 성질을 갖는 것이 좋으며" 단지 중요한 것은 "유덕한 것처럼 보이는 것뿐이다"라고 말하고 있다.[36]

장 보당(Jean Bodin 1529/30-1596)도 마키아벨리처럼 정치를 국가의 권력 작용으로 보고 군주의 권력 강화를 정당화하고 있다. 다만 그에게 정치는 폭력과 구별하여 법적으로 정당하게 성립된 주권자의 합법적인 권리행사를 말한다.[37] 그는 또한 주권자와 신민의 관계는 단지 지배와 복종관계로 보고 신민은 자발적으로 주권자에게 복종하는 것만이 미덕으로 여겼으며 신민의 복종 대가로 주권자는 정의를 실현하고 신민을 보호하며 원조와 격려 및 협의를 해주는 '상호 의무관계'로 보았다.[38]

나아가 불완전하고 상대이기적 존재인 인간은 자연 상태에서 제한된 희소자원을 놓고 상호간 대립과 투쟁이 불가피함으로 홉스(Thomas Hobbes 1588-1679)는 극단적으로 '만인의 만인에 대한 투쟁' 상태로 보고 이를 극복하고 자기 보존(保存)과 평화를 유지하기 위해서는 절대주권자에게 자기의 모든 권리를 양도하고 복종만해야 한다고 보았다. 따라서 그

---

36) Niccolo Machiavelli, The Prince (New American Library of World Literature, Inc., 1952), pp. 101-102; 李克燦, 政治學, p. 102. 서양의 마키아벨리 정치관과 비슷하게 동양에서는 중국의 패도정치(覇道政治)와 비유된다. 패도정치는 왕도정치가 중히 여기는 도덕과 종교에 해당하는 '예악'(禮樂)은 오히려 수단이며 인의(仁義)를 가볍게 여기고 무력이나 권모술수(權謀術數)를 써서 공리(功利)를 얻으려는 '형정(刑政)'이 정치의 본질로 여겨졌다.

37) Jean Bodin, Six Books of the Commonwealth, M. J. Tooley, trans. (Oxford: Basil Blackwell), p. 1.

38) Jean Bodin, p. xxvi, p. 20-21.

는 주권자의 절대권력 행사와 이에 대한 신민의 복종관계를 정치로 보았다.[39)]

근대의 제2단계인 자유주의 시대는 명예혁명이후 절대주의에 대한 반동으로 정치가 국가권력으로부터 개인의 자유와 재산을 보호하기 위한 수단으로 변모했다. 자유주의적 민주주의 이론의 창설자로 불리는 로크(John Locke)는 모든 인간은 자유롭고 평화스럽게 살아갈 자연권을 갖고 있으며 자연법에 따라 서로 자유롭게 계약을 맺어 국가와 정부를 구성한다고 보고 권력의 기초는 국민에게 있다는 '국민 주권론'을 주장했다. 특히 그는 국가권력의 횡포를 막기 위해 입법, 집행, 외교권으로 분산하고 입법권과 집행권은 반듯이 분리되어야 한다고 주장했다.[40)] 몽테스크(Montesquieu)도 국가권력을 입법권, 집행권, 사법권으로 나누고 삼권의 엄격한 분리를 주장했다.[41)] 이와 같은 국가권력의 제한적 장치는 산입자본가들의 지배세력이 확장되면서 정치가 곧 이들의 자유에 대립되는 악(惡)으로까지 바뀌고 벤담(Jeremy Bentham)은 '인간의 공리성(功利性)'을 강조하고 될 수 있는 한 정치권력의 간섭을 배제하기 위해 "좋은 정치는 언제 어떠한 경우에도 최소화하고 또한 적지만, 잘못된 정치는 그것이 최대화 한다"고 주장했다.[42)] 이는 곧 경제활동의 자유방임(自由放任)주의와 '필요

---

39) Thomas Hobbes, Leviathan: On the Matter, Forme and Power of a Commonwealth Ecclesiastical and Civil, Michael Oakeshott (ed.) (New York: Collier Books, 1962), pp. 129-270.

40) John Locke, Two Treatises of Government, Peter Laslett (ed.), (New York: New American Library, 1963), pp.395-412.

41) 鄭仁興 (1976), pp. 303-309 참고.

42) John Bowring (ed.), The Works of Jeremy Bentham (New York: Russell and Russell, 1962), vol. IX, p. 48.

악(necessary evil)'인 국가의 국내치안과 대외방위에만 전념해야한다는 '야경국가(夜警國家)관'으로 일괄된 소극정치(消極政治)이론으로 이는 자본주의의 바탕이 되었으나 궁극적인 정치의 본질은 어디까지나 권력에 남아 있었다.

19C 말경부터 20C 초까지 자본주의의 고도화로 생겨난 모순이 심화되어 자유주의는 수정이 불가피 했고 이미 이전에 계급투쟁론의 마르크스주의에 의해 부정되었다. 이때부터 분출된 여러 사회집단과 제도를 대신한 인간행태가 정치에 포함되기 시작하면서 자연히 정치는 역사, 사회, 종교, 도덕, 문화, 특히 경제와 밀접한 관계를 갖는 종합적이고 포괄적인 것으로 변했다. 정치가 오직 국가에서 뿐만 아니라 기타의 모든 집단이나 사회영역에 있어서의 '권력의 형성과 분배 및 행사'의 문제로 파악되었다. 현대정치학의 개척자인 라스웰(Harold Lasswell)은 정치란 "누가, 무엇을, 언제, 어떻게 얻는가,"라고 표현하고 "가질 수 있는 것을 가장 많이 가진 자들은 엘리트이며 그 나머지는 대중"이라고 구분하고 지배엘리트와 대항하는 대중간의 갈등과 이를 예방하려는 대중심리조작 그리고 이로 인한 가치배분을 정치로 보았다.[43] 같은 맥락으로 앞에서 본 것처럼 메리암(Charles Merriam)은 정치를 권력의 '미화(miranda)와 합리화(credenda)'로 보고 "지배와 복종, 합의와 관리, 또는 적응과 조정 등의 형태"로 파악했다.[44]

---

43) Harold Lasswell, Politics: Who Gets What, When, How (New York: Meridian Books, 1958), p. 13; H. Lasswell, Psychopathology and Politics (Chicago: University of Chicago, 1930); H. Lasswell and A. Kaplan, Power and Society (New Haven: Yale University, 1950).

동시에 에릭 프롬(Erich Fromm)도 권력욕은 인간의 필연적인 속성으로 정치란 인간 간의 권력관계로 복종지향성의 매저키즘(masochism)과 지배지향성의 새디즘(sadism)적 경향으로 분석했다.[45]

한편으로 이스턴(David Easton)은 체계론(體系論 system theory)을 개발하여 "어떤 사회를 위한 가치의 권위적 배분(authoritative allocation of values for a society)"을 둘러싼 활동을 정치로 보았다.[46] 즉 희소가치(scarce resources)를 놓고 어떤 사회를 전체적으로 구속하는 정책의 형성과 집행에 관계되는 모든 활동을 말한다. 나아가 집단 간의 흥정과 이익조정과정을 정치로 보는 벤트리(Arthur Bentley)는 정치를 이익달성을 둘러싼 '집단 상호간의 압박과 저항' 그리고 '통치기구에 의한 조정과정'이라고 보았다.[47] 이와 같은 집난이익의 소성 과성론에 동소한 트루반(David Truman)은 이익집단을 "사회내의 다른 집단들에 대하여 일정한 주장을 하는 하나의 태도공유 집단"이라고 보고 이러한 "이익집단이 정부의 기구들을 통하여 또는 기구들에 대하여

---

44) Charles E. Merriam, Systematic Politics (The University of Chicago Press, 1946), p. 6.; Charles E. Merriam (1950), p. 25.

45) Erich Fromm, Man for Himself (New York: Holt, Rinehart and Winston, 1947; The Fear of Freedom (London: Routledge & Kegan Paul, Ltd, 1955), Chapter. V.; 李克燦 譯, 自由로부터의 逃避 (서울: 展望社, 1979), 제5장 참고.

46) David Easton, The Political System (New York: Alfred A. Knopf, 1953), pp. 133-137; D. Easton et.al. (ed.), The Development of Political Science: A Comparative Survey (London: Routledge, 1991) 참고.

47) Arthur F. Bentley, The Process of Government (Chicago: University of Chicago Press, 1908), pp.221-222, p. 258.

자기의 주장을 펴는 것"을 정치라고 하였다.[48].

이와 비슷한 집단이론으로 다알(Robert Dahl)에 의한 '다원적 민주주의' 또는 '다두제(多頭制 Poliarchy)이론은 정치를 다원적인 사회집단이 각기 다른 분야에서 한정된 권력을 나누어 가지고 우위성의 서열도 각 문제와 대상에 따라 다르기 때문에 평등한 집단 간의 영향력 또는 권력의 조정과 균형과정으로 파악했다.[49] 그는 다두제 집단 간의 권력의 경쟁과 조정으로 균형이 유지되는 미국과 같은 다두제 사회가 가장 민주적이고 이상적이며 궁극적인 정치체제라고 보았다.[50] 같은 집단균형론자로 슘페터(Joseph Schumpeter)는 정치로부터 권력성을 제거하여 정치원리를 경제의 수요공급의 원리와 같은 것으로 보고 정치를 단순한 수요와 공급자간의 균형을, 경쟁을 통하여 유지하는 과정이라고 보았다.[51]

이러한 역사적 고찰로부터 정치란 공동체의 정의와 윤리적 최고선을 지향하는 국가의 수단일 수 있거나 권력의 획득, 유지, 행사 및 권력행사에 대한 저항을 둘러싼 투쟁, 사회에 있어서 제가치의 권위적 분배, 집단 간의 이해조정과 균형과정 또는 어떤 환경 속에서의 인간 활동의 과정 등으로 볼 수 있

---

48) David. B. Truman, The Governmental Process (New York: Alfred A. Knopf, 1971), p. 33.

49) Robert A. Dahl, Who Governs? : Democracy and Power in an American City (New Haven: Yale University Preaa, 1961), pp.89-162, pp. 227-228.

50) Robert A. Dahl, Polyarchy: Participation and Opposition (New Haven: Yale University Press, 1971), pp. 6-8.

51) Joseph A. Schumpeter, Capitalism, Socialism and Democracy, 3rd (eds.) (New York: Harper & Row, 1950), p. 269.

다. 이렇게 시대적으로 보는 관점에 따라 다를 수 있으나 이들 정치의 여러 측면을 뒤베르제(Maurice Duverger)처럼 둘로 나눈다면 인간의 본성을 선으로 볼 때 공동체의 최고선을 지향하는 통합측면과 반대로 악으로 볼 때 권력욕에 따른 경쟁과 대립투쟁의 갈등측면이 있다.[52] 결국 정치의 이원성(二元性 dualism)도 행위의 주체인 인간의 선악의 이원성에서 연유한다고 볼 수 있다. 일찍이 파스칼(Blaise Pascal, 1623-62)의 얘기처럼 '천사도 금수(禽獸)도 아닌' 중간적 존재로써 인간의 정치는 '야누스'(Janus)신(神)의 두 얼굴처럼 한편에서는 지배적 권력을 둘러싼 투쟁이자 다른 한편으로는 정의와 질서, 공동선을 실현하려는 인간의 노력으로 이해할 수 있다.[53]

2) 정치의 속성

(1) 경쟁성: 'Zero-sum Game'

정치의 중심요소는 권력으로 이를 획득하고 유지, 행사하려는 경쟁과 대립의 과정이다. 권력이란 인간을 움직이는 세 가지의 근원적 충동(사랑 · 신념 · 권력-love · faith · power)의

---

52) Maurice Duverger, The Idea of Politics: The Uses of Power in Society, trans. by Robert North and Ruth Murphy (Indianapolis: The Bobbs-Merill Co., 1966), p. xii.
인간성에 대해 동양에서는 맹자(孟子)의 성선설(性善說)과 순자(荀子)의 성악설(性惡說), 서양에서는 John Locke의 상애설(相愛說)과 Thomas Hobbes의 투쟁설(鬪爭說)로 구분할 수 있다.

53) Blaise Pascal, Pensees(1669), trans. by W. F. Trotter(Grand Rapids: Christian Classics Ethereal Library, 1924, 1944), 申相楚 譯, 팡세(서울: 乙酉文化社, 1959), p. 145.

하나로서 A의 의사(意思)가 B의 의사를 강제로 움직여 지배할 수 있는 힘, 즉 상대방을 복종시킬 수 있는 힘이다. 환언하면 권력이란 상대방(개인이나 집단)이 소유 내지 추구하는 여러 가치(values)를 강제로 빼앗거나 또는 빼앗겠다고 위협함으로써 그의 행동양식(pattern of conduct)을 통제(control)할 수 있는 힘이라고 말할 수 있다.

사회의 제한적인 희소가치로서의 권력은 궁극적으로 서로 나누어 가질 수 없는 가치로서 서로 경쟁하지 않을 수 없다. 따라서 자신의 권력을 확대하고자 하는 사람은 상대방의 권력을 그 만큼 축소시키지 않으면 아니 된다. 마치 스포츠 경기에서 이긴 승자가 패자를 전재로 하듯이 이러한 경쟁관계에서 승자는 패자가 잃은 몫만큼 획득하고 패자는 승자가 획득한 몫만큼 잃게 된다. 즉 정치가 경쟁적인 권력게임(game of power)으로 해석되어 모든 선수들(players)의 득실점 결과(pay-off)의 총합계가 0이 되는 '제로 썸 게임'(zero-sum game)이 된다. 즉 A와 B의 권력게임에서 A가 B로부터 빼앗는(획득하는)만큼의 총계(sum)로 A는 권력을 가지며 B는 모두를 빼앗긴 상태의 제로(zero)가 된다. 이와 같이 경쟁에 의해 권력이란 가치물(價値物)을 얻어 강제적 지배력을 갖게 된 권력자와 이를 갖지 못한 피지배 복종자들 사이에는 늘 긴장과 대립이 존재하게 된다.

(2) 상징성: 권력의 정당성 확보-'Stick and Carrot'

정치는 권력을 바탕으로 사람이 사람을 움직이게 하는 것으로 계속 권력을 유지하고 확대 재생산하기 위해서 지배자는 복종자의 동의를 얻어 내야 한다. 이러한 복종자의 동의를 얻어내기 위해서 지배자는 상징(象徵 symbols) 등을 통한 설득과 물리적 강제(가치박탈, 심리적 폭력, 물리적 폭력), 즉 '사탕과 채찍(carrot and stick)'을 이용한다.[54] 설득에 의한 지배수단은 힘에 의한 강제보다는 '권력의 경제'(economy of power)라는 측면과 피치자의 심리파악이라는 측면에서 더욱 효과적인 수단이다. 설득방법은 지배자가 피지배자의 이성이나 감정(전통과 관습의 재편성) 또는 공리성(功利性-물질적, 정신적 여러 가치부여 보장)에 호소하여 복종을 얻어 내는 데 정치적 상징조작을 통한 감정적, 정서적 호소가 일반적으로 많이 사용된다.

스포츠 행위와 같이 정치행동에 있어서도 사람들은 여러 가지 상징이 불러일으키는 이미지에 의해서 움직이는 경우가 많다. 국기, 문장(紋章), 국가, 제복, 건축물, 의식, 제관식, 열병식, 동상, 초상회, 훈장 등의 정치적 상징을 통하여 지배자는 앞에서 지적했듯이 복종자에게 인간의 본능적인 '격리불안'에서 오는 어떤 정서적 공감대나 일체감의 희구(希求)심리에 호소하는 '동일시(同一視)의 상징'을 이용하여 권력을 은폐하고 신성화하며 미화시켜 복종을 유도한다. 또한 어떤 질서에 귀속되고자 하는 심리에 호소하는 이지적(理智的)인 '합리화의 상징'을 이용하여 복종자에게 권력의 정당화, 합리화를 설득하여 권력의 존속에 동의케 한다. 이미 언급한 바와 같이 권력의 두 가지 측면을 메리암은 각각 권력의 '미란다'(miranda)

54) 독일사회주의노동당(SAD)의 결성(1875)으로 활발해가는 사회주의운동을 탄압, 회유하여 독일제국의 충성스런 신민으로 만들기 위해 비스마르크(Bismarck 1815-1898)가 만든 사회주의자탄압법(1878)과 사회보험자입법(1883,1884,1898)을 보고 메링(Franz Mehring, 1846-1919, 독일의 전투적 마르크스주의자)이 전자를 '채찍'으로 후자를 '사탕과자'로 비유한 데서 유래; 李克燦, 앞의 책 p. 217.

와 '크레덴다'(credenda)로 불렀다. 한편으로 지배자와 복종자의 심리적 안정과 균형이라는 측면에서 앞에서 본 바와 같이 인간의 권력지향성과 복종지향성에 대한 프롬(E. Fromm)의 매저키즘적 성향과 새디즘적 성향의 양 측면을 인간은 누구나 동시에 공유하는 가학피학성(加虐被虐性)의 새도-매저키즘(sado-masochism)적 인간이기 때문에 균형적인 정치적 상징이 이루어져야 한다는 것이다.

(3) 통합성: 'Non zero-sum Game'

정치의 또 다른 본질은 권력의 대립과 모순과 분쟁을 이성의 힘으로 극복하고 조정하여 인간 스스로의 존립과 공동선(common good)을 추구하려는 통합성에 있다. 사회는 그 존속에 필요한 여러 가지 기능을 수행하기 위해 일정한 체계나 기구를 갖추고 일정한 규칙아래 사회전체 성원들이 받아들여질 수 있는 통일적인 결정(정책결정)을 만들어 제한적 가치를 합리적으로 배분하게 된다. 즉 사회가 유한적 가치의 배분을 둘러싼 분쟁과 갈등으로 치달아 무질서한 적자생존의 자연 상태로 추락하여 사회존립이 불가능하게 될 수 있기 때문에 일정한 개인의 자유를 양보하여 사회전체를 구속하는 '공권력'(public power)으로 통합 일체화시켜 사회의 평화와 질서를 유지하고 발전시키는 권력의 통합 및 융합작용이 있게 된다. 바로 자유와 권력과의 조화를 이루는 정치의 통합성이다.

정치권력의 통합성으로 권력이 사회공통의 이익을 가져다 줄 수 있다는 기대 아래 권력자(지배자)와 복종자(피지배자)사이에 공동이익의 추구를 위한 협력적인 공동행위가 발생한다. 사회이익이 되는 '공공문제(public issues)'는 통일적인 결정이 됨으로써 결정이 되지 않는 경우보다 민중(국민)전체의 이익(가치)이 증대된다는 점이다. 이 때 결정의 효과는 '넌 제로 썸 게임'(non-zero sum game)으로 흔히 '윈-윈 게임'(win-win game)이라고 부를 수 있다.

이런 점에서 정치는 인간 사회의 끊임없이 발생하는 모순과 대립과 분열로 추락하는 자신을 구제하기 위해 이성을 발휘하여 사회공동의 최고 가치와 최선의 가능성을 펼쳐가는 기술이자 수단이다. 즉 인간의 자유와 권력과의 조화를 이루어 내는 "정치는 하나의 예술이다"(Politics is an art)라고 비유(比喩)되면서 오랜 동안 회자(膾炙)되어 왔다.

참 고 문 헌

孔子, 論語 (서울: 成均書館, 1976)

박홍규, 정홍진, 임현진 공편, 스포츠 사회학(서울: 나남신서, 1992)

안민석 · 정홍익 · 임현진, 편저, 새로운 스포츠사회학 (서울: 백산서당, 2002)

梁東柱 編著, 20世紀 世界와 韓國 (동아일보사, 2001)

_____. 20세기 대사건 100장면 (가람기획, 2000)

양순창, "스포츠의 정치적 상징성과 상징조작 기제에 관한 연구," 「國際政治論叢」 제43집, (3)호 (2003)

李克燦, 政治學(서울: 法文社, 1995 제5개정판)

鄭仁興, 政治思想家評傳 (서울: 박영사, 1976)

Adam Brandenburger and Barry Nalebuff, Co-opetition: A Revolution Mindset That Combines Competition and Cooperation...The Game Theory Strategy That's Changing the Game of Business (Currency, 1996)

Andrew Strenk, "Sport As an International Political and Diplomatic Tool", Arean Newletter, 1

Aristotle, Politica(Politics, BC 350), trans. Benjamin Jowett in Richard Mckeon (ed.), Introduction to Aristotle (New York: The Modern Library, 1947)

Arthur F. Bentley, The Process of Government (Chicago: University of Chicago Press, 1908)

Blaise Pascal, Pensees(1669), trans. by W. F. Trotter (Grand Rapids: Christian Classics Ethereal Library, 1924, 1944, 申相楚 譯, 팡세 (서울: 乙酉文化社, 1959)

Caillois, R., 多田, 塚崎共編, Les Jeux et., Les Hommes(東京: 講談社 1973)

Charles. E. Merriam, Political Power (Glencoe: The Free Press, 1950)

Charles E. Merriam, Systematic Politics (The University of Chicago Press, 1946)

D. Easton et.al. (ed.), The Development of Political Science: A Comparative Survey (London: Routledge, 1991)

D. Stanley Eitzen and George Sage, The Socialogy of American Sport (Dubuque, Iowa: Wm. C. Brown, 1978)

David Easton, The Political System (New York: Alfred A. Knopf, 1953)
David. B. Truman, The Governmental Process (New York: Alfred A. Knopf, 1971)
Dino Bigongiari (ed.), The Political Ideas of St. Thomas Aquinas: Representative Selections (New York: Harfner, 1969)
E. E. Snyder & E. A Spreitzer, Social Aaspects of Sport (Englewood Cliffs: Prentice-Hall, 1983)
Edward Wong, "The Olympics: Snow Boarding; Riders Keep Looking for More Air Time," The New York Times, February 10, 2002
Erich Fromm, The Fear of Freedom (London: Routledge & Kegan Paul, Ltd, 1955, 李克燦 譯, 自由로부터의 逃避 (서울: 展望社, 1979)
G. Keyon, "A Sociology of Sport: On Becoming a Sub-Discipline," G. N. Sage (eds.), Sport and American Society (Don Mills: Addison-Wesley, 1974)
George Owell, "The Sporting Spirit", in The Collected Essays, Journalism and Letters of George Orwell, Volume 4 (Harmondsworth: Penguin Books, 1970, 1945)
Gunther Lu"schen, "The Sociology of Sport: A Trend Report and Bibliography," Current Sociology 15(No.3, 1967)
H. Lasswell and A. Kaplan, Power and Society (New Haven: Yale University, 1950)
Harold Lasswell, Politics: Who Gets What, When, How (New York: Meridian Books, 1958)
Harry Edward, The Sociology of Sport (Homewood, Il.: Dorsey Press, 1973)
Howard S.P. C. M Slusher, Man, Sport and Existence: A Critical Analysis (Philadelphia: Lee and Febiger, 1967)
John Bowring (ed.), The Works of Jeremy Bentham (New York: Russell and Russell, 1962)
John D. Lawther, Sport Psychology (Englewood Cliffs, N.J.: Prentice-Hall, 1972)
John Hoberman, Sport and Political Ideology (Austin: University of Texas Press, 1984)
John Hoberman, Sport and Political Ideology (Austin: University

of Texas Press, 1984)

John Locke, Two Treatises of Government, Peter Laslett (ed.), (New York: New American Library, 1963)

Joseph A. Schumpeter, Capitalism, Socialism and Democracy, 3rd (eds.) (New York: Harper & Row, 1950)

Los Angeles Times, "Co-opetition", Nov 20, 1937, p. a4

Maurice Duverger, The Idea of Politics: The Uses of Power in Society, trans. by Robert North and Ruth Murphy (Indianapolis: The Bobbs-Merill Co., 1966)

Metheny Eleanor, "Symbolic Forms of Movement: The Feminine Image in Sports," in Metheny Eleanor (ed.) Connotations of Movement in Sport and Dance(Dubuque, Iowa: Wiiliam G. Brown, 1965)

Michael Novak, The Joy of Sports: End Zone, Bases, Baskets, Balls, and Consecration of the American Spirit (New York: Basic Books, 1976)

Neal Patsy, Sport and Identity (Philadelphia: Dorrance, 1972)

Niccolo Machiavelli, The Prince (New American Library of World Literature, Inc., 1952)

P.C.Mcintosh, Sport in Society (London: C.A. Watts & Co Ltd, 1963).

Plato, The Republic(BC 360), trans. Benjamin Jowett (New York: Collier & Son, 1901)

Robert A. Dahl, Who Governs ? : Democracy and Power in an American City (New Haven: Yale University Preaa, 1961)

Robert Elias and Eric Dunning, "Dynamics of Sport Groups with Special Reference to Football," in E. Dunning, (ed,), Sport: Readings from a Sociological Perspective (Toronto: Toronto Press, 1970)

Robert N. Singer, Physical Education: Foundations (New York: Felt, Rinehart and Winston, 1976)

Roger G. Noll, Government and the Sport Business: Studies in the Regulation of Economic Activity (Washington D.C.: The Brookings Institute, 1974)

S. de Grazia, The Political Community (Chicago: The Univ. of Chicago Press, 1963)

Thomas Hobbes, Leviathan: On the Matter, Forme and Power of

a Commonwealth Ecclesiastical and Civil, Michael Oakeshott(ed.) (New York: Collier Books, 1962)

Weiss Paul, Sport: A Philosophical Inquiry (Carbondale: Outhern Illinois, 1969)

John Hoberman, "Sport and Ideology in the Post Communist Age," Lincoln Allison, ed., The Changing Politics of Sports (Manchester: Manchester University Press, 1993)

John Hoberman, "Sport and Ideology in the Post Communist Age," Lincoln Allison, ed., The Changing Politics of Sports (Manchester: Manchester University Press, 1993)

Harold Lasswell, Psychopathology and Politics (Chicago: University of Chicago, 1930)

Robert A. Dahl, Polyarchy: Participation and Opposition (New Haven: Yale University Press, 1971)

제 2 장 스포츠와 정치의 관계: 스포츠의 정치화와 정치의 스포츠화

1. 스포츠조직의 정치화

스포츠와 정치는 위에서 살펴 본바와 같이 내재적인 경쟁성과 상징성 그리고 협동성과 경기규칙(rule of game)의 공정성 등 공통된 동질성과 비언어성과 언어성, 불확실성과 확실성, 공개성과 비공개성(권력의 은폐) 등 상반된 이질성이 동시에 존재하고 있다. 그러나 이러한 이질성의 한계에도 불구하고 스포츠와 정치는 동전의 양면처럼 불가분의 관계를 갖는다. 우선 스포츠도 정치사회적 동물로서의 개인이나 조직자체 내부의 관계에서 정치와 마찬지로 권력과 권위, 영향력, 위신, 명예 등 사람과 사람과의 관계에서 발생되는 자연적인 여러 현상들이 불가피하게 일어난다. 특히 스포츠와 정치는 최종 승리를 위한 경쟁성의 특성으로 선수들의 소속팀 이적(移籍)이나 정치인의 당적변경, 팬과 유권자, 언론과의 민감성 등이 상호 비슷하다.

스포츠가 점차 조직화되면서 수많은 스포츠 팀, 리그, 선수, 결사체 및 행정기구가 출현하게 되고 이들 개인과 집단은 각각의 특성에 따라 제한적인 권력의 스포츠 권력을 놓고 경쟁하며 마침내 불평등하게 배분된 권력을 획득하게 된다. 여느 권력과 마찬가지로 스포츠 조직내부의 구성원과 다른 조직 간의 권력 배열 및 분배(power arrangement & distribution)를 놓고 자신들에게 유리하도록 벌이는 권력의 샅바싸움이라고 말할 수 있다. 예를 들면 선수와 구단주 간의 샅바싸움(1981년에 발생했던 미국 메이저리그 선수들 파업)이나 경쟁리그 간의 힘겨루기 [미국 프로 농구의 ABA(American Basketball Association)와 NBA(National Basketball Association) 그리고 권투의 WBA(World Boxing Association)와 IBA(International Boxing Association) 등], 또는 다양한 스포츠 행정 조직 간의 투쟁(아마추어 스포츠 조직과 프로 스포츠 조직, 농구협회와 대학농구연맹)이 모두 그러하다. 국제올림픽 기구의 경우에도, 그 중심에 국제올림픽위원회(IOC)가 있어 올림픽 개최지를 결정하는 최대 권한을 가지며 그 종속기관으로 국가올림픽위원회(National Olympic Committees-NOC)가 있고 다시 그 주변에는 준 독립적인 국제경기연맹(International Sports Federations-ISF 또는 국제연맹(International Federation-IF로 호칭)과 개최도시의 올림픽조직위원회(OCOG: Organizing Committee of the Olympic Games 또는 Olympic Organizing Committee-OOC로 호칭)를 두고 각각에 걸맞는 권력을 배열하고 분배한다.[1)]

한편으로 스포츠 경기의 규칙을 제정하고 집행하거나 경기를 조직하고 진행시키며 나아가 경기의 참가문제 등을 결정하는 모든 것들이 정치와 불가분의 깊은 관계를 갖게 되고 비정

---

1) 올림픽 정치는 뒤에 다시 논의.

치기구인 집행기구가 정치화(politicization)과정을 겪게 된다. 특히 정부기구를 통한 스포츠에 대한 국가의 영향력이 크게 작용함으로써 스포츠와 정치의 결합은 더욱 불가피하게 된다. 예를 들면 일반기업가의 스포츠기구 참여시 조세감면 혜택이나 프로스포츠 구단의 조세감면정책, 그리고 의도된 국내의 정치적 효용성이 뛰어날 팀 경기나 국제경기에서 자국이 상대적으로 우세할 경기종목을 유치하거나 참가를 결정하며 나아가 이러한 경기종목들을 위한 시설투자 등 다양한 국가의 스포츠정책이 모두 그러하다.[2)]

미국의 경우 프로스포츠와 관련하여 1922년 대법원은 1890년 의회에서 제정된 '셔먼 독점금지법'(Sherman Anti-Trust Act)에 프로야구가 포함되지 않는다는 판결을 내린 이후 지속적으로 아마추어와 올림픽 등 국제경기에까지 개입해오면서 스포츠의 정치화현상이 두드러졌다. 마치 스포츠가 대중교통이나 건강, 교육처럼 공공영역의 한 주요한 국가정책으로 확대된 것이다. 심지어 선수, 구단소유주, 도시, 팀 운영자, 코치와 관람자들 간에 벌어지는 내부 갈등에 간여하면서 중요한 트러블-슈터(trouble-shooter 해결사) 역할을 한다. 선수파업, 독점과 반독점의 문제, 보류조항과 선택조항, 리그에 의한 중계권 담합, 리그 합병, 도시의 프로스포츠 프랜차이즈 유치공작 등 수많은 문제들을 입법과 법원의 판결로 조정하고 해결한다. 근래에는 대학스포츠의 성차별문제를 해결하거나 미국시민으로서 선수와 코치들이 경험하는 성차별에 대해 입법부와 사법부가 대안을 찾기도 한다. 동시에 미국은 스포츠 폭력에 대처하기 위해 연방의회와 주 의회, 그리고 사

2) 국가와 스포츠의 관계는 뒤에 다시 논의.

법부를 개입시킨다. 예를 들면 1985년 의회에서 '스포츠폭력 중재법'(Sports Violence Arbitration Act)이 제정되어 경기도중 심한 폭력으로 부상이나 상해를 당했을 경우 프로스포츠 리그에서 중재를 맡아 해결토록 하는 시스템을 만들었다. 이와 같이 스포츠에 개입하지만 미국정부는 구(舊)소련 등 사회주의국가나 독재국가 정부 등과 다르게 스포츠를 강력한 중앙집권적으로 통제하거나 직접적 역할보다는 항상 간접적인 조정역할을 한다.

예외적으로 미국 연방정부는 국제경기에서의 부진한 경기실적을 개선하기 위해 직접적으로 대통령이 의회에 권고하여 1978년 '아마추어스포츠 법'(Amateur Sports Act)을 제정하여 미국대학스포츠협의회(NCAA), 미국올림픽위원회(USOC), 아마추어선수조합(AAU), 개별스포츠 단체 등을 포함한 아마추어 스포츠 조직 간의 협력부족과 오랜 반목을 불식하고자 했다. 이 법을 계기로 올림픽위원회가 아마스포츠의 주요 조정단체가 되었고 선수협의회(TAC)는 육상을 위한 조정단체로 아마추어선수조합(AAU)을 대신했다. 이 법안은 또한 3개 올림픽 훈련장에 1,600만 달러의 막대한 예산을 지원한 바 있다. 이밖에 앞서 지적한 정부의 스포츠정책으로 지역과 도시차원에서 스포츠를 촉진하기 위해 시와 주정부로 하여금 프로스포츠 팀에게 공공보조금과 세제혜택을 주게 하고 프로와 대학팀에게 값싼 가격으로 공공시설을 이용하게 한다.

이렇게 스포츠는 앞서 지적한 것처럼 그 자체의 내재적 속성이자 문화적 가치인 경쟁성, 상징성, 불확정성, 규칙성, 공개성, 협동성 등으로 국가의 내외적인 목적을 수행하는 데 있어 매개역할을 하는 수단이 되며 국가뿐만 아니라 정치지도자

의 개인적인 정치목적(선거당선, 권위나 위신제고 등)을 달성하는 데 이용되면서 정치화가 이루어진다.[3)]

2. 스포츠의 상징성에 의한 정치화

앞서 지적한 스포츠의 정치적 상징성에 의해 스포츠가 정치와 결합하여 스포츠의 정치화가 이루어진다. 첫째, 스포츠의 '동일시(동일화)의 상징'(symbol of identification)으로 스포츠경기가 바로 각 개인들의 감정적 또는 합리적 애착심으로 자신이 속한 특정 공동체(학교, 직장, 지역사회, 국가 등)를 확인하는 '커뮤니케이션의 장'(場)이 되어 '나와 적'을 여러 가지 상징으로 구분하게 된다. 여기서 동일화는 자아와 타자가 혼돈되어 자아가 그 역할을 수행하기 원하는 타자에게 감정을 이입시키거나 타자와 일체가 되어 동화하는 것으로 사회적 동의성을 갖는 근거이면서 불특정 일반인의 사고를 강제나 명령 없이 '우리'의 사고와 감정을 형성함으로써 관념을 행동으로 나타내게 한다. 곧 스포츠라는 허구의 세계가 국민들로 하여금 실제 경험하는 사회 환경으로 착각케 함으로써 스포츠에서의 승리를 국가발전과 민족의 영예를 드높이는 애국적 행동으로 동일화시키는 것이다. 또한 스포츠가 어떤 특정인이나 팀을 영웅시함으로써 팬들로 하여금 스포츠영웅이나 스포츠기업, 팀, 국가와 동일화시켜 자기의 소속 집단이나 사회 속에서 자신의 존재의의(存在意義)를 인식하는 것처럼 착각케 한다.

---

3) 정치가의 스포츠 이용은 레이건 미 전 대통령과 대처 영국 전 수상, 카스트로 쿠바 수상과 전두환 한국 전 대통령 등 민주국가와 독재국가지도자들의 사례로 뒤에 다시 논의.

상징조작의 기재(器材)로는 아마추어스포츠와 프로스포츠에서는 주로 학연이나 지연이란 동일시의 상징을 이용하며 국가 간의 스포츠 경기에서는 주로 국가주의나 배타적인 민족적 정서가 이용된다. 이러한 스포츠의 배타적 민족주의 상징성에 대해 에드워드 웡(Edward Wong)은 "전쟁 외에 올림픽이 세계에서 가장 두드러진 '민족주의 포럼'이라고 할 수 있을 것이다. 국가 간의 장벽을 극복하는 데 스포츠만큼 더 많은 기대를 받는 것도 없지만 스포츠에서만큼 그런 기대가 더 두드러지게 무너지는 곳도 없다"고 하였다.[4] 이러한 국가 간 스포츠경기에서의 배타적 민족주의 성향에 대해 존 호버만(John Hoberman)은 일찍이 '스포츠민족주의'(sportive nationalism)라는 하나의 복합적 이데올로기를 창안하여 연구한 바 있다.[5]

이러한 동일시의 상징조작은 국내외 정치상황에 큰 파장을 가져온다. 우선 국내적으로 국민통합과 화합 그리고 갈등의 전환국면을 위한 기폭제로 작용하며 계급간의 적대감을 고취하는 데도 사용되어 역사적으로 영국의 노동자 계급이 자본가 계급에 대항하기 위해 내부적 연대를 공고히 하고 외부적 적대감을 고취시키기 위해 스포츠를 이용했다.[6] 국제적으로 국가 간의 스포츠 경쟁은 적대국이나 우방국을 막론하고 자국 국민들로 하여금 민족주의나 국가주의 또는 애국주의를 자극

---

4) Edward Wong, "Olympics, Snowboarding; Riders Keep looking for More Air Time," The New York Times, February 10, 2002; 양순창(2003), p.56.

5) John Hoberman, "Sport and Ideology in the Post-Communist Age," in Lincoln Allison ed., The Changing Politics of Sport (Manchester: Manchester University Press, 1993), p. 15-36. 뒷장에서 다시 논의.

6) John Hargreeves, Sport, Power and Culture(Oxford: Polity Press, 1986), p. 110; 양순창(2003), p. 56.

하여 국익을 도모한다. 또한 국제 스포츠경기에서 국내의 내적 갈등을 외부의 공동체와의 갈등구조로 연계(連繫)시키는 전략 즉 연계정치(linkage politics)로 이용하기도 한다.[7]

둘째, 스포츠의 지배적 상징으로 스포츠 경기에서의 승리가 곧 '상상적 공동체'의 상대적 우월성을 상징함으로써 인간의 본능적인 지배 욕구를 충족시켜주는 수단으로 작용한다. 럿셀(Bertrand Russell)의 주장처럼 인간이란 다른 동물과 달리 생존과 생식(生殖)이란 일차적 욕구가 충족된 후에도 끊임없이 상상력(imagination)에 이끌리어 무엇이든 하지 않고는 가만히 있을 수가 없는 존재이다.[8] 인간은 이렇게 본능적으로 끊임없이 자기를 확장시키려는 욕망을 갖고 있으며 이를 충족하기 위해서는 다른 사람에 대해 우월적 지위를 얻어야 하며 이를 위해 경쟁과 공격의 욕구로 나타난다. 여기서 캐시모어(Ellis Cashmore)가 지적했듯이 스포츠는 인간의 이러한 본능적인 경쟁과 공격 욕구를 충족시킬 수 있는 하나의 수단을 제공한다.[9] 따라서 스포츠를 통한 경쟁은 앞에서 언급했듯이 '무기 없는 전쟁' 또는 '춤추는 전쟁'으로 경기에서의 승패가 '나와 남'의 우열을 가리며 승자는 개인적, 지역적, 국가적, 민족적, 인종적, 그리고 종교적 우월감을 느끼게 되며 지배 욕구를

---

7) James Rosenau, Linkage Politics; Essays on the Convergence of National and International Systems(New York, Free Press, 1969) 참고.
8) Bertrand Russell, Power (London: George Allen & Unwin, Ltd., 1938), pp. 7-9, 李克燦 譯, 權力論 (서울: 法文社, 1982), p. 7-9.
9) Ellis Cashmore, Making Sense of Sports (London: Routledge & Kegan Paul, 2000), 정준영 역, 스포츠 그 열광의 사회학(서울: 한울아카데미, 2001) p. 284.

충족시킨다.

이러한 상대적인 우월적 지위를 확보하기 위한 스포츠 경기에서의 승부에 대한 격렬한 경쟁은 자주 물리적 폭력사태를 초래하기도 한다. 유럽 축구경기에서 주로 과격한 민족주의자들이나 인종차별주의자들에 의한 폭력이나 하키경기에서 행해지는 폭력사태 등은 더욱 유별나다. 1985년 5월 30일 브뤼셀의 헤이젤 스타디움에서 열린 유럽축구챔피언전의 이탈리아-영국 간의 최종경기에서 양국 팬들이 난동을 일으켜 36명이 사망하고 250명이 부상당한 헤이젤 사건은 유럽 축구경기의 다발적인 폭력사태의 한 유형에 불과하다.[10] 이러한 폭력사태는 영국의 칼럼니스트 제이콥슨(H. Jacobson)의 지적처럼 본래 인간의 본능적인 공격욕의 문명화된 표현, 즉 '살해의지의 문명화'로 규정되어 스포츠가 폭력과 원초적으로 연결되어 있다할 수 있다.[11] 한편으로 승부에 대한 과도한 집착은 폭력 외에도 불공평한 대회운영이나 심판의 부당판정 등 여러 부작용을 낳기도 한다. 2002년 미국 솔트레이크 시티 동계올림픽에서 미국과 러시아간의 냉전적 갈등과 쇼트트랙 스피드 스케이팅 남자 1500m 결승에서 1위로 들어온 한국의 김동성(金東聖)을 실격 처리하고 미국의 아폴로 안톤 오노에게 금메달을 수여한 사건은 '스포츠테러'로 비판을 받았다. 9.11테러 이후 개최국 미국은 이러한 불공평한 대회운영과 부당판정으로 자국선수들의 영웅 만들기와 9.11테러사건 당시 찢겨진 성조기를 등장시켜 애국심을 고취시키는 등 부정적인 스포츠정치화의 전형(典型)을 남겼다.[12]

---

10) 梁東柱 編著, 20世紀 世界와 韓國(동아일보사, 2001) 하권 p. 576, 참조
11) Independent, June 6, 1988.
12) Sally Jenkins, "Peaceful Games, Cold War Sentiment", Washington

한편으로 앞에서 지적한 내외적 상황의 '연계이론'에서 본 바와 같이 사회내부에 항상 존재하는 여러 가지의 정치사회적 억압은 그 강도가 심할수록 이를 해소할 수 있는 돌파구가 필요하며 이를 위해 외부에 공동의 적을 설정하고 그 적을 통해 억압된 지배적 공격심리를 해소하는 방법이 번번이 사용되며 스포츠 경기가 바로 이러한 국내외의 정치사회적 목적을 달성하는 데 이용되기도 한다. 특히 아시아, 아프리카 그리고 남미 등지의 군사독재 정권처럼 제3국의 후진개발 독재국가에서는 이러한 사례가 자주 일어났다. 쿠바의 카스트로 수상이 독재정권의 체제안정과 반미(反美)시위를 위한 국내경기와 올림픽과 같은 국제경기에서 체제선전과 사회주의 정치이념을 전파하는 수단으로 스포츠가 이용되는 좋은 사례들이다. 한국의 과거 군사독재정권도 축구나 야구 등 한·일 간의 스포츠 경기에서 민족적 적대의식을 자극하며 안으로는 체제안정을 도모하거나 라틴아메리카의 불안한 국내정세로 인한 억압된 군중심리가 스포츠 경기를 통해 폭발한 사례들도 허다하다. 1969년 엘살바도르와 온두라스의 축구전쟁, 그리고 1982년 포클랜드 영유권을 둘러싼 아르헨티나와 영국 간의 전쟁에서 시작된 양국 국민들 간의 공격적 앙금은 1986년 멕시코 월드컵에서 아르헨티나와 영국 훌리건(hooligan) 간의 폭력사태로 나타나기도 했다.

셋째, 스포츠의 보수적 상징성은 체제유지 및 현상유지

Post, February 25, 2002; Mitch Albom, "In Utah, Most Got What They Deserved", Detroit Free Press, February 25, 2002; 양순창 (2003), p. 59.

에 기여한다.[13] 우선 스포츠는 경기진행을 위한 규칙준수의 당위성(當爲性)으로 사회의 기존질서와 안정을 유지하도록 촉진한다. 스포츠 규칙은 사회적 신분이나 인종, 성별 등에 차별적으로 적용되지 않고 누구에게나 보편적으로 균등공평하게 적용되기 때문에 규칙준수는 당연한 당위성을 갖는다. 부적절한 경기규칙이 있을 수 있으나 일단 기존의 주어진 규칙이 지켜지지 않으면 경기자체가 불가능하기 때문에 일정한 절차로 개정되기 전까지는 규칙준수의 당위성이 침해받지 않는다. 이러한 규칙준수의 당위성은 스포츠 선수들을 포함한 모든 행위자들에게 자신들이 속한 조직사회를 존중하고 자신들의 위치에 걸맞은 행위양식을 습득하며 나아가 준법정신을 함양시키는 등 '스포츠의 정치사회화'(political socialization) 기능을 갖는다.

스포츠의 보수적 상징성은 체계의 수준에서나 개별 행위자들의 수준에서든 스포츠에 내재된 사회화 기능에 의존하고 있다. 구조적인 측면에서는 기존사회의 제도적 장치를 답습하며 기능적인 측면에서는 스포츠 활동이 행위자들에게 보수적 태도를 주입시켜 체제유지와 현상유지 방향으로 기울게 한다. 앞서 지적했듯이 스포츠 팀이나 각종 스포츠 단체와 행정기구들도 현실 정치조직과 같이 스포츠 활동상의 주도권을 둘러싸고 첨예한 세력다툼을 벌이고 권력의 불평등적 배분은 정치권력의 배분을 놓고 벌이는 경쟁과

13) 영국의 식민 지배를 받던 인도 등지에서 실시된 영국 팀과의 크리켓경기에서 인도 팀이 대영 국민저항의 수단으로 이용했던 사례에서 보듯이 스포츠를 적극적 저항의 공동체 형성이란 측면에서 보면 스포츠의 보수성은 부정된다고 볼 수 있다.

같은 양상을 보이게 된다. 곧 스포츠 조직들은 그 자체가 현존하는 정치질서를 모방하며 이를 통해 현존 정치질서를 옹호하고 강화하는 이데올로기적 기능을 간접적으로 수행한다고 말할 수 있다.

엘리트 선수들의 경우도 마찬가지로 현재 자신들이 받고 있는 특별한 대우로 인해 현존질서에 순응하며 기존의 권위를 존중하게 된다. 또한 국제경기에서 자신들의 국가대표성을 국가에 대한 충성심으로 연결하면서 버클리 대학의 에드워즈(Harry Edwards)교수가 들고 있는 스포츠의 7가지 가치 즉, 규율(자기수양, 자기통제, 사회질서), 경쟁(불굴의 정신개발과 적극적인 생활관), 육체적 · 정신적 건강, 성격개발(정의, 협동, 인내, 관용, 희생, 이타심, 충성심 등), 종교심, 애국심 등 여러 가치 중에서 '애국심'을 강조하게 된다.[14] 이들의 보수적 태도와 성향은 그들의 팬들에게 체제 순응적 정치의식을 형성하는 데 주요한 영향을 미친다.

이와 같은 스포츠의 보수적 상징성은 사회적 가치를 전파하고 사회적 합의와 통합 그리고 사회질서와 안정을 도모하며 사회적 이동과 정치적 유대감을 촉진하는 스포츠의 기능적 측면의 관점(보수적 시각)에서 뿐만 아니라 다른 한편으로 사회적 갈등을 은폐하고 전환시키는 역기능적 측면의 관점(마르크스적, 변증법적, 그리고 급진적 시각 등)에서도 크게 작용한다.

먼저 스포츠의 기능적 시각에서 제임스 프레이(James Frey)와 하워드 닉슨 2세(Howard Nixon)는 스포츠의 사회통합, 의사소통, 조정협력, 기능과 경험, 그리고 가치와 문화

---

14) Harry Edwards, Sociology of Sports (Homewood: Dorsey Press, 1973), p. 29.

의 현대화 등 5가지 역할로 설명하고 있다.[15] 첫째, 신생독립국가나 개발도상국가에서 스포츠는 가장 중요한 역할로 다양한 인종, 계급, 계층, 정치, 종교, 문화적 집단을 통합하는 것이다. 아프리카의 가나, 코트디브아르, 카메룬, 나이지리아, 세네갈, 토고 등은 대중스포츠 축구를 통해 신생독립국으로서, 개발도상국으로서의 국가발전을 위한 사회통합을 시도했다. 또한 중남미의 쿠바와 니카라과와 같은 혁명정권의 정치지도자들도 정치적 안정을 도모하고 국가 정체성을 확립하는데 스포츠를 활용했다. 쿠바의 카스트로 혁명정부는 엘리트스포츠를 육성함으로써, 니카라과의 산디니스타(Sandinista, 민족해방전선)혁명정부는 대중스포츠 프로그램을 통해 각각 혁명이후 사회의식을 응집시켜 국가적 일체감을 조성하고 정권의 정당성을 홍보하면서 국가발전을 시도했다. 카스트로는 또한 체력을 향상시키고 규율과 단합을 촉진하며 국민적 지지를 유도하기 위해 폭넓은 스포츠 프로그램을 제도화하였고 프로스포츠 대신 엘리트, 아마스포츠를 강조하여 올림픽에서도 국제적 위상을 높였다. 나아가 정통성(legitimacy)을 확보하고 국민적 지지와 국민통합 그리고 국제적 위상을 드높이며 남북한 간 체제경쟁의 우위를 확보하기 위해 한국의 장기집권 군사정부들(박정희 朴正熙 · 전두환 全斗煥 · 노태우 盧泰愚)도 한 결 같이 스포츠정책을 강화하여 학교체육과 엘리트스포츠

15) James Frey, "The Internal and External Role of Sport in National Development," Journal of National Development, 1988, 1, pp. 65-82; Howard Nixon II, "The Background, Nature, and Implications of the Organization of the 'Capitalist Olympics'," in J. O. Segrave, and D. Chu, eds., The Olympic Games in Transition (Champaign, IL: Human Kinetics, 1988), pp. 237-51; 안민석 · 정홍익 · 임현진, 편저, 새로운 스포츠사회학 (서울: 백산서당, 2002), pp. 187-191.

를 발전시켰다.[16]

둘째, 스포츠는 국가발전을 위한 제도변화의 커뮤니케이션 통로역할을 한다. 스포츠경기는 지방이나 국가 지도자들은 국민들에게 긴급한 정치, 경제, 사회적 변화를 알리는 공간이 될 수 있다. 구소련은 2차 세계대전 직후 스포츠를 현대화 과정의 주요한 수단으로 인식하여 '건강, 위생, 방위, 통합 생산성, 국가건설과 국제적 인지를 스포츠에 연계시켰다. 아프리카 다수 국가들은 농업정책, 보건위생 정책, 출산 통제정책 등과 관련된 국가정책을 홍보하고 동참시키는 데 스포츠경기장을 활용해 왔다.

셋째, 스포츠는 지방정부와 국가조직 간에 조정과 협력을 위한 모델을 확립해준다. 주요 스포츠경기를 위한 기획과 행정이 각 정부와 사회의 목표를 하나로 묶는 경험을 국민들과 단체들에게 제공할 수 있다는 점이다. 이러한 스포츠의 기획과 협력을 위한 네트워크는 개발도상국의 제도적 인프라 구축을 위한 다른 영역과의 조정과 협력을 촉진시킬 수 있다. 동시에 이러한 네트워크 내에서 지방과 지역단위에서 정책을 실행할 때 중앙정부가 이를 효과적으로 활용할 수 있다.

넷째, 스포츠는 자체의 조직과 행정경험으로써 지방과 중앙정부 지도자들에게 사회와 국가발전에 활용되는 훈련공간을 제공한다. 즉 스포츠는 스포츠단체들에게 미래의 발전을 위한 기능과 경험을 갖게 하고 이는 개발도상국들의 사회 각 영역에 같은 파급효과(spill-over effect)를 가져올 수 있게 한다. 앞서 지적한 아프리카의 가나, 코트디브아르, 카메룬, 나이지리아, 세네갈, 토고 같은 국가들은 축구경기를 기획하고

---

16) 한국 군사독재정부의 스포츠정치화에 대해서는 뒷장에서 재논의.

운영하면서 얻은 경험을 활용하여 국가발전을 위해 필요한 문서작업과 의사소통 기능을 향상시켰고 국민들도 표준화된 규칙에 따라 정해진 환경에서 일상생활을 운영하는 방식을 배우게 되면서 스포츠를 통한 인간 자원개발이 국민들로 하여금 공공선(公共善 public good)을 위한 높은 시민의식을 고취로 연결된다.

끝으로 스포츠는 국민들의 현대적 가치와 문화적 경험을 촉진시킨다. 신생국들이나 개발도상국들은 산업, 교육, 과학, 기술 분야 등에서 선진 국가들을 따라잡기 위해 이들의 현대화 발전전략을 도입했다. 스포츠도 자연히 문명화과정의 일부로 전통적 가치와 문화가 현대적 가치와 문화적 경험으로 균형을 이루면서 현대화를 이루어왔다. 이는 앞서 지적한 의사소통 수단으로서의 스포츠와 관련하여 라틴아메리카나 아프리카의 축구경기와 올림픽관람, 그리고 구소련이나 북한 등 공산권국가에서 보여주는 대규모 매스게임 등은 국가적 목표가 국민들에게 직접 전달되는 수단으로 활용한다.

그러나 현대적 가치를 일방적으로 강조하는 스포츠는 개발도상국들의 전통적 가치와 충돌할 수 있으며 토착 스포츠가 현대의 기업스포츠로 대체되면서 지역문화와 사회 환경이 크게 무시된 사례들이 많다. 케냐의 그랑프리 자동차경주, 남아공의 골프, 카리비안의 크리켓, 도미니카의 메이저리그 야구 등이 그러하며 이에 대해 스토다트(Brian Stoddart) 같은 학자는 전통적 지역스포츠는 독자적으로 운영되어야 한다고 주장한다.[17]

---

17) Brian Stoddart, "Sport in the Social Construct of the Lesser Developed World: A Commentary," Sociology of Sport Journal, 1989, 6, pp. 125-35.

다른 한편으로 스포츠의 역기능적 갈등시각에 의하면 스포츠는 곧 현실사회의 반영물로서 현존체제를 정당화하고 허위의식을 가져다주며 현재 상태에 만족하게 하는 '아편'이라는 것이다.[18] 나아가 경기나 비공식적 스포츠는 잠재적인 활력을 부여하지만 공식적 빅게임은 지나친 경쟁으로 착취적이고 비인간적이며 병리적인 가치만을 가르치며 그 결과 이러한 비인간적, 착취적, 엘리트적인 스포츠체제 때문에 선수들이 소외(alienation)당한다는 것이다.

마르크스 정치사상에 기반을 둔 갈등이론은 스포츠가 이렇게 은폐되어 현실 속에 상존하고 있는 정치사회적 갈등관계를 동일시의 상징적 속성으로 가상공동체와의 대립관계로 전환시킴으로써 자본주의 시장경제사회의 사람들(대부분 노동자들)로 하여금 허구적(虛構的) 흥분과 즐거움의 만족을 갖도록 은밀하게 강제되고 조작되면서 현실공동체로부터 이탈하게 만들고 이를 통해 공동체의 '탈정치화(depoliticization)'를 조장한다는 것이다. 갈등이론은 스포츠가 궁극적으로 시장경제사회에서 자본의 경제권력을 가진 사람들의 이익만을 증대시키는 것으로 노동자들은 정치사회적 갈등을 해소하고 변화시킬 필요로부터 관심을 돌리게 하는 도피주의적 활동에 감정적으로 몰두하게 한다는 것이다. 결과적으로 스포츠를 통한 이러한 정치적 무관심(political indifference) 등 '탈정치화' 경향은 더욱이 정치인들의 부정부패로 인한 국민들의 정치에 대한 혐오감이 상대적으로 강할수록 보다 효과적으로 이루어진다고 볼 수 있다. 동시에 페어플레이(fair play)와 규칙준수

18) Paul Hoch, From Rip off the Big Game(Doubleday & Company, Inc, 1972), p.10.

등 스포츠의 가치와 이념 그리고 스포츠 활동에서의 성취가 정치현실에서 자주 나타나는 뇌물이나 신분에 의해 이루어질 수 없다는 점도 부패한 현실정치와 뚜렷한 대조를 이루어 스포츠 행사에 대한 대중적 지지를 확산시키는 하나의 이유가 된다는 것이다.[19]

이러한 스포츠의 역기능적 측면을 재강조한 마르크스주의자, 장 마리 브롬(Jean-Marie Brohm)은 같은 맥락으로 스포츠를 산업자본주의의 산물로 보고 스포츠가 사람들에게 허위의 도피감을 만들어주고 소외된 자들에 대한 보상기재(報償器材)로 작용한다고 보았다.[20] 그는 스포츠가 실력주의와 숙련정도에 따른 성공을 예찬하고 이는 곧 상업주의(commercialism)를 찬양하며 신체를 기계에 예속시키는 기술주의적 입장을 옹호한다고 보았다. 또한 스포츠는 기록에 대한 끊임없는 도전을 통해 잘못된 사회발전론을 오도한다는 것이다.

다시 말해 스포츠의 보수적 상징성은 스포츠의 자본주의 상품화로 더욱 강화되어 자본주의 경제체제를 위한 정당화의 이데올로기로 작용한다는 점이다. 왜냐하면 스포츠는 일종의 상품으로써 마르크스가 지적한 초(超)감성적인 도착적(倒錯的) '물신주의'(物神主義 fetishism)를 조장하여 사회의 구조적인 문제들을 은폐시키기 때문이다.[21] 이는 곧 선수들의 연봉차이

---

19) Mark Weisbrot, "Why Americans Prefer Sports to Politics", Knight-Ridder/Tribune Media Services, October 26, 2000; 양순창(2003), p.60, 참고.

20) Jean Marie Brohm, Sport: A Prison of Measured Time, translated by Fraser I., Worcester(London: Pluto Presss, 1978), p.175.

21) Karl Marx, Capital (London: Penguine Books, 1976), Vol. I, p. 899.

가 각각의 기량(技倆 skill) 차이에서 생겨나듯 자본주의 경제의 빈부격차가 마치 개인 간의 능력 차이에서 생겨나는 것과 같은 '허상'(虛像)을 만들어 내기 때문이다. 또한 모든 선수들에게 동일한 규칙이 적용되는 것과 같이 자본주의 경제에서도 모든 개개인들에게 동일한 경쟁규칙을 제공하며 그 경쟁의 결과는 결국 개개인들의 몫이라는 인식을 확산시켜 나가기 때문이다. 기회균등과 사회적 유동성이란 이데올로기를 확산시키고 자본주의 사회에서의 경쟁에서 낙오된 경제적 약자들을 결국 '위장된 자본주의 질서'에 통합시킴으로써 그들의 체제에 대한 부정적 연대를 사전에 차단 또는 약화시킨다는 것이다.[22)]

스포츠의 이러한 보수적 상징성은 에드워즈(Harry Edwards)가 지적했듯이 결국 스포츠가 자본주의 체제에 현존하는 계급, 계층, 인종, 성의 불평등 구조를 강화시킨다는 사실을 시사하며 이는 스포츠내의 변화의 필요성을 제기하기도 한다.[23)] 1968년 멕시코올림픽에서 보여준 미국 흑인 육상선수 토미 스미스(Tommie Smith)와 카를로스(John Carlos)의 '블랙파워' 혁명은 1960년대부터 불어 닥친 미국 자본주의사회의 인종차별 철폐운동의 또 다른 표본이었다.

끝으로 스포츠는 다양한 외교적 상징을 내포하고 있다. 국제스포츠 경기에서 식전 행사에 행해지는 참가국들의 국호사용과 국기게양, 국가연주 그리고 경기에서 승리한 팀이나 선

마르크스의 '상품의 물신성'은 죽은 사물이 살아있는 인간을 지배하는 불가사의의 비밀스런 성질을 말한다.

22) 양순창(2003), p. 60.

23) Howard. L. Nixon II and James. H. Frey, A Sociology of Sport (Belmont: Wordsworth publishing Co., 1996), P. 45; Harry Edwards(1973) 참고.

수의 국기가 게양되고 국가가 연주된다. 이러한 스포츠의 외교적 상징성은 실제 국제정치에서 행해지고 있는 여러 가지 유형의 정치 외교적 행위를 현시화(顯示化)하는 수단으로 사용된다. 따라서 스트렝(Andrew Strenk)이 지적했듯이 스포츠는 외교적 승인과 거부, 정치적 이데올로기의 전파, 국가위상(位相)의 제고, 국제적 이해와 평화증진, 저항, 총알 없는 전쟁 등의 수단으로 사용되고 있다.24)

첫째, 스포츠가 외교적 승인이나 거부의 정치화 수단으로 활용되는 방식으로 특정국가의 국제경기 참가문제가 현실적인 외교승인 문제와 직결되어 국제 외교전이 치열했던 사례들이 많다. 2차 세계대전이후의 분단국들 간의 치열한 스포츠 외교전이 그렇다. 동서독과 남북한, 남북베트남, 남북예멘, 그리고 중국과 대만 간의 경우가 모두 그러하다. 또한 군사쿠데타나 비민주적 절차에 의해 정권이 교체된 독재국가나 권위주의 국가들의 새로운 정권도 국제스포츠 행사에 참가한 자국 팀이나 선수들을 통하여 국제적 승인과 세계무대에서의 자신들의 정당성을 합리화하고 선전하기도 한다. 아프리카와 아시아의 많은 신생 개발도상국들도 국위선양을 위해 국제스포츠 경기에 참가하고 좋은 성적을 거두기 위해 총력을 기울인다. 한편으로 남아프리카공화국은 1948년부터 1994년까지 백인정부가 실시한 인종차별정책(Apartheid)때문에 약 30년간 올림픽은 물론 국제스포츠경기에 참여할 수 없었다. 바로 스포츠가 국

24) Andrew Strenk, Sport as an International Political and Diplomatic Tool," Arean Newsletter, 1977, 1, p. 3–10 ; A. Strenk, "What Price Victory? The World of International Sports and Politics," Annals of the American Academy of Political and Social Science, 1979, 445, pp. 128–40; Jim Riordan and Arnd Kruger, ed., International Politics of Sport in 20th Century(London: E & FN Spon, 1999) 참고.

제사회의 외교적 거부수단으로 작용했기 때문이다. 유엔과 유럽 및 아프리카 국가들이 각각 남아공에 대한 인종차별반대 선언문(1977년)과 스포츠교류금지요청에 관한 협약(1978) 등을 채택했다.

둘째, 국제스포츠 경기가 정치적 이데올로기를 전파하는 수단으로 이용된 사례가 많다. 스포츠경기가 상대방 선수와의 경기일 뿐만 아니라 상대국과의 정치적 경쟁으로 동일시되어 스포츠의 승리는 곧 정치체제의 승리로 해석될 수 있기 때문이다. 스포츠를 자본주의의 아편이라고 경원시했던 소련이 제2차 세계대전 이후부터 올림픽 등 국제경기에 참가하여 사회주의체제를 선전하고 영향력을 확대했다. 미·소의 냉전에서부터 고르바초프의 개혁개방 이전까지 스포츠는 공산주의의 체제선전과 이데올로기 전파의 가장 경제적이고 가장 효과적인 수단이 되었다. 그 결과 소련은 아프리카, 아시아, 라틴아메리카 지역 국가들로부터 공산주의 체제와 이데올로기에 대한 지지세를 크게 확산했다.[25] 동시에 동독이나 헝가리 등 소련의 위성국가들도 1952년부터 1989년 혁명 전까지 하계와 동계올림픽에서 최고상위권을 차지하면서 동서대결의 체제우위를 여실히 선전했다. 동독의 경우 1956년 하계올림픽에서 종합성적 15위권에서 1976년에는 일약 2등을 차지하였고 1988년에는 미국에 이어 3위를 기록했으며 1956년 동계올림픽에서는 16위였으나 1980년 경기에서는 미국과 소련을 따돌리고 1위를 기록했다.[26]

---

25) Thomas B. Larson, Soviet-American Rivalry(New York: W. W. Norton & Company, Inc, 1978), pp. 114-166, 참조.

26) Jim Riordan, "Soviet-Style Sport in Eastern Europe: The End of an Era", in Lincoln Allison, ed., The Changing Politics of Sport(Man

미국 또한 중앙집권적 차원과 간접적 차원에서 큰 차이가 있지만 소련과 거의 비슷하게 강력한 국가개입으로 국제경기에서 자본주의 체제선전과 이데올로기 전파를 위해 노력했다고 볼 수 있다. 앞서 지적했듯이 미국은 국제경기에서의 부진한 경기실적을 개선하기 위해 직접적으로 대통령이 의회에 권고하여 1978년 '아마추어스포츠 법'(Amateur Sports Act)을 제정하여 재정지원과 선수선발방식 등 구조적인 스포츠의 상향조정을 시도하기도 했다.

한편 앞서 지적했듯이 1936년 베를린올림픽을 이용하여 히틀러 또한 반공산주의와 반유태주의를 축으로 한 독일민족주의(Germanism)의 기치아래 체제선전과 게르만 아리안족의 우수성을 인위적으로 조작하려했다.

셋째, 국제스포츠 행사가 정치적 저항수단으로 이용된 사례들도 많다. 1948년 런던올림픽에서 제2차 세계대전의 3국 추축동맹국이었던 독일, 이탈리아, 일본이 대회참가를 거부당했으며 1979년 소련의 아프가니스탄 침공에 대한 저항표시로 미국과 일부 서방동맹국들이 1980년 모스크바 올림픽에 불참한 바 있으며 이에 대한 보복으로 1984년 로스앤젤레스 올림픽에 소련을 위시한 공산권국가들이 불참했다. 앞서 지적한 바와 같이 미국 흑인선수들은 백인사회의 인종차별에 저항하기위해 국제스포츠대회를 이용하였다. 1968년 멕시코올림픽에서 미국 흑인 육상선수 토미 스미스(Tommie Smith)와 카를로스(John Carlos)는 각각 200m 경기의 금 · 은 메달수여식에서 미국 국가가 울려 퍼질 때 검은 스카프와 검은 장갑을

---

chester: Manchester University, 1993), pp. 37-57; 梁東柱(2001), 하권, pp. 56-633, 참조.

낀 채 두 주먹을 들어 올려 흑인들에 대한 차별대우에 항의했다. 또한 남아프리카공화국의 인종차별에 대한 저항으로 국제적인 보이콧이 수차례 이루어져 왔음이 앞서 지적되었다. 남아공은 결국 1991년 6월 온건한 드 클레리크 백인정권이 토지법, 집단지역법, 인구등록법 등 인종차별의 3대 악법을 폐지함으로써 올림픽과 여타 국제스포츠 무대에 재진입하게 되었다.[27)]

넷째, 국제스포츠경기가 화해와 평화의 상징으로 이용된다. 스포츠는 상호교류 및 신뢰를 증진시켜 전 인류를 한 곳에 모을 수 있는 '세계 공통어'이다. 스포츠 경쟁은 국가와 문화를 초월하여 국제이해와 친선, 그리고 평화를 증진시켜주는 촉매작용을 한다. 1971년 미·중간의 핑퐁외교와 그리고 1986년 아시안게임과 1988년 서울올림픽을 전후한 한국의 대(對) 공산권 '북방외교'등이 결국 국교수립을 가져왔고 1990년대 탈냉전이후 남·북한은 다양한 스포츠 교류로 평화증진을 위한 노력을 계속해 왔다. 남북한 분단 45년만인 1990년 10월 남북통일축구의 평양·서울 교차 개최, 91년 3월 일본 지바세계탁구선수권 단일팀 참가(여자단체 우승), 91년 5월 세계청소년축구선수권 단일팀참가(8강 진출), 1999년 평양 남북노동자축구대회와 서울과 평양에서 교차 개최된 통일농구대회, 2000년 남북통일 탁구대회, 2002년 9월7일 서울 상암동 월드컵경기장에서의 남북통일축구대회, 그리고 2000년 시드니올림픽에 이어 2004년 아테네올림픽에서 한반도기를 앞세운 남북한 공동입장 등이 대표적 사례들이다. 2008년 베이징올림픽에서는 남북한 단일팀 구성도 논의했었다. 또한 국제경기

27) 양동주, 20세기 대사건 100장면 (가람기획, 2000) p. 438.

에서 한 국가 팀을 후원하고 경기시범과 훈련을 위해 다른 국가에게 스포츠사절단이나 원정훈련 팀을 보내어 국가 상호간에 우호적 관계를 맺기도 한다.

다섯째, 국가위상을 높이는 수단으로서의 스포츠의 정치화 케이스이다. 국위를 선양하는 수단으로 스포츠를 활용하는 사례는 아프리카, 아시아, 중남미의 개발도상 국가에서 흔히 일어난다. 국제스포츠경기는 자국의 정치, 경제, 군사적 비용이 거의 들지 않고 국제사회에 자국의 위상과 일정한 책임역할을 할 수 있는 하나의 행위자(player)로 인식시킬 수 있는 정치적 무대를 제공해준다. 아프리카의 토고, 나이지리아, 카메룬, 케냐, 에티오피아, 우간다 등과 중남미의 자메이카, 도미니카와 같은 국가들은 이미 올림픽이나 월드컵경기에서 자국의 국위를 크게 고양시켰다.

끝으로 스포츠는 총알 없는 전쟁수단으로 정치화가 이루어진다. 스포츠는 앞서 보았듯이 동일시의 상징으로 국제스포츠경기에서 마치 한 국가의 승리가 다른 상대국가에 대한 이데올로기의 승리나 정치, 경제, 군사적으로 국력의 우위로 착시되면서 경기에서의 공격과 적대감이 표출되고 극단적 국수주의자들이나 종교적 근본원리주의자 또는 그 저항단체들이 스포츠경기장이나 선수촌에서 폭력을 행사하며 때로는 실제 총알과 대포가 동원되는 전쟁이 일어나기도 한다. 가장 두드러진 사례로 이미 알려진 바와 같이 1972년 뮌헨올림픽에서 아랍 팔레스타인의 '검은 구월단'이 이스라엘 선수촌에 침입하여 팔레스타인 승인을 요구하며 9명의 이스라엘 선수들을 살해했다. 또한 1969년 월드컵에서의 중남미의 온두라스와 엘살바도르의 축구전쟁을 들 수 있다. 정치적, 경제적 갈등관계가 수년간 존속해온 양국은 월드컵 대표선발을 위한 3차례의 최종예선전에서 홈팀 관중이 방문 팀의 선수에게 폭력을 행사함으로써 많은 사상자를 냈다. 결국 3차례 경기 끝에 온두라스가 지역대표 팀으로 결정됐으나 이에 불만을 품은 엘살바도르 군대가 온두라스 국경을 침입함으로써 양국 간에 전면전이 발발하게 되었다. 결국 스포츠가 국제적 이해와 협력, 평화증진의 역할보다는 자기 민족 중심주의(ethnocentrism)와 민족주의(nationalism) 및 국수주의(chauvinism)를 자극하여 적대감을 조장하는 사례가 더 많은 것으로 파악되었다.[28)]

이상에서 본 바와 같이 스포츠의 순기능과 역기능적 측면에서 스포츠와 정치의 상관관계를 스포츠의 정치화 현상으로 파악해 보았다. 순기능 측면에서 우선 국내적으로는 국민통합과 의사소통·합의를 도출하고 국가사회조직을 조정하며 가치와 문화를 발전시키며 정치인들에게는 스포츠에 내재된 상징성을 조작하여 권력획득과 유지·확대 재생산의 수단으로 이용된다. 국제적으로는 외교적 승인과 거부, 국제교류와 평화촉진, 선전외교와 국위선양 그리고 저항수단이자 무기 없는 전쟁수단으로 이용된다. 역기능적으로는 개인을 소외시키고 국민들의 정치사회 문제에 대한 인식을 마비시키며 문제해결을 위한 집단적 시도를 저해시키고 무조건 국가권력에 순응하도록 하며 자본축적의 기재(器材)로써 고귀한 스포츠의 아마추어정신을 타락시켜 상품화로 둔갑(遁甲)시킨다. 또한 국제적으로는 과도한 민족주의를 유발시키고 이데올로기의 갈등과 투쟁을 야기할 수 있다.

---

28) Paavo Seppanen, "The Idealistic and Factual Role of Sport in International Understanding," Current Research on Peace and Violence, 1982, 5, pp. 113-21.

스포츠의 정치화 현상에 대해 좀 더 구체적인 역사적 사례들을 보면 우선 국제스포츠의 경우 1896년 쿠베르탱(Pierre Coubertin)의 근대올림픽 부활과 1904년 세계축구연맹 창건 이후 세계축구선수권대회 개최로 시작된 각국의 관심이 점차 증대되고 제1차 세계대전 이후부터 각국 정부의 관심이 더욱 확대되면서 시작되었다. 소련정부는 1917년 '10월 혁명' 이후 처음에는 스포츠를 자본주의의 마약으로 경원(敬遠)시하고 회피했으나 1925년 공산당 중앙위원회가 노동자, 농민들의 공산당 및 각 코뮌(Commune)의 참여를 독려하기위해 스포츠를 활용해야 한다고 선언하였고 1930년에는 '노동과 국방의 준비'(Prepared for Work and Defence)라는 의미의 G.T.O 베지(badge)제도를 제정했다.[29] 또한 소련에 있어 스포츠는 정부의 '스포츠 · 체육연합위원회' 아래 조직되고 소비에트연방 각료회의의 책임아래에 있는 통괄단체였다. 독일의 경우도 1920년대를 전후로 국가부흥에 이바지하도록 하기 위해 바이마르 공화국 정부에 의해 촉진되었다. 이러한 스포츠의 국가관리 체계는 히틀러의 집권으로 그의 '천년제국(Reich of a Thousand Years)'이라는 캐치프레이즈(표어標語 catch-phrase)를 지지하고 찬양하는데 더욱 적극적으로 관여해 1936년 올림픽에서는 어느 나라보다 독일선수들이 많은 메달을 획득하게 되었다. 제2차 세계대전 이후 정부에 의한 스포츠 진흥정책도 계속 이어져 특히 소련을 위시한 공산권 국가들이 올림픽에서 자국 선수들로 하여금 많은 메달을 획득하게 함으로써 자신들의 공산주의 이데올로기를 선전하고

---

29) James Riordan, Sport in Soviet Society (Cambridge: Cambridge University Press, 1977) 참조.

승리를 자축하며 국위를 선양하기 위해 적극적인 스포츠정책이 뒤따랐다. 자본주의 국가에도 선거가 치러지는 곳에서는 어디나 각 정당들이 "생활의 질적 개선"을 위해 스포츠를 장려하고 추진할 것을 자주 공약하기도 했다.[30)]

미국도 1960년 케네디(John F. Kennedy) 대통령이 '청소년 건강에 대한 대통령직속위원회'(President Council on Youth Fitness)를 창설하면서 "우리가 점점 더 연약해지고 신체적인 건강이 점차 나빠지는 것은 우리의 안보에 대한 위협이다"라고 지적하면서 적극적인 스포츠 개입에 앞장섰다.[31)] 스포츠를 통한 청소년의 건강증진이 곧 국가안보와 직결된다는 고대로부터의 전통적인 체육스포츠의 인식이 재강조된 것이다. 또한 1967년 카스트로의 쿠바정부도 스포츠가 "교육, 문화, 건강, 국방, 행복, 그리고 사람들과 새로운 사회의 발전에 있어 불가분한 요소"의 일부로 간주되어야 한다고 선언하였다. 사실상 스포츠가 자본주의와 공산주의의 이데올로기 경쟁과 국력과시의 수단으로 도구화됨에 따라 양진영 국가들은 스포츠 동원정책에 따른 스포츠 경쟁이 이루어지고 그에 따른 정치사회적 확대재생산이 뒤따랐다.

국내정치에서 1974년 뉴질랜드 국민당은 선거를 맞아 계획된 남아프리카 럭비 원정팀의 방문을 방해하지 않는다는 약속으로 득표활동을 해서 성과를 거두기도 했다. 그러나 뉴질랜

---

30) 스포츠와 정치이데올로기와의 상관관계는 5장에서 다시 구체적으로 재분석.

31) John F. Kennedy, "The Soft American"(1960), reprinted in John T. Talamini and Charles H. Page, Sport and Society: An Anthropology (Boston: Little Brown, 1973), p. 369; Philip Goodhart and Christopher Chataway, War without Weapons (London: W. H. Allen, 1968), pp. 80-84; 박홍규 외 (1992), p. 150.

드 국민당은 아프리카 국가들이 남아공에 대한 인종차별정책, '아파르테이트(Apartheid)'를 비난하는 시기에 그들로부터 뉴질랜드의 남아공 원정팀의 초대가 크게 비난을 받게 되자 표면적으로는 부정적 제스처를 보낼 뿐 암암리에는 적극적인 지지를 보냈던 것이다.

한편으로 스포츠와 정치의 연관은 스포츠 경기의 규칙제정과 통제문제에서도 마찬가지이다. 1905년 미국의 테오도르 루즈벨트 대통령은 취임하자마자 미식축구(football)의 조직화와 발전에 관한 논의에서 경기 중에 자주 발생하는 폭력으로 선수들의 부상이 속출하자 상해와 관련된 어떤 결론을 내려야 할 처지에 놓이기도 했다. 곧 경기장에서 일어나는 행위의 윤리규정이 정치적인 문제로 떠올랐기 때문이다. 또한 선수선발도 국가정책으로 방해를 받는 사례가 많다. 남아공의 인종차별정책은 국내 여러 민족이 함께 참여하는 체육대회의 개최에 방해가 될 뿐만 아니라 선수의 장점이나 능력에 기초한 선발문제에도 방해를 주기 때문이다.

경기대회의 조정문제도 정치적 영향력으로부터 벗어나지 못한다. 1920년 앤트워프 올림픽에서 제1차 세계대전의 패전국인 독일과 오스트리아, 헝가리의 추축국(The Axis)은 참가가 거부되었고 1948년 런던 올림픽대회에서도 제2차 세계대전의 추축 패전국인 독일, 이탈리아, 일본 등은 참가를 거부당했다. 1956년 멜버른 올림픽에서는 네덜란드, 이집트, 이라크, 스페인 등이 영국과 프랑스의 수에즈운하 침략에 항의하여 대회에 불참했다. 1972년 뮌헨 올림픽에서도 로디지아(짐바브웨)가 영연방으로부터 독립을 일방적으로 선언하자 영국은 로디지아의 인종차별정책을 명분으로 로디지아의 참가를 방해하는 압력을 행사했다. 1975년 중국은 IOC에 대만 올림픽위원회의 명칭변화를 요청하였고 1년 후 몬트리올 올림픽대회에서 대만 선수의 참가거부를 주최국인 캐나다에 요청하였고 그 결과 IOC의 중재로 대만 팀의 명칭을 대만-중화민국(Taiwan-Republic of China)으로 바꾸어 참가를 권고했으나 중국과 대만 모두 이를 거부한 후 결국 대만 스스로 불참하였다. 이후 중국은 계속 대만의 IOC 축출을 집요하게 주장하고 이에 IOC는 대만의 국기와 국가를 바꾸는 조건으로 대만을 중화-타이페이(Chinese-Taipei)라는 명칭으로 승인했으며 1981년 대만올림픽위원회를 타이베이 올림픽위원회로 바꾸었다. 1976년 몬트리올 올림픽 대회에서 22개 아프리카 국가들은 뉴질랜드 럭비 팀의 남아프리카 공화국 순회경기에 대한 보이콧으로 400m 허들과 1500m 달리기의 기록보유자인 존 아카부이와 필버 바이가 불참하는 등 뉴질랜드를 올림픽위원회에서 축출할 것을 주장하며 참가를 거부하였다. 1980년 모스크바 올림픽에 미국 등 서방진영국가들은 1년 전 소련의 아프가니스탄 침공에 대한 항의로 대회불참을 결정했으며 그 반작용으로 1984년 로스앤젤레스 올림픽에는 소련 등 공산권 국가들이 대거 불참하는 사태가 벌어졌다.

한편 앞서 지적한 바와 같이 스포츠는 국내정치의 연장선에서 내부의 불만을 외부의 공동의 적을 설정하고 그 적을 스포츠를 통해 억압된 공격심리로 해소하기도 한다. 유명한 1969년 엘살바도르와 온두라스의 축구전쟁과 1986년 멕시코 월드컵에서 영국과 아르헨티나 간의 폭력사태는 1982 포클랜드 전쟁 이후 쌓여온 적대감정의 또 다른 심리 대리전이었다. 또한 국내외적으로 유리한 정치적 입지를 마련하기 위해 스포츠가 동원된다. 1976년 군사쿠데타로 집권한 아르헨티나의 비델라(J. Rafael Videla) 정권에 의해 치러진 1978년 월드컵과 1988년 서울올림픽도 군사독재정권의 권력정당화 작업에 동원된 하나의 수단이라고 말할 수 있으며 프로야구 구단설립과 체육부 신설 등도 마찬가지로 볼 수 있다.

한편 어느 의미에서는 스포츠가 오히려 적극적으로 정치에 개입하여 정치 외교적 협상력으로는 해결하기 어려운 국가 간의 긴장과 갈등관계를 해소해가는 첨병역할을 해내기도 한다. 앞서 언급했던 1971년 미·중간의 '핑퐁외교'와 1990년 탈냉전시기 이후부터 남북한 간의 빈번한 스포츠교류 등이 바로 그러하다.

이상에서 살펴본바와 같이 스포츠와 정치는 상호의존적 관계를 갖고 스포츠의 정치화(politicization of sports)와 정치의 스포츠화(sportization of politics)가 교환적으로 이루어지면서 스포츠의 전반적인 영역이 확대되었는가 하면 반대로 스포츠의 상업화, 세속화 등 부정적 결과가 초래되기도 했다. 한편으로 정치의 영역에서도 '경기규칙'(rule of game)이란 공정성(fairness)과 기회의 평등(equality of chances)이란 민주주의 중요한 기본적 가치가 더욱 확산되었고 전반적인 정치발전을 이루어 내는 계기가 만들어 지고 국제적 이해와 평화증진에도 크게 기여했다. 그러나 정치 자체가 스포츠에서의 '적과 동지'란 단순화된 경쟁으로만 파악되어 협상과 협력이란 정치행위 자체의 공간이 축소되는 위험이 초래될 수도 있다는 점을 간과해서는 안 된다.

참 고 문 헌

Andrew Strenk, Sport as an International Political and Diplomatic Tool," Arean Newsletter, 1977, 1, ; "What Price Victory? The World of International Sports and Politics," Annals of the American Academy of Political and Social Science, 1979

Bertrand Russell, Power (London: George Allen & Unwin, Ltd., 1938, 李克燦 譯, 權力論 (서울: 法文社, 1982)

Brian Stoddart, "Sport in the Social Construct of the Lesser Developed World: A Commentary," Sociology of Sport Journal, 1989, 6

Ellis Cashmore, Making Sense of Sports (London: Routledge & Kegan Paul, 2000, 정준영 역, 스포츠 그 열광의 사회학(서울: 한울아카데미, 2001)

Harry Edwards, Sociology of Sports (Homewood: Dorsey Press, 1973)

Howard. L. Nixon II and James. H. Frey, A Sociology of Sport (Belmont: Wordsworth publishing Co., 1996)

Howard Nixon II, "The Background, Nature, and Implications of the Organization of the 'Capitalist Olympics'," in J. O. Segrave, and D. Chu, eds., The Olympic Games in Transition (Champaign, IL: Human Kinetics, 1988)

James Frey, "The Internal and External Role of Sport in National Development," Journal of National Development, 1988, 1

James Riordan, Sport in Soviet Society (Cambridge: Cambridge University Press, 1977)

James Rosenau, Linkage Politics; Essays on the Convergence of National and International Systems(New York, Free Press, 1969)

Jim Riordan and Arnd Kruger, ed., International Politics of Sport in 20th Century(London: E & FN Spon, 1999)

John F. Kennedy, "The Soft American"(1960), reprinted in John T. Talamini and Charles H. Page, Sport and Society: An Anthropology (Boston: Little Brown, 1973)

John Hargreeves, Sport, Power and Culture(Oxford: Polity

Press, 1986)

Karl Marx, Capital Vol. I (1867), The First American Edition (New York: Modern Library, 1906)

Mark Weisbrot, "Why Americans Prefer Sports to Politics", Knight-Ridder/Tribune Media Services, October 26, 2000

Paavo Seppanen, "The Idealistic and Factual Role of Sport in International Understanding," Current Research on Peace and Violence, 1982, 5

Paul Hoch, From Rip off the Big Game(Doubleday & Company, Inc, 1972)

Philip Goodhart and Christopher Chataway, War without Weapons (London: W. H. Allen, 1968)

Sally Jenkins, "Peaceful Games, Cold War Sentiment", Washington Post, February 25, 2002

Wallace Irwin Jr., The Politics of International Sport (New York: Foreign Policy Association, 1988)

James Riordan, "Soviet-Style Sport in Eastern Europe: The End of an Era", in Lincoln Allison, ed., The Changing Politics of Sport(Manchester: Manchester University, 1993)

제3장 스포츠의 정치철학적 가치

서론

인간은 누구에게나 평화로운 사회에서 자유롭고 행복하게 살아가고 싶어 한다. 그러나 현실은 언제나 외부로부터 간섭과 구속, 자신의 이기심과 육체적 욕심으로부터 자유스럽지 못하고 불안하며 나아가 불행한 삶을 영위하는 어쩌면 그리스 신화에 나오는 시지프스(Sisyphus)의 운명에 비유할 수도 있다. 루소(Jean Jacques Rousseau)는 그의 〈사회계약론〉에서 "인간은 본래 자유로운 몸으로 이 세상에 태어났다. 그럼에도 불구하고 어디에서나 인간은 쇠사슬에 얽매여 있다."라고 말하고 있다.[1] 또한 럿셀(Bertrand Russell)은 인간세계에는 본래 3가지 종류의 투쟁과 싸우지 않으면 안 된다고 말하고 있다. 첫째 자연악(自然惡-天災)과의 투쟁으로 자연과학이나 기술에 의해 행해지고, 둘째 인간과 인간과의 투쟁으로 정치나 전쟁에 의해, 그리고 셋째 자신과의 투쟁으로 종교나 정신분석의 방법으로 행해져 왔다고 지적하고 있다.[2] 특히 인

1) Jean Jacques Rousseau, Contract Social(Social Contract, 1762), 李桓 譯, 社會契約論, 世界思想全集 33 (서울: 삼성출판사, 1977), p. 281.

2) Bertrand Russell, New Hopes for a Changing World(London: George Allen & Unwin, Ltd., 1951), p. 18

간과 인간과의 투쟁에서 개인과 집단, 종족, 민족, 국가 간의 싸움이 우선 정치적인 합리적 방법으로 해결하지 않으면 인간은 자유스럽고 평안한 삶을 누릴 수 없다. 자신과의 싸움에서는 독일의 대문호 괴테(Johann Wolfgang von Goethe)가 지적하듯이 인간은 현실에 집착한 이기적이고 육체적인 만족을 위한 충동과 다른 한편으로 정신적 정화(淨化 purification)를 통한 영적세계로의 앙양(昂揚)을 위한 상반적 충동이 동시에 공존하고 있기 때문에 스스로의 마음의 평화와 자유를 위해서는 자기의 잘못된 마음과 항상 싸우지 않으면 안 되는 것이다.[3)]

인간은 원시부터 자기생존을 위하여 신체적인 단련과 정신적 해방, 그리고 영혼의 신비스런 환희(歡喜)와 앙양을 위해 스포츠를 통한 신체운동과 정신활동을 동시에 행한다. 스포츠는 자체에 내재된 경쟁성과 불확정성 등의 속성에서 연유한 인간의 자유와 평등 그리고 정의와 윤리의 가치들과 한편으로 스포츠의 상징성에서 기인한 정신적 해방과 정화를 의미하는 카타르시스의 중요한 정치철학적 가치들을 내포하고 있다.

1. 스포츠의 자유

스포츠는 자유로운 활동으로 일상의 강박과 혼동으로부터 스스로를 해방시켜준다. 이러한 스포츠의 자유성과 해방감을 이해하기 위해서는 먼저 자유라는 개념을 파악해야 한다. 먼저 아리스토텔레스는 자족(自足 Autarkie)의 의미로 이해된

3) Johann Wolfgang von Geothe, Faust(1808), 朴贊機 譯, 괴테, 파우스트, 세계문학전집 51 (서울: 삼성출판사, 1976), p. 51.

자유에서 모든 이성적 행위의 궁극 목표를 찾고 있으나 자유는 매우 다의적인 개념이다. 오늘날 자유라는 단어가 일상적으로 갖게 된 의미가 사실은 근대의 역사적 산물이며 또 현재 당연하게 받아들여지고 있는 자유의 의미조차도 실은 결코 명확하지 않다는 것을 쉽게 알 수 있다. 자유개념의 이러한 다의성과 불명확성에 대해 플라톤과 아리스토텔레스 그리고 칸트(Immanuel Kant, 1724-1804)사상의 전통 속에 헤겔(Georg Wilhelm Friedrich Hegel, 1770-1831) 또한 규정되어 있지 않고 매우 다의적인 자유가 최상의 개념이지만 한편으로 무수히 많은 불화와 혼돈과 오류를 가져오고 가능한 모든 탈선을 내포하고 있음을 지적한 바 있다.[4)]

이러한 자유개념의 모호성을 제거하기 위하여 그 동안 자유의 여러 종류와 차원을 구분하는 시도가 계속되었다. 예를 들면 수평적으로는 의지의 자유, 행동의 자유, 물체적 운동의 자유 등이, 수직적으로는 선험적 자유, 심리적 자유, 경험적 자유, 도덕적 자유, 법적 자유, 정치적 자유 등이 구분되어 왔다. 한편 칸트에 의해 부정적 자유(negative freedom)와 긍정적 자유 (positive freedom)가 구분되고 이와 같은 구분은 뒤이어 20세기(1950-60년대)에 버를린(Isaiah Berlin)에 의해 더욱 심층적인 논문으로 발표되었다.[5)]

한편 근대 이후의 실천철학에 나타난 자유개념으로 주관과 상호성, 부정과 긍정의 상호연관성과 관련하여 네 가지 유형

---

4) Georg Wilhelm Friedrich Hegel, Phenomenologie des Geistes(1807), Phenomenology of Mind, tr. J. B. Baillie(1910); 2nd ed.(1931) Hegel's Phenomenology of Spirit, tr. A. V. Miller(1977); Wissenschaft der Logik(1812, 1813, 1816), Science of Logic, tr. W. H. Johnston and L. G. Struthers, 2 vols.(1929); tr. A. V. Miller(1969) 참조.

5) Isaiah Berlin, Four Essays on Liberty (New York: Oxford, 1969)

으로 구분되고 있다. 즉 ① 주관적·부정적 개념, ② 주관적·긍정적 개념, ③ 상호주관적·부정적 개념, ④ 상호주관적·긍정적 개념이 그것이다. 첫 번째 입장은 대부분의 자유주의자들에게서, 두 번째는 칸트에게서, 세 번째는 피히테에게서, 네 번째는 헤겔에게서 전형적으로 발견할 수 있다.[6)]

결론적으로 자유란 일반적 의미로 타인이나 외부의 간섭이나 구속을 받거나 무엇에 얽매이지 않고 자기 마음대로 행동하는 일이나 또는 그러한 상태를 말한다. 나아가 버를린에 의하면 부정적 자유개념은 "주체, 즉 한 개인 혹은 개인들의 모임이 그가 할 수 있는 것 혹은 되고자 하는 것을 다른 사람이나 외부의 간섭을 받지 않고 할 수 있거나 혹은 될 수 있도록 남겨져 있거나 남겨져 있어야 할 영역의 정도에 따른 무엇인가?"라는 질문에 대한 답변인 반면, 긍정적 자유개념은 "어떤 사람으로 하여금 다른 것이 아닌 이것을 하도록 결정할 수 있는 통제 혹은 간섭의 근원은 무엇 혹은 누구인가?"라는 질문과 관련되어 있다.[7)] 버를린은 자신의 에세이에서 부정적 자유의 개념으로서 정치사회적 자유(또는 필연으로부터의 자유)는 곧 한 개인이 타인에 의해 방해를 받지 않고 행동할 수 있는 영역을 말한다. 즉 한 개인이 행동할 수 있는 영역이 타인에 의해 금지되거나 방해를 받는다면 그 영역까지는 부자유로 구분된다. 동시에 이와 같은 영역이 최소의 일정기준을 넘어 타

6) 김준수, "근-현대 실천철학에 나타난 자유개념의 네 가지 유형", http://sang 1475.com.ne.kr/data/freiheit.hwp (검색일: 2005. 10. 9) Felix E. Oppenheim, Political Concepts: A Reconstruction (Chicago: The University of Chicago Press, 1981), pp. 53-95. 참조.

7) Isaiah Berlin, "Two Concept of Liberty" in Robert E. Goodin and Phillip Pettit, edited, Contemporary Political Philosophy (Oxford: Blackwell Publishers Ltd., 1997) pp. 391-417

인에 의해 제한받는다면 그는 곧 강제상태이거나 노예가 된다. 이에 반해 긍정적 자유는 한 개인의 결정과 의지가 자신에 의해 행해지는 자기가 주인이 되는 자기통제(self-control), 자기실현화(self-realization), 자기결정(self-determination)과 같은 개인적 또는 공동체적 자치(indi vidual or collective autonomy)를 의미한다. 그러나 여기서 버를린은 오직 개인의 자유를 주제로 삼는다고 미리 선언하고 있기 때문에 타인의 방해나 금지를 받지 않은 행동의 자유란 부정적 자유와 자기자율이나 자치, 자기결정 등의 긍정적 자유의 개념사이에는 논리적으로 거리가 없다. 따라서 그가 던진 첫 번째 질문은 이미 부정적 자유개념을 그 해답으로 선취하고 있음으로 그의 논증은 선결문제 요구의 오류를 범하고 있어 그가 실지로 증명해야 하는 것, 즉 부정적 자유개념만이 개인의 자유에 대한 유일하게 타당한 정의라는 것을 증명하지 못하고 있다. 따라서 버를린의 논증은 벤자민 콘스탄트(Benjamin Constant)나 존 스튜아트 밀(John Stew art Mill)의 논증에 비해 전혀 새로운 것이 없다는 비판을 받고 있다.[8] 그러나 버를린이 지적한대로 부정적 자유와 긍정적 자유는 역사적으로 상호 직접적인 충돌이 있기까지는 반드시는 논리적인 좋은 방향으로 가지 않고 각기 다른 방향으로 전개되었던 것도 사실이다.

한편으로 자유와 관련하여 미국의 프랭클린 루스벨트(Franklin Roosevelt)대통령은 모든 국민들에게 4가지의 자유 즉, 표현의 자유(Freedom of Speech and Expr ession), 종교의 자유(Freedom of All People to Wor

8) 앞의 책.

ship God in Their Own Way), 결핍으로부터의 자유(Freedom from Want), 공포로부터의 자유(Freedom from Fear)를 역설한 바 있다. 이는 곧 진정한 행복은 동시에 자유이어야 하며 또한 진정한 행복은 주어진 것에 안주하는 것이 아니라 주체의 노력으로 만들어 가는 자아실현을 의미하고 있다.

스포츠의 자유와 관련하여 스포츠를 자유의 자발적 표출로 이해하는 자유주의자들의 견해와 이에 반해 스포츠가 구속이나 아편과 같은 것으로 이해하는 장 마리 브롬이나 폴 호흐(Paul Hoch)와 같은 마르크스주의자들의 견해를 살펴보고 이와 같은 상반된 견해를 변증법적 통합론(Dialectical Synthesis)으로 자유와 구속이 균형 잡힌 사회적 존재로 이해하는 제3자적 견해를 살펴볼 수 있다. 다시 말해 스포츠가 일종의 초역사적 본질이나 욕구 혹은 초월적인 형이상학적 형태로 보거나 단순한 물질적 현실로 환원할 수 있는 활동으로 보지 않고 사회적 존재를 구성하는 것으로 보는 것이다. 따라서 스포츠의 자유에 대한 논의도 사회 권력을 둘러싼 역사적 투쟁 속에서 찾아야 한다고 말할 수 있다.

스포츠와 인간의 자유에 대한 관계는 자유주의자인 후이징아(Johan Huizinga)와 노바크(Michael Novak), 거트만(Allen Guttmann) 등의 견해를 통해 살펴볼 수 있다. 후이징아는 자신의 저서, 〈호모 루덴스〉(Homo Ludens: 유희인 遊戱人)에서 인간은 '재미'를 위해 놀이하며 그 놀이는 아주 의미 있는 활동이라는 인식에서 출발하여 놀이에는 인간의 놀이정신(Spirit of Playfulness)이란 인간의 창조적 능력이 문화 창조의 기원이 된다고 보고 놀이의 자율적 표출성과 창조성을 강조하고 있다.[9] 따라서 후이징아에게 놀이는 무엇보다도 자발적 활동이자 자유로운 활동이다. 그는 두 가지 서로 관련된 의미에서 놀이의 자유성을 지적하고 있다. 첫째, 인간은 문화의 창조에 아주 중요한 비목적적 활동에 자유롭게 참여하기 때문에 놀이는 매우 자유롭다. 그러나 그런 자유스런 활동을 추구할 만큼 진정으로 자유롭기 위해서는 그 활동들이 필요에 의해 부과된 제약들로부터 자유로워야 한다. 그런 자유는 현실로부터 놀이를 분리시키는 어떤 경계를 의도적으로 만들어내야 하고 이 경계는 대체로 시간적, 공간적, 또는 상상력에 의해 사람들이 자발적으로 복종하는 별개의 '질서'를 규정하는 규칙들을 형식적으로 구체화함으로 이루어진다. '필연'으로부터의 부정적 자유를 위해 인간이 스스로 규칙을 만들고 자발적으로 복종한다는 것은 인간의 초이성적 특징을 보여주는 것으로 문화생활에서 자유의 조건으로 질서가 필요하다는 것이다. 에밀 뒤르깽의 지적처럼 "인간의 자유는 규제(구속)의 결실"이란 자유와 규제의 변증법적 통합의 형태와 특성을 볼 수 있다.[10]

다시 말해 후이징아는 놀이의 특징을 '표출과 경쟁'이란 모순에서 찾고 첫째, 놀이는 실제적인 목적을 추구하지 않은(비목적적) 그 자체로서 기쁨을 갖는 정신적, 육체적 활동이자 둘째, 놀이는 모든 참여자들에 의해 인정되는 일정 규칙에 따라 이루어지는 활동으로서 승패의 결과를 동시에 수반한다고 보았다. 여기서 스포츠가 놀이의 성격을 그대로 받아들이고

---

9) Johan Huizinga, Homo Ludens- A Study of the Play: Element in Culture (Boston: Beacon Press, 1955), pp. 1-25.

10) Emile Durkheim, Moral Education(New York: The Free Press, 1969), p. 54.

있다고 볼 수 있다.

이러한 후이징아의 놀이관은 스포츠를 비물질적 속성을 지닌 문화의 한 형태로 인식된다. 그러나 근대사회 이후부터 표출적인 놀이의 특성이 약화되고 스포츠가 이를 대행하는 세속화 현상이 나타났다. 후이징아는 이러한 이유로 공동의 제식(祭式)과 잔치로서의 놀이적 성격이 스포츠에서 상실되고 있다는 사실은 서양 문화의 '신성함'으로부터 '세속화'로의 변이(變移)의 맥락에서 현대 스포츠의 변질을 바라보게 되었다.

후이징아의 영향을 받은 노박은 문화형태로서 스포츠의 초월적 성격을 주장하고 있다. 그는 자신의 저서인 〈스포츠의 즐거움〉(The Joy of Sports)에서 스포츠의 즐거움(놀이성 playfulness), 정신적 자유(spiritual freedom), 인간존재의 의미 추구(pursuit of meaning in human existence) 사이에는 깊은 관계가 있다고 강조하고 있다. 스포츠는 단순한 오락의 즐거움뿐만 아니라 사람들의 일상생활의 강박감으로부터 스스로를 해방시킬 수 있다고 보았다. 스포츠와 연관된 극적 감정은 단순한 일종의 카타르시스나 소아적 도피주의로 과소평가해서는 안 된다고 주장한다. 그는 자율적 현상으로서의 스포츠가 우리에게 주는 중요한 의미는 인간의 궁극적인 가능성에 대한 설명이며 인간의 삶이 진실한 것처럼 스포츠도 진실하다고 말하고 스포츠가 초월적인 '신성한 형식'(sacred form)을 구현하고 매우 극적이며 종교적인 정신세계의 '제식적(祭式的) 정교(精巧)함'을 구현한다고 보았다.[11]

현대 대중스포츠 시대에 스포츠가 현대 종교의 성격을 띠게 되었다는 주장이 많이 제기되고 있으며 이는 현대생활에 있어

---

11) Michael Novak (1976), pp. 223-4)

서의 지나친 세속주의에 대한 무언의 냉소적 비난으로 해석될 수 있다. 그러나 노박은 이러한 비난은 노동에 과도한 가치를 부여하고 놀이를 거부하고 놀이와 신성한 것 사이의 중대한 관련성을 파악하지 못하는 청교도적 윤리의 잔재에 기인하는 것으로 보고 있다. 그는 예술, 숭배, 기도 그리고 문명 그 자체는 노동업무보다 놀이의 세계에서 더욱 더 확장될 수 있다고 보고 스포츠는 어떠한 현대종교에 대한 토론에도 참가할 자격이 있다고 보았다.

따라서 노박의 연구는 호이징아의 〈호모 루덴스〉에 뒤이어 놀이의 본질, 그리고 놀이, 게임 및 스포츠가 제식과 종교 간의 관계에 대해 고찰할 수 있는 풍부한 자료를 제공해 준다는 점에서 높이 평가될 수 있다.

한편으로 노박은 스포츠와 자유의 연관성에 대한 논의에서 놀이나 스포츠를 할 때 사람들은 자신들의 일상생활에서 오는 극심한 강박감이나 혼란으로부터 자신을 해방시킨다고 주장한다. 이러한 정신적 자유는 초월적 순간을 규정하는 탁월함과 정밀이라는 '고정된 한계(fixed limit)'를 받아들이는 데서 온다고 보았다.[12] 그렇다면 지배와 착취로부터의 자유(부정적 자유)는 어떠한가? 노박은 사회생활에서 인간의 구원은 거의 없다고 주장하고 우리 인간은 자유롭게 태어나지도 않았고 사회적 존재로서 혼란스럽고 폭력적이며 착취적인 성격을 전적으로 변화시킬 수도 없다고 비관적 회의론을 주장한다. 실제로 그는 정치나 다른 세속적 투쟁은 모두 서양사회의 마약 같은 것이나 다름없다고 주장한다. 진정한 구원은 오직 질서와 한정된 공간에서 헌신적으로 전념을 다해 형식을 추구하고 혼

12) Michael Novak(1976), pp. 223-26.

돈을 초월하는 경우로서 스포츠가 이에 상응한다고 말하고 있다.[13)]

노박은 현대 스포츠가 지나치게 상업적이고 도구적이며 규모면에서 과다하게 성장했음에도 불구하고 이런 경향이 단지 우리의 즐기고자하는 놀이정신의 근본적인 순수형태가 저속화된 것에 불과하다고 본다. 그는 프랑스 혁명 후 보수주의를 주창했던 영국의 에드문드 버크(Edmund Burke: 1729-1797)의 추종자로 자처하며 스포츠가 보존되고 개혁할만한 가치가 있다고 보고 그것의 타락, 세속화, 그리고 '신성한 시간의 계기들'을 주는 제도로부터 단순한 세속적 구경거리로 전락하는 것을 막기 위해서는 견제와 균형(check and balance)이 이루어져야 한다고 주장한다.[14)]

스포츠에서의 자유와 해방에 대해 프레드 잉리스(Fred Inglis)는 존 버거(John Berger)의 소설 속에 나오는 1948년 올림픽 게임에 관한 대작을 그리는 한 화가 주인공의 말을 인용하고 있다. "스포츠에서…해방은 집단적이다. 나는 축구경기를 보면서 인간들 사이의 생산관계가 그러할 것이라고 믿었던 것을 보았다."[15)] 또한 잉리스 자신도 이렇게 설명하고 있다. "현대 스포츠에서…사람들은 즐거운 동시에 전투적이고 친목성과 경쟁심이 모두 강하고 아름다우면서 격렬한 활동에 참여한다. 이제까지는 이러한 것들이 비생산적인 것으로 여겨져 왔으나 갈등이 상존하는 산업사회의 특징은 어떠한가? 다

---

13) 앞의 책, p. 226.

14) Edmund Burke, Reflections on the Revolution in France, 1790); J.C.D.Clark(ed.) Reflections on The Revolution in France, A critical Edition(Stanford University press, 2001) 참고.

15) John Berger, A Painter of Our Time (Middlesex: Penguin Books, 1965); 박홍규 외(1992), p. 82.

양한 경기의 힘이 사람들을 재결합시키고 분열을 극복하게 하는 것이다."[16]

순수한 형식의 놀이, 게임 및 스포츠 활동의 대부분이 자유롭고 창조적인 자기표현으로 이해되지만 기존의 사회적, 문화적 조건들에 의해 영향을 받을 수 있다. 동시에 놀이, 게임, 스포츠 활동들은 이러한 사회적 문화적 조건들을 형성하고 재형성하는 능동적 부분으로 간주될 수 있다.[17] 그러나 노박은 놀이, 게임 및 스포츠가 추구하는 은유적 표상들이 이런 형성과 재형성의 능동적 맥락에서 보면 물상화(物象化)되고 역사의 진행과정에서 분리될 때 놀이, 경기, 스포츠에 들어 있는 의미들은 탈정치화(depoliticization)되고 강한 이데올로기적 암시(ideological indication)를 주는 신화적 형태로 재생되며 놀이, 경기, 스포츠를 통해 자유롭게 된다고 보았다.[18]

한편 스포츠를 능동적 자유의 차원에서 바라본 앨런 거트만(Allen Guttmann)은 막스 베버(Max Weber, 1864-1920)의 합리적, 과학적 세계관에 따라 스포츠가 '도구적 이성과 기술적 합리성'에 예속됨으로써 인간의 자발성과 표출성에 한계가 주어졌음을 인정하면서도 그런 한계가 항상 억압적인 것만이 아니고 오히려 현대 스포츠는 증대된 자유의 수혜자라고 주장한다.[19] 거트만은 앞서 지적한 바와 같이 스포츠의 자유

16) Fred Inglis, The Name of the Camp(London: Feinemann Books, 1977), p. 48.

17) Frank Manning, "Celebrating Cricket: The Symbolic Construction of Caribbean Politics," American Ethnologist(1981), pp. 613-32; Orlando Patterson, "The Cricket Ritual in the West Indies," New Society (June 26, 1969) 참고.

18) Roland Barthes, Mythologies(London: Paladin Books, 1973); Alan Swingewood, The Myth of Mass Culture (New Jersey: Humanities Press, 1977) 참고.

에 대한 해석으로 제도적 질서의 제약 (조직의 제한)으로부터 탈출하는 자유로서 신좌파 마르크스주의자들이 주장하는 혁명적인 네오 마르크스주의적 실천의 저변에 흐르는 부정적 자유가 아니라 사회적 질서에 대한 복종이 개인의 선택폭과 가능성을 확대시킬 수 있다는 긍정적 사고에 기초한 능동적 자유를 주장하고 있다.

거트만은 후이징아나 노박과 같이 놀이가 자유의 영역에 속한다는 논의에서 출발하고 있다. 자발적 놀이는 인간이 이제까지 도달할 수 있는 가장 순수한 자유와 제약되지 않은 표출성에 근접한 것이나 대부분의 놀이는 조직되어지고 사람들은 그 조직에 복종하게 된다. 조직에 복종된 상황의 놀이와 자유의 관계에서 가트만은 자유주의자들처럼 게임이나 스포츠같이 규제된 놀이까지도 필연성의 영역(realm of necessity)밖에 있고 현실 생활로부터 의식적으로 격리되며 그 자체를 위해 추구된다는 의미에서 항상 자유롭다고 말한다. 나아가 게임이나 스포츠에서 시간, 공간, 및 행동의 한계를 규정하는 규제조항들은 오히려 협동의 가능성과 승리를 위한 어려움을 극복하기 위해 '몰두할 자유'를 얻기 위해 실제로 필요하고 조직된 놀이에서 상호이득을 얻기 위해 사람들은 자발적으로 자유의 일부를 포기한다고 거트만은 주장한다. 한편 거트만은 스포츠 조직의 제한과 행위의 의미에 대해 원시, 고대 및 중세의 초기 스포츠가 비교적 종교적(religious) 제식이나 축제와 깊게 관련이 있었으나 계급과 신분에 따른 귀속적 참여기준에 의한

19) Allen Guttman, From Ritual to Record: The Nature of Modern Sports(New York: Columbia University Press, 1978); Max Weber, Protestant Ethnic and the Spirit of Capitalism, translated by T. Parsons(New York: Scribner and Sons, 1958) 참고.

제한이 있었다면 현대 스포츠는 그 '형상'(形象)이 세속적(secular), 실력주의적(meritocratic)으로 변하고 합리성과 관료적 조직이 두드러지며 동시에 기록수립과 양적인 평가를 지향하게 되었다고 설명한다.

거트만에 의하면 자발적인 표출의 자유와 억압적 제약 사이에는 모순된 관계가 아니며 개인주의의 표출과 단체 협동이 상호 배타적이 아니라고 주장한다. 그는 미국인들의 강한 개인주의 성향과 팀 스포츠(team sport) 선호관계를 예시하면서 이를 증명하고 있다. 그에 따르면 미국인들은 강한 개인주의 전통에도 불구하고 유럽인들보다 더 팀 스포츠에 참여하고 자신을 그것과 동일시하는 성향을 보이게 되는데 이는 미국인들이 엄격한 개인주의(strict individualism)와 개척자 정신(frontiership)을 강조함에도 불구하고 자발성과 제약되지 않은 개인적 표출성 만큼이나 협동과 팀워크(teamwork)에 가치를 부여하고 있기 때문이라는 것이다.

거트만은 스포츠를 포함한 사회조직의 규칙이 인간으로 하여금 혼자 있을 때보다 사회 속에서 좀 더 나은 무엇을 이루게 해준다고 보고 자발적으로 자유의 일부를 제약하는 긍정적 자유와 어떤 제약으로부터 탈출한다는 부정적 자유의 양자 모두가 자유주의 전통을 이루어왔으나 현대 민주주의에서는 긍정적 자유가 더 번성되어 왔다고 보았다. 따라서 거트만은 자유민주주의 사회에서는 제약으로 인한 개인적 자유의 상실이 사회적 조직에서 생겨나는 선택의 자유증대보다 더 많게 되는 부정적 상황이 생겨났지만 전체적으로 보면 지난 230여 년 동안 이러한 사회에서 자유가 대폭 신장되어 왔다고 주장했다. 결론적으로 거트만은 스포츠도 이러한 자유의 증대의 큰 수혜자라고 보고 비록 '결함과 잘못'이 있을 수 있지만 이제 그 어느 때보다 더 '절대적은 아니라도 상대적인 자유'의 가능성을 제시할 수 있다고 말한다.[20)]

다른 한편 마르크스주의자인 장 마리 브롬(Jean Marie Brohm)은 후이징아와 노박에 의해 스포츠의 비목적적인 자율적 표출과 창조, 인간의 궁극적 가능성에 연관된 신성한 초월적 인식에 대해 스포츠를 무(無)역사적으로 만든 관념론적 낙천주의라고 주장한다. 그의 저서 〈스포츠: 측정된 시간의 감옥〉 (Sport: A Prison of Measured Time)에서 그는 스포츠를 산업자본주의의 산물로 보고 스포츠가 사람들에게 허위의 도피감을 만들어주고 소외된 자들에 대한 보상기재(報償器材)로 작용한다고 보았다.[21)] 그는 스포츠가 실력주의와 숙련정도에 따른 성공을 예찬하고 이는 곧 상업주의를 찬양하며 신체를 기계에 예속시키는 기술주의적 입장을 옹호한다고 보았다. 또한 스포츠는 기록에 대한 끊임없는 도전을 통해 잘못된 사회발전론을 오도한다는 것이다.

브롬은 후이징아와 노박이 스포츠의 비목적성과 초월적 신비성을 강조한 것과는 다르게 실제적인 생산력과 생산관계의 구체적 반영으로 보고 이 과정에서 국가의 정당성마저 보장된다고 여겼다. 브롬은 현대의 게임과 스포츠를 규제하는 규칙들이 자유를 허용하기보다 자본주의에 내재한 억압적 구속의 재생산을 허용할 뿐으로 "스포츠 그 자체로서 구속이며 또 다른 구속을 위한 준비이다. 왜냐하면 그것은 모든 신체적 자유, 창조적 자발성, 모든 심리적 차원과 놀이 충동을 제거해

20) Allen Guttmann (1976), p. 157; 박홍규 외 (1994), p. 92.
21) Jean-Marie Brohm(1978), p.175.

버리기 때문이다"이라고 말한다.[22] 따라서 현대 스포츠에서 선수는 자유 및 자발성으로부터 모든 접근로를 봉쇄당하는 '사회적 힘의 수인囚人'(A Prisoner of Social Power)이 된다. 이와 같은 브롬의 견해는 스포츠가 '아편'과 같은 것으로 사회의 퇴행적인 기능을 수행한 것으로 본 마르크스주의자 폴 호흐(Paul Hoch)와 맥을 같이한다.[23]

스포츠의 자율성과 독립성 대(對)종속성과 피규제성과 관련하여 리차드 그뤼노(Richard Gruneau)는 변증법적인 결론으로 자유주의이든 마르크스주의적이든 기능주의적 입장에서 벗어나 놀이와 게임 및 스포츠를 그 의미와 은유적(隱喩的) 속성, 그리고 규제적 구조들이 우리들 자신을 사회속의 행위자로 형성 또는 재형성하는 것과 불가분의 관계를 갖는 구성적인 사회적 실천으로 간주되어야 한다고 강조한다. 다시 말해 놀이, 게임, 스포츠가 일종의 초역사적 본질이나 욕구 혹은 초월적인 형이상학적 형태로 보거나 단순한 물질적 현실로 환원할 수 있는 활동으로 보지 않고 사회적 존재를 구성하는 것으로 보았다. 그 결과 이들의 본질적 또는 형식적 속성들까지 주어진 역사적 순간의 생생한 사회적 경험을 규정하는 조직원칙과 기대감, 실망 그리고 갈등과 함께 인식된다고 말한다.[24]

스포츠와 자유의 관계에 대해서도 그뤼노는 기본적으로 인간 행위자(개인/집단)는 역사적으로 확대 또는 축소하는 권력

22) J. M. Brohm (1978), p.41.
23) Paul Hoch, Rip off the Big Game: The Exploitation of Sports by the Power Elite(New York: Anchor Books, 1972) 참조.
24) Richard Gruneau, Class, Sports, Social Development(University of Massachusetts Press, 1983), pp. 19-51 참고; 박 홍규 외 (1994), p. 101.

(power) 내에 존재하며 동시에 그 권력의 확장과 축소가 교차하는 기회의 가능성을 바라보고 있다는 스티븐 류크스(Steven Lukes)와 견해를 같이 한다.[25] 이러한 권력의 확대와 축소는 행위자에 따라 다르고 같은 행위자도 시간에 따라 다르게 나타나 행위자의 힘을 규정하는 여러 형태의 '구조화된 가능성'을 구성한다는 것이다. 이와 같은 관점에서 보면 스포츠 선수를 제약적 구조가 없는 상태에서 행동하는 자발적 행위자로 보거나 반대로 구조가 그들의 창조적 또는 변혁적 능력을 허용하지 않은 것으로 보는 것은 양자 모두 일면만 보는 부분적인 것으로 구조화된 가능성과 인간행위 사이에 변증법적 관계를 찾아야 한다고 조언한다.

그리노는 어떤 주어진 구조라도 일반적으로 서로 다른 가능성과 선택이 유리 또는 불리하게 작용하기 때문에 게임 스포츠에서도 이것들을 규정하는 규칙과 관습 및 조직들이 권능을 부여할 수도 제약할 수도 있다고 보았다. 결론적으로 그가 지적했듯이 이러한 가능성과 선택을 결정짓는 것은 역사적인 것으로 스포츠의 자유에 대한 논의도 사회 권력을 둘러싼 역사적 투쟁 속에서 찾아야 한다고 말할 수 있다.

2. 스포츠의 평등과 정의

스포츠 행위의 자유와 함께 스포츠의 평등원칙은 정의와 윤리 그리고 도덕적 개념과 깊은 연관을 가지며 스포츠 경기의 페어플레이(Fair Play)란 윤리적 개념과도 연결된다. 바르고

25) Steven Lukes, Power: a Radical View (Palgrave Macmillan, 1974) 참조.

공정하고 정직한 정의의 개념은 고대 플라톤의 〈공화국〉이나 아리스토텔레스의 〈윤리학〉 등에 나오며 이는 바로 그리스 자유 시민으로서 준수되어야 했던 행동의 기본적 기준으로 제시됐을 뿐만 아니라 스포츠에 있어서도 상대방에 대해 지켜야 할 기준이 되었다고 볼 수 있다.[26)]

평등은 공정성을 의미하며 정의는 바로 공정성과 연관되어 질서 있고 평화스런 사회와 인류의 존속에 가장 중요한 원칙이 되는 것이다. 곧 평등은 정치사회적 존재인 인간 자신과 사회의 궁극적 행복을 보장하는 기본적 가치이다. 평등이란 정의가 추구하는 최고 목적으로 보편적 의미의 평등이란 개인이나 집단 사이에 차별이 없는 상태이며 공정성(fairness)을 보장하는 근대 민주주의 사상에서 자유와 더불어 핵심을 이루는 개념이다.

평등개념은 각 시대와 국가 및 사회에 따라 차이가 있고, 시대에 따라 크게 변화되어 왔다. 고대그리스 민주주의는 노예제를 기초로 한 귀족제로서, 평등은 자유 시민 사이의 평등에 지나지 않았다. 플라톤은 개인적 차원에서 정의란 자신의 진실성과 선을 추구하는 인간적 덕성(human virtue)이며 사회적 차원에서는 사회내부의 화목 및 조화 그리고 선(善 Good)을 만들어가는 사회적 양심(Social Consciousness)을 의미했다. 그러나 플라톤은 자유로운 그리스인만이 '시민적 덕성'을 가지며, 인간은 불평등하여 노예는 본질적으로 노예로서의 대우밖에 받을 수 없다고 하였다. 아리스토텔레스는 정의를 일반적 정의(General Justice)와 분배적 정의(Distribut

---

26) Plato, The Republic(BC 360),trans. Benjamin Jowett(New York: Collier & Son, 1901).; Aristotle, Nichomachean Ethics(BC 350), trans. W. D. Ross(Oxford 1925) 참고.

ive Justice)로 나누고, 이 가운데 분배적 정의를 평등이라고 하였다. 또 평등을 숫자적 평등(Numerical Nequality)과 배분적 평등(Proportional Equality)으로 다시 나누어 설명하였다. 그러나 그의 평등도 그리스의 자유 시민 사이의 평등에 불과하였으므로 근대적인 평등개념이라 할 수 없다.

평등사상이 크게 발전하게 되었던 것은 고대 로마시대의 스토아철학과 그리스도교였다. 스토아철학은 모든 인간은 이성의 소유자로서 자연법에 따르는 한 평등하다고 하여 세계시민주의(Cosmopolitanism)를 주장하였다. 특히 C. 치프리아노(Thascius caecilianus Cyprianus, 200~258AD)는 세계시민이라는 스토아철학의 관점에서 노예도 주인과 마찬가지로 평등한 존재로 보았다. 그러나 고대 로마 역시 노예제 사회로서 평등은 시민권을 가진 시민에게만 적용되었을 뿐 노예에까지 확대, 적용되지는 않았다. 이와 달리 모든 인간은 평등하다는 주장이 그리스도교에 의하여 이루어졌다. 그리스도교에서는 모든 인간은 하나님(神)의 형상대로 창조되었으므로, 하나님 앞에서 모든 인간은 평등하다고 하였다. 하나님 앞에서 평등은 인종적 차별, 주종(主從)간의 신분적 계급차별, 성차별 등이 없다는 것이었다. 이러한 인간의 내재적 평등은 유대교와 이슬람교에 의해서도 이루어졌다. 이는 또한 M. 루터의 사상과 민주주의 평등이론에 영향을 주었으며 중세 가톨릭 사상에도 그 영향을 미쳤다.

중세사회는 주종관계를 기초로 한 봉건사회였으므로 평등이 용납될 수 없었다. 그리스도교적 평등은 자연법학파나 이단파 가운데서 그 명맥이 유지되었을 뿐 사상적 진전이 없었다. 하나님 앞에서 평등은 16세기 종교개혁 때 루터나 J. 칼뱅에 의해 신앙 주체로서 인간의 평등이 주장되었고, 간접적으로 근대적 평등형성에 영향을 주었다. 그러나 실제로 16~18세기 절대주의 시대에는 특권계급의 지나친 정치적 우월과 피지배계급의 이에 대한 종속으로 현저한 불평등이 존재함으로써 평등은 요원했다.

근대적 평등개념은 17-18세기 계몽주의에서 확립되었다. T. 홉스, J. 로크, J. J.루소, E. 칸트 등의 사상가들은 자연법이론에 따라 모든 인간은 본래 자유롭고 평등한 존재로서 태어났다고 하는 '자연적 평등'을 주장하였다. 홉스(1651)는 만인의 만인에 대한 투쟁능력으로 각 개인의 평등권을 주장했다.[27] 로크(1690)는 모든 인간이 자유와 소유권을 향유할 동등한 자연권을 갖는다고 주장했다.[28] 또한 루소(1762)는 인간의 태생적인 자연적 평등을 강조하고 완벽성(perfection)과 재산, 소유욕으로 생겨난 사회적 불평등을 극복하기 위해 시민공존(common civil existence)과 민중주권(popular sovereignty)의 사회계약(social contract)을 주장했다.[29] 칸트의 도덕철학(1785)도 인간의 보편적 가치로서의 평등을 절대적인 도덕률로 보고 이성적 존재로서 모든 인간의 동등한 자유를 강조했다.[30]

이러한 인간의 태생적 평등사상은 수많은 위대한 사회운동

---

27) Thomas Hobbes, Leviathan (London: Andrew Crooke, 1651).
28) John Locke, Two Treatises of Government(London: Awnsham Churchill, 1690).
29) Jean Jacques Rousseau, The Social Contract, or Principles of Political Right(French, Du contrat social, 1762)
30) Immanuel Kant, Foundations of the Metaphysics of Morals or Groundwork of the Metaphysics of Morals(German: Grundlegung zur Metaphysik der Sitten, 1785).

과 혁명을 자극하여 미국독립선언(1776)을 거쳐, 프랑스혁명(1789)의 인권선언(자유, 평등, 박애) 및 혁명헌법을 통하여 자유와 함께 근대 민주적 · 시민적 법치국가의 지도 원리의 하나로서 확립되었다. 인간의 평등한 존엄(equal dignity and respect) 원칙은 주류 서구문화 전역에 걸쳐 최소한의 기준으로 수용되어 왔으며 세계 모든 국가의 헌법에 규정되어 민주정치의 기본원리로 인정되고 있다.

민주주의 정치사상의 가장 핵심가치이자 정의의 두 원리인 자유와 평등이 상호 갈등하는 병존(竝存)관계의 모순으로 나타날 수 있다. 일반적으로 평등을 절대화하여 평등을 강제한다면 자유의 존립이 불가능하게 되며, 반대로 자유를 절대화하여 자유를 무제한 허용한다면 평등이 부정될 수 있다. 따라서 민주주의 이념으로서 자유와 평등은 '절대적 개념'으로서가 아니라 '상대적 개념'으로 동전의 양면으로 이해하여야 한다. 따라서 인간의 존엄성을 인정하고 이를 보호 · 존중한다는 민주주의 최고 이념을 구현, 신장하기 위해서는 자유와 평화 두 이념이 조화를 이룰 수 있도록 지혜와 실천이 필요하다. 곧 '자유평등민주주의'가 완결된 민주주의라고 말할 수 있다.

근대 민주주의의 규범적 개념인 평등은 법 앞에서 평등(equal before the law)이다. 법 앞에서 평등은 기회의 균등(fair equality of opportunity)을 의미한다. 법 앞에서 평등은 인간의 능력발휘와 인격완성을 차별 없이 가능하게 한다는 것이다. 그러나 법 앞에서 평등은 사실상 시민계급 같은 계층의 발전만을 가능하게 하였다. 즉 무산 계층(Proletariat)은 개인의 능력을 발휘함에 있어 사회적 · 경제적 불평등을 받아야 하였다. 이와 같은 까닭에 자본주의가 발전함에 따라 평등이념도 새로운 내용, 즉 사회적 · 경제적 평등을 내용으로 하는 사회정의(social justice)를 요구하게 되었다. 국가도 자유방임(laissez-faire)에서 자유를 어느 정도 제한함으로써 국민 전체에 최소한의 인간다운 생활을 평등하게 보장하는 것을 그 기본적 기능으로 하였다.

그러나 오늘날의 평등은 아리스토텔레스의 평균적 정의, 즉 절대적 · 기계적 평등을 의미하는 것이 아니라, 인간의 개인차를 인정하는 차별원칙(difference principle)에서의 분배적 정의(distributive justice) 즉 비례적 평등(proportional equality)을 뜻한다. 평등이념은 인간능력이 사실상 차이가 있다는 것을 부정하는 것은 아니기 때문이다. 한편 마르크스주의는 법 앞에서 평등을 계급적 시각에서 보아 시민계급의 평등에 지나지 않는다고 비판하고, 시민계급의 정치적 · 법률적 평등의 한계를 넘어서 사회적 · 경제적 평등이 실현되어야 하며 계급의 폐지가 사회적 · 경제적 평등을 실현할 수 있는 유일한 방법이라고 주장하였다.

한편으로 평등은 일반적으로 도덕 및 정의와 깊게 연관되고 특히 분배적 정의(distributive justice)와 연관된다. 플라톤은 개인적 차원의 정의를 자신의 진실성과 선을 추구하는 인간적 덕성(human virtue)으로 이해하고 사회적 차원에서는 사회내부의 조화와 선을 완성해가는 사회적 양심(social consciousness)을 뜻했다. 정의란 그에게 마치 2개의 사본(寫本)처럼 작은 개인정의와 큰 사회정의 사본이 공존한다고 보았다.[31] 아리스토텔레스는 정의를 분배(distribution)와

31) Plato, The Republic(BC 360),translated by, Benjamin Jowett(New York: Collier & Son, 1901); trans, H.D.P. Lee(Penguin Books, 1955); trans, W.H.D. Rouse, Great Dialogues of Plato(Mentor Books, 1956);

공평(equity)이란 측면에서 바라보고 분배의 정의는 상대적 가치로 재화와 명예 등을 서로 동등한 비율로 분배하는 것을 의미하며 만약 서로 다른 능력의 차이로 분배가 이루어진다면 분배의 비율은 각자의 능률에 비례하여 이루어져야 한다고 주장하고 이는 곧 평등을 의미했다. 공평적 정의는 법률적 정의보다 한 차원 높게 법의 보편성이 종종 초래할 수 있는 불의를 인정하고 그로 인해 생기는 법률적 결함을 교정하는 것으로 공평성을 만들어내야 한다고 주장한다. 아리스토텔레스에게 정의는 인간이 이행해야 할 최고의 덕목이며 이는 개인적인 도덕보다 타인과의 관계 속에서 이루어지는 사회적 도덕이 더 중요하다고 보았다.[32]

현대 정의론의 고전이라고 말할 수 있는 존 롤스(John Rawls)의 이론도 평등에 입각하여 정의론을 주장하고 있다. 흔히 정의를 분배적 정의와 절차적 정의로 구분하는데 롤스는 정의의 핵심을 기회 균등을 강조하는 공정성(fairness)에 두고 절차적 정의를 주장하면서 자유로운 개인과 사회적 평등을 동시에 확보하려는 중도적 입장을 취하고 있다. 롤스는 정의의 두 가지 원칙을 언급하고 있다. 첫째의 정의 원칙은 사람들이 기본적 자유의 기회를 평등(fair equality of opportunity)하게 나누어 가져야한다. 둘째 원칙은 사회의 모든 직위와 직책은 모든 사람에게 개방되고 사회경제적 불평등은 최소 수혜자의 입장을 개선시키는 한도 내에서 정당화

Plato's Republic, http://www.friesian.com/plato.htm (검색일: 2008. 10. 11)

32) Aristotle, Nichomachean Ethics(BC 360), translated by W. D. Ross ; Richard Mckeon ed., Introduction to Aristotles(Modern Library College Editions, 1947) 참조; Aristotle's Justice, http://www.sunysuffolk.edu/schievp/file22b.html (검색일: 2005. 12. 27).

될 수 있다는 차별원칙(difference principle)을 주장한다.[33] 롤스 정치철학은 사회전체 복지를 위해 개인의 권리는 희생될 수 있다는 공리주의와 자유방임주의를 따른 최소국가주의와 무정부주의까지 수용하는 자유지상주의, 그리고 개인보다는 공동선의 도덕적 우위를 주장하는 공동체주의와 다르다. 롤스는 이와 같이 사회계약론에 뿌리를 두고 자유주의와 사회주의의 두 장점을 수용하는 제3의 중도적 입장을 취하면서 자유로운 개인도 지키고 사회적 평등도 확보할 수 있다고 보았다. 그는 이러한 공정한 정의의 원칙에 의해 운영되는 사회가 질서와 평화가 있는 사회이며 여러 신념체계를 지닌 집단들이 공존할 수 있다고 보았다. 그리고 이러한 그의 정의관은 철학적, 종교적, 그리고 도덕적 신념을 달리하는 사회의 각 집단들이 실천적 이성에 의해 지지할 수 있는 중첩적인 합의(cross-agreement)로 간주되고 이는 곧 정치적 다원주의와 소통된다고 말할 수 있다.

로널드 드워킨(Ronald Dworkin)도 롤스 이후 자유주의적 전통으로 정의를 평등의 입장에서 바라보고 정치공동체에서 최고의 덕목은 평등이라고 주장한다. 그는 평등한 존중과 배려(equal respect and concern)를 전제로 평등을 자원의 평등과 복지의 평등으로 나누고 전자는 공동체의 구성원들에게 동등하게 자원을 나누어 주는 것이며 후자는 각 각의 능력과 처지를 구별해 이를 차등 분배하는 것이라고 말한다. 드워킨은 또한 평등실현의 적극적 도구로 시장제도를 제시하며 모

33) John Rawls, A Theory of Justice(Boston: Harvard University Press, 1971); J. Rawls, "Justice As Fairness: Political Not Metaphysical" in Stephen Eric Bronner ed., Twenty Century Political Theory: A Reader (New York: Routledge, 1997), pp. 39-40.

든 사람들에게 같은 양의 화폐를 나눠 주고 각자가 원하는 자원을 경매(auction)로 구입하도록 한다는 일종의 가상적 보험제(hyperthetical insurance)를 주장한다. 따라서 드워킨은 롤스와 함께 시장과 평등, 개인적 자유와 공동체적 가치가 하나로 접목될 수 있다는 자유주의 좌파(liberal left)의 관점을 보여주고 있다.[34]

스포츠 행위에서의 평등원칙은 먼저 모든 규칙은 평등하게 적용되고 경쟁자들도 평등하게 경기에 임하면서 공평성(fairness)이 유지된다는 점에서 시작된다. 경기의 시작과 끝남에 관계되는 규칙과 성적을 평가하는 규칙들이 평등하게 적용되어 경기자들은 이러한 규칙이 그들의 기술과 재량을 표현할 수 있는 핵심적인 틀이 된다는 점을 깨닫고 경기에 임한다. 스포츠는 이러한 규칙이란 구조가 자의적이나 패쇄적이지 않고 평등화, 표준화된 일련의 한계 내에서 인간이 무엇을 성취해 낼 수 있는 가를 보여주는 셈이다.

스포츠인은 평등화된 규칙으로 신체적인 활동을 통해 인간이 넘어설 수 없는 한계에 대해 스스로를 대비하고 발견하는 위대한 성취를 가져오게 된다. 동시에 공정한 규칙적용은 경쟁자들을 평등하게 함으로써 스포츠의 속성인 불확정성이 지속되는 데 필요한 긴장과 흥분을 계속 유지시켜 준다. 만약

34) Ronald Dworkin, Sovereign Virtue: The Theory and Practice of Equality(Harvard University Press, 2000); 염수균 역, 자유주의적 평등(한길사, 2005); R. Dworkin, Justice in Robes(Harvard University Press, 2006); R. Dworkin, Life's Dominion: An Argument About Abortion, Euthanasia, and Individual Freedom(New York: Knopf, 1993); R. Dworkin, A Matter of Principle(Harvard University Press, 1985); R. Dworkin, Taking Rights Seriously(Cambridge: Harvard University Press, 1977) 참고.

한 팀이 그들의 상대자를 거의 이길 수 없거나 그럴 기회가 전혀 없다면 게임이나 스포츠 경기는 성립될 수 없고 권태롭게 될 수 있다. 따라서 게임이나 경기 결과의 평등성과 불확정성을 담보하기 위해 연령, 체중, 신장 기준 등 형태로 보다 우세한 선수에게 기외(其外)부담을 지우는 핸디캡(handi-cap)제도를 두기도 한다. 또한 어떤 팀이 불공정한 전략을 사용하는 것이 발견되면 상대방 팀에 잠정적으로 우세를 주거나 불공정한 전술에 의해 그 팀이 겪은 손해를 보상받을 기회를 주는 방식으로 불리한 벌을 준다. 연맹 내 여러 팀 간의 경쟁적 동등성을 유지시키기 위해 최하위 팀에게 선수 스카우트에서 우선권을 주는 제도도 있다.

스포츠의 이러한 공정성과 평등의 원칙은 고대 그리스의 올림픽 경기규칙에서도 찾을 수 있다. 우선 육상경기에서 불공정한 출발을 방지하기 위해 2세기 말경에 만들어진 히스플렉스(Husplex)라는 출발문이 그러하다. 주자가 출발선에 있는 돌 판의 홈 속에 자신의 손끝을 맞추게 하고 막대기를 출발주자의 손과 종(鐘), 그리고 출발선의 홈에 있는 노끈이 서로 연결되어 출발신호가 울리면 주자는 끈을 놓고 정면에 설치된 수평막대기가 떨어지면 달려가도록 되어 있었다. 전차경기에서도 균등한 기회를 주기 위해 주로(走路-Hippodrome)의 안쪽에 위치한 경주자가 바깥쪽에서 출발하는 경주자보다 유리하기 때문에 주로 안쪽으로부터 바깥쪽으로 선 전차 경주자들은 더 뒤에서 출발하지만 미리 출발하도록 했다. 복싱이나, 레슬링, 팡크레이션(Pancration) 등의 투쟁 스포츠에 있어서도 공정성을 보다 확보하기 위해 승자는 주심에 의해 승패가 결정되지 않고 경기자가 패배를 인정함으로써 승패가 결정되었다. 그럼에도 불구하고 주심과 부심은 경기규칙의 준수 여부를 확인하기 위해 함께 경기에 임했다. 또 다른 규칙의 공정성 원칙은 전체적 게임 행위에 연관 된 것으로 제우스신에 대한 맹세이다. 출전자는 신의 동상 앞에 수퇘지의 살을 바치며 아버지나 형제, 코치와 함께 올림픽 경기에서 어떤 잘못도 저지르지 않겠다는 맹세를 한다. 그리고 10개월 동안 훈련할 것을 맹세하고 끝으로 소년경기의 등록을 할 때 검사관이 뇌물 따위를 받지 않고 공정히 결정할 것을 맹세하였다. 올림픽 경기의 행정에 관한 규칙으로 경기 참가는 그리스의 모든 자유민에게 개방되었지만 살인죄를 범하지 않은 자유민에게만 제한되어 있었다.[35)]

현대의 국제올림픽위원회(IOC)도 규칙 제3조에서 "대회는 모든 나라의 올림픽 경기자를 공정 평등하게 경기에 참여시킨다. …어떠한 나라 또는 개인에 대해서도 인종, 종교 또는 정치상의 이유로 차별을 하는 것은 허용되지 않는다."라고 규정하고 있다.[36)] 이 규정은 1976년 11월 4일 유엔총회에서도 스포츠에의 인종차별정책에 관한 결의에 포함시키고 있다. 이 결의는 "인종, 종교, 정치적 제휴의 근거에 관해서 어떠한 인종차별도 있어서는 안 된다는 올림픽 원칙에 대한 무조건적 지지"를 재확인 한 셈이다.[37)] 이 결의는 또 모든 나라에 대해

35) Peter McIntosh, Fair Play: Ethics in Sport and Education, 하남길, 권판근 옮김, 페어플레이(서울: 21세기교육사, 1997) pp. 20-26.

36) International Olympic Committee Rules 3, 'Olympic Rules 1976', Lausane; Peter McIntosh, Fair Play: Ethics in Sport and Education, 하남길 외, 페어플레이 p. 287, 재인용.

37) UN General Assembly, Thirty-first session 4th November 1976, Agenda item 52 'Apartheid in Sport', A/31/L.10/Rev 1; 하남길 외, p. 288, 재인용.

서 스포츠에서의 인종차별정책에 관한 아래와 같은 인종차별 반대특별위원회의 보고에 포함되어 있는 권고를 이행하도록 독촉하였다.

(1) 국제연합의 인종차별 정책과 스포츠에 관한 결의, 결의를 이행하기 위해 필요한 행위가 취해져야한다는 요구와 함께 모든 국가의 스포츠조직에 전달할 것.

(2) 남아프리카와의 스포츠 교류에 대한 어떠한 공식적인 후원, 원조, 또는 촉진을 거부할 것, 이는 공식적인 팀에 대한 리셉션을 비롯해서 남아프리카 팀이나 선수와 스포츠 경기를 갖는 문제를 포함하고 이들에 대한 보조금 지불문제도 포함한다. 이러한 모든 항목을 거부할 것.

(3) 특별위원회나 노예해방운동단체에 의해 승인된 인종차별정책(apartheid)을 하지 않은 스포츠 통괄단체를 제외한 남아프리카의 스포츠단체, 팀 선수에 대한 비자발급을 거부할 것.

(4) 스포츠 단체, 팀, 선수들의 남아프리카 방문을 위한 편의제공을 거부할 것.

(5) 국제적인 스포츠 단체 및 토너먼트에서 남아프리카를 제외시킬 것을 지지하는 모든 국가의 스포츠 단체 활동을 장려할 것.

유엔의 남아공에 대한 인종차별차별정책의 종식을 위한 노력으로 유엔 회원국들과 국제스포츠조직은 노예해방운동 단체들과 협력하여 남아프리카를 실제로 대표하는 비인종적 팀 육성을 위해 이미 시작된 계획들에 대해 적극적인 지원이 요청되었다.

마침내 1948년 남아공의 백인 국민당(National Party)정권이 들어서 흑인 인종차별정책(특히 토지법-Land Acts, 차별거주지역법-Group Areas Act, 인구등록법-Population Registration Act으로 악명이 높음)은 1991년 드 클라크 정권의 개혁정치에 의해 종결되었다. 40여년에 걸친 남아공의 인종차별정책은 그 동안 럭비, 크리켓 등 남아공의 우수한 스포츠 경기가 국제무대에서 소외(alienation)됨으로써 스포츠의 정치화(politicization of sport)가 생겨났고 반대로 인종차별정책의 종지부는 국제관계에서 소외된 남아공의 정치가 스포츠화(sportization of politics)된 좋은 사례가 되었다.[38]

한편 스포츠에서의 기회평등의 또 다른 원칙은 남녀사이의 기회평등으로 여성에게 기회의 평등이 보장되어 있는지의 여부이다. 사회의 기본체제 안에서 여성도 남성과 동등하게 경쟁할 수 있도록 모든 사회적 차별의 장애요인을 제거하고 보완하는 노력이다. 19세기 말을 기점으로 산업사회의 진행에 따라 사회 문화영역에서 여성의 지위가 진일보하기 시작하면서 스포츠에서의 여성 지위도 향상되기 시작했다. 20세기에 들어와 이와 같은 현상은 계속되어 1960년 후반부터 본격적으로 일기 시작한 자유주의적 여권운동(liberal feminism)은 여성의 권익을 신장시키려는 정치적 운동으로 출발하여 남성우월주의(patriarchism) 사회구조를 개선하고자 했다.

기회의 평등을 여성에게 보장해 주는 것을 주된 목적으로 하는 스포츠의 페미니즘은 수세기에 걸친 남성위주의 사회로

---

38) 남아공의 인종차별정책의 종결과 스포츠 활동에 대한 보다 심층적 분석을 위해서는 Adrian Guelke, "Sport and the End of Apartheid", in Lincoln Allison, ed., The Changing Politics of Sport(Manchester University Press, 1993), pp. 151-170 참고.

부터 여성의 동등한 위치를 찾기 위해 압도적인 남성의 지위를 수정하는 것을 전제로 한다. 앞서 지적한 바와 같이 근대 올림픽의 창시자였던 쿠베르탱도 여성의 올림픽 참가를 반대했던 시대를 지나 정치적 자유주위(political liberalism)의 흐름에 힘입어 스포츠 분야에서도 여성들의 동등한 참여(equality of opportunity)와 공평, 균등한 사회구조의 개선을 요구하는 목소리가 높아지기 시작했다. 그 결과 스포츠 분야에서도 여성들의 전체적인 스포츠 참여도를 높이기 위해 동등한 접근을 할 수 있도록 기회균등의 사회적, 법적인 개혁적 프로그램이 상당한 수준으로 개발되고 발전되어 왔다. 1975년 영국의 '성차별법'(Sex Discrimination Act)은 재화, 용역, 시설, 공간 사용에 대한 여성 차별을 불법화하고 스포츠위원회(Sport Council)는 "모든 국민에게 스포츠를"(Sports for All)이란 캠페인을 통해 공식적으로 여성을 지원 대상으로 천명하고 있다.[39] 이러한 정책으로 스포츠계의 의사결정이나 경기 참여, 재정지원, 시설확보 등에서 여성의 권리가 남성과 평등하게 이루어 질 수 있다. 그러나 아직까지도 스포츠계에서 남성의 헤게모니(hegemony)는 수많은 사례에서 볼 수 있듯이 여성의 기회균등과 권익신장을 위한 변화의 노력에도 불구하고 무풍지대로 남아 있다.[40]

스포츠에서의 여성차별과 남녀불균형은 다른 사회영역의 차별과 억압, 비윤리적이고 비인도적인 관행을 부정하고 비판하

39) D. Pannick, Sex Discrimination in Sport (London: Equal Opportunity Commission, 1983).

40) Annette Muller, "Women in Sport and Society," in Jim Riordan and Arnd Kruger, ed., The International Politics of Sport in the 20th Century (London: E & FN Spon, 1999).

면서 개선시키기 위해서는 실제 스포츠맨과 이론가들이 상호 협력해야 한다. 개혁을 위해서는 권력이 필요하고 권력을 확보하기 위해서는 조직화가 필요하다. 실천적 방안으로 스포츠맨과 이론가들은 스포츠계에서 여성이 정치적 영향력을 얻기 위해 여성참여를 더욱 촉진하고 이를 정치화할 조직을 만들어 내야한다. 예를 들면, 1985년 영국에서 설립된 여성스포츠재단(The Women's Sports Foundation)을 들 수 있다. 이 재단은 여성 스포츠에 대한 인식을 높이고 이론과 실천을 서로 연결해 남성 지배를 시정하는 사업을 하고 있다. 이를 위해 지역스포츠와 연대를 맺고 즐겁고 값싼 비엘리트적인 대안 스포츠 프로그램을 개발하고 있다.

끝으로 스포츠의 여성 평등운동과 관련하여 스포츠사회학자 제니퍼 하그리브(Jennifer Hargreaves)는 3가지의 선택을 제시하고 있다. (1) 여성의 남성영역으로의 진입. (2) 여성스포츠의 분리전략. (3) 남성과 협동하여 남녀차별 없는 스포츠 제도를 세우는 전략들이다. 이중 3번째 대안으로 레크리에이션을 통한 건강, 다양한 운동, 운동을 통한 감각의 세련화 등을 기준으로 스포츠경쟁(sports competition)에 변화를 유도하여 지금까지의 공격적인 남성위주의 스포츠와 실질적으로나 이념적으로 다른 새로운 남녀공유 스포츠를 창안할 수 있다고 지적한다. 동시에 위의 3가지 전략을 동시에 진행함으로써 상황변화에 따라 효과적인 방법을 선택할 수 있다고 한다.[41]

---

41) Jennifer Hargreaves, "The Promise and Problems of Women's Leisure and Sport," in C. Rojek, ed., Leisure for Leisure(London: Macmillan, 1989); J. Hargreaves, "Sex, Gender and the Body in Sport and Leisure: Has There been a Civilizing Process ?," in E.

3. 스포츠의 윤리

앞에서 지적한 스포츠의 자유성과 함께 공정성이란 도덕적 평등과 정의원칙은 곧 스포츠의 정의와 도덕에 연관되고 스포츠의 윤리문제를 제기한다. 따라서 스포츠행위에 있어서 도덕성에 대한 논의는 스포츠맨의 윤리문제로 귀결되고 그들의 자유의지와 책임이 따르는 공정하고 정정당당한 경기를 뜻하는 '페어플레이(Fair Play)'여부와 직접 연관된다. 또한 스포츠 경기장에서의 페어플레이는 '인생이란 넓은 경기장'(정치영역을 포함)에서도 마찬가지로 귀중한 도덕적 가치를 갖는다. "게임은 단순히 신체적인 건강뿐만 아니라 도덕적 건강에도 공헌한다"라고 19세기 영국의 작가이자 신학자인 찰스 킹슬리(C. Kingsley)가 주장한 것처럼 스포츠의 페어플레이를 통해 공정성과 정의, 명예, 상대방을 인정하는 태도, 상부상조의 정신 등 도덕적 가치가 인생의 자질을 고매(高邁)하고 풍부하게 한다고 말할 수 있다.[42] 동시대 영국의 교육가이자 신학자였던 F.W. 파라르(Frederick W. Farrar)도 "크리켓은 불굴의 정신력을 가지고 지고 있는 게임을 끝까지 포기하지 않으며 패배를 기꺼이 받아들이되 최후의 순간까지 승리를 위하여 최선을 다하는 자세를 함양할 수 있게 한다. 여러분이 인생이라는 거대한 크리켓 경기장에서 바로 이와 같은 자질을 원한다면 내 말을 믿어야한다"고 말하고 스포츠의 도덕적 가치를

Dunning and C. Rojek, eds., Sport and Leisure in the Civilizing Process (London: Macmillan, 1990); 안민석, 정홍익, 임현진 편저, 새로운 스포츠사회학 (서울: 백산서당, 2002) pp. 300-301.

42) Charles Kingsley, "Health and Education"(1874), in P. C. McIntosh, Sport in Society (London: C. A. Watts, 1963), p. 77.

강조했다.[43)]

여기서 도덕이라는 개념은 라틴어의 'mores'에서 연유된 것으로 예의, 습관, 풍속을 의미하며 도덕적 관념은 문화의 구성원이 흔히 익숙해진 행동과 모든 집단 성원의 기대된 행동의 유형을 결정하는 행동법칙이다. 따라서 도덕적 행위는 사회적 집단의 도덕적 강령(규칙 및 법칙)에 따른 행동을 의미하며 규칙에 대한 불응은 부도덕적인 것이며 고의성이 없더라도 기대된 행동에 관해 무지할 경우 이 또한 부도덕한 것이 된다. 결론적으로 경쟁 스포츠의 페어플레이는 곧 도덕적 교육이자 하나의 사회적 훈련으로 사회화(socialization)과정의 한 주요 내용이라고 말할 수 있다.

고대 그리스의 올림픽 경기에서 나타난 공정성과 기회균등의 스포츠윤리와 중세의 기사도(Knighthood)와 금욕주의의 강건한 기독교주의(Muscular Christianity)윤리에서 현대의 스포츠맨십(Sportsmanship)과 신사도(紳士道 Gentlemanship)와 같은 어휘에 내포된 페어플레이의 스포츠윤리를 찾을 수 있다. 기사도 정신은 교회를 지키고 성직자를 존경할 뿐만 아니라 배신적 행동을 응징하고 가난한 자의 권리침해를 방어하며, 평화를 지키고 자기 동포를 위하여 피를 흘리며 필요하다면 목숨까지 받쳐야하는 자기희생 정신을 골자로 한다. 스포츠맨십은 바르고(just) 공정하고(fair) 정직한(honest) 도덕관념으로 스포츠맨이 지켜야할 정정당당한 운동가 정신을 말하고 그러한 마음가짐과 책임 있는 행동으로 사회의 도덕적 행위의 귀감이 되는 신사적 행위의 표준이 되는 성실, 명예, 예의, 경건, 겸양, 약자

43) F. W. Farrar, "In the Days of the Youth," in B. Simon and I Bradley, The Victorian Public School(Dublin: Gill &Macmillan, 1975), p. 148.

보호, 자존심, 관용, 봉사, 자기희생, 용감성, 여성에 대한 엄격한 예의 등의 표준을 의미하는 신사도(Gentlemanship)가 페어플레이의 기본적인 도덕적 규범이다. 페어플레이는 이러한 스포츠맨십과 신사도에 따라 공정하고 정정당당한 운동가정신으로 기량을 발휘하여 승부를 겨루는 일로 도덕적 의무로서 해야만 할(obligatory) 윤리적 개념이다. 여기서 '페어(공정 fair)'라는 말은 첫째 '기준을 나내는 것'과 둘째 '지키는 것'을 목적으로 한다. 공정하고 정당한 경기규칙과 경기 참여자들이 규칙을 지키는 것을 목적으로 한다.

페어플레이의 근거는 앞 장에서 살펴 본 플라톤이나 아리스토텔레스 등의 윤리학자로부터 18세기 전후의 D. 흄(David Hume), 홉스, 루소, 칸트 등 계몽주의자들, 그리고 19세기 J. 벤담(Jeremy Bentham)이나 J. S. 밀(John Stuart Mill) 과 같은 고전적 공리주의자들(유일한 도덕적 원리는 "최대다수의 최대행복" 추구 to seek the greatest happiness of the greatest number)에 이어 그리고 현재의 롤스와 드워킨 같은 정치철학자들에 이르기까지 논의돼온 이성적 존재로서의 인간에게 주어진 도덕적 의무에서 비롯되었다.

도덕성의 최고 원리로 논의되는 칸트의 도덕적 의무의 보편화 가능성 형식 외에 페어플레이의 스포츠맨십과 관련된 두 가지 형식을 예로 들어본다. 첫째는 "너 자신을 포함한 모든 이성적 존재를 항상 목적으로 다루고 결코 수단으로 다루어서는 안 된다"(Treat every rational being including yourself always as an end and never as a mere means). 둘째는 "행위의 규칙은 내가 나 자신에게 부과하는 법칙으로 간주할 수 있는 법칙으로서 도덕적으로 그것을 구속하는 것이다"(A principle if conduct is morally binding on me if and only if i can regard it as a law which i impose on myself)라고 지적했다.[44] 페어플레이가 스포츠의 도덕적 의무란 측면에서 예를 들어 주심이 보고 있지 않아도 규칙위반을 인정하는 것은 당당한 스포츠맨십으로 높이 평가되어야 한다. 1977년 윔블던의 여자부문 '론 테니스 선수권'(Lawn Tennis Championships)대회 준준결승에서 당시 챔피언으로 예상됐던 미국의 크리스 에버트(Chris Evert)는 자신의 득점으로 인정한 심판의 오심(誤審)을 정정(訂正)해 준 일이 있었다. 에버트는 이로 인해 포인트를 잃고 챔피언도 무산되어 버렸다. 그러나 에버트의 도덕적 행위는 스포츠 역사에 길이 남게 되었다. 또한 2010년 봄 '베리존 헤리테이지 골프선수권'(Verizon Heritage PGA Tour)대회 마지막 홀에서 브라이언 데이비스(Brian Davis)는 스스로의 벌칙(클럽이 흩어진 잡초 한 포기를 건드림)을 인정하고 2개 벌점을 얻어 챔피언자리를 내놓은 경우도 마찬가지다. 승리보다 자신에게 정직함으로써 페어플레이의 도덕적 의무를 다한 위대한 선택으로 스포츠 역사의 귀중한 하나의 귀감(龜鑑)이 되었다.

스포츠맨십의 기사도정신은 다시 말해 공정성, 자기통제, 용기, 인내 등 스포츠의 도덕적 가치를 바탕으로 스포츠맨은 진정으로 스포츠를 애호하는 정신과 태도를 견지하며 경기에 공정한 태도로 임해야 한다고 여겨진다. 이를 좀 더 구체적으

---

44) Emmanuel Kant, Fundamental Principles of the Metaphysic of Morals(1785); E. Kant, Metaphysics of Morals(1797); 하남길 외(1997), p. 175.

로 말한다면 첫째, 경기규칙은 자신의 자유의지에 입각해서 양심에 따라 지켜야 한다. 둘째, 상대에 대한 태도로써 경기 상대가 없으면 경기를 할 수가 없으므로 같은 입장에서 존경의 뜻을 가지고 대해야 한다. 셋째, 참가자는 자주적으로 최후까지 싸운다는 정신으로 끝까지 최선을 다하여야 한다. 넷째, 승패에 대한 태도로써 참가자가 승리를 향해서 전력을 쏟는다는 것은 절대적이고 본질적인 일이지만 최선의 노력을 기울이는 과정이 중요하다는 것으로 요약할 수 있다.

'페어플레이'에 대한 국제적 선언은 1976년 국제스포츠·체육평의회(ICSPE)에 의해 공포되고 유네스코와 국제올림픽위원회에 의해 승인되었다. 이 선언은 "경쟁자들이 최소한 성문화된 규칙을 어김없이 준수하고 주심의 결정에 반론을 펴서는 안 되며 타인 특히 관중을 그렇게 하도록 선동해서는 안 된다"고 요구하고 "페어플레이는 승리했을 때의 겸손함과 패배했을 때의 예의바른 태도, 그리고 따뜻하고 지속적인 인간관계를 창조하는 관대함 속에서 구체화되는 것이다."라고 지적하고 있다. 한편으로 "주심은 그와 관련된 행동을 경기현장에서만 국한하지 않고 경기가 벌어질 때를 전후해 선수들과의 접촉을 원해서는 안 된다. 그래야만 심판은 권위를 강화시킬 수 있을 뿐만 아니라 페어플레이의 촉진도 공헌할 수 있게 될 것이다"라고 규정하고 있다.[45] 결론적으로 "페어플레이가 없는 스포츠는 더 이상 스포츠가 아니다"(Without fair play sport is no longer sport)라는 것이다.

이와 같은 ICSPE의 페어플레이에 대한 선언은 다른 한편

---

45) ICSPE, Declaration on Fair Play (Unesco, Place de Fontenoy, Paris, 1976)

으로 페어플레이에 대한 위협을 다음과 같이 기술하고 있다.

페어플레이에 대한 위협은 당장 승리에 대한 지나친 집착이다. 승리는 경기자나 그 선수가 소속된 클럽과 스포츠협회, 선수의 모국에 명성을 가져다주고 실질적으로 물질적 보상을 가져다줄지도 모른다. 승리하기 위해서 경기를 하는 것은 경쟁 스포츠의 본질이다. 그러나 결과에 지나치게 집착하게 되면 경기자는 점차 승리하기 위해 규칙을 어기도록 유도되는 것이다. 흥분한 자기편 관중들에게 자극을 받아 그들은 승리를 다투고 주심의 권위를 우롱한다. 실패를 두려워하고 그들은 상대를 무찔러야할 적으로 간주하게 된다. 그리고 때로는 매니저나 코치와 공모해서 반칙으로 몰고 가서 심지어 목적달성을 위해 야만적인 행위까지 하게 되는 것이다. 이러한 악습은 훈련결여와 폭력증대의 풍조에 의해 더욱 조장되어 전 세계로 퍼져 나가는 것이다.[46]

승리지상주의에 대한 경고는 이미 1908년 미국 펜실베이니아의 주교, 에텔버트 탈보트(Ethelbert Talbot)가 영국과 미국의 선수들 사이에 경기규칙을 둘러싼 분쟁이 발생하자 이를 보고 센트 폴 성당에서 "올림피아드에 있어서 이기는 것은 대회에 참가하는 것에 비교하면 그다지 중요하지 않다."라고 설교한 것을 시작으로 근대올림픽 창시자 쿠베르탱이 영국정부가 초대한 만찬장에서 "…인생에 있어서 중요한 것은 승리가 아니고 투쟁하는 것입니다. 본질적인 것은 승리하는 것이 아니고 훌륭하게 싸우는 것입니다…이는 우리 IOC를 지배하고

46) 앞의 책, p.4.

있는 이상입니다."라고 반복되면서 더욱 강조되었다.[47)]

승리하기 위해 경쟁하는 것은 스포츠의 본질임에는 틀림없으나 ICSPE의 페어플레이 선언처럼 결과에 너무 지나치게 집착하는 승리 지상주의는 경기규칙을 위반하거나 그 가능성을 유도하게 된다. 속임수를 쓰거나 약물복용(도핑 doping), 폭력사용, 과도한 민족주의 표출 등이 모두 그러하다.[48)] 특히 폭력의 경우는 공격과 관련이 있고 이에 대해 생태적, 심리적, 환경적 여러 이론이 있을 수 있다. 첫째 공격성은 선천적 본능이며, 둘째 공격은 욕구불만의 결과이며, 셋째 공격적인 행동은 환경에 대한 학습된 반응이라는 것이다.[49)] 세 가지 이론이 상호 어느 정도 중첩적이라고 할 수 있으며 이들 중 둘째와 셋째의 공격과 폭력이론에 대한 스포츠의 경우에는 몇 개의 중요한 상관관계(co-variables)를 찾을 수 있다. 공격적인 행동을 갈망하는 자가 스포츠 경기를 통해 심리적으로 정화될 것으로 가정한다면 앞서 본 아리스토텔레스의 스포츠의 카타르시스(정화淨化)기능과 연결될 수 있다. 상대적으로 페어플레이의 스포츠맨십은 과도한 경쟁심과 자기성취욕 나아가 스포츠기술을 이용해 모호한 방법으로 승리만을 위해 경기를 치루는 게임맨십(Gamesmanship)과 구별된다.[50)]

---

47) Pierre de Coubertin, The Olympic Idea: Discourses and Essays, ed. L. Mien and O. Anderson, trans. by J. G. Dixon (Lausanne: Carl Mien Institut, 1966); 하남길 외(1997), p.302.

48) Drew A Hyland, Philosophy of Sports (St Paul, Minnesota: Paragon House, 1990) 참조.

49) 폭력에 대한 좀 더 깊은 미시적, 거시적 이론들에 대해서는 James E. Dougherty and Robert L. Pfaltzgraff, Jr., Contending Theories of International Relations: A Comprehensive Survey, 2nd edition (New York: Harper & Row, Publishers, Inc., 1981), pp. 251-367, 참고.

50) Stephen Potter, The Theory and Practice of Gamesmanship: Or the

속임수는 G. 뤼셴(Gunther Luschen)의 주장처럼 경기에 이기기 위해 명백하게(apparent) 혹은 잠정적(temporary)으로 동의한 조건들이 한 팀에 유리하게 변경되는 행위로서 결과적으로 기술과 전략에 있어 차이를 초월한 '기회평등의 원칙'을 파괴하는 것이다.[51] 따라서 속임수는 부도덕한 것이다. 그러나 경기의 '프로 파울'(professional foul)은 예외로 볼 수 있다. 축구경기에서 상대팀의 결정적 득점을 피하기 위해 프리킥을 줄 각오로 핸들링을 하는 것이 그러한 경우이다. 이는 규칙위반의 벌칙을 피하려거나 팀의 체계를 파괴하려는 의도가 전혀 없었기 때문이다.

한편 스포츠행위의 도덕성을 사회윤리란 관점에서 보면 스포츠맨의 '사회적 존재조건'과 그 조건에서의 윤리의식 형성과 실천에 그 초점(焦點)이 주어진다. 이러한 도덕성 문제는 필연적으로 '자유의지'와 '책임귀속'의 문제를 가져오며 이러한 관점에 있어서의 스포츠행위의 윤리적 문제에 관한 연구방향은 경기자 등 개인의 주체와 이들을 구성하고 있는 사회구조를 어떻게 이해 할 것인가 하는 문제에 그 핵심을 두고 있다. 개인주체의 자유의지를 긍정하면서, '어디까지 주체의 의무이며, 어디까지 사회의 책임인가'라는 문제의 해결이 핵심적 과제인 것이다. 이러한 맥락에서 스포츠행위의 도덕성에 대한 논의는 앞 장에서 지적된 '개인정의'와 '사회정의'에 대한 논의처럼 주체의 의무를 문제 삼는 '개인윤리'와 사회구조의 책임을 문제 삼는 '사회윤리'가 성립하게 된다. 기존의 윤리담론이 개인의 '윤리의식', '도덕성'을 바탕으로 하는 의무론적 윤리에 초점을

Art of Winning Games Without Actually Cheating (1947) 참조.

51) G. Luschen, "Cheating" in D. M. Landers ed., Social Problems in Athletics (Illinois: University of Illinois, 1976), p. 67.

맞춤으로써 개인의 윤리행위를 평가하고 규정할 수 있는 '행위준거'(行爲準據 rule of activity)에 대한 담론이 주류를 이루어왔지만 최근에는 윤리현실, 즉 개인주체와 사회구조가 복합적으로 상호작용하는 총체로서의 현실 속에서의 실효성이 의문시 된다는 비판을 받기 시작하면서 이러한 비판 속에서 스포츠행위의 사회 윤리적 접근이 이루어지고 있는 실정이다. 스포츠의 상업화와 프로화, 물질만능주의와 기술주의, 그리고 승리지상주의 함께 인간성이 상실되고 타락한 비도덕적인 추악한 오늘날의 사회윤리의 상황에서 스포츠의 윤리문제는 선수, 관중, 심판, 행정부 모두에게 뿐만 아니라 더 나아가 도덕불감증에 걸려있는 현대사회의 도덕재무장운동(Moral Rearmament Movement-MRA)을 절실히 요구하고 있는 시대에 그 선구적 역할을 다할 것으로 기대 된다.

동시에 스포츠의 도덕교육과 사회적 훈련에 관련하여 아리스토텔레스의 〈윤리학〉 서문에 나타난 인생의 윤리적 목적론을 참고할 필요가 있다. "모든 행위와 기술·학문은 목적을 갖는다. 의술은 건강을, 조선소는 배를, 군사전략은 승리를, 가정은 풍성한 부를 목적으로 하고 있다"고 말하고 "목적이 있다면 그 자체를 위해 우리가 바라는 행동을 취해야 한다. 이 목적이야말로 분명히 선(Goodness)이자 최고선이어야 한다. 바로 이것을 안다는 사실이 인생에 있어서 몹시 중대한 일이 아닐까? 그렇다면 우리는 대범하게 이런 것들이 무엇인가를 찾으려 노력해야 한다."[52] 이에 따라 도덕교육과 사회적 훈련의 필요성은 우리가 일상생활에서 이루어지는 '브링

52) Aristotle, Nichomachean Ethics, 1094, pp. 18-26 trans. W. D. Ross (Oxford, 1925).

킹'(brinking-눈 깜박임)과 '윙킹'(winking-눈짓)의 차이에서 찾을 수 있다. 전자는 빛의 번쩍임이나 눈의 위협으로부터 일어나는 자동반응이며 후자는 사회적 상황에 대한 의도적 반응이다. 자극에서 깜박임이 일어나는 반응까지의 브링킹 시간은 0.05초이고 의도적 윙킹 시간은 0.15초로서 3배의 속도차이가 난다.[53] 따라서 신체적인 기술은 교육과 훈련에 따라 반응시간을 줄일 수 있고 또 그 수행능력은 대부분 자동적 반응특색을 나타내게 된다. 따라서 결론적으로 스포츠의 윤리 도덕문제도 사회적 훈련과 교육이 무엇보다 절실히 요구된다고 말할 수 있다.

끝으로 2000년 전 소피스트(Sophist)의 비도덕주의자인 트라시마쿠스(Thrasymachus)의 "정의는 강자의 이익이자 강자의 편(Justice is the interest of the stronger, justice as the advantage of the stronger)"이라는 궤변적인 견강부회(牽强附會)의 수사(修辭)로써 스포츠의 정치적 도덕성에서 바라본 개인과 사회정의에 대해 다시 음미해볼 필요가 있다.[54] 이는 곧 스포츠의 조직과 행위에 있어 무엇이 옳고 무엇이 잘못인가를 결정하는 주체가 누구인가라는 질문에 귀착되면서 결국 정치 도덕적 문제로 귀착된다. 동시에 일반적으로 인정된 국제조직의 규칙과 결정을 지킬 의무 등을 포함한 다른 의무들은 짓밟고 어떤 한 국가에 복종하는 의무는 지키는 이유에 대한 문제로 트라시마쿠스의 국가의무 복종론은 곧 시민 각자의 이익에 부합된다는 주장이다. 그럼에도

53) A. V. Hill, Living Machinery (London: Bell & Son, 1931).

54) Plato, The Republic(BC 360), translated by W.H.D. Rouse, *Great Dialogues of Plato*, (Mentor Books, 1956), p.137; trans. H.D.P. Lee (Penguin Books, 1955), p. 73. 참고.

불구하고 만약 국가가 나쁘면 의무는 존재하지 않는다. 제2차 세계대전 후의 독일 뉘른베르크(Nuremberg) 나치 전범재판에서 볼 수 있듯이 정의는 보다 강한 자의 이익이 되는 듯하나 1976년 캐나다 정부가 중공반대에도 불구하고 대만 참가를 위해 규칙을 강화하고 아프리카 국가들이 뉴질랜드의 친(親)남아공 인종차별정책에 대한 항의로 자신들에게 유리한 참가규칙의 강화를 시도하고 보이콧으로 일관했으나 이후에 IOC에 의해 강화된 규칙은 다른 국제관계의 원리처럼 판정됨으로써 정의는 결코 보다 강한 자의 이익에 의해 결정되는 것이 아니다. 트라시마쿠스의 '치자와 피치자', '양치기와 양떼' 사이의 관계에서 바라본 정의에 대한 소피스트(Sophist)의 회의론은 소크라테스의 재설명과 함께 '의사와 환자', '장인(匠人)과 예술'의 관계로 비유되어 결론적으로 인간의 영혼은 건강한 신체와 같이 정의란 덕행(virtue)으로 풍성히게 되며 행복에 이른다고 주장했었던 것이다.[55)]

4. 스포츠의 카타르시스

스포츠의 내적 동기는 아리스토텔레스의 〈시학 詩學 Poetics〉 중 비극론에서 설명되고 있는 카타르시스(Kathar sis-Catharsis)에서 찾을 수 있다.[56)] 그는 비극속의 주인공들이 보여준 공포(pity)와 동정(fear), 환상과 고통들이 관중

55) http://www.molly.edu/academy/philosophy/sophia/plato/republic/re... (검색일: 2006. 3. 20).

56) Aristotle, Poetics (BC 350), translated by W. J. Bate in Criticism: The Major Texts (New York: Harcourt, Brace and Co, 1952).

들에게 똑같은 경험으로 공감되어 일종의 간접적 대리경험으로써 그 과정에서 카타르시스 즉, 정신적 정화(淨化 purification) 또는 순화(純化 purge)를 거쳐 정신적 해방을 맞게 된다고 주장했다. 예를 들면 기원전 442년 고대 그리스의 유명한 비극 시인 소포클레스(Sophocles: 497/6 BC- 407/6 B.C.)가 쓴 "안티고네"(Antigone----물론 "오디푸스" Oedipus의 3부작 전체를 포함하여)가 도덕적이고 정치적인 문제들이 제기되면서 초월적 신성함(divine)과 인간의 정의(human justice)사이에 발생하는 갈등문제를 다루는 비극으로 관중들에게 그러한 카타르시스 효과를 갖게 한다.

아리스토텔레스는 비극이 본능적으로 인간의 심리에 내재된 비항상성(非恒常性 unusualness)과 공포적 요소를 자극하여 극 속의 주요 인물들에 대한 동정(pity)과 공포(fear)를 관중들에게 동일시(同一視 identification)하여 감정의 이입(移入)과 그 결과 위험의식을 동시에 느끼게 함으로써 정서적 클라이맥스(emotional climax 절정)에서 감정이 순화되고 새로운 삶의 부활과 회생 그리고 새로운 활력을 되찾는다고 보았다. 이는 결코 비극에 나타나는 주인공들의 운명이 자신들보다 더 불행한데서 오는 일종의 심리적 구제(relief)를 받는다거나 극 종말에 경험할 수 있는 황홀(恍惚)한무아경(無我境 ekstasis-ecstasy)이나 경악(驚愕 astonishment)함이 결코 청중들에게 처음부터 의도적으로 상대방의 불행을 보고 느끼는 반사적인 자신의 행복이 아니라 이는 위대한 인간의 생명에 대한 새로운 경외감으로 자신들의 심령을 새롭게 한다는 것이다.[57] 그에게 카타르시스 효과는 깊게 쌓인 혼란과 불건

57) 앞의 책; http://eserver.org/philosophy/aristotles/poetics.txt,(검색일:

전 그리고 불순함을 제거하고 영혼의 정화와 앙양(昂揚)을 통한 균형 잡힌 마음의 평화를 가져온다고 보았다. 마치 악한 자의 이기주의와 자기중심적인 주관성이 다른 사람과의 동정적 동일시를 통해 선하고 덕스런 영혼의 순화를 확장시켜간다는 것이다.[58]

카타르시스는 그리스어의 'kathairein'으로 "씻다 또는 정화하다"의 동사에서 시작하여 다시 'katharos'--'순수한' 또는 '깨끗한'이란 뜻의 형용사로 변하고 또다시 'katharsis'--'순화' 또는 '정화'란 명사로 표기되며 영어의 'catharsis'로 적게 되었다. 이러한 카타르시스는 아리스토텔레스 이후 각 시대 사상가들의 이념과 의식에 따라 변해왔다.[59] 예를 들면 독일 관념철학자 헤겔(Georg Hegel)은 카타르시스를 우주현상으로 파악하여 그의 변증법(Dialectics)으로 정(正 Thesis)과 반(反 Antithesis) 그리고 합(合 Synthesis)의 관념적 발전법칙을 주장하였다. 그에게 카타르시스는 정과 반의 두 개념의 특성을 공유하여 보다 높은 차원의 새로운 통합으로 이해되고 이는 예술의 기능면에서 종국에는 우주와 인간 그리고 역사와 가까워진다. 독일 철학자 니체(Friedrich Wilhelm Nietzsche)는 그의 저서 〈인간정신으로부터의 비극의 탄생〉(The Birth of Tragedy from the Spirit of Man)에서 카타르시스를 다른 의미로 해석했다. 그는 인간에게는 그리스 신화의 태양신 아폴로(Apllo)의 이성과 술의 신 디오니소스

2005. 9. 17).

58) Aristotle's Nichomacean Ethics: Entire; http://buedu/wwildman/weirdwildewb/courses/wphil/readings/wphil-rdg09-nichomancheanethics.entire.htm (검색일: 2005. 9. 17)

59) http://www.mindspring.com/~phelpsm/papers/cathar.htm(검색일: 2005. 9. 17).

(Dionysus 또는 로마신화의 Bacchus)의 감성(정열)이 공존하여 긴장이 생겨나고 비극이 잉태된다고 보았다. 그러나 그는 깊은 정서적 감성의 개입으로 지적인 이해와 의미가 가능하다고 보고 결국 하나의 균형 및 통합을 창출해 내는 이성의 승리를 주장했다. 이는 기독교의 전통적 가치나 다윈의 진화론을 수용하지 않은 사람들에게 이단의 신화로 비춰질 수 있으나 그의 사상체계에 카타르시스는 분명히 존재하고 있는 것이다.

한편으로 카타르시스는 철학뿐만 아니라 예술이나 인류학, 정신분석학, 또는 심리학에서 서로 다르게 사용되어 왔다. 카시에르(Enst Cassier)와 루카스(Georg Lukacs), 프로이드(Sigmund Freud)와 브로이어(Joseph Breuer) 등이 그러하며 특히 프로이드의 정신분석의 창시자로 정신요법에 있어서의 카타르시스 이용법이 모두 그러하다. 브로이어 또한 히스테리의 치료법으로 카타르시스 효과를 이용하여 정신적 정화와 해방을 가져오게 했다.

아리스토텔레스는 카타르시스 과정을 단순한 도피주의적이나 마취적인 경험과 구별하고 비극이 "질서 지워지고 조화된, 그리고 확률과 필연의 법칙(the rule of probability and necessity)과 관련된 구조적 균형으로 본능적인 인간의 균형감에 가까워진다고 보았다. 그는 모든 비극이 다음과 같은 복잡한 진전과 해소(解消)로 관중들에게 전위(轉位)된다고 한다. "모든 비극은 두 부분으로 즉 복잡화(complication)와 해소(unravelling) 또는 대단원(大團圓 denouement)으로 나누어진다. 행동에 외부의 사건들이 개입되어 복잡화가 이루어지고 그 나머지는 이를 해소하는 것이다. 복잡화는 행위의 처음부터 행운 또는 불행의 전환점으로 이어지는 전부를 의미한다. 해소는 변화가 시작된 후 종말에 이르기까지의 모든 것이다."[60]

스포츠의 카타르시스 효과에 대해 엘리어스(Robert Elias)와 던닝(Eric Dunning)은 다음과 같이 주장하고 있다. "많은 사람들에게 반복되는 하루는 직장에서나 사생활에도 다른 날과 변함이 없다. 이들 대부분에게는 어떤 새로운 것도, 감동적인 것도 일어나지 않는다. 그들의 신체와 정신 모두가 긴장 되어 있고 그 어떤 활력도 위축되어 있다. 이들에게 어떤 형태나 수준이건 간에 여가시간의 활동은 일상의 건조한 생활에서 강렬한 기쁜 감정을 잠시 느끼게 한다. 이런 여가활동은 단순한 긴장으로부터 해방시키는 것이 아니라 정신적 건강에 필요한 만큼의 긴장을 회복시켜주는 것이다. 이러한 카타르시스 효과는 곧 즐거운 흥분의 일시적인 앙양을 통해 정상적인 긴장을 회복한다는 것이다."[61] 한편 이들이 주장하는 것처럼 이와 같은 스포츠의 카타르시스 효과는 미식축구(럭비)나 축구, 야구와 아이스하키 등이 더욱 강하다.

슈나이더(E. E. Snyder)와 스프라이쩌(E. A. Spreitzer)도 아리스토텔레스의 비극의 해소부분처럼 스포츠의 클라이맥스로 이어지는 긴장의 전개가 바로 해소방식으로 귀결된다고 보고 인간 경험의 다른 영역에서 일어나는 불확정성과는 대조

---

60) http://www.leeds.ac.uk/classics/resources/poetics/petran.htm/section (검색일: 2005. 9. 17). Aristotle's Poetics: Introduction, adapted from the translation by S. H. Butcher(검색일: 2005. 9. 17).

61) Norber Elias and Eric Dunning, "The Quest for Excitement in Unexciting Societies," in Gunther Luschen(ed.), The Cross-Cultural Analysis of Sports and Games(Champaign, Il: Stipes and Publishing Co., 1970), p. 50; 박홍규 외 (1992), p. 54.

적으로 확정된 결과가 나타나는 것으로 파악했다.62) 이는 곧 스포츠의 참여자(경기자, 관람자, 시청자/청취자/독자와 코치, 감독 등 지도자, 그리고 경기단체임원, 심판원 등 중개자와 기업가)가 모두 클라이맥스 순간에 기쁜 흥분으로 정신적 만족감과 해방감 그리고 한 차원 높은 정신적 순화와 도약으로 창조적 보상을 받는다고 보았다.

한편 닐(Patsy Neal)은 스포츠의 내적 동기로써 카타르시스와 관련하여 다음과 같이 언급하고 있다. "그것을 신비적 차원, 종교적 경험, 또는 무엇이라고 불러도 좋다. 그러나 그것은 존재한다. 인간은 설명이나 합리화 될 수 없는 방법으로 자아, 세계, 그리고 그 주변을 탐구한다. 인간은 그가 설명할 수 없는 사물들을 깨닫는다. 인간은 그 자신에 대해서나 세계에 대해 자신이 묘사할 수 없는 일들을 이해한다. 인간은 가끔 '왜' 인가를 알지도 못하면서 경기에 참가한다. 인간은 그가 대답을 할 수 있건 없건 간에 해야만 하기 때문에 그는 경기에 참가한다."63)

인간은 앞에서 지적한데로 설명이나 합리화 될 수 없는 불가사의(不可思議)한 내적 동기 또는 본능적인 비항상성(非恒常性)과 호기심으로 계속해서 새로운 도전을 찾고 이를 극복하려고 한다. 스포츠는 이러한 동기에서 출발되어 자신의 능력과 결정적 의지력의 결과에 대해 만족감과 성취감을 느끼려는 욕구일 수 있고 더 나아가 자기성취에 대한 한계를 넘어 세속적인 것으로부터 벗어나는 일종의 신성한 해방감 일지도 모른다. 곧 인간은 자기 목적적(autotelic: 그리스어 'auto'의 자

---

62) E. E. Snyder and E. A. Spreitzer (1983) 참고.

63) Patsy Neal, Sport and Identity (Philadelphia: Dorrance, 1972), p. 57; 박홍규 외 (1992), p. 55.

신이란 뜻과 'telos'의 목적의 뜻의 합성어)인 요구로 스포츠 활동을 통해 끊임없는 도전의식을 갖고 일상의 권태와 근심의 속박으로부터 해방되며 행위 자체에 완전 몰두하여 신성한 감정을 얻는 일종의 자기 자신으로부터 벗어나는 무아경(無我境 ecstasy)에 이르게 된다는 것이다. 이러한 활동은 일정의 피드백(feed-back 변환變換)과정을 거치고 시전트 미할리(Csikszwntmihalyi Mihaly)가 표현하듯이 '충만'(充滿 flow)이란 강렬한 내적 즐거움의 카타르시스 효과를 경험하게 한다.[64] 예를 들어 한 농구경기의 결승전에서 자유투(自由投)를 던지는 선수의 심정을 닐(Patsy Neal)은 다음과 같이 묘사하고 있다. "나는 어쩌면 내 생애에서 가장 침착했을 것이다. 나는 관중들을 보지도, 그들의 소리도 듣지 못했다. 나와 공과 골대의 그물만이 있었다. ····나의 동작은 나의 의시적인 통제를 벗어나 있었다. ···내가 그 당시에 '무엇이었는지 몰라도' 나는 그러한 나의 순간적인 힘에 의해 행동했다."[65]

이러한 스포츠의 '무엇인지도 모르는 힘'에 의해 결정된 절정의 클라이맥스(Climax)와 엑스타시(Ecstasy)는 곧 아리스토텔레스의 비극에서 경험한 카타르시스 효과에 해당되며 스포츠의 이러한 절정의 경험은 "'왜' 달리는가(Why you run)? 와 '왜' 산에 오르는가(Why you mount)?"라는 질문에 답하는 런닝 마스터, 베니스터(Roger Bannister)와 슬러쉬(Howard Slusher)의 설명에서 다시 찾아 볼 수 있다. 베

---

64) Csikszwntmihalyi Mihaly, Beyond Boredom and Anxiety: The Experience of Play in Work and Games(San Fransisco: Jossey-Bass Publishers, 1975) 참고.

65) Patsy Neal (1972), p. 168.

니스터는 "나는 다른 어떠한 방법으로써도 표현할 수 없는 통절한 만족감을 찾아냈다. 나는 때때로 달리기란 나에게 인간이 지금까지 알지 못한 '위대한 자유'를 보여 주었다고 생각한다. 왜냐하면 달리기란 신체와 정신의 양면을 동시에 해방시켜 주기 때문이다."라고 주장했다.[66] 한편 슬러쉬는 스포츠행위를 등산하는 동기에 비유하며 "스포츠는 인간을 그를 구성하며 그에 도전하는 힘들과의 일종의 신비적 관계로 이끌어 간다. 등산가와 비슷하게 대부분의 사람들은 '왜' 그들이 운동장에서 (스포츠)경험에 참여하는가를 말할 수는 없지만 그들이 일단 산의 정상에 서게 되면 그들은 그것을 너무도 잘 알게 된다."라고 지적했다.[67]

---

66) Roger Bannister, The Four-Minute Mile (Lyons and Burford, 1955); "I Run Anywhere and Everywhere," in Nelson, Cordner and Roberto Quercetani, The Milers, (Tafnews Press, 1985); 김대식 외 공저, 체육철학(서울: 나남출판사, 1998), p. 342, 참고.

67) Howard S. Slusher, Man, Sport and Existence: A Critical Analysis (Philadelphia: Lea and Febiger, 1967), p. 56.

참 고 문 헌

김대식 외 공저, 체육철학 (서울: 나남출판사, 1998)

A. V. Hill, Living Machinery (London: Bell & Son, 1931)

Alan Swingewood, The Myth of Mass Culture (New Jersey: Humanities Press, 1977)

Allen Guttman, From Ritual to Record: The Nature of Modern Sports (New York: Columbia University Press, 1978)

Aristotle, Poetics (BC 350), translated by W. J. Bate in Criticism: The Major Texts (New York: Harcourt, Brace and Co, 1952)

Bertrand Russell, New Hopes for a Changing World (London: George Allen & Unwin, Ltd., 1951)

D. Pannick, Sex Discrimination in Sport (London: Equal Opportunity Commission, 1983)

Drew A Hyland, Philosophy of Sports (St Paul, Minnesota: Paragon House, 1990)

Emile Durkhoim, Moral Education (New York: The Free Press, 1969)

F. W. Farrar, "In the Days of the Youth," in B. Simon and I Bradley, The Victorian Public School (Dublin: Gill &Macmillan, 1975)

Felix E. Oppenheim, Political Concepts: A Reconstruction (Chicago: The University of Chicago Press, 1981)

Fred Inglis, The Name of the Camp (London: Feinemann Books, 1977)

G. Luschen, "Cheating" in D. M. Landers ed., Social Problems in Athletics (Illinois: University of Illinois, 1976)

Howard Slusher, Man, Sport and Existence: A Critical Analysis (Philadelphia: Lea and Febiger, 1967)

ICSPE(국제스포츠 · 체육평의회), Declaration on Fair Play (Unesco, Place de Fontenoy, Paris, France 1976)

Immanuel Kant, Foundations of the Metaphysics of Morals or Groundwork of the Metaphysics of Morals (German: Grundlegung zur Metaphysik der Sitten, 1785)

Isaiah Berlin, "Two Concept of Liberty" in Robert E. Goodin

and Phillip Pettit, edited, Contemporary Political Philosophy (Oxford: Blackwell Publishers Ltd., 1997)

J. Kenneth Doherty, Track & Field Omnibook (Tafnews, 1976)

James E. Dougherty and Robert L. Pfaltzgraff, Jr., Contending Theories of International Relations: A Comprehensive Survey, 2nd edition (New York: Harper & Row, Publishers, Inc., 1981)

Jean Jacques Rousseau, Contract Social(Social Contract, 1762), 李桓 譯, 社會契約論, 世界思想全集 33 (서울: 삼성출판사, 1977)

Jean Jacques Rousseau, The Social Contract, or Principles of Political Right (French ,Du contrat social, 1762, Translator Cole, G.D.H., Electronic Text Center, University of Virginia Library, http://etext.lib.virginia.edu/modeng/modeng/modeng0.browse.html 2002)

Jean-Marie Brohm, Sport: A Prison of Measured Time, translated by Fraser I., Worcester (London: Pluto Presss, 1978)

Jennifer Hargreaves, "The Promise and Problems of Women's Leisure and Sport," in C. Rojek, ed., Leisure for Leisure (London: Macmillan, 1989)

Jim Riordan and Arnd Kruger, ed., The International Politics of Sport in the 20th Century (London: E & FN Spon, 1999)

John Berger, A Painter of Our Time (Middlesex: Penguin Books, 1965)

Johan Huizinga, Homo Ludens- A Study of the Play: Element in Culture (Boston: Beacon Press, 1955)

Johann Wolfgang von Geothe, Faust(1808), 朴贊機 譯, 괴테, 파우스트, 세계문학전집 51 (서울: 삼성출판사, 1976)

John Locke, Two Treatises of Government (London: Awnsham Churchill, 1690)

John Rawls, A Theory of Justice (Boston: Harvard University Press, 1971)

Lincoln Allison, ed., The Changing Politics of Sport (Manchester University Press, 1993)

Max Weber, Protestant Ethnic and the Spirit of Capitalism, translated by T. Parsons (New York: Scribner and Sons,

1958)
Norber Elias and Eric Dunning, "The Quest for Excitement in Unexciting Societies," in Gunther Luschen (ed.), The Cross-Cultural Analysis of Sports and Games (Champaign, Il: Stipes and Publishing Co., 1970)
Patsy Neal, Sport and Identity (Philadelphia: Dorrance, 1972)
Paul Hoch, Rip off the Big Game: The Exploitation of Sports by the Power Elite (New York: Anchor Books, 1972)
P. C. McIntosh, Sport in Society (London: C. A. Watts, 1963)
Pierre de Coubertin, The Olympic Idea: Discourses and Essays, ed. L. Mien and O. Anderson, trans. by J. G. Dixon (Lausanne: Carl Mien Institut, 1966)
Plato, The Republic (BC 360), trans. Benjamin Jowett (New York: Collier & Son, 1901)
Richard Gruneau, Class, Sports, Social Development (University of Massachusetts Press, 1983)
Richard Mckeon ed., Introduction to Aristotles (Modern Library College Editions, 1947)
Roland Barthes, Mythologies (London: Paladin Books, 1973)
Ronald Dworkin, Sovereign Virtue: The Theory and Practice of Equality (Harvard University Press, 2000); 염수균 역, 자유주의적 평등 (한길사, 2005)
Stephen Potter, The Theory and Practice of Gamesmanship: Or the Art of Winning Games Without Actually Cheating (1947)
Steven Lukes, Power: a Radical View (Palgrave Macmillan, 1974)
Thomas Hobbes, Leviathan (London: Andrew Crooke, 1651, London: J.M. Dent & Sons Ltd., 1959)
UN General Assembly, Thirty-first session 4th November 1976, Agenda item 52 'Apartheid in Sport', A/31/L.10/Rev 1
Isaiah Berlin, Four *Essays on Liberty (New York: Oxford, 1969)
Aristotle, Nichomachean Ethics (BC 350), trans. W. D. Ross(Oxford 1925)
John Rawls, "Justice As Fairness: Political Not Metaphysical" in Stephen Eric Bronner ed., Twenty Century Political

Theory: A Reader (New York: Routledge, 1997)

Ronald Dworkin, Justice in Robes (Harvard University Press, 2006)

Ronald Dworkin, Life's Dominion: An Argument About Abortion, Euthanasia, and Individual Freedom (New York: Knopf, 1993)

Ronald Dworkin, A Matter of Principle (Harvard University Press, 1985)

Jennifer Hargreaves, "Sex, Gender and the Body in Sport and Leisure: Has There been a Civilizing Process ?," in E. Dunning and C. Rojek, eds., Sport and Leisure in the Civilizing Process (London: Macmillan, 1990)

P. C. McIntosh, Fair Play: Ethics in Sport and Education (London : Heinemann, 1979), 하남길, 권판근 옮김, 페어플레이 (서울: 21세기교육사, 1997)

제4장 국가와 스포츠

서론

고대 도시국가로부터 현대 자본주의와 사회주의국가에 이르기까지 스포츠의 국가개입이 이루어져 왔다. 종교의식과 군사훈련, 경기규칙과 경기통제를 위한 면허와 규제, 스포츠의 개최장소와 시간, 참가선수의 자격 및 우승선수의 보상, 지역사회의 스포츠와 공식화된 국가적 차원의 국민스포츠 프로그램, 그리고 국제 스포츠대회 등에 이르기까지 다양하고 복합적인 국가개입이 전개되어 왔다.

따라서 이 장에서는 전반부에서 스포츠의 국가개입과 간섭을 이해함으로써 스포츠와 정치의 밀접한 관계를 좀 더 쉽게 이해하기 위한 국가의 성격과 역할에 대한 국가이론을 개략적(概略的)으로 설명하고 후반부에서는 이러한 국가논쟁들이 어떻게 스포츠와 연계(link)되는가를 살펴보기로 한다. 특히 자본주의 국가와 사회주의 국가에 있어서의 스포츠에 대한 제 이론들을 비교하여 중점 분석하고자 한다.

1. 국가의 이데올로기적 논쟁

국가는 다의적(多義的)인 의미를 가지고 있다. 고대국가의 아리스토텔레스는 인간의 본성을 '사회적 동물'로 보고 국가를 "인간의 본성에 기인하여 최선의 삶을 목적으로 하는 자족적 인간결합"으로 정의하고 계약이 아닌 자연적 산물로서 국가의 도덕성과 필요성을 강조했다.[1] 근대초기 홉스와 로크, 루소 등은 국가가 자연적 산물이 아니고 인공적 계약(contract)에 의해 성립되었다고 보았다. 이들은 인간의 사회성이 아닌 개인의 공리성에 의해 평화와 안전을 도모하고 자신들의 생명과 자유, 재산 등을 유지하는 '공동선'(common good)을 추구하고자 개인의 주권과 자유를 부분적으로 양도해 자유로운 계약을 통한 조직체가 곧 국가라고 파악했다.

홉스와 로크는 국가의 필요성을 구체적으로 밝히고 그 한계를 명확히 하여 국가에 대한 개인의 권리 내지 자유를 부각시켰으나 국가의 본질에 대해서는 소극적으로 규정되었고 국가의 도덕성도 소홀히 인식되었다. 다만 홉스는 자연 상태에서의 인간의 삶을 '만인의 만인에 대한 투쟁 상태'라고 본 반면 로크는 자연 상태의 인간은 조화롭게 자신의 자유와 재산을 지키면서 생활할 수 있었으나 전쟁과 같은 외부의 위협이나 파괴 등 여러 곤경에 처하여 이를 모면하기 위해 개인들의 주권과 자유를 부분적으로 양도하여 계약을 통해 국가가 형성되었기 때문에 국가는 개인의 자유와 재산을 지켜주지 못하면

---

1) Aristoteles, Politics, Thad William's Study Guide to Aristotle's Politics, www.people.fas.harvard.edu (검색일: 2006. 8.17); 이정식 편, 정치학 (서울: 대왕사, 1993), p. 83.

언제든지 그 국가는 새롭게 개조될 수밖에 없다고 보았다. 로크는 또한 개인의 자연권을 보장하기 위해 국가의 전제권(專制權)을 막을 수 있는 3권 분립을 주장했다. 그러나 홉스는 국가를 개인의 자연권보다 상위에 위치시킴으로서 이후 개인의 자유보다 왕권을 강화하는 데 이론적 근거를 제공했다.[2)]

루소는 본래 자연 상태에서 인간은 선하지도 악하지도 않은 자연그대로의 성격을 보여주었다고 주장하고 국가를 위한 계약도 모든 사람의 '일반의지'(General Will)를 실천하는 것으로 파악했다. '일반의지'는 개인의 이익을 기본으로 하는 개인의지와 특정집단의 이익을 우선시하는 '전체의지'와 구별했다. 그에게 '일반의지'는 공공선을 바탕으로 하고 최선의 의지를 구현함으로써 구성원 모두에게 발전적이고 인간적으로 지향하게 하는 대등한 조건을 부여해주는 가치체계라고 설명했다. 이러한 '일반의지'의 실현을 위해 평등한 투표권을 강조함으로써 혁명적인 평등주의 민주주의 이론을 전개했다.[3)]

칸트 또한 계약에 의해 순수이성의 법적 보장장치로서 근대국가가 발전하게 되었다고 보았다. 그는 국가가 '개인이 아닌 전체의 안녕과 행복을 위해,' '자유의지에 따라 결사(結社)를 이루고,' '공적인 강제력을 갖는 법의 제약에 모두 따른다는 원칙을 수락함'으로써 성립된다고 보았다. 헤르더(Johann Gottfried von Herder)는 전통을 바탕으로 형성된 민족감정이 표출된 것으로, 헤겔은 인간의식의 확대에 의한 역사발전이 근대국가를 결과한 것으로 보았다. 그는 국가가 자연적 결합인 가족과 계약적 시민사회를 변증법적으로 지양한 것으

2) George H. Sabine, A History of Political Theory, 4th edition (Dryden Press, 1993) 참고

3) 앞의 책; 陳德圭, 現代政治學 (서울: 학문과 사상사, 1994), p.154.

로 파악했다. 라이프니츠(Gottfried Wilhelm Leibniz)는 신민의 복지를 추구하기 위한 제도적 장치의 발전으로 보았고 피히테(Johann Gottlieb Fichte)는 문화적 특수사명을 달성하기 위한 것으로 각각 파악했다.[4)]

위의 여러 주장 중에서 근대국가의 형성과 발전은 어느 한 가지 사실만으로 설명될 수 없고 서로 다른 시대와 장소의 여러 이유 때문에 국가논리도 다양할 수밖에 없다. 그러나 특히 근대국가 성립 후 절대주의 국가관(마키아벨리, 장 보당)에서 벗어나 현대 민족국가 개념으로 발전하는 데는 막스 베버(Max Weber)의 이론적 기여가 많았다. 베버는 국가를 "일정한 영역 안에서 정당한 물리적 강제력의 독점을 효과적으로 요구하는 인간의 공동체"라고 지적하고 국가가 군주의 사유물로 여겨졌던 군주중심의 절대주의 국가에서 나타났던 '전통적이거나 카리스마적인 권위'가 '합리적이고 합법적인 권위'로 대체되어 새로운 '지배적 권위'가 대두하게 되었다고 강조하고 민족국가에서는 관료가 국가권력행사의 집행자일 수밖에 없다고 주장했다.[5)]

앞서 지적했듯이 국가의 본질은 국가의 기능을 어떻게 파악하느냐에 따라 서로 다른 논리가 가능하나 크게 두 가지로 요약할 수 있다. 곧 국민을 지배하기 위한 강제력(force)의 행사라는 인식과 국가 구성원의 동의(consent)와 계약(contract)에 의해 국가의 기본원칙과 행위가 이루어진다는

4) 이정식 편 (1993), pp. 83-84); 陳德圭 (1994), p. 149-150.

5) Max Weber, Politik als Beruf, Gesammelte Politische Schriften (Tu"bingen: J.C.B. Mohr., 1958), S. 506; 朴奉植 譯, 〈職業으로서의 政治〉 (서울: 博英社, 1959), p. 8; 李克燦 , 政治學 (서울: 法文社, 1995 제5 개정판), p.653. 재인용

인식의 차이로 전자는 지배자 중심논리로 마르크스주의(Marxism)국가론이 대표적이며 후자는 자유시민사회의 등장과 함께 국가를 다양한 이익집단(interest groups)의 조정과 통합을 구심체로 한 가치중립적 중재자로 파악하는 다원주의(pluralism)국가론이다.

마르크스주의자들은 국가를 특정계급(부르주아 bourgeois)의 경제적 이익을 지속시키며 지배권을 보장해 주는 수단으로 파악하고 결국 계급갈등(부르주아 대(對) 프롤레타리아 proletariat)이 끝나면 국가는 소멸(消滅-wither away)한다고 보았다. 즉 최후의 계급사회인 자본주의 사회가 폐지되고 사회주의 사회가 건설된다면 프롤레타리아의 독재단계를 거쳐 국가는 폐지되는 것이 아니라 사멸(死滅)된다는 것이다. 마르크스와 엥겔스는 역사 발전법칙을 유물론(唯物論)과 변증법(辨證法)으로 해석하고 자본주의 사회의 변혁과 공산주의 혁명의 역사적 필연성을 강조했다. 인간 생활양식은 인간의 자연에 대한 관계인 생산력과 인간사이의 관계인 생산관계의 경제적 하부구조가 형성된 후 정치, 법률, 예술, 종교, 철학 등의 상부구조가 궁극적으로 결정된다고 보았다. 또한 역사(고대, 중세, 근대)는 생산수단을 소유하고 있는 계급과 소유하지 못한 계급과의 대립의 연속으로 이러한 계급투쟁에 의해 변증법적으로 발전해 간다고 주장했다.[6)]

정통 마르크스주의자들과 다르게 국가소멸을 기계적으로 예언하지 않고 현대국가가 자본가계급으로부터의 자율성에 대한 제약에 대해 1970년대부터 새로운 논쟁이 일어났다. 이른바

6) Karl Marx and Friedrich Engels, The Manifesto of the Communist Party(Moscow: Progress Publishers, 1969(1848)); K. Marx, Capitalism (Moscow: Progress Publishers, 1887)

신 마르크스주의자(neo-Marxists)인 랄프 밀리반드(Ralph Miliband)의 도구주의(道具主義 Instrumentalism)와 니코스 플란차스(Nicos Poulantzas)의 구조주의(構造主義 Structuralism)의 논쟁이 그러하다. 밀리반드는 그의 저서 〈자본주의사회에서의 국가〉에서 영국과 같은 현대 자본주의 국가는 관료에 의해 운영되고 이들 관료는 부르주아 계급(또는 그 동맹계급)으로 사실상 국가정책은 부르주아의 이익을 보전하기 위한 것으로 비록 그 정책이 일견 사회통합과 노동자계급의 복지를 추구하는 경우도 궁극적으로는 부르주아적 계급의 공동이익을 위한 것에 불과하다고 보았다.[7] 이는 사실 마르크스와 엥겔이 주장했던 "현대국가는 전체 부르주아의 공동관심사를 처리하기 위한 한 위원회에 불과하다"는 기본논리에 바탕을 두고 있다.[8] 이러한 근거로 훌리안(B. Houlihan)은 밀리반드의 도구주의를 다음과 같이 설명하고 있다. 첫째, 국가와 정책은 자본가계급에 의해 조종되고 이는 곧 자본가의 이익을 보전하고 대표한다. 둘째, 자본가, 관료, 정당지도자 등은 공통적인 사회적 출신(social origins)과 교육(educational experiences), 사회적 배경(social background), 그리고 공히 같은 생활방식(lifestyles)을 갖고 있다. 셋째, 국가는 자본주의를 유지하고 스포츠의 경우에도 자본이익을 창출하기 위해 강제적인 경쟁방식과 청년노동자들을 통제하기 위한 정책을 개발한다.[9]

7) Ralph Miliband, The State in Capitalist Society (London: Quartet Books, 1973), p. 3., Marxism and Politics (Oxford: Oxford University Press, 1977), pp. 66-70.

8) Mark and Engels, Ibid., p. 44.

9) Houlihan B., The Government and Politics of Sport (London: Routledge, 1991).

밀리반드의 도구주의를 비판하면서 플란차스는 알뛰세(Louis Althusser) 등의 구조주의적 마르크스의 이론을 기반으로 '국가의 상대적 자율성'(relative autonomy)이라는 개념을 도입했다.10) 구조주의는 사회전체의 구조를 몇 단계의 층화로 구성하고 경제적 토대가 하나의 층을 이룬다면 그 위에 생산수단의 소유자로서의 자본가와 노동자계급이 또 다른 층을 이루게 되고 그 위에 국가의 통치구조가 한 층을 이루고 맨 위층에는 이념과 사상이 놓여 있다는 것이다. 따라서 경제적 토대가 곧 국가로 이어지는 것이 아니기 때문에 국가는 단지 경제적 이익만을 대표하는 것이 아니라 그 속에는 계급관계와 문화의식까지 담고 있어 국가 관료는 상당할 정도의 자율성(독립성)이 주어져 자본가 계급의 이익까지도 제약할 수 있다고 보았다. 플란차스는 다음과 같이 결론했다. 첫째, 국가는 자본주의 지배계급으로부터 '상대적 자율성'을 갖는다. 둘째, 국가목적은 지배계급의 단합을 유지하고 정치적 지배권을 보전하는 데 있다. 셋째, 국가는 부르주아로부터 자율적이며 계급 간 파벌을 협상한다. 넷째, 그럼에도 불구하고 궁극적으로는 국가의 자율성도 자본가계급의 장기적 이익에 부응한다.11)

그러나 도구주의 국가론이나 상대적 자율성을 주장하는 국가론도 결국 국가의 모든 기능을 계급관계에 의한 반영(착취와 재생산)으로 파악함으로서 현대국가의 자율적이고 독자적

10) Louis Althusser, For Marx (Miliband: Penguin Books, 1969), Lenin and Philosophy and Others (London: New Left Books, 1971) 참고.

11) Nicos Polantzas, Political Power and Social Class (London: New Left Books, 1973); N. Polantzas, "The Problem of the Capitalist State," in Robin Blackburn, Ideology in Social Science (New York Vintage Books, 1973) 참고.

인 행정집행을 무시하고 국가가 수동적 존재로서 인식되는 한계를 낳았다. 훌리안이 지적하듯, 밀리반드는 국가현상을 너무 단순화(crude)시켜 국가정책을 세밀히 분석하는 정교함(subtlety)이 결핍되었고 플란차스는 반복어(tautology) 또는 수사(修辭)만으로 현실을 외면한 관념적 인식으로 비춰져 있다. 노동자계급의 이익을 위한 확실한 정책도 결국 자본가 이익을 위한 것이란 환원론적 설명(a circular argument)은 곧 자본가 이익에 반하는 어떤 경우의 국가정책도 예시될 수 없는 모순에 빠지게 된다.[12)]

다원주의 경우 라스키(H.J. Laski)와 맥키버(R.M. MacIver) 등의 초기 다원주의자들은 일찍이 홉스, 로크, 루소 등의 계약론과 자유주의 국가론 그리고 에밀 두르크하임(Emil Durkheim)의 분업론적 국가론과 베버의 합리적 사회발전론으로 대변되는 부르주아 국가론에 기초하여 국가와 사회를 구별하고 국가는 사회 안의 여러 집단들 중의 하나에 불과하며 국가의 기능은 자유로운 다양한 이익집단들의 이해를 조절하는 작용이라는 것이다.[13)] 다시 말해 다원주의 국가론은 국가운영이 소수 엘리트 독재나 계급투쟁이 아닌 집단사이의 균형적 경쟁으로 이루어지며 다음과 같은 특징을 갖는다. 첫째, 사회 권력은 정치인, 엘리트집단, 공공단체, 그리고 사회

---

12) Houlihan, ibid.; John Horne, Alan Tomlinson and Garry Whannel, Understanding Sport (London: E & FNSpon, 1999), p. 203.

13) Harold Joseph Laski, Authority in the Modern State (New Heaven: Yale University Press, 1919), The Grammer of Politics (Unwin Hyman, 1967), The State in Theory and Practice (1935), 金榮國 譯, 〈국가란 무엇인가〉 (서울: 두레, 1983); R.M. MacIver, The Modern State (Oxford: The Clarendon Press, 1926), 閔丙台 譯, 〈근대국가론〉 (서울: 민중서관, 1957)

조직체 등에 의해 분산되어 있다. 둘째, 국가정책은 이러한 이익단체들의 경쟁과정의 산물이며 셋째, 국가 정책입안과 결정과정은 비교적 개방되며 어떤 소수 이익집단도 배제되거나 반대로 지배적 위치에 서지 않는다. 넷째, 국가는 가치중립적(value-neutral)입장에서 이익단체들을 조정하는 '중립적 재판관'(neutral adjudicator)역할을 하며 어느 한 특정집단에 대한 본원적인 편견(inherent bias)을 갖지 않는다. 따라서 맥레넌(G. McLennan)은 "다원주의란 경쟁적인 자유민주주의 전제조건인 정치적 이익단체의 형성과 중재를 연구하는 이론"이라고 주장했다.[14]

그러나 이러한 순수 정통적 다원주의도 현실을 무시한 다음 몇 가지 결함으로 비판과 수정을 받게 된다. 첫째, 일반시민의 상당수는 정치와 무관하거나 소극적이다. 둘째, 집단사이에는 현격한 힘의 차이가 있어 가장 힘 있는 이익집단은 자신들의 이익을 위협하는 어떠한 안건도 쟁점화 되는 것을 막기 위해 교묘한 조정 작업을 벌인다. 셋째, 자본가 기업은 정부의 고용과 성장을 떠맡기 때문에 주요 정책과정에 특권적으로 참여 한다 (마르크스 구조주의이론). 넷째, 현대사회의 전문화(professionalization)와 세분화(specialization), 그리고 정책 이슈의 다양화(diversification)와 과부하(寡負荷-over whelm)로 인해 정책 커뮤니티(policy communities)가 다변화 되었다. 예를 들면, 보건, 사회 안전보장, 에너지, 국방, 교육 등 다양한 분야에서 가장 영향력 있는 전문적 지식과 경험을 갖는 사적 이익단체들이 해당분야의 정책결정 과정에 제

14) G. McLennan, Pluralism (Milton Keynes: Open University Press, 1995), p. 34.

한된 숫자의 선출직 정치인들과 함께 참여한다. 따라서 가장 힘 있는 이익집단은 정책과정에서 특권을 부여받고 반대로 가장 힘없고 현상타파를 외치는 집단은 소외된다. 신(新)다원주의자들은 이러한 특권을 '구조적 필연'(structural necess ity)으로 파악하고 기업이익과 다른 경제적 이슈들이 국가정책의 주요 아젠다로 등장하면서 권력이 크게 집중된다고 주장한다.[15]

끝으로 신 마르크스주의의 한 분파인 그람시(Antonio Gramsci)의 헤게모니(Hegemony)이론은 국가가 지배계급을 위한 단순한 도구에 불과하다는 정통 마르크스주의의 주장과 이익집단 사이의 경쟁을 중재하는 가치중립(value-free)의 균형자로 파악하는 다원주의와 다르게 국가운영은 이 양자가 조화된 강제(force)와 동의(consent)에 의해 이루어진다고 보았다. 그에게 정치권력은 바로 이러한 강제와 동의의 균형으로 파악된다.[16] 그람시에게 헤게모니는 "지배계급 또는 지배계급 분파가 사회에 대해 특별한 종류의 지도력을 행사할 수 있는 능력"을 의미하며 이 지도력은 "생산수단의 소유와 통제, 국가권력의 독점, 지배계급이나 지배계급 분파의 여러 이념들을 국민에게 강제 부과하는 능력에 기초할 뿐만 아니라 피지배자들에게 도덕적 지도력 즉 묵인 이상의 그리고 사회 전체의 역사적 맥락으로 통일시키는 동의를 얻어낼 수 있는 능력" 을 말한다.[17] 헤게모니 계급은 공식화된 제도로부터 비

---

15) Ian Henry, The Politics of Leisure Policy (London: Macmillan, 1993); B. Houlihan, Sport, Policy and Politics (London: Routledge, 1997); P. Kingdom, Government and Politics in the United Kingdom (Cambridge: Polity Press, 1991) 참고.

16) Antonio Gramsci, The Prison Notebooks, ed., Q. Hoare and P. Smith (Nowell, 1971)

공식적인 실천이나 일상생활의 의미에 이르기까지 다양한 방법으로 사회의 모든 영역으로 침투해 간다. 즉 특정의 역사적 지배형태가 일상 속에서 상식으로 뿌리내리고 이식됨으로 가장 무익해 보이는 이념이나 가치, 실천 등도 특정계급의 헤게모니를 재생산해 낸다.

헤게모니는 어느 한 계급에게만 보장되어 있지 않기 때문에 다른 계급이나 집단에게 양보와 반대압력, 허구와 실제적 화해, 그리고 잠재적인 적과도 연합하며 그 헤게모니에 대한 대안을 예측, 선취할 수 있어야하고 강압과 설득을 어떻게 적절히 조합하며 사용할 것인지에 관한 판단능력이 있어야 한다. 대부분 헤게모니 계급은 반대가 심각한 경우 그들의 정당성에 대한 의문이 제기되기 전에 타협, 양보, 협박, 그리고 압력 등을 통해 잠재적인 반대세력을 통합해야 한다. 그러나 가끔 동의가 깨지고 반대가 위기적 상황으로 치솟는 경우에 힘의 강제와 설득의 균형점이 힘의 사용으로 기울어 시지프스의 도로(徒勞 Sisyphean labor)로 변할 수 있다. 힘에만 오랫동안 의존하게 되면 헤게모니 자체가 불안정하게 된다.[18)]

그람시는 국가를 하나의 헤게모니 기구로 파악하고 지배계급과 피지배계급 모두가 서로 분화되어 불확실한 가운데 국가가 힘의 강압보다 동의를 이끌어 내기 위해 많은 양보를 하게 된다고 보았다. 지배기구(dominant institutions)와 마찬가지로 피지배계급의 일상적 생활과 문화적 활동에서 이루어지

---

17) J. Hargreaves, "Sport and Hegemony: Some Theoretical Problems," in H. Cantelon and R. Gruneau, Sport, Culture and the Modern State (Toronto: University of Toronto Press, 1982), pp. 103-140; 박홍규 외(1992), p. 364.

18) 앞의 책, p. 365.

는 이들의 이상과 신념 즉 국가에 대한 긍정적인 정통성의 수용과 다른 한편으로 착취라는 부정적 속성으로 이해하는 이중적 의식(dual consciousness)때문에 국가가 지향하는 일정한 목표를 향해 전적으로 이들을 교화(indoctrination)시킬 수만은 없다는 것이다. 또한 현대 자본주의 국가에서는 다국적 기업이나 초국적 국제조직들이 국가권력을 잠식하는가 하면 지배계급 내부와 계급간의 분열로 인해 국가가 지배계급의 이익만을 보장하지 못한다는 주장이다. 국가는 항상 헤게모니를 유지하고 확산하기 위해 각계각층의 국민들 중에서 지지층의 동맹을 확고히 하고 이들과 공유된 역사적 블록(historic blocs)을 쌓아 간다는 것이다. 예를 들면 대부분의 자본주의 국가들은 국민들에게 '국가프로젝트'(시대에 따라서 전후 국가재건이나 자주국방 또는 복지국가 프로젝트 등)를 내놓고 다수 국민들이 이를 수용하게 함으로서 헤게모니를 유지한다. 또한 헤게모니 유지를 위해 일정한 이익단체들에게 양보하며 이는 곧 지배집단이 권력을 독점하지 못하기 때문이다.

강압과 동의가 결합한 헤게모니는 스포츠에서도 마찬가지로 국가는 구성원들이 참여하도록 설득하기 위한 캠페인을 장려함과 동시에 학교에서 청소년들이 교육을 통해 스포츠에 참여하도록 강제한다. 또한 서로 다른 여러 이익집단과 국가기구가 참여하는 사회 권력이 분점 되어 한 집단의 독점을 불가능케 함으로서 자본가 집단의 전횡을 막으며 대신 권력은 불균등하게 배분된다. 이에 따라 국가의 헤게모니 프로젝트에 맞춰 스포츠도 대중문화를 형성하는 데 이바지 한다.

끝으로 위에서 살펴본 여러 형태의 국가관의 차이에도 불구하고 국가도 인간이 만든 제도로서 건강관리가 필요하다고 볼 수 있다. 인간에게 가장 중요한 것은 건강이다. 건강하지 못하면 모든 부와 명예도 소용이 없다. 육체와 정신이 모두 건강해야 한다. 인공적 인간에 비유되는 국가도 마찬가지로 물질적으로나 정신적으로 함께 건강해야 한다. 자유와 평등이란 인간의 두 가지 기본적인 욕구가 충족되는 건강한 국가가 만들어지도록 국가의 건강관리에 힘써야 한다. 토마스 홉스는 그의 명저 〈리바이어던 Leviathan〉에서 이를 다음과 같이 강조하고 있다.

"콤먼웰스(commonwealth) 또는 국가(라틴어의 civitas)라고 불리는 저 위대한 리바이어던은 인간의 기술에 의해서 창조된 인공인간(artificial man)이다. 이 인공인간은 원래 인간을 보호하며 방위하려는 목적을 갖고 있기 때문에 본래의 인간보다도 크고 힘이 강하다. 그리고 인공인간에 있어서는 주권(sovereignty)은 전신에 생명과 운동을 부여하는 인공혼(artificial soul)이며 각부의 장관이나 사법부와 행정부의 관리들은 인공관절이다. 상벌(賞罰)은(이것에 의해 모든 관절이나 사지는 주권의 지위에 연결되어 그 의무를 수행하도록 움직임) 신경으로, 이는 본래 인간의 육체와 같은 작용을 한다. 모든 개개의 부와 재산은 체력이다. 민중의 복지와 안정을 도모하는 것은 인공인간이 해야 할 역할이다. 고문관들은 인공인간이 잘 알고 있지 않으면 안 되는 모든 일에 대해서 제안을 하는 것이기 때문에 기억이라 할 수 있다. 형평(equity)과 법은 인공의 지성과 의지이다. 화합은 건강이며, 소요(騷擾)는 질병, 내란은 죽음이다(Concord is Health; Sedition is Sickness; and Civil War is Death.)."[19]

---

19) Thomas Hobbes, Leviathan (London: J.M. Dent & Sons Ltd., 1959),

2. 국가와 스포츠

자유주의적 다원주의자들은 스포츠를 자발적인 행위이며 표출적 의미, 그리고 문화적 창조의 영역으로 이해하고 스포츠의 조직구조와 규칙체계 등 스포츠의 제도화도 대다수 자발적인 행위자들에 의해 발전되고 공유된 합의의 표현으로 해석한다. 따라서 스포츠는 국가기구(state apparatus)가 아니라 시민사회내의 하나의 제도로 간주되고 그 기본적인 제도적 틀은 스포츠 관행의 역사에 의해 규정되고 이러한 규제와 정당화는 참가자들과 팬들의 목적과 이해관계를 조절하기위해 활동하는 스포츠 단체들과 관련된다고 보았다. 일반적으로 스포츠에 대한 국가개입은 스포츠 활동이 공공질서유지와 도덕성 문제, 그리고 공공장소사용이나 과세수입 등에 관한 기존법률에 배치되지 않도록 하는 방법을 규정하는 제한적인 것으로 인식되었다. 또한 국가개입의 간접적 형태로는 사회통제의 공권력 행사기관인 경찰, 군대 등에서 훈련을 목적으로 스포츠를 사용하는 것이 포함된다.

그럼으로 다원주의 이론의 관점에서는 원칙적으로 스포츠에 대한 국가개입은 정당화될 수 없는 영역의 침해로 간주된다. 이렇게 국가가 스포츠 영역을 제한하는 것이 시민들의 이익조정의 중립자란 국가의 위임권한을 초월한 것으로 파악되는가 하면 반대로 스포츠 같은 특정영역의 공공복지에서는 자발적 이익단체들(voluntary interest groups)이 모든 시민의 이해관계를 대표할 수 없기 때문에 이른바 '일반적' 이해관계의 진정한 대표인 국가가 이 역할을 해야 한다는 것이다. 따라서

p. 1; 李克燦 (1995), p. 675.

이러한 주장은 스포츠에 국가개입을 역사적인 복지 지향적 세계에서보다 평등한 기회를 보장하기 위한 사회내의 일반적 운동의 주요 부분으로 볼 수 있다고 주장한다. 시민들의 사회적 권리가 증대되면서 국가에 의해 전통적으로 수행되어 온 의무도 증대되었다. 그럼으로 스포츠에 대한 국가개입의 증대도 단순히 위생과 복지 그리고 문화생활 등 다른 영역에서 시민들을 대표하여 활동하는 국가의 권한이 확대된 것으로 해석한다. 이들의 주장에 따르면 국가는 다양한 사회와 스포츠 내의 이익단체들과 협상하면서 누구에게나 이로운 '공동선'(common good)을 위해 다양한 요구들을 조정한다는 것이다. 루소가 지적했듯이 개인이나 특수한 일부의지를 구현하는 것이 아니라 '일반의지'(general will)를 구현시키는 것이다.

이러한 다원주의자들의 논의는 국가가 일반적 의지(이익)의 구현으로서가 이니라 역사적 경험에서 보면 소수의 이익의 구현, 즉 자본주의 사회내의 자본가계급의 이익을 위한 도구로 기능해왔다는 마르크스주의자들의 반론제기로 비판을 받게 된다. 마르크스주의자들은 국가를 사회적 생산관계의 상부 구조적 반응으로 보고 모든 상부 구조적 현상들은 계급이익에 도구적으로 연관되어 있다고 본다. 스포츠의 경우도 지배계급에 의해 통제되고 지배권력을 위한 조건들에 상응하고 재생산하는 역할을 한다고 주장한다. 장 마리 브롬(J. M. Brohm)은 스포츠가 계급투쟁을 위장시킴으로써 자본주의란 기존체계를 유지하고 안정화하는 역할을 한다고 주장하고 아도르노(T. Adorno)와 호르카이머(M. Horkheimer)는 스포츠가 단지 자본가계급을 위한 대중기만 술책이라고 비난한다. 이들은 자본가들의 스포츠 문화산업(직업선수, 운동클럽, 여가산업, 제조업 등)에 의해 노동자계급의 잠재의식 속에 있는 억압된 본능의 분출구를 마련하여 대리만족을 얻게 하고 비판적 계급의식을 둔화 및 진정시킨다고 보았으며 마르쿠제(H. Marcuse)는 이러한 이데올로기적 문화산업이 '일차원적 사고와 행위'(one dimensional thinking and behavior)의 저능유형으로부터의 이탈을 방지한다고 보았다.[20] 이러한 관점에서 보면 국가의 역할은 스포츠를 통합하고 대중화를 지원하며 다수의 집합적 공동선을 기만적으로 신비화함으로써 자신의 자본가로의 계급적 편향을 은폐한다는 것이다. 또한 호흐 (P. Hoch)는 스포츠가 참가자를 반동적인 엘리트주의, 성차별주의, 인종차별주의나 소비지향주의로 사회화(socialization)시키거나 하층계급의 무관심을 가져오게 하는 마취제로 작용한다고 비판한다.[21] 이는 국가가 스포츠를 대기업과 자본가의 이익을 방어하기위한 도구에 불과하며 자본의 시녀노릇을 할 뿐이라는 앞서 예시했던 밀리반드의 도구주의와 궤(軌)를 같이 한다.

그러나 스포츠란 체육활동은 자본주의 이전에도 이미 놀이형태로 행해져왔으며 역사적으로 자본주의 성립이후에도 스포츠의 관련기업이나 국가의 주요지위의 상당수는 자본가계급의 이해관계와 항상 일치하지 않았던 소(小)부르주아의 숙련노동자와 전문직종사자 등에 의해 점유돼 온 사실이 많다. 또한 스포츠를 즐기는 노동자계급의 문화에 참여하는 사람들이 앞

---

20) J. M. Brohm, Sport: A Prison of Measured Time, p.178.; T. Adorno and M. Horkheimer, trans by Cumming, Dialectic of Enlightenment (London: Verso, 1979); H. Marcuse, One Dimensional Man (London: Abacuse, 1964) 참고.
21) Paul Hoch, Rip Off the Big Game (New York: Doubleday, 1972)

서 지적한 자본가 계급의 속임수에 속는 저능적인 '일차원적 인간'으로 비하(卑下)받거나 스포츠에 대한 깊은 관심이 투쟁적인 노동운동이나 계급투쟁과 양립할 수 있기 때문에 전통적 마르크스주의나 도구주의적 계급론은 지나친 '환원론적이나 비변증법적' 관점으로 지적된다.[22)]

한편 국가의 상대적 자율성을 강조하는 알뛰세와 플란차스의 구조주의 관점에서 보면 스포츠도 계급구조로부터 어느 정도의 상대적 자율성을 가지고 나름대로의 이데올로기적 전통과 의미, 양식을 갖는 '이데올로기적 국가기구'(ideological state apparatus)의 일부분으로 이해된다. 스포츠가 단순한 자본가 계급이익과 자본주의 하부구조의 반영으로 보지 않고 국가기구의 관리자, 지배계급의 성원, 그리고 스포츠 조직 내의 제도적 엘리트들은 서로 직접적 연관성을 가지고 자본의 논리(이익)를 대변하는 것이 아니라는 점이다. 구조주의자들은 지배계급과 스포츠의 제도적 엘리트들을 명목적으로 분리시키며 국가의 스포츠정책이 단순히 자본가의 이해를 표현한 것으로 보지 않는다. 그럼에도 불구하고 그뤼노(R. S. Gruneau)가 윌리엄스(R. Williams)의 견해에 동조하듯이 실제적으로는 이러한 스포츠의 이데올로기적 전통과 의미, 그리고 양식이 결국 자본주의 생산양식의 구성논리와 연관되어 재생산 위

22) 스포츠의 계급이익 방어론과는 정반대로 스포츠의 저항적 속성에 대해 Orlando Patterson은 서인도 크리켓 팀이 원정 온 영국 팀에 패했을 때 일어난 폭동에서 게임이 아닌 영국 지배에 대한 저항무기로 변한 크리켓의 집합적인 제식을 예로 들었다. O. Patterson, The Cricket Ritual in the West Indies," New Society (June 26, 1969)참고; R. Gruneau, "Sport and Debate on the State," H. Cantelon & R. Gruneau, eds., Sport, Culture and the Modern State (Toronto: University of Toronto Press, 1982), pp. 1-38; 박홍규 외(1992), p. 344.

치로 환원된다는 데는 잘못이 있다.[23)]

자본주의국가는 이러한 스포츠의 이데올로기적 재생산 기능이 이루어지게 하는 매개물로 작용하여 스포츠의 제도적 발전이 지배계급의 이해관계와 흔히 연관되어 왔다는 사실은 부정될 수 없다. 그러나 이러한 연관도 스포츠가 역사적으로 구성된 경쟁적 형태이며 스포츠의 제도적 변화는 서로 다른 역사적 계기들로 사회적 삶의 체험들을 특징지어 온 계급갈등에 의해 규정되어 왔다고 할 수 있다. 따라서 우리는 스포츠가 전체사회의 구성적 요소로서 역사적으로 진행해왔던 역동적인 면모를 보여 왔음을 간과할 수 없다. 스포츠가 단순한 지배계급이나 국가엘리트의 도구적 통제나 또는 모호한 이데올로기적 국가기구라는 추상적인 모습으로 환원될 수만 없는 이유이다.

다원주의자들과 마르크스주의자들은 서로의 다른 견해에도 불구하고 국가의 스포츠에 대한 개입이 증대된 데에 대한 원인으로 자본주의 경제에서 자본과 노동력간의 계급투쟁의 일부로 파악하는 데 동의하고 있다. 신(新)마르크스주의자들은 이러한 갈등과 투쟁에서 국가는 단순한 중립적 방관자보다 자본을 중심으로 종교, 교육 등 여러 사회조직들을 더 넓은 경제영역으로 반응시키는 조정자로 보았다. 그들에게 국가와 시장은 스포츠와 여가를 노동자들에게 제공하여 여가활용의 습관을 길들이고 자본생산의 필요성을 진작시키려 한다는 것이다. 하그리브스(J. Hargreaves)는 19세기부터 국가의 스포

---

23) Richard Gruneau, "Sport and the Debate on the State," H. Cantelon & R. Gruneau, Sport, Culture and the Modern State (Toronto: University of Toronto Press, 1982) Raymond Williams, Mark and Literature (Oxford: Oxford University Press, 1977); 박홍규 외 (1992), p. 346.

츠개입이 증대되어 지배계급을 통합하고 피지배의 종속계급을 분화시키는 데 이용되어 노동자계급은 남녀와 인종, 숙련도에 따라 각각 '미숙(未熟)노동자'(rough worker)와 '숙련(熟練)노동자'(respectable worker)로 분류한다고 한다. 이는 또한 노동계급이 직업위상이나 성별 그리고 인종적 특성에 따라 사회적으로 분류되어 재생산된다는 것이다. 이에 따라 스포츠는 대신 이러한 각 계층의 피지배 계급들을 규율된 자기통제와 개인적 자기향상, 복종심과 사회적 유예(social deferment) 등 복종적 개인주의(repressive individualism)로 전향 시켜가는 사회화 기능(socialization function)을 수행한다고 보았다.[24)]

앞서 지적했듯이 직·간접적인 국가의 스포츠 개입은 자주 어떤 방식으로든 자본주의 사회의 계급적 이해관계(경기장소, 시간, 규칙, 프로스포츠이 독점적 지위인정 등)와 관련되어 왔다고 볼 수 있다. 그러나 대부분의 자본주의 사회에서 스포츠 내부의 계급투쟁 및 계급이익의 표현은 국가영역 밖의 자발적 이익단체들(voluntary interest groups)과의 관계에서 이루어지며 사회적 공공성(국민건강, 사회통합, 공중도덕 등)확보와 스포츠의 민주화운동 그리고 대중오락 후원과 같은 국가의 스포츠 개입은 마르크스주의자들의 이론으로는 설명될 수 없다. 동시에 국가는 마르크스주의자들의 주장처럼 현재는 물론 장래에도 소멸될 수 없다는 전망과 과거와 현재의 공산주의 국가체계는 사회구성원인 시민들의 일반이익보다 공산당의 정치적 특정이익을 구현해 왔던 사실을 외면할 수 없다. 또한

---

24) John Hargreaves, Sport, Power and Culture-A Social and Historical Analysis of Popular Sports in Britain (Cambridge: Polity Press, 1986)

특별히 공산주의 국가에서는 이데올로기를 선전하고 국가위상을 높이기 위해 올림픽 등 국제경기에서 우승할 수 있도록 운동선수를 양산해 내는 고도로 기계화된 국가체계를 운영해 오기도 했다.

따라서 그루노(R. Gruneau)의 지적처럼 마르크스주의와 다원주의의 한쪽에 치우치지 않은 스포츠의 국가관계에 대한 균형 있는 적절한 분석이 필요하며 이를 위해서는 첫째, 국가의 스포츠정책을 입안하거나 영향을 미치는 엘리트들의 사회적 및 계급적 배경에 대한 인식이 필요하며 둘째, 스포츠 정책의 이데올로기적 내용(규칙이나 규범 등 특정한 관행들) 즉 스포츠 문화에 대한 분석이 필요하며 동시에 이러한 문화가 어떻게 다양한 갈등집단들의 스포츠에 대한 개념과 의미부여에 투영됐는가를 평가해야 한다. 끝으로 생산양식의 변화에 따라 국가의 제약과 압력도 변화하는 객관적 문제들을 고려해야한다.[25] 이러한 균형이론은 실제 구체적인 국가의 제도적 장치와 조직화된 집단행위자들에게 적용되어 단순히 표피적인 행위와 정치적 결정만을 분석하지 않고 사회의 내면적인 구조적 현실을 중시해야 한다. 따라서 어느 한 국가의 특정한 스포츠 정책이 왜 그리고 어떻게 특정한 시기에 이루어졌는가를 이해할 필요가 있다.

이에 따라 콜터(Coalter)와 코크리(Coakley)는 각각 영국과 미국의 예를 들어 양국의 스포츠에 대한 국가개입과 간섭이 증대된 동기에 대한 범주를 다음과 같이 열거하고 있다. 먼저 콜터는 영국의 경우 19세기 이후 지금까지 (1) 도시빈민

25) Richard Gruneau, "Sport and the Debate on the State," H. Cantelon & R. Gruneau, 앞의 책, p. 36.; 박홍규 외 (1992), p. 349.

가의 상대적 박탈감(urban relative deprivation)에 의한 사회불안과 폭력예방, (2) 육체적 건강증진, (3) 도덕적 복지(moral welfare)지향, (4) 사회통합과 통제 및 공동체(community)형성, (5) 자가발전(self improvement), (6) 공공설비(public provision)에 대한 제한 등 여러 가지 동기로 파악했다. 이에 비해 코크리는 미국의 경우 (1)공공질서 보호, (2) 시민건강의 유지와 향상, (3) 공동체 또는 국가의 명예증진, (4) 시민들의 정체성과 소속감 및 화합증진, (5) 지배적 정치이데올로기와 부합된 가치와 교육 강조, (6) 일정한 정치제도와 지도자에 대한 시민들의 지원 증대, (7) 사회 및 공동체의 종합적 경제발전을 향상시키기 위한 여러 동기들을 열거하고 있다.[26)]

1945년 이후 영국의 경우 국가와 스포츠 관계는 비공식적이거나 공식적으로 중앙정부와 지방정부 모두 각각의 시대적 상황 변화에 따라 유별나게 네 가지의 가변적 요인으로 설명할 수 있다. 첫째, 제2차 세계대전 이후에 나타난 정책 이데올로기로서의 복지주의(welfarism)와 집단주의(collectivism)의 점증적인 대세가 국가의 스포츠개입을 더욱 가중시켰다. 둘째, 1970년대 중반까지 계속된 정치경제적 그리고 인구분포의 변화에 따라 국가는 특히 청년층을 위한 스포츠 및 레저시설을 늘려가며 스포츠개입을 더욱 증대했다. 셋째, 영국은 특정시기에 발생한 스포츠 관련 사건들에 대한 반응으로 국가개입의 사례들을 들 수 있다. 예를 들면 1950년대 국제축구경기에서의 잦은 연패와 60-70년대의 남아공 인종차별(apartheid)에 대항하는 스포츠

---

26) F. Coalter et al, Recreational Welfare (Aldershot: Gower, 1988); J. Coakley, Sport in Society Issues and Controversies, 6th edition (Boston: McGraw-Hill, 1998) p. 403

의 저항운동, 그리고 80년대의 소련의 아프가니스탄 침공(1979)에 대한 모스크바 올림픽 보이콧결정 등 국가의 스포츠개입이 두드러졌다. 끝으로 90년대 전후에는 스포츠의 경제사회적 의미가 커지면서 더욱 그 개입과 간섭이 늘어났다. 1986년의 경우 스포츠관련 세입으로 중앙정부는 연간 24억 파운드를 거둬들였고 1990년의 스포츠관련 경제활동 규모는 82억 7천만 파운드, 소비자지출은 97억5천만 파운드, 그리고 46만7천개의 일자리를 만들어 냈다.[27] 이러한 점증하는 스포츠의 경제적 의미는 과거형태의 여러 세입원천이 붕괴되고 새롭게 스포츠, 미디어 그리고 광고의 3박자가 만들어낸 스포츠의 전이(轉移)현상(transformation phenomenon)과 일치해 온 셈이다.

한편으로 1945년 이후의 경향을 분석하면서 피터 브람함(Peter Bramham)은 1960년대와 70년대, 그리고 80년대에 걸쳐 각각 국가의 스포츠 개입에 대한 명분이 변해 온 과정을 추적했다.[28] 그는 국가의 스포츠 개입에 대한 명분으로 "국민의 자유와 권리에 관한 기본적인 관심으로부터 반영되어 왔다"고 설명하며 2차 세계대전 이후부터 변해왔던 네 가지 뚜렷한 명분으로 "전통적 다원주의와 복지개혁, 그리고 복지개혁비판론과 신자유주의"를 들었다.[29] 먼저, 전통적 다원주의의 경우 스포츠 시장과 자발적인 스포츠 단체들이 전면에 나서 주요한 스포츠 기회를 제공하며 국가는 다만 부차적인 역할에 머물며 이 같은 다원적 영역에 틈이 생기거나 외부적 요인이 발생

27) M. Polley, Moving the Goalposts-A History of Sport and Society since 1945 (London: Routledge, 1998)

28) Peter Bramham, 'Explanation of the Organization of Sport in British Society', International Review for the Sociology of Sport, vol. 26, pp. 139-154.

29) 앞의 책, p. 140.

할 때만 개입하게 된다고 한다. 둘째, 복지개혁론은 자본주의 시장경쟁과 자발적 단체의 영역에서 불이익을 당했던 다수의 소외계층을 위한 국가의 사전행동으로 대처하는 역할(proactive role)을 강조한 데서 찾을 수 있다. 이 경우 스포츠와 레크리에이션이 '시민의 정당한 권리'로 인식되면서 종전 후 복지국가의 최고 지향점으로 국가발전의 초기단계에 제공되어 온 다른 복지정책과 함께 강조되어 왔다. 셋째, 복지개혁론에 대한 통제주의자들의 비판론(managerialist critique)으로 위의 복지개혁론을 비판하며 그 대안으로써 예를 들어 작은 풀뿌리로부터 시작하는 공동체의 여가서비스 공급과 그러한 서비스 공급에 대한 중앙정부의 일변도를 탈피(脫中央化)하여 지방화를 꽤한다는 것이다. 끝으로 신자유주의(neo-liberal)는 신우파의 정치적 사고의 틀에 입각하여 그 동안의 자발적인 시민단체와 기업적 영역에 대한 공적 투자로부터의 이탈을 주장하고 있는 점이다.[30)]

위에서 본 영국에서의 스포츠개입에 대한 국가의 네 가지 명분의 각 유형들이 변해온 과정들을 보면 각각의 새로운 시대에 상이하게 나타나는 정치사회적 또는 경제적 여건에 따라 서로 다르게 대응(response)해온 결과로 이해할 수 있다. 동시에 서로 다른 시대적 여건들이 곧 각기 다른 명분을 낳게 하는 주요한 동력으로 작용해온 점도 파악할 수 있다. 1970년대 중반 복지주의가 한창일 때는 영국 정부가 1975년에 작성한 '스포츠레크리에이션 백서'(Government White Paper, Sport and Recreation)에서 스포츠와 레크리에이션의 개념을 시민들의 '필요와 권리'(a need and a right)로 인식하고 지원하는 정책의지를 보였던 시기였다. 그러나 백서발간 직후 정부의 지불불

30) 앞의 책.

능의 재정적자 위기가 닥쳐 이를 모면하기 위한 국제금융기금(IMF)측과의 협상이 진행되는 상황에서 공공투자를 삭감해야할 여건으로 백서에서 권고한 스포츠와 레크리에이션을 위한 서비스 공급에 관한 제안들이 실행되지 못했다. 동시에 흥미롭게도 1980년대 정부의 스포츠에 대한 공적투자 삭감을 주장했던 신자유주의 입장 또한 국가위상을 높이는 엘리트스포츠의 역할이 강조되면서 다른 한편으로 대도시 빈민지역의 공공질서유지의 불안요인 등으로 방해를 받게 되었다. 그러므로 브람함은 "1980년대 후반과 1990년대 초기까지는 공적영역이 크게 감소하고 대신 엘리트스포츠는 점점 사적영역의 기금에 의해 조종·운영되고 나머지 여분의 공적영역은 신체적 건강증진과 사회질서 유지만을 관심대상으로 삼게 되었다"고 결론지었다.[31]

이와 더불어 서그덴(J. Sugden)과 베이너(A. Bairner)에 따르면 국가는 스포츠가 개인의 사회화(individual's socialization)와 현대생활의 공동체 개념을 형성하는 데 중요한 부분으로 영향을 끼쳐왔기 때문에 그 영향력을 크게 행사하려든다고 언급했다.[32] 또한 이들은 "스포츠와 정치의 진정한 연계성은 사회적인 고리"라고 지적하고 스포츠 자체는 본래적인 가치구조를 갖고 있지 않으나 이념적으로 연계(ideological associations)되면서 하나의 준비된 신축성 있는 매개역할을 한다고 보았다. 즉 이들은 "스포츠가 정치로부터 자유롭거나 반듯이 독립되어야 한다고 믿는 일정한 스포츠 행위자들과 또는 관료들의 이상주의에도 불구하고 역사적 경험에 의하면 이와 같은 스포츠

---

31) 앞의 책, p. 142.

32) J. Sugden and A Bairner, Sport, Sectarianism and Society in a Divided Ireland (Leicester: Leicester University Press, 1993), pp.1-9.

의 정치화 현상은 거의 예외 없이 나타나고 있다"고 주장한다.[33] 이러한 주장은 1950년대 이후 각 시대마다 영국이 왜 청년들의 스포츠 참여문제로 고민하면서 국가차원에서 스포츠 개입에 대한 빈도와 강도를 높여 왔는가를 이해하는 데 주요한 단초를 제공한다고 볼 수 있다. 물론 각 시대마다 앞서 지적한데로 서로 다른 사회적 여건(與件)에 따른 정책적 선택이 조금씩 다를 수는 있다.

33) 앞의 책, p. 10.

참 고 문 헌

陳德圭, 現代政治學 (서울: 학문과 사상사, 1994)

Antonio Gramsci, The Prison Notebooks, ed.,by Q. Hoare and P. Smith (Nowell, 1971)

Barrie Houlihan, The Government and Politics of Sport (London: Routledge, 1991)

F. Coalter et al, Recreational Welfare (Aldershot: Gower, 1988); J. Coakley, Sport in Society Issues and Controversies, 6th edition (Boston: McGraw-Hill, 1998)

G. McLennan, Pluralism (Milton Keynes: Open University Press, 1995)

George H. Sabine, A History of Political Theory, 4th edition (Dryden Press, 1993)

Harold Joseph Laski, Authority in the Modern State (New Heaven: Yale University Press, 1919),

H. Marcuse, One Dimensional Man (London: Abacuse, 1964)

Ian Henry, The Politics of Leisure Policy (London: Macmillan, 1993)

J. M. Brohm, Sport: A Prison of Measured Time, translated by Fraser I., Worcester(London: Pluto Presss, 1978)

J. Sugden and A Bairner, Sport, Sectarianism and Society in a Divided Ireland (Leicester: Leicester University Press, 1993)

John Hargreaves, Sport, Power and Culture-A Social and Historical Analysis of Popular Sports in Britain (Cambridge: Polity Press, 1986)

John Horne, Alan Tomlinson and Garry Whannel, Understanding Sport (London: E & FNSpon, 1999)

Karl Marx, Capitalism (Moscow: Progress Publishers, 1887)

Karl Marx and Friedrich Engels, The Manifesto of the Communist Party (Moscow: Progress Publishers, 1969 (1848));

Louis Althusser, For Marx (Miliband: Penguin Books, 1969), Lenin and Philosophy and Others (London: New Left Books, 1971)

M. Polley, Moving the Goalposts-A History of Sport and Society since 1945 (London: Routledge, 1998)

Max Weber, Politik als Beruf, Gesammelte Politische Schriften (Tu"bingen: J.C.B. Mohr., 1958), 朴奉植 譯, 〈職業으로서의 政治〉 (서울: 博英社, 1959)

Nicos Polantzas, Political Power and Social Class (London: New Left Books, 1973);

Norber Elias and Eric Dunning, "The Quest for Excitement in Unexciting Societies," in Gunther Luschen (ed.), The Cross-Cultural Analysis of Sports and Games (Champaign, Il: Stipes and Publishing Co., 1970)

O. Patterson, The Cricket Ritual in the West Indies," New Society (June 26, 1969)

P. Kingdom, Government and Politics in the United Kingdom (Cambridge: Polity Press, 1991)

Paul Hoch, Rip Off the Big Game (New York: Doubleday, 1972)

Peter Bramham, 'Explanation of the Organization of Sport in British Society', International Review for the Sociology of Sport, vol. 26

R. Gruneau, "Sport and Debate on the State," H. Cantelon & R. Gruneau, eds., Sport, Culture and the Modern State (Toronto: University of Toronto Press, 1982)

Ralph Miliband, The State in Capitalist Society (London: Quartet Books, 1973), p. 3., Marxism and Politics (Oxford: Oxford University Press, 1977)

Raymond Williams, Mark and Literature (Oxford: Oxford University Press, 1977)

R.M. MacIver, The Modern State (Oxford: The Clarendon Press, 1926), 閔丙台 譯, 〈근대국가론〉 (서울: 민중서관, 1957)

T. Adorno and M. Horkheimer, trans by Cumming, Dialectic of Enlightenment (London: Verso, 1979)

Barrie Houlihan, Sport, Policy and Politics (London: Routledge, 1997);

Nicos Polantzas, "The Problem of the Capitalist State," in R. Blackburn, Ideology in Social Science (New York Vintage Books, 1973)

Harold Joseph Laski, The Grammer of Politics (Unwin Hyman, 1967),

Harold Joseph Laski, The State in Theory and Practice (1935), 金榮國 譯, 〈국가란 무엇인가〉 (서울: 두레, 1983);

John Hargreaves, "Sport and Hegemony: Some Theoretical Problems," in H. Cantelon and R. Gruneau, Sport, Culture and the Modern State (Toronto: University of Toronto Press, 1982),

제5장 이데올로기와 스포츠

서론

앞서 지적한 바와 같이 스포츠는 자체 내재하고 있는 정치적 상징성으로 동일시의 상징, 경쟁과 지배의 상징, 그리고 보수와 외교의 상징으로 정치적 이데올로기와 불가분의 관계를 갖는다. 따라서 스포츠는 국가의 지배이데올로기에 의해, 국제적으로는 이데올로기 경쟁과 국위선양, 그리고 국력과시의 일환으로 기능하며, 국내적으로는 사회통합과 의사소통, 체제의 안정과 발전을 도모한다. 자본주의와 공산주의, 나치즘, 파시즘 등 정치이데올로기의 정책과 체제의 차이점에도 불구하고 공통적으로 국가가 스포츠제도화에 개입해 '국가선수' 를 만들어내고 국제스포츠무대에서 이데올로기 경쟁과 체제선전 그리고 국위선양과 국력과시에 헌신하도록 한다.

이 장에서는 정치적 이데올로기의 의미와 성격 그리고 그 구조와 기능을 원론적으로 살펴보고 민족주의, 제국주의, 공산주의, 파시즘, 나치즘과 같은 국가의 정치이데올로기 체제 아래서 스포츠가 어떻게 결합되고 영향을 받게 되었는가를 실증적 방법으로 분석하고자 한다.

1. 이데올로기의 의미 · 성격 · 구조 · 기능

이데올로기(ideology)란 원래 이념이나 관념을 의미하는 '이데'(idee) 또는 '아이디어'(idea)와 학문이나 과학을 의미하는 '올로기'(-ologie) 또는 '올로지'(-ology)의 합성어로서 어떤 특정한 성격과 특징을 가진 사상 내지 사상체계를 의미한다. 넓은 의미의 이데올로기란 마르크스의 지적처럼 사회의 기본적 경제구조로서의 '하부구조'에 상응한 일체의 '상부구조' 즉, 정치, 법률, 철학 등의 사상과 견해 및 정치적, 법률적 제 제도와 조직을 말하며 좁은 의미로는 정치, 법률, 철학, 종교, 예술 등의 정신적, 문화적 관념형태를 말한다. 칼 뢰벤슈타인(Karl Löwenstein)은 이에 대해 "인간의 존재와 삶에 대한 태도를 설명하는 사상과 신념 또는 신념으로 전화(轉化)된 사상의 일괄된 통합적 패턴이며 이러한 사상과 신념에 상응한 행동을 지지하고 주장하는 것이다."라고 정의했다.[1]

특히 정치적 이데올로기는 국가 · 계급 · 정당 및 기타 사회집단들이 국내외 정치에 대해 갖고 있는 소망, 확신, 전망, 이해, 표상 등 관념의 복합체로 설명할 수 있으며 특징적인 성격을 다음과 같이 로버트 E. 레인처럼 요약할 수 있다.[2]

(1) 지배자에 대한 내용으로 누가, 어떻게 선출되며, 어떤 원칙으로 통치하는가에 대한 문제를 내용으로 한다.

---

1) Karl Lőwenstein, "Political Systems, Ideologies, and Institutions: The Problem of Their Circulation," The Western Political Quaterly, Vol. VI, No. 4(1953), p. 691; 李克燦 (1995).

2) Robert E. Lane, Political Ideology (New York: The Free Press, 1962), pp. 14-15.

(2) 서로 대립되는 이데올로기에 대해 대항하려하기 때문에 필연적으로 논쟁적이다.

(3) 삶의 중요한 가치(major values of life), 즉 근본적인 가치관을 갖는다.

(4) 중요한 여러 사회제도를 옹호, 개혁, 또는 폐지하려는 것과 같은 프로그램을 갖는다.

(5) 집단적 이익(group interest)을 정당화 내지 합리화하려 한다.

(6) 규범적이며 윤리적, 도덕적인 내용과 기품을 갖는다.

(7) 다른 영역의 이데올로기와 불가분하고 많은 공통점을 갖는다(They are (inevitably) torn from their context in a broad system, and share the structural and stylistic properties of that system).

이상과 같은 특징적 성격으로 정치이데올로기는 정치와 관계되는 집단의 신념을 구성하며 그 구성원들은 그 집단과 자기를 동일시(identification)하며 집단에 동화함으로써 그 신념을 자기의 것으로 만든다. 이러한 동일시의 상징성으로 정치이데올로기를 대표하며 구현하는 존재로서 건국의 아버지(國父), 예언자, 카리스마적 지도자 등이 이를 확인, 강화시키며 역사적 문서(헌법, 권리장전, 선언 등)가 성전(聖典)으로 여겨진다. 종교적 신앙과 성서 · 경전의 관계와 같은 것으로 정치이데올로기는 곧 정치세계에 관한 방향지도로 비유될 수 있다.

정치이데올로기는 일반적으로 그 이데올로기가 지향하며 실현하고자 하는 궁극적 가치의 정치권력 내지 정치운동의 목표 또는 이상을 가지며 사상의 현실적 측면을 고찰하는 정치상황에 대한 분석과 판단 그리고 미래사회를 건설하는 방법론으로서 자체적 합리화를 위한 철학 또는 신화로 구성된다. 이는 곧 정치경제적인 체제의 선택과 민주주의 발전을 위한 국민의 지지를 이끌어내고 이를 위한 치열한 선전투쟁이 생겨난다. 이에 따라 정치적 이데올로기는 신화적 · 주술적 요소와 함께 합리적 과학적 요소를 동시에 갖고 상호보완적 관계(interdependent relation)를 갖는다. 왕권신수설, 공산주의 계급신화, 자본주의 국민주권신화, 나치즘의 민족신화, 일본 군국주의신화 등과 같은 정치이데올로기는 이성적, 합리적, 과학적 논증을 초월한 신화적, 신앙적, 정서적 측면에 호소되어 커다란 힘으로 대중을 움직이는 행동원칙을 제공한다. 다른 한편으로 정치이데올로기는 이성적, 합리적, 과학적 논증과 검증된 요소로 역사를 초월한 보편타당성의 부분과 일정한 역사적 단계나 사회적 현실에서만 검증이 가능한 두 부분으로 구성된다. 따라서 후자의 이데올로기는 부단하게 새로운 현실에 부합되도록 새로이 재검토하고 재구성하면서 발전시켜 나가야 한다.

앞에서 지적한바와 같이 정치이데올로기는 어떤 특정한 사회체제를 정당화시키기 위한 이론체계로써 정치체제의 안정과 지속적 발전을 위한 '윤활유' 역할을 한다고 볼 수 있다. 따라서 정치적 이데올로기는 사회적 기능과 심리적 기능을 수행한다. 정치이데올로기는 먼저 그 자체가 내세운 가치와 미래사회의 유토피아 상(像)을 제시함으로써 이를 지지하는 집단과 계층 및 계급의 연대감을 강화시키고 구성원들에게 사명감과 행동의 에너지를 부여하는 사회적 기능을 가진다. 또한 정치이데올로기는 이른바 사회적 동물인 인간의 선천적 '격리불안'(隔離不安 seperation anxiety)을 해소시켜주는 심리적 기능을 수행한다. 마치 어린이들이 그 부모나 보호자로부터 떨어져 겪게 될 불안과 공포로부터 이들을 보호해주는 역할이나 나아가 사람들이 마치 방안이나 거실에 편히 앉아있는 것과 같은 기분을 느끼게 하는 것과 같은 역할을 한다는 것이다. 이는 곧 앞 장에서 보았듯이 피지배자가 지배자에게 귀속하여 안도감을 갖고 상리공생(相利共生 symbiosis)하는 일종의 통합기능을 한다고 할 수 있다. 정치이데올로기에는 민족주의 · 제국주의 · 자본주의 · 공산주의 · 파시즘 · 나치즘 · 전체주의 · 권위주의 등 다양한 형태의 이데올로기가 있다.

2. 민족주의와 스포츠

1) 민족주의의 의의와 유형

이데올로기 중에서 가장 역사성을 지닌 민족주의(nationalism)는 변혁의 이데올로기로서 다른 모든 이데올로기와 연결되어 나타나기도 하고 때로는 특정 이데올로기를 뒷받침 하기위해 동원되기도 한다. 민족주의는 1409년 독일 라이프치히대학교에서 처음 사용된 이래 그 구성단위인 네이션(민족 · 국민 · 국가)의 역사적 발자취의 다양성과 학자들의 민족주의의 지지 · 반대에 대한 입장차이로 다의적 개념을 갖는다.[3] 그에 따라 민족주의도 그 역사적 상황과 조건에 따라서

3) Anthony D. Smith, Theories of Nationalism(London: Gerald Duckworth & Co, 1983), p.167.; 18세기에 이르러 독일철학자 J.헤르더

전·후향(前·後向)적 양면성을 가지고 호레이스 데이비스(Horace B, Davis)의 지적처럼 "야누스(Janus) 얼굴의 두 면을 향하고 있다."고 볼 수 있다.[4] 일면으로는 자유·평등·독립·자치를 실현하는 창조적·긍정적 에너지로, 타면으로는 억압·차별·침략·지배를 뜻하는 부정적 역사의 범죄행위에 대한 은폐구실로 이해된다. 나아가 부정적 측면의 민족주의는 "양날의 칼"처럼 밖의 다른 세계(민족·국가·국민)를 해칠 뿐만 아니라 안쪽의 자국(개인)을 해칠 수 있다.

민족주의는 이렇게 개념의 다양성에도 불구하고 민족의 객관적 구성요소인 일정한 정주(定住)·혈연·지연·언어·문화·종교·정치·경제·역사적 운명 등의 전부 또는 일부를 공유하고 같은 공동체에 속한다는 주관적 의식(정신·감정)을 가지며 그 공동체를 보존·발전시키고자하는 의욕을 가지게 된 '의식공동체'로서의 민족이 정치적 단계로 넘어가 헤르츠(F. Hertz)가 지적한 자결원리(principle of national self-determination)아래 통일·자유·개성·위신의 민족적 4대 욕구를 추구하는 이데올로기 또는 운동이라 할 수 있다.[5] 이는 민족을 주관적·심리적인 '상상적 공동체' 또는 객관적 구성요소만으로 이해하는 각각의 편견을 넘어 이를 절충하는 입장으로 보편적 대다수 학자들이 이를 취하고 있다.[6] 따라서 민족주의는 하나의 역사과정으로, 하나의 이론으로,

---

(Johann G. Herder, 1744-1803)에 의해 자주 등장했다.

4) Horace B, Davis, Nationalism and Socialism (New York: Monthly Review Press, 1967), pp. xii-xiii.; 차기벽, 민족주의 원론 (서울: 한길사, 1990), p. 20.

5) Frederick Hertz, Nationality in History and Politics (London: Routledge & Kegan Paul, 1957), p. 21.

6) Bendedict Anderson, Imagined Communities(New York: Verso, 2006).

하나의 감정으로, 정치활동으로 이해된다.

카(E. H. Carr)는 민족주의의 전개과정을 세 시기로 나뉘어 제1기는 절대주의시기에서 프랑스혁명과 나폴레옹전쟁을 거친 비엔나회의 시기, 제2기는 독일과 이탈리아의 통일과 제1차 대전을 마무리한 베르사유회의 시기, 제3기는 베르사유회의 후 제2차 대전발발 전까지의 시기로 보았다.[7] 민족주의는 민족전통 · 민족이익 · 민족사명의 세요소가 전술한 4대욕구와 결부되어 작용하면서 시공(時空)에 따라 다른 유형을 보이며 나타났다. 시기적으로 19세기 전반에는 근대민족국가통일의 원리로, 19세기 후반에는 소수민족의 해방 내지 분리이념으로, 동시에 19세기 종반에서 20세기 초에는 팽창적 민족주의의 제국주의 및 식민주의로 형태로 또 한편으로 극단적 민족주의의 파시즘과 나치즘의 형태로 침략적이고 공격적인 방향에서 추구되었나. 2차 대전이후에는 반식민주의적 민족해방과 근대국가건설의 이론으로 구분주장 되었다. 공간적으로는 콘(H. Kohn)에 의하면 중산계급의 시민사회에서 자생적으로 생겨난 서유럽형과 중산계급의 부재로 외생적이었던 비(非)서유럽형으로 나뉘었다.[8] 전자는 개인자유 · 사회평등 · 법치주의 · 합리주의 등을 중심으로 현실에 자신을 갖고 현재의 이익을 추구하는 민족주의로 후자는 현실에 자신을 갖지 못하고 과거의 전통과 미래의 사명을 강조하며 개인의 자유보다 국가

7) E. H. Carr, Nationalism and After (New York: Macmillan company, 1945), pp. 2-27.

8) Hans Kohn, Nationalism: Its Meaning and History (New York: D. Van Nostrand Company, Inc. 1965); J. Plamenatz는 H. Kohn과 유사하게 서 유럽형과 동 유럽형으로 유형화했다. John Plamenatz, "Two types of Nationalism," in Eugene Kamenka ed., Nationalism, The Nature and Evolution of an Idea (New York: St. Martin's, 1976) 참고.

권력을 우선하는 민족주의로 구별했다. 또한 헤이즈(Carlton J. H. Hayes)는 역사적 순서에 따라 인도주의적 · 전통적 · 자유주의적 · 전체주의적 민족주의로 크게 유형화했으며 레닌(V. Lenin)은 서구열강의 제국주의 · 식민주의의 지배아래 놓였던 아시아 · 아프리카 민족에 대해 억압하는 민족과 억압당하는 민족, 강대국민족과 약소국민족간의 민족주의를 구별하여 후자를 민족자결권에 의한 민족해방운동의 건전한 민족주의의 반영이라고 평가했다.[9)]

앞서 지적한대로 민족주의는 다른 이데올로기와 결합하여 나타나기도 하는데 민족주의운동을 담당하는 정치세력과 그의 이데올로기에 따라 제국주의 · 파시즘 · 나치즘 · 사회주의 · 공산주의 등의 여러 이데올로기나 그 운동과 결합하여 나타난다. 그러나 이러한 다양한 모습의 민족주의는 ① 특정지역, ② 공통된 문화적 특성(언어 · 관습 · 습관 문학 등), ③ 공통된 정치사회적 제도, ④ 독립 · 통일 · 주권정부에 대한 갈망, ⑤ 공통된 역사 및 기원에 대한 믿음, ⑥ 같은 민족성원에 대한 존경과 애정, ⑦ 민족의 실체에 대한 헌신, ⑧ 민족발전에 대한 긍지와 비극에 대한 공통된 슬픔, ⑨ 반민족적 집단에 대한 무관심 내지 적의(敵意), ⑩ 민족의 위대하고 영광된 미래에 대한 희망 등 복합적 요소들이 서로 다르게 결합하여 다양하게 나타나는 복합체로 이해된다.[10)] 따라서 역사에 나타난 동인으로 보면

---

9) Carlton Joseph Huntley Hayes, Essays on Nationalism, 1926 (Russell & Russell, 1966); V. Lenin, "The Right of Nations to Self-Determination, "*Collected Works*(Moscow: International Publishers, 1963), Vol. 22.

10) Boyd Shafer, Nationalism: Myth and Reality(New York: Harcourt Brace & World, Inc, 1955), pp. 7-8.

통합 · 현상유지 · 독립 · 동포애 · 식민지팽창 · 침략 · 반식민주의 · 개혁 · 근대화 등이다. 브로일리(J. Breuilly)는 국가성립시기를 전후로 통일민족주의(unification nationalism), 분리민족주의(seperatist nationalism), 반(反)식민민족주의(anti-colonialism), 반(半)민족주의(sub-nationalism), 개혁민족주의(reform nationalism) 등으로 구별했다.[11] 끝으로 민족주의는 국가에 대한 사랑과 충성심 그리고 그것의 방위를 위한 열정을 의미하는 애국주의와 구별되고 국외자를 혐오하거나 그를 자기집단에 수용하기를 꺼리는 제노포비아(xenophobia)나 극단적이고 맹목적인 애국주의를 뜻하는 프랑스어의 쇼비니즘(chauvinism), 영어로는 징고이즘(jingoism)과 구별된다.

2) '스포츠민족주의': 아프리카 축구와 민족주의

앞서 보았듯이 민족국가성립을 위한 스포츠의 역할은 심대(甚大)하다. 스포츠와 민족주의의 관계는 일반적으로 아래와 같이 논의될 수 있다. ①스포츠는 본래의 보수성으로 민족주의를 공고히 한다. ②스포츠는 내재적 동력으로 민족국가의 통일 및 통합을 도모하는 수단이다. ③스포츠는 좌절한 민족구성원이나 국가를 위해 승리의 기쁨으로 카타르시스(catharsis)의 정서적 에너지를 공급해준다. ④스포츠는 민족의식과 특히 문화적 민족주의(cultural nationalism)를 강화시킨다. ⑤스포츠는 민족주의자들의 정치투쟁에 함몰될 수 있다. ⑥스포츠는 강대국에 대한 약소민족의 종속과 불균형 발전에 대한 반작용으로 형성되는 민족주의에 개입한다. ⑦스

11) John Breuilly, Nationalism and The State(Chicago: Chicago University Press, 1985).

포츠는 향수심(nostalgia)이나 신비주의(mythology) 또는 전통을 통해 상상이 아닌 실제적 공동체의 이미지를 재생산하고 변환·수용하면서 민족 정체성(national identity)을 발견하고 강화시켜준다.[12)]

한편 스포츠는 정치적 '동일시의 상징'으로 민족주의란 정치이데올로기와 결합하여 호버만(John Hoberman)이 주장했던 '스포츠민족주의'(Sportive Nationalism)란 새로운 유형의 민족주의로 등장했다. 이는 국제스포츠경기에서 최고의 기량을 보여 일정 민족국가의 승리는 정신적인 동일소속감(공동체)의 현상(A generic phenomenon)을 유발하여 '스포츠민족주의'가 표출된다는 것이다.[13)] 나아가 호버만은 '스포츠민족주의'가 단순한 정서적 소속감의 현상이 아니라 더욱 중요한 요소는 특정한 정치행위자(지도자)들이나 단체(국가)가 만들어낸 하나의 정치적 결정이나 선택의 산물로 파악하고 이러한 정치과정은 서로 다른 정치문화를 배경으로 서로 다른 형태로 나타난다고 지적했다.[14)] 자본주의국가(미국 등)와 공산주의국가(소련 등)의 스포츠민족주의 형태는 서로 달라 미국 등 자본주의국가들은 소련 등 공산권국가들의 중앙집권적 직접통제방식과 다르게 간접적 지원으로 이루어지며 동독이나 쿠바와 같은 공산주의의 소국들은 더욱 세심하고 치밀하게 '스포츠민족주의'에 따른 스포츠정책을 결정하고 수행한다. 예를 들면 통일 전의 동독당국은 국제스포츠(올림픽 등)에서 최고의 성적을 얻기 위해 1천명이 넘는 과학자·물리학자·트레이너들

---

12) Grant Jarvie, "Sport, Nationalism and Cultural Identity," L. Allison(1993), p. 78.

13) John Hoberman (1993), p. 15.

14) 앞의 책, p. 16.

을 동원하고 스테로이드 사용까지 마다하지 않으며 선수들을 독려했다고 한다.[15)]

한편 호버만은 앞서 미국 국제정치학자 제임스 로제나우(J. Rosenau)가 지적했던 국내정치와 국제정치의 연계정치(Linkage Politics)이론처럼 '스포츠민족주의'가 국내의 불안한 정치현상과 결합(Association)하여 국민내부의 불안감과 분노를 해소시켜주는 '카타르시스'(Catharsis)적 분출(噴出)을 가져다주는 사회적 필요를 충족시켜줄 수 있다고 주장하고 정치적으로 안정되고 부유한 국가일수록 공격적인 '스포츠민족주의'가 발생하는 확률이 적다고 보았다.[16)] 좋은 예로 1986년 멕시코월드컵 4강전에서 아르헨티나 팀은 영국 팀을 꺾어 1982년 포크랜드전쟁 당시의 울분을 해소했다.[17)] 나아가 스포츠와 민족주의의 관계에 대해 에드워드 웡(Edward Wong)도 앞서 "전쟁 외에 올림픽이 세계에서 가장 두드러진 민족주의 포럼"이라고 지적한 바 있다. 국제적으로 국가 간의 스포츠 경쟁은 적대국이나 우방국을 막론하고 그 형태는 문화에 따라 다르나 자국 국민들에게 민족주의(국가주의 또는 애국주의)를 자극하여 민족이익과 국가이익을 도모한다.

한편 스포츠의 '지배적 상징성'으로 스포츠경기에서의 승리는 곧 '상상적 공동체'(민족)의 상대적 우월성을 상징함으로써 인간의 본능적인 지배 욕구를 충족시켜주는 수단으로 이용된다. 반세기 동안의 치열한 동서냉전이 종식 된지 이미 오래이나 스포츠를 통한 국가민족간의 치열한 경쟁은 아직도 계속되고 있다. 이러한 '무기 없는 전쟁' 또는 '춤추는 전쟁' 으

---

15) 앞의 책, p. 18-19.
16) 앞의 책, pp. 19-20.
17) http://en.wikipedia/org/wiki/1986-FIFA-World-Cup(검색일: 2008. 7. 4).

로 국제스포츠 무대에서 참가국들은 치열한 경쟁을 뚫고 제각기 자신들의 민족적 우월감을 느끼며 지배 욕구를 충족시키려고 한다.

'스포츠민족주의'는 특히 근·현대사에서 오랜 동안 유럽 제국주의 열강의 식민통치하에 놓였던 아시아·아프리카 제(諸)민족들에게 반제국·반식민의 민족자결의 기치(旗幟)아래 민족저항운동과 독립운동을 촉진하는 데 매개역할을 했다. 동시에 민족독립과 건국 후에도 국가정체성을 확립하고 사회통합과 국제적인 국가승인 문제 등 다양한 국가목적을 달성하는 데 중요한 역할을 했다.

아프리카민족주의는 1914년까지 에티오피아와 라이베리아를 제외한 전 아프리카대륙이 유럽제국주의의 식민지배하에 놓였던 상황에서 제국주의 열강들의 식민 지배를 위한 군사적 목적의 신체단련과 피식민지배자들의 복종과 두려움을 갖게 하기 위한 목적으로 소개된 근대스포츠가 아프리카민족의 인종차별정책으로 시작되었고 그 역(逆)방향으로 이러한 스포츠에서의 인종차별은 '스포츠의 정치화'를 불러 아프리카민족주의자들에게 민족운동을 촉진시켰다.

다른 스포츠보다 내재적인 공격성과 단순성 그리고 경제성(저비용)을 갖춘 축구는 아프리카민족주의자들을 포함한 전체 아프리카대중들에게 폭발적인 호소력을 발휘하여 민족저항운동을 위한 커다란 원동력의 하나가 되었다. 물론 이들 저항운동의 다른 동인(動因)들인 정치단체, 청소년단체, 종교단체, 종족단체 등 다양한 형태들이 축구와 연계되면서 유럽열강의 식민주의지배에 대항하고 아프리카민족들의 단결력을 드높이는 시너지효과를 내게 했다. 이와 같은 축구의 역할에 대해 스튜아트(O. Stuart)는 "2차 대전이후 줄곧 아프리카 축구는 아프리카인들의 정치적 열망을 체현(體現 embodiment)해 왔다"라고 표현한 바 있다.18)

사실상 아프리카에서 '축구의 정치화'(politicization of football)는 아프리카 축구를 발전시키는 주요요인으로 작용했고 이는 유럽식민지배하의 아프리카인들이 실제로 소유하며 운영하던 몇 개 되지 않은 자생(自生) 민족기구의 하나로써 아프리카인들을 정치적으로 동원(political mobilization)할 수 있다는 데 큰 의미가 있었다. 독립이전까지 아프리카 대부분의 사회정치적, 문화적 조직들이 대개 제국주의자들에게 배척당하거나 이들의 식민통제를 받고 있던 상황에서 아프리카인들에 의한 토착적인 축구인프라의 출현은 곧 축구 그자체가 식민지배의 현상유지(the colonial status quo)의 틀을 깨고 민족의 해방과 독립을 위한 이상적인 매개체가 되었다. 아프리카민족주의지도자들은 축구를 매개로 '새로운 아프리카시대'의 희망을 공공연히 표출하고 민족저항과 독립운동대열에 동참할 수 있는 엘리트와 행동대원을 차출하기도 했다. 이에 대해 스튜아트는 계속하여 아프리카인들에게 "축구는 식민국에 대한 저항과 식민압제자들(colonial oppressors)로부터의 독립을 향한 표출이 되었다."고 술회했다.19)

아프리카에서 축구와 민족독립운동이 가장 현저하게 결합된 알제리의 경우 1921년 알제리 이슬람 민족주의자들은 최초의

18) O. Stuart, "The Lions Stir in African Society," in S. Wagg (ed.), Giving the Game Away: Football, Politics and Culture on Five Continents (London, New York: Leicester University Press, 1995), p. 34.

19) 앞의 책.

축구클럽인 MAC (Mouloudia Chalia d'Alger)를 창설하여 식민지배 세력인 프랑스와 기타 유럽 팀 간의 경쟁적인 경기를 통해 민족주의를 고취시켰고 1926년에는 스포츠와 정치의 중심단체였던 Étoile Nord-Africaine(French for North African Star-ENA)를 설립하여 아프리카-아랍 민족주의운동을 배가했다.[20] 1937년 ENA가 해산당하고 1951년 알제리 민족주의자들에 의해 다시 창설된 알제리민족해방전선(Front de Libération Nationale-FLN)은 계속하여 독립투쟁을 위해 축구와 결합하면서 독립전쟁기간(1954-1962)동안 프랑스와의 혈투를 계속했다. 1958년 FLN은 튀니지에 본부를 둔 '혁명전사11인'(Revolutionary Eleven-FLN XI)팀을 구성했다. 이들 선수들은 프랑스에서 활약하고 있었으나 조국의 독립을 위해 귀환한 순수 알제리태생 선수들이었다. FLN XI은 1958년부터 1962년 독립 때까지 反프랑스 민족저항운동을 펼치며 독립 쟁취를 위해 북아프리카 · 동유럽 · 중동 · 중국 등 14개국을 순회, 53회에 걸친 경기를 갖고, 39회 우승, 10회 동점, 4회 패전의 기록을 남겼다.[21] FLN은 이들의 존재이유(raison d'etre)에 대해 "무엇보다 지고(至高)한 조국해방을 갈망하는 애국자로서 우리 축구선수들은 청소년들에게 용기와 정직(rectitude) 그리고 이타심(unselfishness)의 전범을 보였다"고 칭송했다. 이에 앞서 알제리민족주의자이자 임시정부 대통령 그리고 축구협회 행정경력자였던 앗바스

20) A. Versi, "Striking Power: Arab Football Kicks Off," The Middle East (March 1988), pp. 9-15; A. Versi, Football in Africa (London: Collins, 1986) 참고; http://en.wikipedia.org(검색일: 2008. 5. 26).

21) Paul Darby, Africa Football and FIFA: Politics, Colonialism and Resistance (London, Portland, Oregon: Frank Cass Publishers, 2002), p. 29.

(Ferhat Abbas)는 축구를 통해 아프리카인들도 유럽인들의 우월성이란 신화를 뛰어넘는 능력을 상징적으로 보여주었다고 자신하면서, "그들(프랑스인)은 총과 기계로 우리를 지배했지만 사람과 사람이 부딪치는 축구장에서는 누가 더 진정으로 우수하는가를 보여줄 수 있다."고 역설했다.[22)]

이보다 훨씬 앞서 가장 먼저 이집트 축구협회, 에쉬리(El Ashly)가 1907년 창립되어 영국의 식민지 분할 통치에 항의하며 저항민족주의 운동을 시작했다. 1922년 2월 28일 영국으로부터 독립을 얻은 이집트는 1923년 아프리카에서 처음으로 FIFA에 가입하였고 1934년 아프리카 국가로서는 처음으로 제2회 FIFA대회에 참가하여 국제적으로 국가승인과 위상을 고취해 나갔다. 뒤이어 모로코에서도 축구클럽들(Wydad of Casablanca, US Meknes)이 생겨나 스페인과 프랑스 식민통치에 항기하는 민족주의운동에 동참하였고 북부항구도시 탕해르(Tangier)와 랄라시(Larrache)에서는 스페인의 식민통치에 강력한 반대운동을 전개했다.

2차 대전이후로는 처음으로 1949년 영국 식민지배하의 짐바브웨에서 축구협회(Bulawayo Football Association)가 창립되었고 이를 분수령으로 1950년대 독립이전까지 대부분 아프리카식민지역에 아프리카인들의 축구협회가 잇달아 생겨났다. 1957년 벨기에 식민지였던 콩고(독립 후에는 자이레 Zaire로 국명이 교체됨)에서도 국가축구팀이 생겨나 1960년 6월 30일 독립을 이룰 때까지 민족해방운동을 위한 견인차 역할을 하였다. 자이레의 유일정당인 '대중혁명운동의회'(Congressof the Popular Movement-MRP)는 민족자긍

22) 앞의 책, p. 29. 재인용.

심과 민족의식을 고취하기 위해 식민지배아래 만들어진 모든 외래 명의 스포츠 팀명을 토착어로 바꾸었다.[23)]

축구와 민족해방운동의 밀접한 상관관계의 또 하나의 사례로 탕가니카(Tanganyika, 후에 탄자니아Tanzania로 개명)의 축구클럽을 들 수 있다. 탕가니카의 수도 다레스살램(Dar es Salaam)에서 축구클럽이 발족되어 다른 아프리카지역의 민족주의운동처럼 제국주의 영국의 식민통치에 저항하며 1961년 12월 독립을 쟁취하기까지 해방독립운동의 중심에 섰다. '아프리카 청년 스포츠클럽'(Young Africans Sports Club)은 탕가니카 민족주의자들의 정당인 '탕가니카아프리카민족연합'(Tanganyika African National Union-TANU)과 결합하여 정치집회를 소집하고 투쟁전략을 숙의하는 등 독립 쟁취의 선봉적 역할을 했다. 독립 후에는 이와 같은 업적을 인정받아 집권당인 TANU의 재정적 지원을 받았으며 대다수 클럽회원과 임원들이 자동으로 TANU의 회원이 되었다.

탕가니카의 이웃 식민지 잔지바르(Zanzibar)에서도 축구를 통해 민족의식이 각성되고 유럽인들의 지배로부터 해방되기 위한 민족주의운동이 새롭게 부상되기 시작했다. 1932년 잔지바르인들에 의해 독립된 축구팀, '아프리카스포츠'(African Sports)가 발족되어 활발하게 反식민 민족저항운동을 개시했다. 그러나 여러 종족의 분화에 따라 '아프리카스포츠'는 다시 3팀 (Caddies, New Generation, New Kings)으로 갈라졌다가 다시 하나로 통일되어 잔지바르의 민족정체성(national identity)을 건설하고 강화시켰다. 이와 같은 잔

---

23) B. Lema, "Sport in Zaire," in E. A. Wagner ed., Sport in Asia and Africa: A Comparative Handbook (New York, London: Greenwood Press, 1989), pp. 234-6.

지바르 축구가 아프리카민족주의에 미쳤던 영향에 대해 패어(L. Fair)는 "잔지바르에서 아프리카민족주의 발전에 크게 영향을 미쳤던 아프리카스포츠(축구팀)의 창설에 얽힌 이야기는 한없이 많다."라고 술회했다.[24] 물론 잔지바르의 축구클럽은 1963년 10월 영국으로부터 독립을 쟁취하기까지 영국 식민당국으로부터 끈질긴 방해공작을 견뎌야 했다. 종족 분화를 더욱 부추겨 새로운 여러 축구팀을 만들어 구심력을 빼내어 대신 원심력을 이용 식민지 지배를 계속 유지하려 했다. 그러나 잔지바르의 축구팀과 민족저항의 정치적 연계는 더욱 강화되어 잔지바르에게 독립을 쟁취할 수 있었다. 도서 독립국 잔지바르는 이웃 본토 탕가니카와 1964년 4월 24일 통합하여 현재의 탄자니아공화국(United Republic of Tanzania)을 탄생시켰다.

제2차 대전 이후 축구클럽이 사하라 이남의 여러 지역에서도 서서히 생겨나고 1956년 6월 포르투갈의 리스본에서 30차 FIFA위원회(FIFA Congress)개최전날 밤 이집트 · 에티오피아 · 수단 · 남아프리카공화국 대표들이 모여 최초의 아프리카축구연맹(Confederation of Africaine de Football -CAF)을 창설키로 합의했다. 이듬해 2월 제1회대회가 수단의 하르툼(Khartoum/Hartum)에서 개최되고 아프리카 축구 발전과 단합(pan African unity), 아프리카대륙으로의 경쟁력 확대, 그리고 국제무대에서의 아프리카 축구를 격상시키려는 데 목적을 두고 있었다.[25] CAF의 출범이 갖는 정치적 의미에 대해 창설 40주년을 맞아 CAF회장 헤야투(Issa

24) L. Fair, 'Kick in It: Leisure, Politics and Football in Colonial Zanzibar, 1900s–1950s,' Africa, 67, 2 (1997), pp. 224–51.

25) A. Versi, Football in Africa(1986), pp. 9–10.

Hayatou)는 “자유를 열망하는 와중(turmoil)에 출범하여 탈(脫)식민 독립을 달성하기까지 CAF는 모든 아프리카인들에게 형제애(African Brotherhood)란 거대한 꿈을 구현했다.”고 치하했다.[26] 사실상 CAF는 아프리카인들에게 독립을 쟁취하고 민족정체성을 새롭게 다짐해주는 야심찬 민족주의를 발현할 수 있게 했다. 1960년대 많은 아프리카 신생독립국이 탄생하였고 60년대 중반에 이르러 CAF회원국수는 30개국이 이상이 되었다. 축구와 관련한 정체성에 대해서는 많은 아프리카국가들이 독립된 축구의 국가대표팀에 별명을 붙여 자국의 정체성을 나타내기도 했다. 나이지리아의 '그린 이글'(Green Eagle)이나 가나의 ‘블랙 스타’(Black Star), 이집트의 ‘파라오’(Pharaoh), 그리고 코드디브와르의 ‘코끼리’ 등이 그러하다.

식민지시대를 마감한 아프리카 축구는 1990년대 카메룬이 월드컵 4강 진출에 성공하고 모로코와 나이지리아가 8강 진출을 이어가며 계속적인 축구발전을 거듭하며 서구중심(Eurocentricism)의 FIFA 조직과 규약에 맞서 자신들의 위상제고와 권리신장을 위해 많은 노력을 기울여 왔다. 그러나 넘어야 할 장애물도 많아 그 중 유럽식민주의가 남겨놓은 부조리한 유산이 가장 큰 장애물로 지적될 수 있다. 앞서 지적했듯이 유럽 식민지배세력들은 서로 유리한 식민지 확보를 위해 서둘러 각 지역의 고유한 언어 · 종족 · 종교적 배려 없이 정치 · 지리적 고려만으로 국경을 획정함으로써 신생독립국들에게 사회통합과 정치안정에 항상 불안요인을 남겨 시민소요

26) CAF, "Speech of President: Issa Hayatou," CAF News, No. 62 (October 1997), p. 4.

와 갈등을 불러 일으켰다. 나이지리아, 수단, 에티오피아, 케냐 등지의 종족 간, 종교 간 차별에서 오는 갈등이 그 좋은 사례로 국내외적으로 축구를 발전시키고 FIFA내의 위상과 권리를 확보하기위한 아프리카 국가들의 노력에 부정적 역풍을 선사했다.

결론적으로 아프리카의 '스포츠민족주의'는 아프리카 여러 민족들에게 반제국·반식민의 민족자결의 기치아래 민족저항운동과 독립운동을 촉진하는 데 교량역할을 했으며 독립 후에도 국가정체성을 확립하고 사회통합과 국제적인 국가승인 문제 등 다양한 국가목적을 달성하는 데 중요한 매개역할을 했다.

유럽열강들은 식민지지배를 위한 군사적 목적의 신체단련과 식민지인들에게 규칙에 따르며 '복종'을 강요하는 스포츠의 내재적 문화를 통해 제국주의를 강화하기 위해 축구를 포함한 근대스포츠를 아프리카에 소개하며 인종차별정책으로 시작했으나 오히려 그 역(逆)방향으로 이러한 스포츠에서의 인종차별은 '스포츠의 정치화'를 불러 아프리카민족주의자들에게 민족운동을 촉진시켰다. 또한 축구는 다른 스포츠보다 내재적인 공격성과 단순성 그리고 경제성으로 아프리카대중들에게 폭발적인 호소력을 발휘하여 대중을 동원함으로써 민족저항운동을 위한 정치적 교량역이 되었다. 축구를 매개로 아프리카민족주의지도자들은 민족저항과 독립운동대열에 동참할 수 있는 엘리트와 행동대원을 차출했다.

한편 아프리카 '축구의 정치화'(politicization of football)는 아프리카 축구를 발전시키는 주요인으로 반작용했다. 그러나 독립 후 유럽식민주의시대의 부정적 유산이었던 섣부른 정치·지리적 국경선 책정은 신생국들에게 언어·종족·종교 간의 이질감을 계속 남겨 사회불안과 내전으로 치닫게 하면서 국력이 낭비되고 축구발전과 국제스포츠기구에서의 위상과 권리를 신장하려는 노력에 큰 장애가 되었다.

3. 제국주의와 스포츠

1) 제국주의의 의미와 유형

제국주의는 자유주의적 민족주의와 결합하여 어느 한 강대국가가 전쟁 등 강제적 방법으로 다른 약소국가를 식민지로 귀속시켜 그 영토적 팽창을 기하여 정치·경제적 지배력을 갖는 국가정책이나 제도 또는 그러한 과정의 정치이데올로기를 뜻한다. 이러한 제국주의는 독일 비스마르크(Otto von Bismark, 1815-1898) 제상이 '스포츠 전쟁'(sporting war)이라고 했듯이 스포츠와 밀접한 관계를 갖는다.[27] 제국주의는 정치, 경제, 군사적 측면에서 구축되고 유지되었으나 한편으로 언어, 종교, 스포츠 등 다양한 문화적 요소에 의해 유지 팽창되었다. 제국주의는 스포츠를 이용해 식민지 지배를 강화하기 위해 사용되면서 영국은 대영제국의 속국들에게 크리켓이나 럭비, 축구, 폴로, 테니스, 골프 등 이른바 '제국주의 스포츠'를 강요하였고 다른 서구국가들도 아프리카, 아시아, 중남미 국가들에게 축구, 야구, 농구, 배구 등 국제스포츠의 일

---

27) Harold Perkin, "Teaching the Nations How to Play: Sport and Society in the British Empire and Common Wealth," in The International History of the Sport, Vol. 6, No. 2 September, 1969, p. 146; 하남길, 영국신사의 스포츠와 제국주의(서울: 21세기교육사, 1996), p. 137.

부가 된 그들의 스포츠를 강요했다.

제국주의의 최초 형태는 고대 시대의 그리스, 로마, 페르시아, 오토만, 인도, 이집트 등지에서 나타났으나 지리상의 발견 시기의 16세기 전후를 중심으로 스페인, 포르투갈, 영국, 프랑스, 네덜란드 등이 아프리카와 아메리카에서 식민지쟁탈전을 벌이며 제국주의가 성행했다. 근대에서는 19세기중엽부터 20세기 초까지 독일 이탈리아, 일본 등도 식민지쟁탈을 벌이고 또 다른 이름의 신제국주의(New-Imperialism) 형태로 이전의 단순한 약탈이나 정복의 팽창주의를 넘어 하나의 이념으로 까지 확대 · 발전되었다.

한편으로 제국주의의 이념적 토대는 영국생물학자 다윈(Charles Darwin)이 주장했던 자연생물세계의 생존경쟁에 대한 '적자생존'(the Survival of the Fittest)을 위한 진화(進化 Evolution)이론을 사회영역에 적용시킨 스펜서(Herbert Spencer)의 '사회진화론'(Social Darwinism)과 백인들이 미개한 유색인종을 개화시킬 의무가 있다는 '백인의 무설'(White Man's Burden), 그리고 백인보다 번식률이 높다는 황색의 유색인들을 억제할 필요가 있다는 '황화론'(黃化論 Yellow Peril)으로 지칭되는 유색인종에 대한 '백인자위론'등을 들 수 있다.[28)]

28) Charles Darwin(1809-82), The Origin of Species(London: John Murray, Albemarle Street, 1859) 참고. 이 책의 원제목은 On the Origin of Species by Means of Natural Selection, or the Preservation of Favoured Races in the Struggle for Life이었으나 1872년(6th edition) The Origin of Species로 바꿈; 영국제국주의 주창자였던 Cecil John Rhodes(1853-1902)는 가장 우수한 앵글로색슨(Anglo-Saxon)만이 적자생존(適者生存)으로 살아남게 될 것이라고 주장하면서 영국남아프리카회사를 통해 아프리카식민지를 건설하였고 옥스포드 대학에 그의 이름을 딴 로즈장학금(Rhodes Scholarship)을 조

어떻든 결과적으로 서양의 백인들은 중국에서 유입한 폭약 등 군사무기기술을 더욱 발전시켜 우수한 물자와 무기를 가지고 전 세계 타 인종들을 지배할 수 있었다. 또한 16세기부터 시작된 유럽열강의 식민지쟁탈전은 18세기의 '7년 전쟁'(1756-1763)을 고비로 일단락되었고 새로운 통신수단의 발달과 충분한 정보 등으로 제국 간의 이합집산도 두드러졌다. 그러나 1805년 10월 영국이 트라팔가(Trafalgar)해전에서 경쟁국이었던 스페인과 프랑스의 연합함대를 격파시킨 이후부터 제1차 세계대전까지 세계를 제패(制覇)함으로써 새로운 제국주의 면모가 나타나기 시작했다.

경제적 측면에서 러시아의 레닌(Vladimir Lenin, 1870-1924)은 신제국주의 출현을 고도의 자본주의 최종단계로 파악하고 '자본주의의 최후단계로서의 제국주의(Imperialism, The Highest Stage of Capitalism)'라는 저서에서 계속 축적되는 금융자본과 잉여상품의 출구마련을 위해 기업인과 금융가들이 카르텔을 이루어 정치가들을 조정하여 해외팽창을 획책함으로 제국주의가 출현한다고 주장했다.[29]

성하여 영국식민지출신 학생과 외국학생들에게 지급하면서 영국제국주의 팽창에 힘썼다. 사회진화론에 대해서는 Herbert Spencer, The Social Organism (Westminster Review, 1860) 및 Wikipedia, the free encyclopedia를 참고하며 기타 백인의무설과 백인자위론 등 제국주의 팽창배경에 대해서는 Carlton J.H. Hayes, "Bases of New National Imperialism" in Harrison M Wright, The New Imperialism: Analysis of Late Nineteenth-Century Expansion (Boston: D.C. Heath and Company, 1976) 참고.

29) Vladimir Lenin, Imperialism, The Highest Stage of Capitalism, 1916 ((University of Michigan, 1996); Lenin's Selected Works, Volume 1, (Moscow; Progress Publishers, 1963), pp.667-766.

앞서 지적했듯이 정치적 측면에서는 제국주의는 다름 아닌 민족주의의 한 형태로서 해리슨 라이트(Harrison M. Wright)는 "제국주의를 가능하게 하고, 가장 열렬히 제국주의를 찬양하며, 가장 끊임없이 제국주의를 후원했던 것은 바로 민족주의적 정서를 가진 대중이었다."고 술회했다.[30] 유럽 제국주의 열강의 정치인들이 대중들에게 민족주의의 정서를 부추기고 대중들은 제국주의를 지지함으로 세계전역의 제국주의란 경기장에서 우열을 가린 셈이다.

다른 한편으로 제국주의는 국가적 캐치프레이즈(Catch Phrase)로 대중의 국내 정치사회적 여러 문제들에 대한 관심을 국외로 유도하려는 '연계정치'(連繫政治 Linkage Politics)의 한 유형으로 이해할 수 있다. 1880년대와 1890년대의 영국과 독일의 보수정당 정치가들은 유산계급과 결탁하여 대중의 민족주의적 정서를 이용하여 진보적 사회변혁의 투쟁을 막고 대중의 정치에너지를 국외로 유도하는 일석이조(一石二鳥)의 결과를 갖게 되었다.

끝으로 제국주의는 문화적 측면에서 "사회적 격세유전"(社會的 隔世遺傳 social atavism)의 결과로 해석하기도 한다. 이는 인간의 원시적 지배와 투쟁본능의 유산으로 유목민들의 '동물사냥'이 '인간사냥'으로 바뀐 것에 불과하다는 것이다. 특히 앵글로색슨족(Anglo-Saxon)의 전투적 투쟁정신은 전통적으로 닭싸움이나 개싸움, 맨주먹 권투, 축구(적의 두개골을 걷어찬 유래) 등 '피의 스포츠(blood-sport)' 경기를 선호하는 데서 잘 나타났다. 다시 말해 영국과 함께 독일 게르만계의 앵글로색슨(Anglo-Saxon)족들은 유목민인 켈트(Celts)

30) Harrison M. Wright(1976), p. 88.

족과 로마의 전통과 바이킹족의 피를 이어받은 호전적인 민족으로 제국주의 선봉장(先鋒將)이 되었던 것이다. 독일이 1·2차 세계대전을 도발했던 역사적 사실 또한 특정인종인 아리안(Aryan)족의 사회문화적 전통에 뿌리를 둔 제국주의 현상과 밀접하게 연관되었음을 더욱 선명히 이해할 수 있다.

이렇게 제국주의는 앞서 지적했듯이 정치·경제적, 그리고 군사적 측면뿐만 아니라 언어, 종교, 스포츠 등 다양한 문화적 요소에 의해 유지 팽창되었다. 따라서 다음 소절(小節)부터는 제국주의의 한 전형적 모델이라고 할 수 있는 영국의 제국주의와 스포츠의 관계를 하나의 사례연구(case study)로 분석하고자 한다.

2) 영국 제국주의와 스포츠: 식민강화를 위한 스포츠의 이용

앞서 지적했던 바와 같이 제국주의의 표본이라 할 수 있는 영국 제국주의의 이론적 토대는 바로 다윈의 진화론에 기초한 스펜서의 사회진화론이 가장 큰 설득력을 갖는다. 모든 자연생물이 적자생존의 원칙에 따라 개종된다는 진화론이 영국의 교육과 스포츠 영역에 있어서도 적용되었다.[31] 영국의 공교육

31) D. W. Brownn, "Social Darwinism, Private Schooling and Sport in Victorian and Edwardian Canada," The Canadian Journal of History of Sport, VI(1918) p. 27; J.A. Mangan, "Social Darwinism, Sport and English Upper Class Education," Stadion, VI(1982), pp. 93-94; J.A. Mangan & James Walvin, ed., Manliness and Morality(Manchester: Manchester University Press, 1987) p. 139; J.A. Mangan, ed., "Pleasure, Profit, Proselytism: British Culture and Sport at Home and Abroad 1700-1914(London: Frank Cass, 1988), p. 216. 참고.

기관에서는 표면적으로 나타나지는 않았으나 육체적으로 강건하고(mascular) 도덕적으로 진솔(眞率 sincerity)하고 고상(高尙 gentility)한 인격을 갖춘 '기독교 신사도'(christian gentlemanship)를 육성하기 위해 스포츠의 에슬레티시즘(athleticism-신체적 힘, 기량, 통합적 요인들이 복합된 운동경기)과 결합하여 '남성다운 기독교'(manly christianity) 또는 '강건한 기독교'(mascular christianity)를 배양, 진작하고자 했다. 강인한 남성다움의 기독교정신을 함양시키기 위해서는 스포츠의 에슬레티시즘이 절대적으로 필요했으며 이러한 스포츠의 필요성은 다시 사회진화론에 용해되어 상호 화학적 상승효과의 융합현상이 되었다. 이는 원칙적으로 다윈의 진화론과 기독교의 창조론(creationism)이 양립할 수 없는 패러독스(paradox) 현상으로 외관상으로는 기독교의 창조론직인 신념이 지배직이었으나 내면적 실재사회에서는 진화론이 애슬레티시즘과 연계된 기독교적 신사주의와 불안정한 융합을 이루어 국가의 공교육체계는 바로 "제국적 의무의 엄수를 위한 준비로써 신체적·정신적 힘의 발달을 유도한 것"이었다.[32)]

사회진화론에 입각한 제국주의는 루즈(Michael Ruse)의 지적처럼 진화론의 두 가지 결정적 요소로서 "보다 나은 문화"(the better culture)를 추구하려는 목적론적 측면과 "존재를 위한 혈투"(a bloody struggle for existence)의 양측면에서 행해진다고 말할 수 있다.[33)] 그럼으로 "인생은 투쟁으로 힘은 분투에서 나오고 성공은 강자의 특권이다."(Life

32) D. W. Brown, "Social Darwinism", p. 30.

33) Michael Ruse, "Social Darwinism: the Two Sources," Albion, 12, 1(Spring, 1980), p. 32.

is conflict, strength comes through struggle and sucess is the prerogative of the strong)라고 하는 홉스(Thomas Hobbes)의 만인투쟁론(萬人鬪爭論)적 상황이 공교육체계에 스며들어 영국제국주의의 단면을 내다볼 수 있다.[34]

이처럼 제국주의 이데올로기를 바탕으로 행해진 교육에서 스포츠는 매우 필요한 교육수단이 되어 식민지에 대한 확고한 의무감, 도덕적 기준, 야망 등과 같은 소양교양을 스포츠를 통해 달성하려고 하였으며 현지에서는 스포츠를 문화적 결속을 위한 하나의 동화매체로 이용했다. 맨간(J.A. Mangan)은 영국제국주의 스포츠가 제국주의 · 군국주의 · 애슬레티시즘의 삼위일체가 되어 지배적인 남성 엘리트의 존속을 유지 · 확대하는 수단으로 선호되었다고 지적했으며 브라이언 스토다트(Brian Stoddart)는 영어를 구사하는 중남미의 카리브연안 식민 지역민들이 영국 제국주의의 상징적 스포츠인 크리켓경기를 정치사회적 변화에 따른 저항수단으로 역이용하기도 했다고 밝혔다.[35] 맨간은 더 나아가 스포츠와 제국 그리고 사회의 문화적 결속에 대해 제국주의 스포츠를 '정치적 상징(political symbol)과 문화적 결속(cultural bond), 그리고 도덕적 은유(moral metaphor)'라고 주장한 바와 같이 영국 제국주의자들은 비정치적 스포츠를 정치적으로 십분 잘 이용했던 것이다.[36] 크리켓 · 축구 · 럭비 · 테니스 · 골프 등 영국의

34) Mangan and Walvin(1987), pp. 142-143; Thomas Hobbes, Leviathan(1962), pp. 129-270.

35) J.A. Mangan, Cultural Bond: Sport, Empire, Society(London: Frank Cass, 1992), p. 6; Brian Stoddart, Cricket and Colonialism in the English-Speaking Caribean to 1914," in J.A. Mangan(1988), p. 326.

36) J.A. Mangan(1992), p. 5.

제국주의 스포츠는 본국에서와 마찬가지로 아프리카·아시아·중남미 등지의 식민지에서도 똑같은 교육방법으로 용기·극기·정의·진실·공경심·상급자에 대한 존경심·예절·페어플레이 등과 같은 제국의 통치미덕을 강조하면서 스포츠경기의 참여를 적극 독려하고 강요했다. 특히 크리켓이나 축구의 단체경기가 더더욱 그 필요성을 강조했다.

그러나 캐나다·호주·뉴질랜드·남아프리카와 같은 백인자치령에서는 일반 식민지와는 다르게 제국주의 스포츠정책이 실행되었다. 왜냐면 대개 영국 이주민들에 의해 자연스럽게 확산된 제국주의 자치형태로 백인의무설이 성립되지 않았고 캐나다에는 앵글로색슨족뿐만 아니라 켈트족이나, 프랑스인(Canuk)이 그리고 남아프리카에는 원주민은 물론 네덜란드인들(Boars)이 함께 혼재하면서 문화적 갈등이 상존했기 때문이다. 그리므로 본국정부는 더욱 세심한 주의를 갖고 스포츠를 통한 자치령과 모국간의 쌍무적 접촉으로 대영제국(The Great British Empire)의 단단한 결속을 강화하고 갈등을 조정하고 화해하려 했으며 각 총독들은 현지사회와 학교에서 영국 제국스포츠를 보급하면서 확산시켜 나갔다.

그 결과 19세기말부터 20세기 초까지 영국의 제국주의스포츠는 전 세계에 확산되어 명실상부(名實相符)한 세계화를 이루었다. 세계적 패권을 확보한 '팍스 브리타니카'(Pax Britanica) 신제국주의 체제는 1차 세계대전 종전 후 새로운 민족주의의 대두와 함께 1920년대부터 제국들이 점점 영국의 통제로부터 벗어나 각각의 정체성을 찾기 시작함으로 스포츠를 통한 제국간의 새로운 동질성과 유대감을 확보·강화하려는 노력이 필요해졌다. 그 결과 1930년 8월 16일 처음으로 캐나다 해밀턴에서 제1

회 영국 제국경기(The British Empire Games)대회가 개최되었고 1954년에는 '영국제국 및 연방 경기대회(The British Empire and Commonwealth Games)'로 명칭이 바뀌었으며 경기규모도 확대되었다. 1970년에는 다시 제국간의 정치적 독자성 등 시대적 변화의 양상에 따라 '영연방경기대회(The British Commonwealth Games)로 명칭이 바뀌었으나 40여 국가가 참여하며 국제경기로 발전하면서 연방의 결속을 다지는 정치적 행사로 이어졌다. 곧 영국 제국주의스포츠는 연방 내 제국의 스포츠뿐만 아니라 연방 밖의 비제국의 국가들에게도 영국 스포츠가 각각 자국의 필요성에 따라 자발적으로 수용되거나 상인·사업가들에 의해 비공식적으로 전파되면서 전 세계적으로 크게 확산되었다.

그러나 앞서 지적했듯이 식민지 지배를 위한 제국주의자들의 스포츠 이용은 식민지 국민에게 '식민지 문화'에 제국의 스포츠 문화를 통한 '정복자 문화'와 함께 제국주의를 강화해 가지만 시간이 흐를수록 식민국가의 국민들은 제국주의 스포츠를 익히고 경기력을 강화하면서 정복국가에게 승리함으로써 반항과 독립을 나타내기도 했다. 스포츠가 오히려 반제국주의 선봉(vanguard) 역할로 오히려 민족적 정체성(national identity)을 드높이는 경우가 많다. 특히 앞 장에서 살펴본 아프리카 식민국들이 제국주의 스포츠의 꽃이랄 수 있는 축구를 통한 반 식민지항거와 독립운동을 벌였던 사례들이 모두 그러하다. 37)

한편으로 앞서 지적한 제국주의 스포츠와 관련한 '문화적 제국주의'가 식민국가 또는 탈(脫)식민개발도상국가에 대한

37) Paul Darby, Africa, Football, and FIFA: Politics, Colonialism, Resistance(London: Frank Cass Publisher, 2002), pp. 8-42, 참고.

'문화적 식민주의'를 확장시킨다는 논리에 대한 반박도 존재해 왔다. 제국주의 스포츠가 단순한 강요에 의한 것이 아니라 그러한 스포츠 활동이 유행하는 문화적 전통이나 가치와 일치하기 때문에 환영을 받는다는 것이다. 또한 비록 문화적 전통에 맞지는 않더라도 국제적 위상이나 국제적 협력이라는 보다 적극적 차원에서 각각 자국의 문화적 전통에 맞는 형식이나 내용으로 적응시켜 왔던 것도 사실이다. 이러한 의미에서 문화적 제국주의보다 국제협력이라는 차원에서 스포츠의 세계화가 이루어져 왔다고 말할 수 있다.[38] 특히 오늘날 다면적인 세계화 시대에 스포츠의 세계화는 표준화된 '글로벌 스포츠'(global sport)를 낳아 국가 간의 선수이동이 늘어나고 국경을 초월하여 국력을 나타내는 지표가 되었다. 그 결과 각국의 스포츠에 대한 관심이 더욱 높아지고 새로운 세계질서를 형성해가는 데 큰 영향을 미치게 되었다. 스포츠가 바로 정치 경제적, 사회문화적 변화의 힘이 서로 교차하는 십자로 위에 자리매김하게 되었기 때문이다.

4. 공산주의와 스포츠

1) 공산권국가의 스포츠정책

스포츠가 '자본주의의 아편'으로 매도됐던 공산주의 국가에서도 국가건설과 사회통합 및 조정, 사회발전, 국방, 국민건강

38) Howard Nixon and James Frey, "Sport and Politics," in Nixon and Frey, ed., Sociology of Sport(Wadsworth Publishing, 1996); 안민석, 정홍익, 임현진 편저, 새로운 스포츠 사회학(서울: 백산서당, 2002), pp. 183-186.

및 위생, 외교승인, 정치이념의 전파, 국가위상 제고 등 여러 가지 국가이익 차원에서 자본주의 국가와 마찬가지로 이데올로기를 초월한 보편적 스포츠 정책을 수립하고 실행하였다. 그러나 공산주의 국가의 스포츠정책은 모두 국가가 직접 그리고 전적으로 엘리트 스포츠에 중점을 두고 자본주의와의 체제경쟁을 우선시하여 특히 올림픽경기에서 승리를 독점하기 위해 국가가 직접 개입하여 선수를 양성하고 대우했다. 동시에 동독이나 체코 등 몇몇 동유럽 국가를 제외한 아시아 · 아프리카 · 중남미국가들의 높은 문맹률과 열악한 농촌 환경 등으로 사회변혁의 열기가 마침내 공산화 혁명으로 발전하는 과정에서 스포츠는 마침내 사회변화의 에이젠트(agent)로 전위적 역할을 했다.

혁명이후에도 마르크스의 정치철학에 따라 인간의 육체적인 강건한 상태가 정신적 건강과 함께 상호의존적으로 유지되어야한다고 강조되었다. 따라서 사회주의 국가들은 육체문화가 정신문화와 함께 개인은 물론 사회발전을 위해 매우 중요한 역할을 한다고 보았다. 이러한 스포츠를 통한 신체적 건강의 중요성은 아래와 같이 20세기 초 러시아 혁명당시(1917)의 중국공산당 창건자 모택동(毛澤東)의 발언에서도 찾아볼 수 있다.

> "육체적 문화는 덕성과 지혜를 보완해준다. 우선순위로 보면 지혜를 담는 그릇은 육체이며 그 지혜는 덕성을 앉히는 의자라고 할 수 있다. 따라서 먼저 어린 청소년의 육체적 건강이 우선해야하며 나중에 도덕과 지혜가 배양되어야 한다."[39)]

---

39) Mao Zedong, Une etude de l'education physique (Paris, UNESCO : Bureau international d'ducation), vol. XXIV, n° 1-2, 1994), pp.

이는 곧 공산주의 국가에서의 스포츠 또는 신체적 문화란 국가발전을 위해 주요한 정치적, 사회적 의미를 지니고 있음을 말해준다. 더 더욱 스포츠의 위치란 이들 공산주의 사회의 한 중심에 자리 메김 되고 국가에 의해 직접 운영되고 통제되어 왔다. 앞서 지적했듯이 공산주의 국가들은 스포츠를 국가건설과 현대화, 사회통합, 국민건강 및 위생, 노동생산성 증대, 국방, 이데올로기 선전, 국위선양 등 실용주의적인 다목적을 수행하는 데 사용해 왔었다.

1989년 동유럽 국가들의 시민혁명으로 인한 구 소련식(式)의 공산주의체제 붕괴에 따른 급속한 변화와 공산권내의 선·후진 국가발전의 차이, 그리고 구(舊)유고슬라비아와 알바니 등지에서 나타난 지배체제(국가사회주의 vs 전체독재주의)의 차이점에도 불구하고 거의 유사하게 공통적으로 이들 모든 공산권국가들은 위에서 열기한 국가목적을 위해 국가주도의 스포츠 정책을 입안하고 수행함으로서 일반대중의 스포츠에 대한 인식을 사회화 및 교조화/교화(社會化, 敎條化/敎化 socialization or indoctrination)하고 스포츠 그 자체에 대한 영향이 매우 강하게 나타났다.

2) 공산권국가의 스포츠 기능

(1) 국민통합의 기능

우선 먼저 신생국가의 건설초기에는 정치적 안정과 경제사회적 발전을 위해 수많은 난제들을 해결해 나가야 한다. 특히

97-110. 1917년 중국어로 처음 발행; Jim Riordan and Arnd Kruger (1999), p. 49.

여러 소수민족으로 구성된 독립국가에서 있어서의 국민통합의 문제는 먼저 국가에 대한 충성심을 불러일으키고 인종과 성별, 연령, 종교, 지리적 위치를 초월하는 전체 국민들의 의식운동이 필요하다. 공산혁명 당시의 소련이나 중국, 북한, 쿠바, 그리고 여타 아프리카, 아시아 신생국가들이 풀어가야 할 국가적 최우선 과제였다. 이러한 공산권 국가들의 국민통합 과제를 해결해주는 데 스포츠의 역할은 대단했다. 결국 스포츠는 교육, 국민건강, 문화, 그리고 정치와 연관되고 국민들을 변화시킬 수 있는 동원력을 갖추고 있으므로 국가건설과 국가통합을 이루어 가는 데 그 어떤 사회적 활동보다 중추적 역할을 했다.

다시 말해 스포츠는 서로 이질적인 국민들의 교육적 배경이나 종족의 차이, 그리고 서로 다른 종교적, 언어적 장벽을 뛰어넘어 서로 함께 이해하고 즐길 수 있는 모든 국민들의 공통적 언어이자 축제이기 때문이다. 스포츠를 통해 국민들은 서로의 감정을 이성적이고 안정적으로 표출하고 큰 비용을 치르지 않고 용이하게 국가의 교육적 목적과 건강과 위생, 그리고 사회복지 차원의 여러 목적에 적응될 수 있었다.

공산권국가 중 다수는 다민족 국가로 구성되어 있기 때문에 더 더욱 국민통합의 필요성이 절실했다. 예를 들면 구 소련은 100여종 이상의 소수민족으로 구성되었으며 15개 공화국으로 나뉘어져 있고 87개의 서로 다른 언어와 64개의 언어로 된 신문들이 발행되고 있었다. 또한 중국은 다수의 한족(漢族 전체인구의 92% 차지)을 제외하고는 55종의 소수민족으로 구성되었으며 22개 성省(중국은 대만을 23번째 성으로 간주)과 5개 자치구(自治區), 4개 직할시(直轄市), 2개 특별자치구(特別

自治區)를 갖고 있으며 중국 소수민족들은 약 60여종의 언어를 사용하고 있는데 어떤 민족은 거주지가 다름에 따라 두 가지 혹은 그 이상의 언어를 함께 사용하고 있는 실정이다. 이 60여종의 언어는 5개 어계, 10개 어족, 16개 어지로 나누어져 있다. 또한 중국 소수민족 중에 역사적으로 갖가지 종교를 믿는 사람이 많으며 특히 영향력이 큰 이슬람교와 불교 외에 기독교와 도교 · 샤만교 · 천주교 · 기독교 등이 있다. 이슬람교는 회 · 이글 · 카라르 등 10개 민족이 신봉하고 있으며 불교 특히 라마교는 티베트족 · 몽고족 등의 민족이 많이 믿고 있는데 그 신자가 수백만 명에 달한다. 기독교 신자는 450만 명, 천주교 신자는 350만 명에 이른다.

이렇게 복잡하고 다양한 두 거인의 공산국가는 일찍이 자기들의 전통적인 대중의 토착경기종목 위에 서유럽의 현대스포츠를 도입하여 국가건설과 국민통합을 성취하는 데 매우 적절히 이용하였다. 소련의 경우 페테르부르크와 모스크바 등 소련의 메트로폴리스 중심지역으로부터 변경의 중앙아시아지역에 이르기까지 서로 다른 여러 소수민족을 하나의 '소련시민'(Soviet Citizen)으로 동화시켜 애국심을 고양하고 국가건설을 성취해 나갔다. 일찍이 소련은 혁명초기의 내전(1917-21) 중인 1920년 10월에도 중앙아시아의 고대 이슬람 센터가 있는 우즈베크스탄 공화국 수도 타시켄트에서 '제1회 중앙아시아경기'를 개최하여 역사상 최초로 이 지역에 속해 있는 우즈베크, 카자크, 투르크메니아, 타지크, 키르기즈 공화국 등 이슬람교도들과 유럽지역의 다른 러시아, 우크라이나 공화국 등 유럽인들이 함께 스포츠 경기로 서로 경쟁하며 기량을 겨루었다. 소련 스포츠학자 로디오노프(Rodionov, V. V.)의 지적처럼 스포츠의 통합기능은 대단하다. "스포츠의 이러한 통합기능은 다민족 국가인 우리에게 매우 중요하다. 스포츠경쟁이나 페스티벌, 다민족경기대회(4년에 한 번씩 올림픽 전년에 개최하여 올림픽 선수선발을 겸함)와 또 다른 다양한 스포츠대회는 소련국민들의 단합과 우정을 다지는 데 중요한 역할을 한다."40)

중국도 마찬가지로 1985년에 처음으로 9-10월에 다민족경기를 베이징에서 개최하여 크리스 한(Christ Hann)의 표현처럼 대단한 국민통합의 성과를 거둔바 있다. "이 경기는 여러 민족으로 구성된 국가(중국)의 국민통합을 위한 노력의 일환으로 개최되어 서로 다른 이질감을 내포하고 있음에도 불구하고 사회주의국가의 기틀을 통합하고 국가정책의 정통성을 마련하는 데 기여했던 점으로 비추어 특별한 의미의 통합이었다."41)

사실상 이러한 스포츠의 국민통합 기능은 1920년대의 소련에서 그리고 1970년대 중국에서 보았듯이 스포츠의 경쟁요소가 더 가미될 때 그 기능이 확연하게 나타난다. 결론적으로 스포츠는 내외적으로 국민들의 단체의식과 단결심(group consciousness and solidarity)을 고취시키고 국가지도체제가 이끄는 국가목적을 고양시키는 기능을 한다.

---

40) Rodionov, V. V., "Sport i integratsiya", Teoriya i praktika fizicheskoi kultury, 9: 7.; J. Riordan and A. Kruger(1999), p. 51.

41) Hann, C., "The Withering of Muscular Socialism: Physical Culture, Nutrition and Personal Responsibility in Contemporary China" (Unpublished Paper, May 1987); J. Riordan and A. Kruger (1999), p. 51.

(2) 국방을 위한 군사적 기능

공산권에서의 또 다른 중요한 스포츠 기능 중 하나는 군사 목적에 의한 국방과의 관련기능이다. 대부분의 공산권국가들은 전쟁의 와중(渦中)에서 탄생되었고 이후에도 지속적인 전쟁과 테러 그리고 내란의 위협에 직면해 왔다. 사실상 소련이나 중국, 쿠바, 베트남, 북한, 동독, 유고 등 다수의 공산권 국가들은 1-2차 대전을 전후해 건국되었고 동서냉전의 시기에는 자국의 입장에서 항상 끊임없는 외부의 도전에 응전할 준비를 해야만 했다. 그러므로 스포츠는 필수적인 국방의 한 첨병역할로 항상 군사훈련을 위해 존재해 왔다고 해도 지나치지 않는다. 특히 중앙정부의 스포츠정책에 대한 통제를 통해 '스포츠의 군사화'(militarization of sport) 현상이 뚜렷했다. 소련과 중국은 공산화의 혁명이전에도 지정학적 위치와 외세침략의 역사성으로 항상 스포츠 정책입안과 수행에 있어서 군부가 개입해 왔었던 것도 사실이다. 주지(周知)하다시피 소련은 주변12개 국가들과 인접해있으며 중국은 14개 주변국과 국경을 대치하고 있다. 또한 지난 양차대전에서 양국은 각각 약 2700만 명과 1300만 명의 인명피해를 내 인류역사상 최대의 전쟁피해 당사국들이 된 바 있다.

따라서 소련과 중국은 물론 쿠바, 동독, 북한, 베트남 등 공산권 국가에서 스포츠운동이 처음에는 군인들에게 하나의 의무로 시작되었고 최근에는 국방의 필요에 따른 도구로 이용되고 군사 또는 준(準)군사기관에 의해 운영되어왔다. 공산권국가들은 모두 소련식 국가체력훈련프로그램인 'GTO 시스템'을 군사훈련의 기본모델로 채택했다. GTO 시스템은 영국의 보이 스카우트와 걸 스카우트를 창설한 바덴 파월(Baden Powell, 1857

-1941)장군이 훌륭한 사격수와 튼튼한 체육인을 뜻하는 배지(badge)를 착용한 상징에서 유래한 것으로 "노동과 방위를 준비하라"(Be Prepared for Work and Defence)는 내용이었다. 중국의 경우에서 보듯 각 학교에서는 학생들에게 이러한 소련식 GTO 시스템에 입각한 군사훈련으로 10-20km 행군, 수류탄 투척, 순발력과 위장훈련, 총검술 등 군사훈련을 시켰다. 경제적으로 발전된 동독에서도 이와 같은 소련식 군사모델이 청소년들에게 적용되었다. 동독은 '노동과 국토방위'란 목표 아래 스포츠 배지를 등급화 시키고 군사적 훈련과 이데올로기적 정신교육을 동시에 얻어낼 수 있는 체육단련 프로그램을 실시하였다. 쿠바의 '승리를 위해 준비하라'(Listas Para Vencer-Ready to Win)는 신체능력시험제도도 마찬가지였다.

앞서 보았듯이 모든 공산권국가들은 물론 비동맹 국가들도 스포츠를 군사화 했다. 특히 군대와 비밀경찰 클럽을 통해서 이러한 현상이 두드러지게 나타났으며 예를 들면 우수 선수들을 클럽에 가입시켜 명목상의 군인신분을 유지하게 하거나 스포츠와 체육교육을 군부가 직접 관장해 왔었다. 소련에서 이러한 현상은 볼셰비키(Bolshevik)혁명 직후인 1918년부터 1922년 그리고 1940년부터 1946년 사이에 뚜렷이 나타났으며 1958년에는 모스크바에 '친선스포츠위원회'(Sport Committee of Friendly Armies)가 발족되기도 했다.

대부분의 공산권 국가들은 군대와 비밀경찰이 스포츠 기금과 시설을 제공하면서 스포츠를 장려하여 우수선수들을 길러내고 장비가 비싼 스포츠경기종목(아이스하키, 축구, 승마, 체조 역도 등)에 대해서는 특별히 관리했다. 그 결과 가능한 모든 사람들이 '육체적 단련'(physical fitness)과 '정신적 긴장'(spiritual alertness)으로 건강을 유지하며 군사적으로 유사시 대비할 수 있는 정신적 가치로서 애국심, 의지력, 노동력, 창의력을 갖도록 했다. 이는 또한 국내의 불평분자나 이탈자를 감시하고 예방하는 데 적절히 이용될 수 있었다. 나아가 스포츠의 군사조직은 가장 경제적인 방법과 가장 효과적인 방법으로 빈약한 부존자원(賦存資源)을 활용해나갈 수 있으며 잘 알려진 것처럼 문민정부의 시민조직보다 훨씬 효율적인 방향으로 성장과 발전을 이끌어 갈 수 있는 이점이 있었다.

(3) 건강증진과 위생의 기능

공산주의 국가들의 국가주도형 스포츠정책은 국민건강과 위생을 우선적으로 유지하고 증진시키는 데 있다. 다수의 공산주의 국가에서는 스포츠업무를 보건부의 보호아래 이루어진다. 앞서 지적했듯이 대부분의 공산권 국가들은 소련식의 스포츠 발전모델을 수용했다. 다른 유럽 국가들에 비해 상대적으로 국민건강과 위생상태가 몹시 열악했던 상황에서 소련당국의 스포츠 발전사례는 다른 공산권 국가들에게 매우 고무적인 것으로 여겨졌다. 소련은 1917년 10월 볼셰비키혁명 당시 반(半)봉건적 제도를 물려받아 국민의 80%가 농민이자 문맹자들이었으며 100여개의 다른 이민족들로 구성된 연방국으로 전쟁과 혁명으로 몹시 피폐되었으며 사회기강이 무너져 무질서가 난무한 상황이었다. 더욱이 혹독한 기후조건으로 많은 사람들이 전염병과 굶주림으로 건강을 잃어 갔으며 위생에 대한 초보적 인식도 부재한 상태였다. 소련지도부는 이러한 사태를 전환시키기 위해 과감한 경제사회적 변혁조치가 이루어져야함을 절실히 인식하고 있었으며 우선적으로 국민의 건강과 위생문제를 해결해야했으나 조기에는 시간이 충분하지 못하고 보건을 감당할 훈련된 인원이 충분하지 못했다. 국민건강과 위생을 향상시키고 전쟁과 혁명의 후유증으로부터 벗어나 산업발전과 문화증진을 꾀하고 또 다른 외세의 침략에 대비한 국방력강화가 무엇보다 중요했다.

이를 위해 무엇보다 국민들의 규칙적인 신체활동의 참여가 우선적으로 활발하게 이루어져야하고 이는 곧 가장 경제적인 방법이자 가장 효과적으로 국민 건강수준을 빠르게 향상시킬 수 있으며 국민위생이나 영양문제 그리고 신체운동에 대한 필요성을 동시에 교육시킬 수 있는 일석삼조(一石三鳥)의 효과를 얻어낼 수 있는 방법이었다. 이와 같은 방법을 실천하기 위해서 '신체문화'(physical culture)란 새로운 개념의 접근방식을 선택했다.[42] 혁명이전과 유럽의 통상적인 스포츠와 체육교육의 개념으로는 너무 협소하여 보다 폭넓은 정신적이고 육체적인 문화혁명 과업을 표출하고 이행하는 데 부족했다. '신체문화'는 건강, 체육교육, 경쟁스포츠, 시민방어, 예술적 표현 등 광범위 내용들을 포함했다. '신체문화'를 향유한다는 의미는 일생을 통한 하나의 통합의 과정으로 이해되었다. 이에 대해 1928년 소련의 의사이자 초대 보건부장관, 국가체육문화최고위원회 회장이었던 니콜라이 세마쉬코(Nikolai Semashko)는 다음과 같이 지적하고 있다.

"소련에서 이해하고 있는 '신체문화'란 단순한 기록갱신뿐만 아니라 국민의 신체적 건강을 의미한다. 이는 문화혁명의 일환이며 개인적이자 사회적인 건강이 신체문화의 주된 목적으로 이는 국민

42) J. Riordan and A Kruger(1999), p. 53.

들에게 자연의 힘 즉 태양, 공기, 물(프롤레타리아 Proletaria 무산계급의 의사)을 이용하도록 가르치는 것이다."[43]

환언하면 '신체문화'란 하나의 건강 캠페인 강령으로 국민들이 항상 세수하고 이(치아 齒牙)를 청결하게 하며 적당한 음식과 노동 그리고 휴식과 수면 등을 취할 것을 권장하여 1926년 세마쉬코의 '하루 24시간 신체문화'란 슬로건으로 8시간 노동, 8시간 레크리에이션, 8시간 수면을 적시했다.

당시 소련은 장티푸스가 유행했으며 콜레라, 나병, 결핵, 그리고 성병 등의 전염병이 만연하고 위생 상태는 매우 낮아 매독, 트라코마, 옴 그리고 다른 여러 피부병들이 속출했다. 이러한 시기에 '신체문화'는 이러한 전염병들을 방지하고 국민건강을 지키는 데 몹시 유효한 예방약이자 처방약이었다. 이러한 규칙적인 운동에 대한 치료요법으로서의 가치는 1920년대말 간헐적(間歇的)인 反결핵퇴치운동을 펼치는 계몽활동에도 잘 나타났다.

나아가 권력지도부의 입장에서는 이와 같은 '신체문화'의 보급은 당장 육체적 건강과 위생을 증진시킬 뿐만 아니라 반사회적 불평분자나 이탈자의 '반동분자'를 사전에 차단하는 이중효과를 가져올 수 있었다. 이에 따라 우크라이나공화국 공산당은 1926년 청소년들에게 스포츠와 규칙적인 운동을 시킨다면 건강한 육체와 정신을 함양시킬 수 있다는 판단을 내리고 '신체문화'가 젊은이들을 도시거리의 파괴적 영향으로부터 그리고 가정의 밀주음주나 매춘행위 등을 차단하고 새로운 인생의 출발을 선도하는 동력이 될 것이란 희망을 갖고 결의안을

43) 앞의 책.

발표했다. 한편 시골 농촌지역에서의 '신체문화'의 역할은 더욱 중요해 "지나친 음주와 거친 행동을 곧 잘하는 시골 청소년들에게 보다 이성적이며 친문화적 방향으로 계몽시켜 전체 농촌사회가 정부가 주도하는 모든 시책(施策-종교와 자연재해에 대한 반대 캠페인 포함)에 따르도록 하는 새로운 삶을 시작하게 하는 수레바퀴 역할을 해낼 수 있었다"고 했다.[44]

1980년대까지도 스포츠는 음주중독과 종교문제를 다루는 데 중요한 역할을 했으며 이후에도 '신체문화'가 곧 청결한 생활, 진보, 건강, 합리성을 의미하였고 정부당국의 입장에서도 사회정책을 수행해가는 데 가장 적합하고 효과적인 방법 중 하나로 여겼으며 암묵적으로는 이러한 신체문화의 프로그램에 사회통제의 방법이 내재되었음은 말할 필요가 없었다.

한편으로 소련의 산업화가 시작되던 1920년대 후반에는 체력훈련도 다른 모든 사안들처럼 '5개년계획' 달성을 위한 보조 역할을 해냈다. 전국의 모든 일터에서 치료요법적인 체조가 소개되어 산업생산성을 높이고 질병과 부상으로 인한 결근과 피곤함을 줄이며 곤충의 전염에 노출된 시골 농촌지역에서 온 새로운 고용노동자들의 위생습관을 고쳐시켜 주었다. 이러한 소련식의 건강과 위생관리를 위주로 한 스포츠정책은 마침내 다른 여타 공산권국가들로 확산되어 갔다.

(4) 사회정책 기능

앞서 지적했듯이 공산권에서는 스포츠가 건강과 위생문제를 해결해 주는 해결사 노릇뿐만 아니라 제반 사회문제 특히 청소년의 범죄와 알콜 중독, 매춘과 종교편향문제(특히 이슬람

44) 앞의 책.

권지역은 종교행위가 생활전반에 큰 영향을 미쳐 여성노예화 같은 현상도 나타남) 등을 예방하고 해결하는 기능을 갖추었다. 이와 같은 스포츠의 사회적 기능면에서 특히 여성해방을 위한 스포츠의 역할은 매우 컸다. 물론 일찍이 동유럽공산권 국가들은 일반적으로 선진화한 서유럽자본주의 국가들이 평소 등한시 해온 여성의 스포츠 참여문제에 관심을 갖고 지켜온 탓으로 스포츠 참여를 통한 여성들의 사회적 해방과 여성선수들의 세계신기록 수립이라는 이중적 효과로 2차 대전 후 신생 공산국가로서의 국가승인과 국제적 위상을 제고하는 데 큰 역할을 해냈던 것이다. 이러한 현상에 대해 동독출신 스포츠행정관리였던 오토 슈미트(Otto Schmidt)는 "다른 서유럽국가들은 남성 팀만을 적극 성장시켰지만 우리는 전체적으로 여성의 잠재력을 인식하고 이를 적극 장려했기 때문에 승리할 수 있었다."라고 술회하고 있다.[45]

공산권에서 여성스포츠는 여성해방이라는 장기적이자 고난의 길었지만 그 여정에 대단한 영향을 미쳤다. 공산주의 국가에서는 여성들의 사회참여가 법과 관습으로 큰 제약을 받았지만 이들 국가지도자들은 스포츠의 여성참여를 통해 국내적으로는 이러한 사회적 편견을 불식(拂拭)하고 여성해방을 가져올 수 있었으며 국제적으로는 국가승인과 국가위상제고, 그리고 남녀평등의 이데올로기를 선전하는 도구로 이용했다고 볼 수 있다. 이와 같은 여성의 사회적 편견과 여성해방을 위한 스포츠의 활용효과는 소련의 중앙아시아공화국들(우즈베크, 카자크, 투르크메니아, 타지크, 키르기즈 공화국 등), 알바니

45) Otto Schmidt, Sport in der Deutschen Democratischen Republik (Bonn, 1975), pp.12-13; J. Riordan and A Kruger(1999), p. 55.

아, 아프가니스탄 등지의 이슬람인구가 많은 국가에서 두드러지게 나타났다. 이에 대해 소련의 스포츠 행정관리였던 다브렛치나(R. Davletshina)는 "스포츠는 종교적 편견과 혁명의 반동적인 전통을 불식시키는 가장 효과적이고 가시적 방법이자 여성들의 정신적 억압에서 해방시켜주는 수단이 되어왔다"고 술회했다.[46] 그러므로 소련 우즈베크공화국의 유명 체조선수 넬리 킴(Nelli Kim)이나 엘비라 사아디(Elvira Saadi))의 할머니 세대들이 이들 선수들처럼 만약 몸에 꼭 끼는 원피스 차림으로 대중 앞에 나타난다면 아마도 돌팔매질을 당해 사망했을 것이란 상상은 조금도 지나친 생각이 될 수 없는 것이다.

이러한 동구공산권의 여성스포츠에 대한 우대정책은 서구국가들에게 큰 자극을 주었으며 특히 여성선수개발과 훈련방법들에 대해 높은 관심을 불러일으켰다. 그러나 때로는 정반대로 미국과 같은 서방세계의 여자복싱, 역도와 같은 여성스포츠가 거꾸로 1980년대 초 중국에 채택되거나 여자축구, 장거리육상 같은 거친 스포츠에 대한 공산권지도부의 편견을 불식하는 역작용도 있었다.

(5) 외교정책 기능

공산권국가의 스포츠는 중앙정부의 지휘통제를 받으며 하나의 정치기구로서 외교정책 결정과 수행과정에서 빼 놀 수 없는 불가분의 요소가 되었다. 국가승인과 국위선양은 물론 자본주의 세계와의 이데올로기 경쟁과 전파 기능 등은 특히 올

46) R. Davletshina, "Sport i zhenschchiny", Teoriya i praktika fizischeskoi kultury 3, p. 62; J. Riordan and A Kruger(1999), p. 55.

림픽 경기에서 두드러지게 나타났다.

먼저 신생국들은 국제사회에서 외교적 승인을 받고자 스포츠를 이용한다. 스포츠는 앞에서 보았듯이 국제사회에서 가장 빠르고 효과적으로 방법으로 세계의 주목을 받을 수 있게 한다. 특히 강대국들로부터 경제적, 군사적인 보이콧이나 국가 전복 기도 등 여러 제약과 영향을 받고 있는 경우의 약소국들 입장에서는 더욱 절실하게 스포츠의 국제적 기능이 요구된다. 소련의 강력한 영향권 안에 있는 발트 제국(라트비아, 에스토니아, 리투아니아, 핀란드 등)과 미국의 제약을 받은 쿠바와 니카라과 같은 국가들이 모두 그러하다. 쿠바의 카스트로는 "제국주의자들은 라틴 아메리카의 자존심을 상하게 하고 열등의식을 부추기며 반대로 자신들의 우수성을 표출시키려는 의도로 스포츠를 이용하고 있다."고 비난했다. 또한 2차 세계대전이후의 자본주의와 공산주의로 분단된 국가들 간의 치열한 스포츠 외교전도 마찬가지다. 동서독과 남북한, 남북베트남, 남북예멘, 그리고 중국과 대만 간의 경우가 모두 그러하다. 특히 동독의 국제적인 스포츠의 활용은 더욱 특기할 만하다.

무엇보다 공산권국가들 내부에서의 대외 스포츠외교활동의 행동통일은 특기할 만하다. 올림픽과 같은 국제경기의 참가여부에 대한 결정은 거의 모두 공산권의 대부격(代父格 fraternal)인 소련이 주도했다. 1984년 로스앤젤레스 올림픽 불참결정도 바로 소련 정치국(Soviet Politburo)이 내린 사례로서 각자 자국의 공산당이나 정부, 그리고 바르샤바조약(Warsaw Pact) 등과 같은 초국가기구에서 결정되는 사례와도 사뭇 다르게 나타났다. 물론 예외는 있었다. 때로 독자노선을 가던 중국과 유고슬라비아, 루마니아는 다른 동유럽 국가들과는 다르게 로스앤젤레스 올림픽에 참가하는가 하면 1988년 서울 올림픽에서는 소련과 동유럽권이 참가하는 대신 쿠바와 에티오피아가 북한과 연대하면서 불참하기도 했으며 알바니아는 1992년 바르셀로나 올림픽까지 모두 불참했다.

1919년 볼셰비키혁명부터 1947년까지 소련의 독점공산주의가 1948년 유고슬라비아의 비동맹선언과 1949년 중국의 공산화이후부터는 공산권내부의 스포츠정책에 대한 내외적 결정요인이 다변화 되었음에도 불구하고 가장 우선시됐던 스포츠외교정책은 올림픽과 같은 국제경기를 통해 자본주의 국가들을 제치고 스포츠 강국으로 부상하는 일이었다. 이는 곧 이데올로기 경쟁에서 공산주의의 우수성을 내외에 부각시키는 것이었다. 소련, 중국, 쿠바, 동독을 중심으로 한 공산권 국가들은 경제적으로 이미 앞서 간 자본주의 국가들과 경쟁하는 데 유리한 입장에서 가장 유일하게 이용할 수 있는 카드는 바로 스포츠였다. 이와 같은 스포츠의 주요기능에 대해 1949년 소련정부의 공식 월간지 'Kultura i zhizn'에 잘 나타나있다. "소련 선수들이 달성한 늘어나는 스포츠 승전보는 소비에트사회와 공산주의 스포츠제도의 승리를 뜻하며 이는 또한 쇠락(衰落)해가는 자본주의문화보다 사회주의문화가 훨씬 우수함을 보여준 확고한 증거다."라고 적고 있다.[47] 이와 비슷한 언급으로 쿠바의 피델 카스트로(Fidel Castro) 수상은 "언젠가 우리 야구선수들이 미국의 양키선수들을 제치고 승리할 날을 기다리며 이는 곧 우리 사회주의 스포츠가 자본주의 스포츠를 제압할 것이란 사실이다."라고 말했다.[48] 동시에 공산권국가

---

47) J. Riordan and A Kruger(1999), p. 57.
48) 앞의 책.

의 선수들은 언제나 그들의 정치 및 스포츠 지도자들로 부터 자신들의 국가정체성과 공산주의의 이념의 우수성에 대한 교육과 격려를 받으며 특별한 책임의식을 가지고 경기에 출전한 것으로 알려졌다.

그럼에도 불구하고 소련을 제외한 선발공산권국가들이 이러한 스포츠강국으로 부상하기까지는 상당한 시간이 소요되었다. 표 5-1에서 올림픽경기 순위를 보면 이를 잘 알 수 있다. 하계올림픽은 1968년부터, 동계올림픽은 1972년부터 스포츠의 상위4개국 중에 2개국이 공산국가가 되었다. 특히 1984년 LA올림픽에서는 다수 공산주의국가들의 보이콧에도 불구하고 상위4개국 중에 2개국이 공산주의 국가이다. 1992년 바르셀로나 올림픽에서 구舊소련의 국가연합(CIS)은 발트지역의 라트비아, 리투아니아, 에스토니아를 제외한 '통합팀'(Unified Team)을 구성하여 강적 미국을 제치고 1위 자리를 지켰다. 그리고 중국과 쿠바는 각각 4위와 5위를 차지했다.

표 5-1 올림픽 상위 6개국(1952-1992)

	하계올림픽		동계올림픽	
올림픽개최 년도/장소	국가별 대표팀	매달수 금 은 동	국가별 대표팀	매달수 금 은 동
1952	USSR	22 30 19	Norway	7 3 6
	USA	40 19 17	USA	4 6 1
Helsinki (하계)	Hungary	16 10 16	Finland	3 4 2
	Sweden	12 13 10	Austria	2 4 2
	W.Germany	0 7 17	W.Germany	3 2 2
Oslo(동계)	Finland	6 3 13	Sweden	0 0 4

	하계올림픽		동계올림픽	
올림픽개최 년도/장소	국가별 대표팀	매달수 금 은 동	국가별 대표팀	매달수 금 은 동
1956	USSR	37 29 3	USSR	7 3 6
	USA	32 25 17	Austria	4 3 4
Melbourne	Austria	13 8 14	Finland	3 3 1
	Hungary	9 10 7	Sweden	2 4 4
Cortina d'Ampezzo	Italy	8 8 9	USA	2 3 2
	Sweden	8 5 6	Swiss	3 2 1
1960	USSR	43 29 31	USSR	7 5 9
	USA	34 21 16	USA	3 4 3
Rome	Germany	12 19 11	Germany	4 3 1
	Italy	13 10 13	Sweden	3 2 2
Squaw Valley	Hungary	6 8 7	Finland	2 3 3
	Poland	4 6 11	Norway	3 3 0
1964	USSR	30 31 35	USSR	16 8 6
	USA	36 26 28	Norway	3 6 6
Tokyo	Germany	10 22 18	Austria	4 5 3
	Japan	16 5 8	Finland	3 4 3
Innsbruck	Italy	10 10 7	Germany	3 2 3
	Hungary	10 7 5	Sweden	3 3 1
1968	USA	45 28 34	Norway	6 6 2
	USSR	29 32 30	USSR	5 5 3
Mexico City	Hungary	10 10 12	Austria	3 4 4
	Japan	11 7 7	France	4 3 2
Grenoble	E.Germany	9 9 7	Netherland	3 3 3
	W.Germany	5 10 10	Sweden	3 2 3

	하계올림픽		동계올림픽	
올림픽개최 년도/장소	국가별 대표팀	매달수 금 은 동	국가별 대표팀	매달수 금 은 동
1972	USSR	50 27 22	USSR	8 5 3
	USA	33 31 30	E,Germany	3 4 7
Munich	E.Germany	20 23 23	Norway	2 5 5
	W.Germany	13 11 16	Netherland	4 3 2
Sapporo	Japan	13 8 8	USA	3 2 3
	Austria	8 7 2	W.Germany	3 1 1
1976	USSR	49 41 35	USSR	13 6 8
	E.Germany	40 25 25	E.Germany	7 5 7
Montreal	USA	34 35 25	USA	3 3 4
	W.Germany	10 12 17	W.Germany	2 5 3
Insbruck	Poland	7 6 13	Norway	3 3 1
	Romania	4 9 14	Finland	2 4 1
1980	USSR	80 69 46	E. Germany	9 7 7
	E.Germany	47 37 42	USSR	10 6 6
Moscow	Bulgaria	8 16 17	USA	6 4 2
	Cuba	8 7 5	Austria	3 2 2
Lake Placid	Italy	8 3 4	Sweden	3 0 1
	Hungary	7 10 15	Liechtenstein	2 2 0
1984	USA	83 61 30	E.Germany	9 9 6
Los Angeles	Romania	20 16 17	USSR	6 10 9
	W.Germany	17 19 23	USA	4 4 0
	China	15 8 9	Finland	4 3 6
Sarajevo	Italy	14 6 12	Sweden	4 2 2
	Canada	10 18 16	Norway	3 2 4

	하계올림픽		동계올림픽	
올림픽개최 년도/장소	국가별 대표팀	매달수 금 은 동	국가별 대표팀	매달수 금 은 동
1988	USSR	55 31 46	USSR	11 9 9
	E.Germany	37 35 30	E.Germany	9 10 6
Seoul	USA	36 31 27	Switzerland	5 5 5
	S. Korea	12 10 11	Finland	4 1 2
Calgary	W,Germany	11 14 15	Sweden	4 0 2
	Hungary	11 6 6	Austria	3 5 2
1992	Unified Team	45 38 29	Germany	10 10 6
	USA	37 34 37	Unified Team	9 6 8
Barcelona	Germany	33 11 28	Norway	9 6 5
	China	16 22 16	Austria	6 7 8
Albertville	Cuba	14 6 11	USA	5 4 2
	Spain	13 7 2	Italy	4 6 4

출처: J. Riordan, "The Impact of Communism on Sport", J. Riordan and A Kruger(1999), pp. 58-59.

소련은 동서냉전체제가 굳어진 1952년 하계올림픽과 1956년 동계올림픽에 처음 데뷔전을 치른 후부터 올림픽 최다 우승국이 되었다. 다만 1968년 동계올림픽에서는 노르웨이에게, 1976년과 1988년 하계올림픽에서는 동독의 추격을 받았을 뿐이다. 동독은 1980년과 1984년 동계올림픽에서 1위를 차지했다. 헝가리는 1952년 하계올림픽에서 3위를 차지하고 그 뒤 연속올림픽에서 5-6위를 차지했으며 폴란드도 1960년도에는 6위를 차지했으며 중국은 1984년과 1992년 하계올림픽에서 4위를 차지하고 1996년과 프랑스와 함께 4위를 기록했다.

1700만 인구밖에 되지 않은 동독의 스포츠가 기존의 스포츠강대국인 미국과 소련을 제치고 최대스포츠강국이 된 사례는 국제 스포츠 역사상 그 시사(示唆)하는 바가 몹시 크다. 1949년 10월12일 '독일민주공화국'으로 탄생한 동독이 건국초부터 최우선 국가적 과제는 국제사회로부터의 국가승인이었다. 동시에 동독의 정치지도자들은 소련의 공산주의 체제와 가치를 동독에 이식시키는 작업과 동시에 한편으로는 서방세계의 적대감과 국가전복음모, 경제봉쇄 등에 맞서 나가야하는 이중과제를 안고 있었다. 더구나 동서로 분단된 서독과 직접적으로 스포츠를 포함한 모든 영역에서 경쟁적인 대결을 벌여 나가야 할 처지였다.

따라서 동독에서의 스포츠의 정치적 기능은 아무리 강조해도 지나치지 않았다. 국가건설 후 20여년이상 스포츠외교를 통한 끈질긴 노력으로 마침내 1971년 유엔회원국이 되어 국제사회로부터 국가승인을 얻었으며 1972년에는 IOC로부터 뮌헨올림픽 참가허가를 받아냈다. 비록 IOC가 1965년 10월 동독올림픽위원회를 승인하고 1968년에는 멕시코올림픽에서 서독과 별개로 동독의 올림픽참가를 허용했지만 1972년 뮌헨올림픽에서 처음으로 국기와 국가를 연주할 수 있게 되었다.

이로부터 스포츠외교는 더욱 빛을 내어 동독과의 외교 수교국들이 늘어났으며 서독과의 스포츠경쟁은 점점 큰 폭으로 동독에게 유리하게 전개되었다. 동·서독의 올림픽 경쟁은 주지하는 바와 같이 1950년대는 서독의 압도적인 우세를 차지했으나 1960년대는 점차 그 차가 줄어들었고 1968년 대회와 1972년 대회부터 앞서기 시작해 1980년대부터는 동독이 압도적으로 역전승했다. 1990년 10월 3일 독일통일 후 단일팀으로 1992년 바르셀로나 올림픽에서 전체 3위를 기록했다.

동독의 우수한 엘리트 선수들의 배출성공은 1980년대의 경우 국민 425,000명당 1명꼴로 올림픽과 다른 국제 스포츠무대에서 금메달을 획득함으로서 미국과 소련이 650만 명에 1명의 금메달 숫자에 비해 몹시 월등했다. 다시 말해 이는 동독선수들의 금메달리스트의 기량(技倆)이 미국이나 소련에 비해 16배의 차로 우세했다는 결론이다. 49)

이와 같은 현상은 서독의 한 스포츠 학자의 책 속에서도 잘 나타나 있다. 슈미트(O. Schmit)는 "냉전시대 동독의 대외관계 장벽은 거의 스포츠에 의해서 해소될 수 있었으며 자본주의 세계권과 관계를 가질 수 있었다. 동독의 스포츠 수준이 국제수준에 올라선 이상 국제스포츠 단체들도 이를 무시할 수 없었기 때문이다."라고 지적했다.50)

공산권국가들이 앞서 지적한 바와 같이 스포츠를 통해 국제사회에서 정치적 소외를 극복하여 국가승인을 끌어내고 국내적으로는 공산정권에 대한 국민들의 신임을 얻을 수 있었다. 따라서 정부의 스포츠에 대한 지원과 통제는 자연적 귀결이었다. 동독은 물론 중국과 쿠바의 경우도 마찬가지로 1960년대부터 그리고 1984에 이르러 점차적으로 국제스포츠 무대에서 두각을 나타내기 시작했으며 국제적 위상과 인정을 받고자 노력했다. 헝가리, 폴란드, 루마니아, 불가리아 등 다른 동유럽 공산국가들도 엘리트선수의 제도운영(선수선발, 조직, 훈련)에 성공하여 전체 메달권의 상위에 들어갔다. 앞의 표 5-1에서 본바와 같이 1980년 모스크바 올림픽에서는 서방세계의 보이

---

49) J. Riordan and A Kruger(1999), p. 61.

50) O. Schmit(Bonn, 1975), pp. 12-13; J. Riordan and A Kruger(1999), p. 61.

콧이 있었지만 불가리아, 쿠바, 헝가리가 소련과 동독에 이어 3위, 4위, 6위까지 차지했다.

이러한 공산권국가들의 엘리트스포츠를 이용한 개발도상국들과 인접 국가들에 대한 외교적 영향력은 일부 성공적이었으나 이들 국가들의 굳건한 단결력이나 우방관계는 의심의 여지를 보였다. 예를 들면 1980년 소련의 LA올림픽 보이콧 운동에 상당수의 개발도상국들이나 인접국들이 절대적인 호응을 보이지 않았으며 소련 주도의 아프가니스탄 전쟁도 마찬가지였다. 결국 공산권과 자본주의세계권과의 스포츠를 통한 경쟁에서 전자의 '엘리트스포츠외교'(Elite Sport Diplomacy)는 후자의 '상업스포츠외교'(Commercial Sport Diplomacy)사이에 아시아, 아프리카, 라틴아메리카의 신생독립국과 개발도상국들은 공산권의 '엘리트스포츠외교'보다 자본주의권의 '상업스포츠외교'에 더 매혹을 느꼈던 사실은 간과(看過)될 수 없다. 물론 마르크스-레닌의 공산주의이론을 숭앙해온 몇몇 공산국가들은 1980년대 후반과 1990년대를 관통하는 시점에 그 성채(城砦)가 무너져 내렸지만 아직도 국위선양과 이데올로기 헤게모니를 잡기 위해서 2008년 베이징올림픽을 주최했던 중국이나 舊소련을 대신한 러시아에서 보듯 스포츠와 우주개발(Space Program)을 효과적으로 이용하고 있다.

5. 파시즘과 스포츠

파시즘(Fascism)은 1919년 이탈리아의 B.무솔리니(Benito Mussolini)가 주장하고 조직한 국수주의와 전체주의, 독재권위주의와 반공주의가 융합된 정치사상으로 원래 이탈리아어인 파쇼(fascio)에서 나온 말로 묶음[束]이라는 뜻이며 결속 · 단결의 의미로 전용(轉用)되었다.

무솔리니의 파시스트들은 본질적으로 다윈의 진화론을 신봉하며 스포츠를 국민체력향상(National Fitness)과 파시스트의 활동과 사고를 주입시키는 교화의 두 기능을 수행하기 위한 수단으로 이용했다. 나아가 1922년 10월 무솔리니의 파쇼정부 탄생은 뒤이어 1934년 독일 히틀러의 나치정권 수립과 1936년 스페인 프랑코 정권이 탄생하기까지 영향을 미쳤으며 만능 운동선수였던 무솔리니는 국민통합과 국가근대화 그리고 다윈주의 옹호자로서 이탈리아 국민전체에 대한 체력향상을 위해 스포츠를 최대한 활용함으로서 나치정권과 프랑코정권의 스포츠정책에 역할모델(Role Model)이 되었다.[51]

제1차 세계대전 이후 이탈리아는 국민적 좌절감과 심리적 열등감이 팽배한데다 자유주의 정부의 무능과 재정파탄, 산업부진으로 통화가치가 하락하여 프티부르주아(중산계급 Petit Bourgeois)는 큰 타격을 받았으며, 농민계급은 오히려 전쟁 전보다 더욱 빈곤해졌다. 더욱이 노동자들의 노동쟁의가 빈번

51) 무소리니는 1883년 이탈리아 도비아에서 철공(鐵工)의 아들로 태어나 열렬한 사회주의 신봉자였던 아버지가 멕시코의 해방자 베니토 후아레스의 이름을 따 베니토 무솔리니로 지었다. 무솔리니의 정치행적에 대해서는, 양동주, 「20세기 대사건 100장면」(가람기획, 2006, 개정증보 2쇄), pp. 101-104 참조. 독일의 파시즘 연구가 E. 놀테는 파시즘을 유럽적인 현상이라고 이해하며 제1 · 2차 세계대전의 시기인 1919~39년이라는 기간의 특유한 현상이라고 지적하였다. 따라서 그에 따르면 유럽 이외의 현상인 일본의 군부(軍部) 파시즘이나 아르헨티나의 페론주의 그리고 네오파시즘운동이나 네오나치즘운동은 문제가 되지 않는다. 한편, 대중사회이론(大衆社會理論)이나 마르크스주의적 입장에서는 현대사회의 모든 반동적 독재정치운동을 파시즘이라고 정의한다. 그러나 일반적으로는 이탈리아의 파시즘, 독일의 나치즘, 일본의 파시즘을 지칭한다. http://www.naver.com(검색일: 2008. 4. 21).

해지고 공장을 점령하는 등 극단적 사태가 발생하였다. 이탈리아는 분명히 전승국의 일원이었음에도 불구하고 전리품의 배분에 있어서 푸대접을 받고 일부 확장된 영토에서도 이탈리아 대다수 국민들이 바라는 바의 결과는 아니었다. 이러한 국민적 좌절감은 이탈리아 통일 이후 근대민족주의와 연관하여 파시스트와 같은 강력한 권위주의 형태의 권력기반을 쉽게 조성시켰던 것이다. 게다가 자연자원이 부족한 이탈리가 북부에서는 도시화와 산업화가 눈부신 발전을 보이고 있었으나 대조적으로 남부에서는 후진농촌으로 방치되어 심각한 지역적 편차를 보이고 있었다. 또한 지주와 기업 소유자로 이루어진 지배계급은 권력을 장악하고 노동자 및 농민을 지배하고 있는 실정이었다.

이러한 국내의 정치사회적 여건의 반작용으로 무소리니는 1919년 국수주의저이고 권위주의적이자 반공적인 정치적 이데올로기로서의 파시즘이란 통치이념을 전파하기 시작했다. 무솔리니는 퇴역군인과 자본가, 지주, 학생 등을 업고 파쇼Fasio(결속)당을 조직하여 3년 만에 정권을 장악한 후 비밀경찰과 파시스트 군인들을 이용하여 정치적 반대를 차단하고 철저히 권력을 전횡했다.

무솔리니 자신이 개인적으로 운동을 좋아하여 국민단결과 국가근대화 그리고 다윈의 진화론적면에서 이탈리아 국민의 신체적 향상을 도모하고자 했다. 그는 이를 위해 청소년 스포츠운동을 전개했으며 이탈리아의 가장 유명한 신문, 'The Gazetta dello Sport'를 이용하여 파시스트를 홍보하고 스포츠를 전국으로 전파하는데 전력을 기울였다.

1922년 무솔리니가 정권을 잡자 제일먼저 노동조합의 영향력을 줄이기 위해 조합노동자들의 스포츠운동을 금지했다. 그러나 파시스트 정부는 스포츠를 국가근대화에 이용하기 위해 'Opera Nationale Dopolavoro'(OND)와 같은 새로운 단체를 창설하여 회사자체 스포츠와 일과 후 스포츠 활동을 장려했다. 무솔리니가 원하는 만큼의 스포츠 활동성과를 내지는 못했으나 전통적으로 이탈리아 노인들이 즐겨 하는 보치아(Boccia), 즉 지중해연안 국가들에서 유행했던 잔디에서 즐기는 볼링의 일종처럼 운동 참여율이 매우 높아 파시스트 정권의 국민스포츠 보급에 기여했다.

1925년에 무솔리니는 거의 모든 스포츠조직들을 장악해 파시스트 당원출신을 이탈리아 올림픽위원회 위원장으로 선출하여 그 장악력을 높였고 자신의 펜싱경기 파트너이자 파시스트당의 사무총장을 역임한 측근인사를 IOC 집행위원으로 위촉하고 거의 대부분의 스포츠단체장을 새로운 인물로 교체했다. 더욱이 현직에 남게 된 단체장들도 결국 파시스트 강령에 동조하고 그들의 정책을 신봉하여 새로운 국가주도 엘리트스포츠 시스템을 창안했다.

노동조합에 이어 국민대다수의 카톨릭계(YMCA포함)의 스포츠단체에도 금지령이 내려졌다. 그러나 부르주아지(유산계급) 스포츠클럽과 지방스포츠조직들은 이탈리아 올림픽위원회와 밀접한 관계를 맺게 해 파시스트당내의 하급당원들이 강제로 이를 인수받아 정부의 하부조직으로 만들었다. 당시 대중의 큰 지지를 받았던 파시스트 정권으로서는 큰 강제력 없이 무난하게 국내 스포츠의 파시스트화가 가능했던 것이다.

1923년 무솔리니 정권은 파시스트 이데올로기의 필수적 요체(要諦)의 하나로 청소년들의 건전한 신체와 건강한 정신함양을 위한 기본적 체육교육을 새로운 지표로 삼았다. 그 결과 체육교육을 기존의 교육부 산하에서 독립시켜 '국가체육부'(Ente Nazionale Educazione Fisica-ENEF)로 이양했다. 앞서 보았듯이 체육교육은 파시스트들에게 특별한 정신무장의 근간으로 여겨져 과거 스포츠에 별관심이 없는 교육부의 오랜 관리들 밑에 그대로 맡길 수 없었기 때문이다. 이러한 스포츠체육 교육이 전체교육에서 차지하는 역할이 커짐에 따라 이 시기를 '체육의 황금기'라고 불리기도 했다.[52)]

그러나 '국가체육부'도 수행능력을 인정받지 못하고 새로 신설된 'Opera Nazionale Balilla'(ONB)로 모든 권한이 이송되었다. ONB는 1926년에 창설되어 독일의 'Hitler Youth'와 유사하며 초·중·고 학생들의 학내외 체육교육과 스포츠에 관련한 모든 사항을 관장하게 되었다. 그러나 교사들은 이러한 외부단체가 체육을 관장함으로써 학생들과 학부형들이 입장이 매우 증대되어 불만스러웠다. 학생들과 학부모 단체들은 교사들이 새로운 파시스트 정부 정책에 불응할 때에는 늘 항의할 수 있음으로써 선생님들이 오히려 학생들의 감독 아래 놓이게 되었다.

ONB는 1929년 교육부의 강력한 지원을 받아 청소년들의 체육교육을 위해 막대한 재정적 지원을 아끼지 않았다. 어린이와 청소년들을 연령별 그룹으로 나누어 8세에서 14세 연령층과 14세에서 18세 연령층으로 나뉘고 이들에게 각기 유니폼을 입혀 군대식의 기병대조직으로 나누어 일찍이 군사훈련 목적에 역점을 두었다.[53)] 무솔리니는 최측근을 통해 ONB를

52) A. Teja, "Italian Sport and International Relations under Fascism", in J. Riordan abd P. Arnaud (eds), Sport and International Politics (London: E & FN Spon, 1998); J. Riordan and Kruger(1999), p. 78.

관리토록하면서 자신의 직접적 영향권에 들게 했다. 구정권의 정부구조와 파시스트 정당구조가 병합(倂合)하는 일은 파시스트정권 아래서는 다반사(茶飯事)로 생겨나 전체주의 시스템이 산하 각 기관들의 상호경쟁을 통해 성공리에 이루어 질 수 있었다. 그 결과 이탈리아에서 파시스트정권에 대한 거부는 매우 어려운 일이었다.

파시스트정권의 청소년체육교육 목적은 가급적 어릴 때부터 파시스트 사고와 행동으로 무장하는 것이었다. 이를 위해 ONB는 초등학교에서 대학까지 모든 교육제도를 관장하였다. 무솔리니 정권은 학교를 가지 않은 학생이나, 학교를 떠난 학생들 특히 노동계층을 위해 앞서의 OND를 창설하고 학생들을 위해서는 'Gruppi Universitari Fascisti(GUF) 그리고 학생이 아닌 청소년에게는 'Fasci Giovanili Combattimento (FGC)를 설립했다. 그러나 이러한 여러 단체의 중복으로 상호관계설정이 어려웠으나 1929년에 제정된 '스포츠헌장'(Carta dello Sport)에 명시된 질서유지와 상호경쟁으로 공존이 가능했다. 이는 곧 모든 스포츠는 파시스트당과 연계되어야 하고 당과 국가의 관여없이 어떤 스포츠도 존재할 수 없게 되어 파시스트당을 위해 스포츠는 이탈리아 사회내의 '문화적 동의'(cultural consent)를 배양하고 나아가 근대화 과정을 증진시키는 데 엄청난 도움을 준 일종의 사회 및 국가운동으로 해석되었다. 54)

---

53) Arnd Kruger, "Strength through Joy", in J. Riordan and A. Kruger(1999), p. 78.

54) 파시스트의 스포츠는 권력유지확대를 위해 사회내 '문화적 동의'를 배양하고 그 이후 新맑스주의자였던 Antonio Gramsci가 '헤게모니이론'에서 지적하고 있는 국가의 강압적 역할 뿐만 아니라 시민사회내의 '동의의 문화'(Culture of consent)도 배양하는 역할이 필요함을 지적한 점과 일치한다.(A. Gramsci, The Prison Notebooks, ed., Q. Hoare

파시스트의 또 다른 목표는 이탈리아가 새로운 정권아래에서 도덕적으로나 신체적으로 향상되고 있음을 보여주는 일이었다. 국제 주요 스포츠경기에서 크게 성공함으로써 새로운 파시스트 이탈리아가 세계강국의 일원이 되었음을 확인하는 일이 매우 중요했다. 축구, 사이클 등 스포츠에서 이탈리아 선수들의 기량이 크게 나타나면서 1936년 한 보고서에 의하면 년 간 4000만의 관중이 30,000회의 스포츠행사를 관람했다고 한다.[55] 또한 페레티(L. Ferretti) 같은 파시스트 스포츠지도자는 이러한 스포츠에 대한 높은 관중의식이 국민들을 영웅적인 군인과 영광된 시민으로 바꾸어 놓을 수 있는 추동력(推動力)이 될 수 있다고 보았다.[56] 그러나 결과는 이탈리아인들이 스포츠경기생활에 문화적으로 크게 익숙해 있지 않았기 때문에 이는 단순한 이론에 불과했다. 이들은 주로 수영, 당구, 보치아, 자전거, 장거리보행 등 주로 신체활동을 주로 할 뿐 전문적 엘리트스포츠 같은 것에는 별 관심이 없었다.

파시스트 정권은 이데올로기적으로 모순을 가지고 있었다. 우선 미래의 전쟁에 대비해 건강한 젊은 청년들을 육성하고 건강한 유아를 위한 여성들의 건강한 신체를 요구함과 동시에 다른 한편으로는 전문 엘리트스포츠 선수(반직업 선수 포함)들에게 국제경기에서 우승, 국가위상을 높여줄 것을 요구해야 하는 대칭적 요구가 상존했기 때문이다. 프로스포츠의 발전을 위해서는 많은 관중이 필요하기도 했다. 파시스트 정권 자체도 우승선수들에게 재정적 지원을 아끼지 않았으며 여러 가지

---

and ISmith. P. Nowell, 1971, 참고)

55) 앞의 책, p. 79.

56) L. Ferretti, Il Libro dello Sport(Rome: Littorio, 1928); Riordan and Kruger(1999), p. 79.

특혜를 주었고 우승자들은 마치 무솔리니의 특사자격 대우를 받았다. 그 결과 1932년 LA올림픽에서 '무솔리니의 소년들'(Mussolini's Boys)은 미국에 이어 2위를 차지했고 국가 제1의 스포츠인 축구의 기량에서는 1934년 이탈리아 월드컵과 1938년 프랑스 월드컵에서 각각 우승함으로 세계최강의 축구 패권국이 되었다. 이는 분명 무솔리니의 파시스트 정권의 열광적 노력의 결과로 단정할 수 있다.

파시스트 체제의 실제적이고 이데올로기적인 모순은 축구에서 잘 나타나 있다. 이러한 딜레마는 소수의 정예선수들의 경쟁과 다수의 신체적 건강, 국제선수권대회와 집단적 대중 참여, 프로와 아마추어스포츠, 스포츠와 레저 활동에서의 개별성과 전체국민의 건강한 삶을 챙겨야 할 국가의 책임 사이에 가로 놓인 것들이었다. 이러한 딜레마를 해결하기 위해 파시스트당 사무총장과 IOC집행위원을 역임한 무솔리니의 최측근이었던 아우구스트 투라티(Augusto Turati)가 1928년 로마제국시대에 유행했던 축구와 비슷한 전통게임 볼라타(volata)를 소개했다. 이 게임은 럭비와 닮아 축구와 핸드볼을 뒤섞어 놓은 것으로 로마의 전통이 부활되고 유비무한(有備無患)의 군사태세에 크게 기여할 수 있었다. 파시스트들에게는 이 축구게임이 영국이 아닌 순수한 이탈리아 자산으로 비춰졌다. 1930년 이 게임은 OND 게임으로 등재되고 무려 2000여 팀이 구성되었다. 그러나 1933년 투라티가 물러나 망명길에 오르자 곧 인기를 잃기 시작해 1936년에는 완전히 사라졌다.

파시스트 정권은 이렇게 파시스트가 필요로 하는 스포츠에 대해서는 새로운 규칙을 적용할 수도 있으나 대부분 새로운 규칙을 적용하기보다 기존의 규칙들을 파시스트 목적에 부합하도록 조화시키려 노력했다. 엘리트 파시스트를 강조했던 투라티의 뒤를 파시스트당(PNF) 사무총장(1932-39)과 이탈리아올림픽위원회(CONI) 위원장을 맡았던 아킬레 스트라체(Achille Strace)는 파시스트당과 스포츠를 군사화 했다. 그는 스포츠와 정치의 상징성을 최대화시키기 위해 온갖 유니폼과 상징적 의식을 이용했다. 스스로 승마, 달리기 등 스포츠맨이었던 스트라체는 무솔리니의 충복(忠僕)으로 파시스트당 간부들과 하부조직원들에게 모두 스포츠를 의무화시켰고 스포츠 전반에 걸친 국민들의 광범위한 참여를 권장하면서 민주화를 가져왔다. 그는 경제공황으로 신음하던 국민들에게 스포츠를 통해 활기를 되찾게 하고 당원들에게도 파티나 퍼레이드를 벌이게 했다. 아마 그는 1935년 '파시스트의 토요일'을 제정하여 더욱 명성을 날렸다. 토용일 오후 1시까지 일하고 그 이후부터 스포츠와 레저, 퍼레이드 등 즐겁고 자유로운 주말을 보내도록 했다. 물론 처음 시작할 때는 국민들에게 에티오피아와의 식민전쟁을 독려하려는 목적으로 출발했으나 나중에는 점점 스포츠 자체와 관중관람의 기본으로 자리 잡았다.

앞서 지적했듯이 무솔리니는 스포츠맨으로 스키, 승마, 펜싱, 오토바이, 비행, 쾌속정경주, 수영, 사격 등 활발한 스포츠 활동을 벌이며 스스로의 경쟁을 다지면서 국민들 앞에 슈퍼맨으로 등장했다. 그는 동시대에 유일하게 미국의 테오도르 루즈벨트 대통령(제26대)과 함께 영웅으로 간주되며 시시 때때로 스포츠관련 사진을 찍어 이를 대내외에 상징적으로 이용했다. 그는 옛 로마의 영광과 파시스트 국가의 신비화를 등에 업고 자신이 단지 이데올로기에 매몰된 지도자가 아니고 행동하는 지도자로서 같은 생각을 공유하는 국제스포츠운동에 활발히 참여했다.

이탈리아는 스포츠제도를 국가가 효과적으로 잘 보급했다. 이러한 이탈리아의 스포츠 국가화는 다른 유럽전역에 역할모델(role model)이 되었다. 비록 독일이 엘리트스포츠를 통한 메달 획득에 앞서 있었지만 이탈리아는 엘리트스포츠를 중심으로 하지 않고 파시스트 방법으로 스포츠 발전을 이룩하여 원래 스포츠의 기본이 약했던 이탈리아에 새로운 전기를 마련함으로 더욱 더 돋보였다. 이렇게 이탈리아와 독일은 19세기부터 상호 교차적으로 영향을 받았으며 특히 파시스트 집권시기에는 더욱 심화되었다. 동시에 이탈리아는 부르주아지 스포츠운동이 얼마나 쉽게 파시스트 형태의 스포츠를 수용하게 되었는지를 증명해주었다. 또한 이 스포츠운동이 국제스포츠에서도 마찬가지였을 뿐만 아니라 1942년 제정된 파시스트 스포츠법령에 의해 상위 스포츠가 재조직된 후 오늘날에도 이탈리아 스포츠 대부분과 이탈리아올림픽위원회(CONI)제도의 근간이 되고 있다.

결론적으로 파시스트정권 아래서 스포츠는 국가와 당의 직접적인 통제와 지도를 받았으며 1943년 이후에 스포츠를 본연의 스포츠맨들에게 되돌리려던 운동도 일어났으나 스포츠와 관련한 주요 정책결정은 아직도 스포츠 관료들에 의해서라기보다 대부분 파시스트당과 국가에 의해 결정되었다. 그 결과 스포츠는 국가와 정치권력의 목적을 수행하기 위한 도구로 변했으며 어느 의미에서는 본연의 스포츠운동에 아무런 변화가 없었고 일종의 역할모델로 받아들여졌을 뿐이다.

6. 나치즘과 스포츠

나치즘(Nazism)은 파시즘의 독일적 형태로서, 히틀러를 당수로 하는 극단적인 민족주의파인 나치스(Nazis, 민족 또는 국가사회주의 독일노동자당)의 사상이다. 나치즘은 독일민족주의(Germanism), 반사회주의와 반공산주의, 반자유주의와 권위주의 등을 기본으로 국민의 신체단련과 국민통합, 충성심 고취와 국제적 위상제고 등을 목적으로 스포츠를 파시스트 국가들 중에서 가장 폭넓게 활성화하고 효과적으로 이용했다.

나치의 정치사적 개요(概要)를 보면 히틀러가 이끈 나치당, 즉 국가사회주의 독일노동자당(Nationalsozialistische Deutsche Arbeiterpartei: NSDAP)은 일찍이 19세기 말엽 유럽에 일반적으로 공통된 반(反)유대주의 · 백인우월주의 · 국가주의 · 제국주의 및 반(反)사회주의와 반공산주의 · 반자유주의 · 권위주의사상을 기초로 출발하였다. 그의 중심이론인 독일민족지상주의와 인종차별론, 즉 게르만 민족(Aryan족)은 가장 우수한 종족이며 가장 열등하고 해악적인 유대인종은 격리되고 소멸되어야 한다고 주장하고 독일의 군사안보와 경제독립을 위한 생존권/생활권(Lebensraum)의 필요성도 강조했다. 따라서 나치즘은 집권이후 계속하여 대외 침략적 전체주의의 지배형태를 보였다.

1919년 1월 안톤 드렉슬러(Anton Drexler)에 의해 독일노동자당이 결성되고, 20년 2월 24일 대중 집회를 열어 25개조의 당 강령을 공포하였다. 21년 7월 임시 당대회에서 히틀러의 독재적 지위가 확립되었고, 당은 제1차 세계대전 후의 국내혼란을 틈타 남부독일의 바이에른에서 크게 확장되었다.

이는 바이에른의 군부와 보수왕당파 및 대자본가 등이 후원하였기 때문이었다. 이에 힘입은 히틀러는 23년 11월 8일 바이에른 보수왕당파와 군부의 지지를 얻어 정권을 얻기 위해 공화정부와 맞서 뮌헨의 한 맥주홀에서 반란(Beer Hall Putsch)을 일으켰으나 시기가 빨라 군부·경찰·관료 등의 지지를 얻지 못하고 실패로 끝났으며, 이로 인하여 나치당 자체도 한때 금지 당했다. 그러나 당은 25년 2월 재건되었으며, 그 후 히틀러는 히틀러 유겐트(Hitler · Jugend · HJ:나치청년단) · 나치학생동맹 · 나치돌격대(SA-Strumabteilung/Storm Troopers) 등 대중조직을 발전시켜 독일의 국민적 전통과 민족주의적 시대조류에 영합하는 대중운동을 전개하였고 당내 좌·우파 노선갈등에 대해서는 "좌우노선을 초월한 독일을 위한 노선뿐"('제3의 길' The Third Way와 다름)이라고 강조하고 이념적 모순을 잘 이끌었다.[57] 나치당은 세계경제대공황의 혼란기에 강대한 독일재건을 바라던 국민다수의 지지를 얻어 1932년 7월 총선에서 원내 제1당이 되었다.

히틀러는 33년 1월 30일 마침내 합법적인 총리로 임명되었고 34년 8월 힌덴부르크 대통령의 사망으로 대통령직을 겸임하여 전권을 쥔 총통(Fuhrer-Leader)이 되었다. 일당독재로 나치친위대(SS-Schutzstaffel)와 비밀경찰로 반대자를 감시하고 특히 유대인·공산주의자 및 사회주의자를 강제수용소로 수용하고 살육을 자행하였다. 교회·군대·학교 등도 나치식

57) '제3의 길'이란 좌파 이데올로기와 신자유주의적 요소를 접목한 안소니 기든스(Anthony Giddens)의 이론으로 그간 사회질서를 유지하는 기구로서 국가의 간섭이나 시장의 보이지 않는 손을 강조했으나, 이제는 보이든, 보이지 않던 '손'이 아닌 주민참여라는 '공동체정신'으로 사회를 유지하려는 정책적 대안을 제시 한다.

으로 획일화시키고 일반국민도 나치신봉자로 만들었기 때문에, 반(反)나치저항운동은 36년 거의 그 자취를 감추었다.

히틀러는 33년 10월 국제연맹을 탈퇴하고, 35년 1월 자르 지방의 국민투표에서 승리하여 이 지방을 독일 영토로 복귀시켰으며, 3월 국민징병제를 실시하여 육군을 일시에 5배로 확장시켰을 뿐만 아니라 6월에는 영국·독일 해군협정 체결에 의해서 해군도 4배로 증강하였다. 36년 3월 독일군을 라인 비무장지대로 진주시켜 독일-프랑스 국경 지대를 요새화 하였다. 이처럼 독일의 실력이 유럽 세계를 제압하게 되자 독일 국민의 나치스에 대한 신뢰도는 최고조에 달하였다. 따라서 이와 같은 실력을 배경으로 38년 3월 오스트리아를 강제적으로 독일에 병합시키고, 10월 체코의 수데텐란트를 독일에 합병시켰으며, 이어 39년 3월 체코와 슬로바키아를 정복하여 독일의 보호령으로 만들었다. 히틀러는 여세를 몰아, 9월 폴란드에 단치히(Gdansk) 자유시를 독일에 반환할 것과 동프로이센과 독일 본토를 연결하기 위하여 폴란드령 포메른을 경유하는 도로와 철도의 건설을 인가해 줄 것을 요구하였다. 그러나 폴란드로부터 거절당한 후 폴란드 침입을 감행하였고 영국과 프랑스가 독일에 선전포고를 함으로써 마침내 제2차 세계대전이 발발했다.

히틀러는 대전 초에는 승승장구 승전으로 몰고 갔으나 44년 서부전선에서 연합군의 노르망디 상륙작전과 소련군의 동부전선 진격으로 전세가 기울어 마침내 45년 4월 30일 '비밀무기(원자폭탄)의 실전배치를 보지 못하고 패전을 자인하고 자살했다.

나치는 스포츠와 신체문화에 대한 명확한 규정을 갖고 있지는 않았으나 독일 아리안족의 우수성을 강조한 인종주의에 입각한 우수 '종마'(種馬 Horse Breeder)론의 관점에서 나치의 스포츠정책을 읽을 수 있다. 아리안족의 우수한 자손은 품질 좋은 '종마'에서 뿐만 아니라 품질 좋은 '암말'에 달려 있다고 보고 항상 신체적으로 단련하고 정신적으로 강건함을 기르는 스포츠체육교육을 우선했다. 가임(可姙)여성들에게는 특히 리듬체조와 춤을 가르쳤다.

나치의 등장 전에도 이미 오랜 동안 아리안족의 순수혈통을 지닌 독일민족의 우월성을 강조하고 독일인의 생활권을 더욱 확장하여 새로운 문화를 창조하는 것을 목표로 하고 있었다. 이는 혈통을 중시하는 독일인들과 문화배경을 중시하는 프랑스인들, 그리고 출생지를 중히 여기는 미국인들의 문화적 차이에서 쉽게 읽을 수 있다. 따라서 독일인들이 외국에서 오래 거주하고 있는 경우에도 그들에게 독일국적의 여권을 발급하거나 스포츠에 대한 강조와 문화에 대한 투자를 늘리면서 독일인들의 우생학적으로 우수한 아리안족의 혈통유지를 위한 것 등이 모두 나치정책으로 간주되었다.

아리안족의 완전 순수함을 지키기 위해 '독일민족정화법'을 제정하여 백치 · 정신분열자 · 우울증 · 간질환자 · 귀머거리 · 장님들에게 불임수술을 받도록 했다. 1935년 9월 유태인의 탄압을 강화하여 '뉘른베르크법'을 제정, 유태인의 정치참여를 완전금지하고 유태인과 독일인의 결혼까지 금지시켰으며 2차대전 중에는 유태인들을 격리수용하고 대량 학살했다.

히틀러는 자신의 옥중저서 '나의 투쟁(Mein Kampf)'에서 이미 독일민족주의에 대해 언급하면서 "젊은이들은 매일 오전에 1시간, 오후에 1시간씩 스포츠와 체조 등 체력단련에 힘써야 한다."고 요구했다. 그는 1933년 집권하자마자 공산주의 스포츠 단체를 폐지하고 바로 얼마 뒤 100만 명이 넘는 회원을 가진 사회민주주의 단체도 해산시켰다.58) 사실 히틀러는 스포츠관련 모든 국가기관에서 공산주의자들을 축출하고 자신의 측근들을 기용하면서 '국가최고스포츠지도자(Reichssportfǔhrer)에 나치 돌격대(SA)소속 지역대장인 한스 폰 차우메르 운트 오스텐(Hans von Tschummer und Osten)을 임명하여 본격적인 스포츠 조직을 개편했다. 한편으로 나치독일의 체육연맹회장이자 IOC위원이던 칼 폰 할트(Karl von Halt)박사와 독일체육교사협회 회장이자 독일군스포츠교육 교장이었던 칼 크루멜(Carl Krummel)박사, 그리고 독일수영연맹 회장이던 한스 가이소우(Hans Geisow) 든 나치독일의 스포츠 정책을 이탈리아의 파시스트 국가주도형 스포츠정책으로 벤치마킹하자는 데 뜻을 같이 히고 조국방위를 위해 젊은이들을 건강한 육체와 애국심으로 무장시키려 했다.

나치는 먼저 19세기부터 전래된 독일체조클럽인 Turner를 활용하여 준(準)군사적인 체력훈련과 정치적 애국심을 고취시켰다.59) Turner조직 중에서 가장 규모가 큰 도이체 투루네르샤

---

58) Adolf Hitler, Mein kampf(Boston: Houghton Mifflin, 1925/1971), p. 409.; Arnd Kruger, " Strength through Joy", in J. Riordan and A. Kruger(1999), p. 69.

59) Turner는 1806년 프러시아전쟁의 패배로부터 1813년 워털루의 해방전쟁에 이르기까지 막강한 프랑스의 나폴레옹 군대 앞에 나약하고 분열된 조국 독일을 지키기 위해 체육교사였던 프리디히 얀(Friedrich Jahn)이 독일체육의 대부였던 구츠 무쓰(Johann Cristoph Friedrich Guts Muths)의 이론을 원용해 청년들에게 무기력과 지역편협성 그리고 음주와 폭력으로부터 해방되어 체조를 통한 체력향상으로 애국심을 높이고 침략자로부터 조국을 구하려는 국민체육운동의 효시였다. http://www.naver.com (검색일: 2008. 5. 3).

프트(Deutche Turnershaft-DT)는 유태인 회원들을 추방시키고 새로운 국가스포츠기관으로 '진정한 독일정신'으로 거듭나 독일민족외의 다른 모든 민족과의 시합을 거절했다. 한편 전 사회주의 스포츠단체의 회원들은 나치가 관장하는 부르주아지 스포츠에 참여할 수 있도록 허가했다. 그러나 이들에게는 엄격히 마르크스주의자가 아님을 보증하는 두 사람의 나치당원에 의한 성명서가 각각 제출되어야 했다. Turner도 재구성 통합되었다. 19세기 창설 때부터 국가 스포츠 기관으로 모든 스포츠 조직 활동에 지배적인 영향력을 가지고 있었다. 따라서 Turner는 각기 해당 스포츠연맹이 존재했으나 육상, 수영, 펜싱, 그리고 여타 다른 스포츠에도 군사적 목적으로 관여할 권리가 있다는 것이다. 그러나 나치는 Turner의 위상을 크게 감소시켜 독일제국체육국민회(Deutscher Reichbund fur Leibesubungen-DRL) 휘하의 체조관리단체로 예속시켰다.

나치는 12개 사이클 종목의 전국 연맹을 폐지하여 하나로 통합하였고 나체주의 단체도 외설적이고 비독일적이라는 이유로 1933년 봄 해산시켰다. 그러나 나치주의자들은 같은 해 10월 기존의 8개 나체단체연맹의 지도자들이 유태인과 사회주의 회원들을 모두 제외시키고 1개 연맹으로 통합하여 나치당 소속 국회의원을 회장으로 영입하여 독일스포츠연맹 산하단체로 재가입 되어 2차 대전 후 지금에 이르고 있다.

히틀러의 나치는 사회 모든 영역에서 자신들의 통치이념인 나치즘을 인정하고 이를 순응하는 국민들과 조직에는 아량을 보이고 반대와 불평에는 인색했다. 스포츠의 경우도 마찬가지였다. 앞서 지적했듯이 1933년 집권한 히틀러는 국가통치와 스포츠정책에 대해 파시즘의 선배였던 이탈리아의 파시스트정권으로부터 자신의 나치 역할모델을 찾았다. 이탈리아의 무솔리니와 그의 소수 파시스트 정예당원들이 철권과 다수 국민들의 '동의의 문화'(culture of consent)를 이용해 국가를 통치하는 방법이었다. 때문에 나치 스포츠도 오직 나치즘이란 기본이념을 인정하고 그들의 경기규칙을 따른다면, 즉 나치즘의 우산 속으로 들어온다면 사회주의, 카톨릭, 개신교의 스포츠조직도 나치의 주류 스포츠조직인 DRL의 일원이 될 수 있었다.[60]

1936년 베를린 올림픽을 맞아 히틀러는 특히 엘리트 스포츠의 중요성을 강조했다. IOC는 나치독일에 대한 국제적인 압력에도 불구하고 베를린 올림픽개최지를 결정하였고 나치는 모든 스포츠 조직을 통합하여 DRL산하조직으로 예속시키고 과거 부르주아지 스포츠단체와 경기에 불참했던 사회주의 스포츠단체들도 DRL 산하조직으로 들어와 활동할 수 있게 했다. 히틀러는 1928년 46개국이 참가한 첫 국제화된 암스테르담 올림픽에서 독일이 최우승국 미국에 이어 2위를 차지한 경험과 저력 그리고 1932년 로스앤젤레스 올림픽에서 파시스트의 '무솔리니 소년들'(Mussolini Boys)이 미국에 이어 2위를 차지하면서 국제정치무대에서 스포츠를 통해 국위를 선양하고 긍정적인 호감의 이미지를 만들어 낼 수 있음을 파악했다.

결국 히틀러의 나치는 1936년 베를린 올림픽에서 엘리트 스포츠의 강점을 100분 활용하여 강적 미국을 제치고 1위를 차지함으로써 안으로는 독일 국민들에게 나치즘의 통치철학을 정당화시키고 밖으로는 단합된 독일민족의 우수성을 선전하면

60) De Grazia, The Culture of Consent: Mass Organization of Leisure in Fascist Italy (Cambridge: Cambridge University Press, 2002) 참고.

서 국제무대에서 독일에 대한 부정적이고 소외된 감정을 일신(日新)하려했다. 이처럼 엘리트스포츠의 강점을 더욱 높이기 위해 나치는 표 5-2에서 보듯이 집권기간 내내 2국간 국제스포츠대회를 열었고 전쟁기간 중에도 국제대회를 열어 항상 정상적인 국가운영을 내외에 과시하려했다.

표 5-2 독일 국가대표 팀의 국제경기 회수

년도	경기회수	상대국가수
1920-30	192	19
1932	27	16
1933	23	12
1934	32	12
1935	78	23
1936	39	18
1937	62	18
1938	86	21
1939	106	19
1940	50	11
1941	50	9
1942	51	9
1943	2	2

출처: J. Riordan and A. Kruger(1999), p. 72; 1936년 올림픽에 독일포함 49개국 참가.

나치는 1926년 이탈리아 파시스트의 '무솔리니 보이'처럼 '히틀러 청년'(Hitler Jugend-HJ)단을 만들어 모든 청소년 단체가 HJ 산하에 소속되어야하고 모든 소녀단체는 '독일여성연맹'(Bund Deutscher Mădel-BDM)에 소속되었다. 1939년에는 17세 이상의 청소년은 강제로 HP회원이 되어야 하고 전국청소년인구의 90%가 HP회원이 되었다. 1941년부터는 10세 이상 어린이들도 의무적으로 HP회원이 되어야만 했다. 10-18세 사이의 청소년들은 2그룹으로 나뉘고 10-14세 그룹과 14-18세 그룹으로 나뉘어 군사조직의 기본 형태인 분대, 소대, 중대 단위로 배치, 훈련시켰다. 히틀러는 어릴 때부터 이들 청소년들에게 나치즘의 통치이념을 정신적으로 교화시켜 '천년제국' 건설과 제국확장을 위한 이들의 열정적인 헌신을 유도하려는 굳은 신념을 가지고 있었다. 국가민족과 공공이익이란 미명으로 HP대원들에게 공공서비스의 봉사정신을 주입시켰던 것이다. HP산하 각 클럽 코치들은 교육훈련 중 언제나 나치당 당가를 부르게 하고 나치즘에 대한 정훈교육을 시키면서 항상 나치당의 상부로 부터 엄격한 통제와 지시를 받아야만 했다. 따라서 HP대원들은 히틀러의 반지성주의(反知性主義 Anti Intellectualism)를 옹호하고 18세의 군병사가 되기까지 군사예비훈련에 집중해야만 했다.

여자대원들은 순종과 책임, 자기희생, 훈련 그리고 신체적 자기통제를 기본목표로 남자대원들처럼 나치의 교화훈련을 받았다. BDM대원들은 자랑스러운 독일민족의 우수성을 지키는 '어머니상'(像 motherhood)을 익히며 나치교육을 받았고 유태인과는 절대로 접촉할 수 없었다. 전쟁 중에는 나치 이데올로기의 교화와 선전에 남성 대원들보다 더 큰 역할을 해냈다. HJ 예하의 BDM 여자대원들은 필요할 경우 멀리 가족으로부터 떠나 있었으며 가족과 함께 있을 때에는 나치 이데올로기를 지도하고 훈육했다. 여성대원들은 전장으로 떠난 남성의 일자리를 메우고 때로는 여군이 되거나 히틀러의 친위대SS의 대원이 되기도 했다. 특히 독일이 연합군의 공격을 받았을 당시는 HJ대원들은 나이에 상관없이 모두 전투에 군인으로 참여했으며 특히 1945년 베를린 전투에서 이들은 주요한 방어벽을 쳤다.[61)]

1938년 나치는 독일제국체육국민회-DRL를 나치당산하 기구였던 나치제국체육국민회(Nationalsocialistischer Reichsbund fur Leibesubungen-NSRL)로 이관하였다. 청소년 스포츠단체의 '전국청소년챔피언십'이란 타이틀도 '전국나치청소년챔피언십'으로 바뀌었고 지방청소년챔피언십도 HJ의 산하 지역청소년챔피언십으로 바뀌었다. 이러한 조치는 이탈리아 파시스트의 국가스포츠제도를 따랐던 1차 궤도에서 이탈하여 나치당의 당기구로 편입시킨 사례들이다. 즉 당이 국가의 모든 제도를 인수한 셈이다.

모든 독일시민들은 사회의 공공봉사를 요구받고 나치조직의 어느 한 기관에서 봉사활동을 펴야했다. 스포츠의 경우, 스포츠 조직이 나치기구로 전환되면서 스포츠클럽에 자원으로 코치나 행정원이 되어 일한다면 바로 나치당을 위해 일하는 것이나 마찬가지였다. 따라서 어떤 의미에서는 스포츠조직에 유리한 점도 있을 수 있다는 점으로 생각되어 여러 스포츠클럽들이 나치직속의 HJ, SA 그리고 KdF(Kraft durch Freude-Strength through Joy) 스포츠조직들과 최고 선수들을 놓고 경쟁할 수 있었다.

SA는 자체 내 스포츠분야를 운영하며 군사훈련뿐만 아니라

61) www.jewishvirtuallibrary.org/jsource/Holocaust/hitleryouth.html (검색일: 2008. 5. 9).

스포츠경기도 운영하여 승마와 펜싱선수들은 그 어느 엘리트 선수들 못지않게 기량이 뛰어났다. 만약 SA대원이 국제경기에 참여할 때에는 DRL 또는 NSRL의 회원이 되고 국내 전국단위나 지역경기를 할 때에는 SA대원으로 출전했다.

KdF는 나치가 무솔리니의 파시스트 제도였던 일과 후(日課後) 여가스포츠, OND(Opera Nationale Dopolavoro) 모델과 독일전통의 공장스포츠를 접목해 만든 조직으로 처음에는 'Nach der Arbeit'(일과 후)로 불렀던 것을 개명했다. KdF는 우선 노동자들에게 역점을 두고 단체관광이나 공장에서 후원한 스포츠나 콘서트 그리고 춤의 요소들을 가미해 운영했으며 사회복지부의 지원과 실업수당이 그리고 세금혜택을 받았다. 원래 독일의 공장스포츠는 20세기 초 노동자들이 온정적인 공장주인의 도움으로 적절한 레크리에이션을 제공받으며 사회주의자들이나 노조의 영향력을 받지 않아 사회주의자들로부터는 '황색스포츠'라고 비아냥거림을 당했었다. 나아가 공장주들은 가끔 운동장과 코치 그리고 여행보조금을 제공하며 다른 지역의 노동자들과 경쟁하도록 독려했다. 그 결과 공장스포츠를 통해 노동자들은 각자의 소속감과 정체성이 강화되었다. KdF도 SA와 마찬가지로 대원이 국제대회에 참가를 원하면 DRL이나 NSRL에 가입해야 한다.

다른 직능별 스포츠단체도 물론 존재했다. 학생들은 독자적인 스포츠단체를 구성하였고 국제학생경기에 참가하는가 하면 농업인들도 DAF나 KdF에 속하지 않고 자체 스포츠를 가지고 있었다. SS의 스포츠는 SA와 비슷했으나 매우 독립적으로 운영되었다. 군인(Wehrmacht)과 경찰도 각자의 스포츠단체를 갖고 있었으며 다른 어떤 직능단체의 스포츠보다 우월적이었다. 1936년 베를린 올림픽이후 군 · 경찰 · SS · SA의 스포츠단체들은 1940년 올림픽에 대비한 최고 선수선발을 위한 비공식 경기대회를 개최하였고 특히 최고 사격수들을 선발하여 4년 동안의 임금을 보장하고 훈련에 들어가려 했다. 그러나 1939년 2차 대전의 발발로 무위(無爲)로 끝나고 스포츠단체 전체가 히틀러가 일으킨 전쟁의 도구로 전락할 수밖에 없었다.

전쟁이전까지 스포츠는 전체사회에서 존경과 우대를 받았다. 체육교사는 소속 학교의 교감으로 임명되어 나치의 가장 열렬한 지지자가 되었다. 세계공황기간에는 이들도 엄청난 경제적 고통을 받았으나 나치집권 후 이들은 학교에 복직되었을 뿐만 아니라 그 이전보다 훨씬 좋은 교감자리까지 꿰차게 되었다.

전쟁의 와중에도 스포츠 그 자체는 종전처럼 그 중요성이 유지되었다. 전쟁기간에도 스포츠를 통하여 안정된 상황을 보여주었으며 전쟁을 위해 청년들을 단련시킬 수 있었다. 나치독일은 표 5-2에서 보듯이 국제시합은 물론 국내경기를 계속 진행시켰으며 1944년 후반까지 계속했다. 그리고 1946년에 다시 재개되었다. 국제대회에서 국가 팀의 좋은 성적은 독일 국민들에게 자긍심과 결속력을 강화시키게 하였다. 비록 히틀러와 괴벨이 스포츠 출신은 아니지만 스포츠에 대한 열정이 대단하여 축구와 같은 국제경기에서 좋은 성적을 얻을 수 있도록 아낌없는 지원을 하였다. 또한 수많은 관중들이 편안한 분위기속에서 스포츠클럽과 공장스포츠 팀들이 보여준 스포츠의 즐거움을 즐기는 일은 파시스트 문화의 특색인 '동의의 문화'를 만들어내는데 큰 역할을 했다. 이러한 '동의의 문화'란 개념은 나치 스포츠의 모든 강령에 명시 되었다. 예를 들어 1933년과 1938년의 전국 체조페스티발(Turnfest)과 1934년의 전투경기(Combat Games)에 수많은 경기 참가자와 관중들이 모여든 경우는 마치 뉘른베르크의 나치당 연차대회와 비슷한 숫자였다. 이는 곧 스포츠를 통해 수많은 군중을 동원시킬 수 있음을 입증하고 여기서 나치파시스트의 통치를 위한 '동의의 문화'가 더욱 확대 발전 되었다는 사실이 매우 중요했다.

결론적으로 나치는 집권 12년 동안 스포츠계에 연속과 변화의 양면성을 내보였다. 먼저 연속적 측면에서 1936년 독일올림픽 사무총장과 대외스포츠위원회 위원장을 맡았던 칼 디엠(Carl Diem) 박사에 의하면 아무것도 변한 것이 없으며 다만 전쟁이란 상황변화만 있었다고 한다. 나치의 스포츠도 고대 그리스시대 스포츠처럼 신체적 힘(strength)을 바탕으로 '경쟁'을 중시히고 육체적, 정신적 건강함을 최고의 가치로 여기며 상대방에게 '약점'(weakness)을 내보이지 않으려는 것이었다. 이러한 나치 스포츠의 파시스트 특성은 유럽뿐만이 아니라 전 세계, 나아가 미국의 레이건 대통령시대나 영국 대처 수상시대의 보수통치철학과도 맥(脈)을 같이 한다고 할 수 있다.[62] 스포츠단체들과 나치의 관계도 다른 스포츠와 정치의 보편적 상관관계와 마찬가지로 상호의존적이었다. 정부로부터 공공보조금(public subsidies)을 얻어내야 하는 스포츠클럽의 입장에서는 나치와의 정치적 관계를 고려하지 않을 수 없었고 나치는 이들을 통해 국내통치의 정통성 확보와 국민통합 그리고 대외적 국가홍보 등을 위해 필요했다. 그러나 이들 스포츠단체들은 정부의 보조금을 얼마나 더 많이 얻어낼 생각만

62) J. Riordan and A Krǔger(1999), p. 75. ,

할 뿐 유태인들의 집단학살과 같은 나치의 반인륜적 처사에는 아랑곳하지 않았던 역사적 과오를 지적하지 않을 수 없다. 변화의 측면에서 보면 히틀러의 나치는 스포츠를 전쟁에 대비한 청소년들의 준(準)군사훈련으로 여기고 모든 스포츠클럽이나 학교체육교육을 나치즘에 맞추었다는 점이다.

곧 나치는 스포츠를 통해 독일민족의 우수성을 내외에 과시하고 '동의의 문화'를 넓혀 전쟁준비에 국민의 동참을 유도하고 그 전쟁터에 국민들이 참전하도록 연출하는 광풍의 파노라마를 전개했다.

참 고 문 헌

차기벽, 민족주의 원론 (서울: 한길사, 1990)
하남길, 영국신사의 스포츠와 제국주의(서울: 21세기교육사, 1996)

A. Teja, "Italian Sport and International Relations under Fascism", in J. Riordan abd P. Arnaud (eds), Sport and International Politics (London: E & FN Spon, 1998)
A. Versi, "Striking Power: Arab Football Kicks Off," The Middle East (March 1988)
Adolf Hitler, Mein kampf(Boston: Houghton Mifflin, 1925/1971)
Anthony D. Smith, Theories of Nationalism (London: Gerald Duckworth & Co, 1983)
Arnd Kruger, "Strength through Joy", in J. Riordan and A. Kruger(1999)
B. Lema, "Sport in Zaire," in E. A. Wagner ed., Sport in Asia and Africa: A Comparative Handbook (New York, London: Greenwood Press, 1989)
Bendedict Anderson, Imagined Communities(New York: Verso, 2006)
Boyd Shafer, Nationalism: Myth and Reality(New York: Harcourt Brace & World, Inc, 1955)
Brian Stoddart, Cricket and Colonialism in the English-Speaking Caribean to 1914," in J.A. Mangan(1988)
Carlton Joseph Huntley, Hayes, Essays on Nationalism, 1926 (Russell & Russell, 1966)
Carlton J.H. Hayes, "Bases of New National Imperialism" in Harrison M Wright, The New Imperialism: Analysis of Late Nineteenth-Century Expansion (Boston: D.C. Heath and Company, 1961)
Charles Darwin(1809-82), The Origin of Species (London: John Murray, Albemarle Street, 1859)
D. W. Brownn, "Social Darwinism, Private Schooling and Sport in Victorian and Edwardian Canada," The Canadian Journal of History of Sport, VI(1918)
De Grazia, The Culture of Consent: Mass Organization of

Leisure in Fascist Italy (Cambridge: Cambridge University Press, 2002)

E. H. Carr, Nationalism and After (New York: Macmillan company, 1945)

Frederick Hertz, Nationality in History and Politics (London: Routledge & Kegan Paul, 1957)

Grant Jarvie, "Sport, Nationalism and Cultural Identity," in L. Allison (ed.), The Changing Politics of Sport (Manchester University Press, 1993)

Hann, C., "The Withering of Muscular Socialism: Physical Culture, Nutrition and Personal Responsibility in Contemporary China" (Unpublished Paper, May 1987)

Hans Kohn, Nationalism: Its Meaning and History (New York: D. Van Nostrand Company, Inc. 1965)

Harold Perkin, "Teaching the Nations How to Play: Sport and Society in the British Empire and Common Wealth," in The International History of the Sport, Vol. 6, No. 2 September, 1969

Harrison M. Wright, The New Imperialism: Analysis of Late-Nineteenth-Century Expansion(Boston: D C Heath &Co, 1976)

Horace B, Davis, Nationalism and Socialism (New York: Monthly Review Press, 1967)

J.A. Mangan, "Social Darwinism, Sport and English Upper Class Education," Stadion, VI(1982),

J.A. Mangan & James Walvin, ed., Manliness and Morality(Manchester: Manchester University Press, 1987)

J.A. Mangan, ed., Pleasure, Profit, Proselytism: British Culture and Sport at Home and Abroad 1700-1914(London: Frank Cass, 1988)

John Breuilly, Nationalism and The State(Chicago: Chicago University Press, 1985)

John Plamenatz, "Two types of Nationalism," in Eugene Kamenka ed., Nationalism, The Nature and Evolution of an Idea (New York: St. Martin's, 1976)

Karl Lowenstein, "Political Systems, Ideologies, and Institutions: The Problem of Their Circulation," The Western Political

Quaterly, Vol. VI, No. 4(1953)
L. Fair, 'Kick in It: Leisure, Politics and Football in Colonial Zanzibar, 1900s-1950s,' Africa, 67, 2 (1997)
L. Ferretti, Il Libro dello Sport (Rome: Littorio, 1928)
Mao Zedong, Une etude de l'education physique (Paris, UNESCO : Bureau international d' éducation), vol. XXIV, n° 1-2, 1994)
Michael Ruse, "Social Darwinism: the Two Sources," Albion, 12, 1(Spring, 1980)
O. Stuart, "The Lions Stir in African Society," in S. Wagg (ed.), Giving the Game Away: Football, Politics and Culture on Five Continents (London, New York: Leicester University Press, 1995)
Otto Schmidt, Sport in der Deutschen Democratischen Republik(Bonn, 1975)
Paul Darby, Africa Football and FIFA: Politics, Colonialism and Resistance (London, Portland, Oregon: Frank Cass Publishers, 2002)
Robert E. Lane, Political Ideology (New York: The Free Press, 1962)
Vladimir Lenin, Imperialism, The Highest Stage of Capitalism, 1916 (University of Michigan, 1996); Lenin's Selected Works, Volume 1, (Moscow; Progress Publishers, 1963)
__________, "The Right of Nations to Self-Determination," Collected Works (Moscow: International Publishers, 1963)
A. Versi, Football in Africa (London: Collins, 1986)
J.A. Mangan, Cultural Bond: Sport, Empire, Society(London: Frank Cass, 1992)

제6장 올림픽과 월드컵 정치

1. 올림픽과 정치

올림픽과 정치문제는 분리될 수 없다는 사실은 올림픽의 역사가 반증한다."고 외교전문지〈포린 폴리시Foreign Policy〉가 최근호에서 분석하고 있다.1) 사실 정치권력을 중심으로 지도자의 위상제고, 군사훈련, 국민단결, 국외홍보, 국위선양 등을 목적으로 시작한 고대 및 현대올림픽은 정치와 불가분의 관계에 있다. 2008 베이징올림픽을 앞두고 중국의 인권상황 등과 관련해 올림픽개막식과 경기의 보이콧 논란이 일자, 중국 정부와 국제올림픽위원회(IOC)는 '올림픽은 정치 행사가 아니다. 정치문제와 연관 짓지 말라'고 항변하기도 했다. 동년 3월 로게(Jacques Rogge) IOC위원장은 "우리는 정치적 결정을 하지 않는다. 만약 우리가 그렇게 한다면 올림픽정신의 보편성(Universality of Olympic)을 상실하게 된다."고 언급했으나 불과 2주후에는 "정치가 스포츠에 불청객으로 들어왔으며 스포츠가 정치를 불러들이지는 않았다."고 항변했다.2)

어떻건 스포츠와 정치의 불가분한 관계는 올림픽의 역사에

1) John Hoberman, "The Olympics Aren't Political," Foreign Policy, July/August 2008.
2) 앞의 책.

서 쉽게 증명된다. AD67년 로마의 폭군황제 네로(Nero, 37-68)는 자신의 정치선전을 위해 직접 올림픽에 참가하기 위하여 제 211회 회기를 2년이나 연장하는가하면 직접 경기에 참가하여 매 경기마다 우승을 요구하였다. 1936년 베를린 올림픽은 히틀러 나치정권의 국내외 홍보수단으로 작용하여 '올림픽의 아버지'로 불리는 피에르 쿠베르탱까지 스스로 이를 '생애의 역작'으로 평가했고, 나치 정부는 그 '답례'로 그를 노벨 평화상 후보로 추천했다. 1968년 멕시코시티 올림픽을 열흘 앞두고 멕시코 정권은 군부를 동원해 수도 한복판에서 학생 시위를 유혈 진압해 400-1000여 명이 숨졌다. 1980년5월 전두환 군사정권은 광주민주항쟁으로 2000여명 이상의 생명을 앗아간 학살극을 벌려 국제사회의 공분을 샀지만 이듬해 서울올림픽(1988년) 개최의 '영광'을 안았다. 그러나 올림픽위원회는 두 사건에 큰 문제를 제기하지 않았다. 1976년 몬트리올올림픽에서는 22개 아프리카 나라들이 참가를 거부했다. 뉴질랜드가 '아파르트헤이트'(인종차별정책) 시절 남아공에서 열린 럭비경기에 선수단을 보냈기 때문이다. 미국이 소련의 아프간 침공을 이유로 1980년 모스크바 올림픽을 보이콧하자, 소련도 1984년 로스앤젤레스 올림픽에 대한 '보복성' 보이콧으로 맞섰다. 2008년 베이징 올림픽의 경우도 국내외에서 보이콧 운동을 펼치며 중국당국의 티베트 독립시위와 인권개선 등 국내시위에 대한 강경 · 유혈진압과 수단 · 미얀마 등 '불법'정권과의 에너지거래 등에 항의하며 곳곳에서 시위를 벌였다. 이와 같은 여러 정치적 요인들과 관련하여 다음 장에서는 고대 및 근대올림픽이 어떻게 정치와 관련되어 왔는지 연구 · 분석하기로 한다.

1) 고대올림픽과 정치

"인생에게 최고의 영광은
자신의 두 손과 발로 승리하는 것!
무엇인가 도전하고 경쟁하며
마음의 슬픈 걱정은 거두소서."

고대 그리스의 서사(敍事)시인이었던 호머(Homer)의 '오디세이'(Odyssey) 제8(viii)권에 나오는 이 시구(詩句)는 고대 그리스 도시국가 페아치아(Phaeacia)의 왕자 라오다마스(Laodamas)가 위대한 전쟁영웅 오디세우스(Odysseus 또는 라틴어로 Ulysses)에게 그의 명예를 기리기 위하여 개최한 페아치아 경기장으로 그를 초대한 일종의 초청장 내용이다.[3] 이처럼 고대그리스인들이 고대올림픽경기를 만들어 낸 이유를 쉽게 파악할 수 있다. 그들은 전투에서 상대방이 패할 때까지 싸워 승리하는 것만이 지고한 생존의 스릴(thrill)과 미래의 명예와 영광을 차지함을 잘 알고 있었으며 이를 기원하는 제신(祭神)이 필요 했다.

동시에 그들은 승리의 또 다른 메시지인 패배의 상실과 슬픔을 노래하며 '언젠가는 흘러 가버릴 인생'을 이야기하는 시와 음악, 연극 등 예술을 즐겼다. BC 7세기의 그리스 시인이자 운동선수였던 아르킬로코스(Archilochos)는 이와 같은 미

---

3) 그리스어로 된 원문을 영어로 번역한 시구(詩句)를 참조; Homer, Odyssey (BC 800), translated in English by Samuel Butler, "There is nothing that does any one so much credit all his life long as the showing himself a proper man with his hands and feet. Have a try therefore at something, and banish all sorrow from your mind." http://classics.mit.edu/Homer/odyssey.8.viii.html(검색일: 2004. 8.22); New York Yimes, "Olympic"(2004. August)

완(未完)과 모순(矛盾)의 삶을 깨닫고 다음과 같은 시로 자신을 충고했다.[4)]

"오! 나의 박동치는 심장이여,
당신이·승리할 때 아무도 환호하지 않으며
당신이 패배할 때 아무도 슬퍼하지 않나니!
오! 그대여,
사소한 일에도 기뻐하고
당신이 지은 죄일랑 아예 참회하며
당신이 헤쳐 온 그 물길을 뒤돌아보소서!"

이 시구(詩句)는 우리가 헤쳐 지나온 그 물길은 높고 낮으며, 꼭대기와 골을 지나 온 것처럼 우리 인생살이에도 아무런 영원한 것도 없는 데도 전쟁터의 승리에 도취하고 섹스의 기쁨에 황홀하며, 목적을 성취하고 상실하면서 모든 것들은 제 순간이 지나면 사라지는 이치를 깨닫게 한다. 여기에 그리스인들의 정정당당한 스포츠맨정신이 깃들이고 신전에서 제신들을 기리며 평화시기에는 시를 읽고 음악을 들으며 연극을 볼 뿐만 아니라 올림픽기간에는 직접 시인과 철학자, 예술가들이 시와 음악, 그리고 연극 등을 겨루었다.

이렇게 고대올림픽은 여러 수많은 전설과 신화에도 불구하고 스포츠가 종교와 예술과 함께 삼위일체가 된 헬레니즘 문

---

4) 아르킬로코스는 에게해(海) 파로스(Paros)섬에서 출생하여 전쟁에 용병으로 참가하며 낭만과 풍자를 즐겼던 서정시인으로 풍자에 적합한 이암보스율(lambos律)의 완성자로 유명하다. 그는 스스로 검투사이자 시인이라 일컫고 작품으로는 유명한 〈창(槍)의 노래〉 등을 남기며 호머(호메로스)와도 비견되던 천부적 시인이었다.
(http://wikipedia.org./wiki/Archilochos#cite-note-2, 검색일:2008. 9. 6.)

화의 결정체임에는 틀림없는 듯하다. 그러나 무엇보다도 올림픽이 그리스인들에게 중요한 것은 내일의 전투를 위한 군사훈련의 성격을 가지고 있었다. 그리스인들에게는 경기 그 자체가 전쟁터에서 승패를 겨루는 전투로서 그들이 가장 좋아하는 스포츠를 모방한 전쟁 그 자체였다. 따라서 경기종목도 달리기, 투창, 투원반, 전차경주, 레슬링, 복싱, 수영, 나팔수와 전령경주 등 전쟁에 대비한 군사훈련을 주목적으로 하는 경기가 주류를 이루었다. 이는 곧 올림픽이 건전한 육체와 건전한 정신을 다듬어 이상적인 폴리스(polis) 시민을 육성하여 정치·군사적으로 강력한 국가를 만들어 피정복 타민족과 외적의 침입을 막아 내는 데 유일한 수단이 되었기 때문이다. 또한 올림픽은 이들에게 제전경기로서 종교적 제전이자 생활의 일부로서 모든 도시국가가 합의하여 전쟁을 중단하고 참여하면서 평화를 도모한다는 커다란 정치적 의미를 갖고 있었다.

지금까지 가장 일반적으로 잘 알려진 고대올림픽의 기원은 BC 776년부터 AD 393년까지 그리스의 올림피아에서 각 도시국가 폴리스의 시민들이 7-9월 사이 만월이 있는 날을 택하며 4년마다 한번 씩 모여 제전과 경기 그리고 예술경연을 펼쳤다는 점이다. 또한 고대올림픽은 고대 그리스의 제전경기로 BC 13세기부터 시작되었던 인도-유럽어족의 이동 제2진이 펠로폰네소스(Peloponnesos)반도에 정착하던 무렵부터 올림포스(Olympus)산의 12신들에 대한 제전에 변화가 일어났던 점이다. 트로이전쟁 이후 영웅의 장례나 군대진영의 위안을 위하여 군사경기가 벌어졌으며, 이것이 제전의 행사에 덧붙여졌다고 알려졌다. 올림피아에서 주신 제우스(Zeus)를 모신 올림피아제는 BC 776년에 부활되었다고 하는데, 그 기원은 오랫동안 도리스인(Dorians)들이 올렸던 제의(祭儀)라는 것이 정설이다. 부활의 해에 대해서는 그 무렵 페니키아에서 문자가 전해져서 우승자의 이름이 기록되기 시작한 것이 BC 776년 대회로서 이를 제1회로 하였다는 설과, BC 1580년, BC 1195년, BC 884년을 각 창시년(創始年)으로 보는 여러 설이 있다. 그 뒤 델포이의 아폴로 신전에서 지냈던 피티아(Pythia BC 582), 코린트의 바다신, 포세이돈을 모신 이스트미아(Isthmia BC 582), 제우스를 위한 네메아 (Nemea BC 573) 제전이 각각 시작되었는데, 이것을 그리스의 4대 제전경기라고 한다. 이들 가운데 올림피아는 반도의 북서부 변방에 위치해 내란이나 외적의 침략 등 별다른 영향을 받지 않았으며 올림피아제는 AD 393년 로마의 속국시대까지 계속되었다.

올림픽 개최의 4년 주기는 양력과 음력이 8년마다 한 주기를 이루면서 날짜가 일치하였고 그 중간인 4년을 1기를 역년(歷年)으로 계산하였기 때문이며 4년을 1기로 하는 역년을 그리스어로 올림피아드라고 한다. 앞서 지적했듯이 올림픽의 최초 경기는 군가훈련과 관련된 단거리경주뿐으로 191.27m의 직선코스(1스타디온)로 돌기둥을 세워 20개 코스로 구획하여 20명이 동시에 출발할 수 있게 했으며 52년 동안 이 한 종목만으로 경기가 진행되었다. 이후 BC 724년 14회 때부터 중거리가, 그리고 BC 720년 15회 때부터는 장거리경주가 실시되었다. 대회기간도 처음에는 하루였고 경기가 활발했던 황금시기에는 5일로 연장되었다. 참가자격은 도시국가의 시민권을 가지고 불법행위가 없으며 주신 제우스에 대한 불경(不敬)행위가 없는 자에게 한하였고 여자는 참가가 금지되었으며 기혼여성에게는 관람조차 허용되지 않았다. 경기는 알몸과 맨발로 진행되었고 상금은 주어지지 않고 우승자에게는 올리브 잎으로 만든 관이 주어졌다. 그러나 BC 2세기 그리스가 로마에 의해 정복당한 후 경기에 상금을 주는 풍습이 생겨났지만 우승선수가 자신의 출신 도시국가로 돌아가면 넉넉한 물질적 보상을 받았으며 시인들은 시를 지어 그의 기량을 찬양하기도 했다.[5] 또한 올림픽 제전을 전후하여 3개월간은 그리스의 모든 도시국가에서 선수와 참관인의 자유스런 통행을 위하여 휴전이 이루어졌다. 평화유지란 고대올림픽 정신의 고귀한 유산이 근대올림픽 재건 이후 양차 세계대전과 동서냉전으로 올림픽 개최자체가 무산되었거나 반쪽올림픽으로 전락했던 20세기의 올림픽에서 계승되지 못했던 점은 인류 문명사적 측면에서 안타까운 정치적 불행이었다.

다른 한편으로 고대올림픽이 그리스인들의 육체와 정신을

---

5) 미국시사주간지 US News & World Report와 Newsweek는 2004년 아테네올림픽을 앞두고 고대올림픽에 관해 몇 가지 새로운 모습을 다음과 같이 소개했다. "올림픽출전선수들은 성적에 따라 황소, 현금, 연금혜택, 노예 등을 받았으며 평생무료식사와 각종 지역 스포츠경기의 1등석 관람권도 제공됐다. 아테네에서는 우승자에게 500드라크마를 줬는데 현재가치로는 약 70만달러(약8억 190만원)에 해당된다. 선수들은 오늘날 프로선수처럼 전문 코치로부터 맹훈련을 받으며 엄격한 식이요법도 병행했다. 부정행위도 있어 BC 388년 테살리의 유폴루스는 자신에게 져주는 조건으로 3명의 권투선수에게 뇌물을 줬다. 또한 선수들은 제우스신상 앞에서 정당한 경기를 벌일 것을 맹세했으나 간혹 '저자가 출발선에서 발을 떼지 못하게 해 달라'고 경쟁자를 저주하는 내용의 부적이 발견되기도 했다.
   올림픽이 열릴 때는 지중해 곳곳에서 4만-7만명의 관람객이 올림피아를 찾았고 부자들은 배를 타고 오기도 했지만 대부분은 걸어서 왔다. 올림피아에는 단 1개의 여관뿐으로 고관대작들이 독점하여 일반 관람객들은 노숙(露宿)을 해야 했다. 관람객은 대부분 남성으로 미혼의 딸을 데리고 오는 경우는 있었으나 기혼 여성의 관람은 금지됐다." (동아일보, 김승진 기자, '고대올림픽 프로선수가 판쳤다,' 2004. 8. 3).

단련하고 온 국민의 단합과 통일이란 목적을 달성하여 지중해의 지배자로 군림했으나 그리스가 마케도니아에 정복되어 정치적인 독립성을 상실하고 로마의 지배를 받게 되자 올림픽은 제국을 통일하기 위한 수단으로 전락하고 정치인들이 올림피아 경기를 정치선전장으로 이용하게 되면서 대회는 타락하고 부패하기 시작하여 점차 쇠퇴해 갔다. 특히 AD 67년 로마의 폭군황제 네로(Nero, 37-68)는 직접 경기에 참가하기 위하여 제 211회 회기를 2년이나 연장하는가하면 자신이 직접 참가하여 매 경기마다 우승을 요구하는 해프닝도 있었다.

마침내 고대올림픽은 AD 393년 제 293회를 마지막으로, 다음해인 394년 로마제국의 테오도시우스(Theodosius)황제가 그리스도를 국교로 정하고 이교도금지령을 내리면서 약 1200여 년의 그 오랜 역사가 막을 내렸다. 제290회 이후에는 우승자의 기록도 남겨있지 않고 426년에는 테오도시우스 2세가 이교신전 파괴령을 내려 올림피아 신전이 파괴되고 그 후 지진과 홍수로 폐허가 되었다. 종교적 차원의 올림포스 제우스 신전에서 시작된 고대올림픽이 결국 기독교의 로마국교지정 후 신전이 파괴되고 제우스신이 관장했던 스포츠의 정치화와 정치의 스포츠화가 종언(終焉)을 고한 셈이다.

2) 근대올림픽과 정치

(1) 올림픽의 부활

올림포스신전에서 시작된 스포츠와 종교 그리고 예술의 삼위일체였던 고대올림픽이 종언을 고한 후 19세기에 들어서야 다시 "스포츠에 의한 인간의 완성과 경기를 통한 국제평화의 증진에 있다"는 이상을 세우며 올림픽 부활의 횃불이 다시 시작되었다. 프랑스의 피에르 쿠베르탱은 마침내 그의 정치력을 발휘하여 올림픽 부활에 성공하여 1896년 제1회 '근대올림픽'이 처음 개최되었다. 쿠베르탱은 "보다 빠르게, 보다 높게, 보다 강하게(Citius, Altius, Fortius)"라는 라틴어로 된 올림픽 표어(motto)를 채택하고 "올림픽 대회의 의의는 승리하는 데 있는 것이 아니라 참가하는 데 있으며, 인간에게 중요한 것은 성공보다 노력하는 것이다."라고 강조했다.[6)]

제1회 올림픽개최이후 해를 거듭함에 따라 올림픽대회는 세계정치의 영향으로 수많은 변모를 하면서 오늘에 이르렀다. 제1·2차 세계대전 등으로 3번이나 중단되었고, 최근에는 올림픽이 국가 간의 국력과시의 전시장으로 변하여 이전보다 더욱 치열한 경쟁이 벌어진다. 또한 국제정치사회에서는 자국의 이익을 위해 올림픽의 숭고한 정신과 이념마저 오염되고 있다.

근대올림픽은 1829년 그리스가 터키의 지배를 벗어나 독립국이 되고 같은 해 프랑스 발굴대가 그리스 고대올림픽유적지 일부를 발견함으로써 그 부활이 서서히 싹트기 시작했다. 특히 1851년에는 영국에서 만국박람회가 열려 근대국가출현이

---

6) 올림픽모토로서 프랑스 아르퀼(Arcueil) 대학의 학장이자 목사였던 앙리 디뎅(Henri Martin Dideon) 목사가 학교 운동선수들의 공로를 치하할 때 한 말을 피에르 쿠베르탱(Pierre Coubertin)이 인용한 것이다. http://www.gigglepotz.com/ausmotto.htm (검색일: 2008. 7. 10).
올림픽정신의 하나로 개막식 때 전광판에 나타나는 이 강령은 1908년 런던 올림픽에서 미국 센트럴 펜실베이니아(Central Pennsylvania)의 에텔버트 탈보트(Ethelbert Talbot) 주교가 영국과 미국의 선수들 사이에 경기규칙을 둘러싼 분쟁이 일어나자 이를 보고 한 말을 쿠베르탱이 인용하여 채택한 것이다. 이러한 영-미간의 경기규칙분쟁은 미국의 테오도르 루스벨트 대통령까지 개입하여 미국선수들이 사기를 당하고 있다고 언급하기까지 했다.

후 각국의 민족주의가 크게 대두되는 시기에 1859년 그리스는 고대의 올림피아제를 부활시키기로 했으며 올림피아 신역(神域)유적이 1876-1881년 사이에 독일 고고학자 에른스트 쿠르티우스(Ernst Curtius)에 의해 발굴되었고 이어 1942년 독일 발굴대가 재발굴을 완료했으며 경기장 유적은 독일발굴대가 1952년 발굴에 착수하여 1961년 완료했다. 특히 쿠르티우스의 올림피아신전의 유적지발견으로 근대올림픽재건을 위한 운동이 본격적으로 진행되기 시작했다. 그는 "고대 올림피아의 제전이야말로 그리스문화의 근원이었다."라며 새로운 견해를 발표하여 르네상스를 전후하여 고대 이집트와 그리스, 로마문화에 대한 새로운 관심을 갖기 시작했던 세계인들에게 큰 관심을 불러 일으켰다.

이 시기를 전후하여 유럽 곳곳에서 이미 올림픽이란 경기가 펼쳐지고 있었다. 1850년 영국의 윌리엄 브루크스(William P. Brookes)박사가 잉글랜드 서부 쉬로프셔(Shropshire)의 머치 웬로크(Much Wenlock) 지방에 작은 규모의 '올림피아경기'(Olympian Games)를 창설하고 청년들을 위해 학교에서 체육교육을 필수과목으로 확대하고자 했다.[7] 1891년 호주의 존 에슬리 쿠퍼(John Astley Cooper)는 대영제국의 단결을 증진시키기 위해 대영제국의 박람회와 함께 스포츠대회를 제안했으며 더 나아가 구체적으로 옥스퍼드대학의 역사학자 안소니 프로드(Anthony Froude)는 '범대영제국축제'(Pan-Britannic Festival)를 주기적으로 개최하고 4년마다 '범대영제국올림픽(Pan-Britannic Olympic Games)'을 개최할 것을 제안하였

7) Christopher R. Hill, "The Politics of Olympic Movement," in Lincoln Allison ed., The Changing Politics of Sport (Manchester University Press, 1993), p. 86

다. 이러한 제안은 호주와 뉴질랜드, 남아공에 쿠퍼위원회가 우선 발족하여 경기를 희망하였으나 쿠퍼자신이 스포츠맨이 아니었고 정치외교력이 부족하여 대부분의 스포츠협회들이 참여하기를 꺼려 결실을 보지 못했다.

20세의 프랑스 청년 쿠베르탱은 보불전쟁(프로이센-프랑스 전쟁, 1870~71)에서 패배한 프랑스의 자존심을 일깨워 '위대한 나라'(프랑스)-la Grande Nation)를 만들기 위해 청소년의 심신을 강화시켜야 할 필요성을 인식하고 1883년 영국으로 유학했다. 그는 전설적인 영국 럭비스쿨의 교장을 역임(1828-1842)했던 토마스 아놀드(Thomas Arnold)의 스포츠교육에 크게 감명을 받고 '워털루에서 영국군이 승리한 것은 이튼 교정에서 꽃핀 스포츠 때문'이라는 결론을 얻은 후 스포츠의 청소년 교육필요성을 절실히 느끼고 돌아왔다. 귀국 후 그는 '위대한 프랑스'를 재건하는 일에 착수했다.

쿠베르탱은 우선 1889년 '프랑스 스포츠연맹'을 조직하고 프랑스선수연맹 서기직과 파리 스포츠클럽매니저를 역임하면서 영국이 제정한 대부분의 스포츠규칙이 국제사회에서 영향력을 행사하고 있는 상태에서 영국과 경쟁한다는 것이 매우 어려운 일이란 사실을 깨달았다. 그는 실제로 템스 강변의 헨리에서 열렸던 레가타 보트 경주에 프랑스 아마추어선수들을 경쟁에 참가시키려했으나 영국의 아마추어선수 자격심사에 걸려 귀국당하는 수모를 겪은 바 있다. 프랑스가 선수자격요건에서 벌써 불이익을 당한 셈이었다.

그러나 1892년 마침내 그는 영국을 대신하여 우선 국제스포츠계에 자신의 구상이었던 국제올림픽위원회의 구성에 대한 제안의 수락여부를 파악하는 일에 착수했다. 1894년 11월 쿠베르탱은 프랑스 소르본에서 국제아마추어 규범과 올림픽경기를 위한 국제회의를 소집하였다. 그는 처음 1900년 파리의 세계박람회의 한 행사로 첫 국제올림픽게임을 계획하였다. 같은 해에 마침 파리 에펠탑이 준공되기도 하기 때문이다. 그러나 그리스의 에방겔리스 자파스(Evangelis Zappas)가 이미 1859년부터 1870, 1875, 그리고 1889년까지 아테네 부르비크 광장에서 그리스올림픽을 계속 개최해왔기 때문에 그들은 파리에 도착하여 그리스의 올림픽 정통성을 주장하며 국제올림픽은 아테네에서 계속 개최되어야 한다고 요구했다. 결국 양측은 정치외교력을 발휘하여 협상에 성공하고 1차 올림픽은 1896년 아테네에서, 2차 올림픽은 파리에서 각각 개최하기로 합의하고 고대올림픽처럼 4년에 한 번씩 올림픽을 개최하기로 합의했다. 동시에 초대회장에는 그리스 역사학자 데메트리우스 비켈라스(Demetrius Vikelas)가 국제올림픽위원회(International Olympic Committee-IOC)의 위원장을 맡고 쿠베르탱이 사무총장을 맡기로 했다.

앞서 지적한 것처럼 쿠베르탱은 스포츠경기자체를 사랑해서라기보다 '위대한 프랑스'를 재건하기 위해 처음 올림픽을 부활시켰으나 그의 목적달성을 위한 방법으로서의 올림픽은 오히려 그자체가 목적이 되어 버렸던 것이다.[8)] 프랑스의 청년뿐만 아니라 올림픽이란 제전을 통해 세계의 청년들을 한자리에 모이게 하여 심신을 단련하고 우정을 나누며 평화를 다지려는 그의 초기 올림픽 운동은 출발부터 정치적 역풍에 시달려야 했다. 주변국 독일은 물론 올림픽의 원조국 그리스의 민족주의의적 역풍에 직면해야 했기 때문이다.

---

8) 앞의 책, p. 86.

(2) 근대올림픽의 정치화

처음부터 근대올림픽도 고대올림픽처럼 정치와 밀접한 관계를 갖게 됨으로써 올림픽의 정치화(politicization)과정을 자주 겪게 되었다. 1896년 제1회 근대올림픽이 개최되는데 대해 독일은 보불전쟁에서 패했던 프랑스가 정치외교적인 반격전을 펴는 것으로 간주하고 적대감을 내보였고 1회 올림픽대회를 치룬 그리스가 계속 아테네의 개최장소를 요구하자 쿠베르탱은 제3회 세인트루이스 올림픽과 제4회 런던올림픽이 열리는 사이에 1906년 중간 올림픽을 아테네에서 열도록 정치수완을 발휘하여 그리스인들을 간신히 만족시켰다. 그러나 사실상 단 한번 개최된 이 중간올림픽 구상은 그가 예상했던 대로 다른 참가국들의 반대로 관심을 끌지 못하고 실패하고 말았다. 모든 회원국들도 자국의 위상을 드높이고 국민통합을 촉진하며 경제와 문화적인 발전을 도모할 수 있는 올림픽 개최를 원하고 있기 때문에 개최장소를 매 4년마다 옮기기를 원했고 또한 올림픽이 2중으로 분산되어 개최되는 것을 좋아하지 않았기 때문이다.

한편으로 쿠베르탱은 처음 그가 계획했던 고대올림픽처럼 각 개인 선수들끼리의 경기기량을 가르는 경쟁으로 올림픽이 부활되기를 원했으나 대회가 지날수록 민족주의의 열풍을 맞아 그의 올림픽 정신이 희석되기도 했다. 그러나 고대올림픽 후기에서도 실증되었듯이 국제대회의 승리는 도시나 민족 국가사이의 통합과 명예와 위신을 높여 주기 때문에 선수들이 소속된 도시나 민족국가의 정치화 대상이 되지 않을 수 없었다.

이러한 올림픽의 정치화 현상은 1908년 제4회 런던 올림픽 대회이후 더욱 부각되게 되었다. 참가국 선수들은 처음으로 알파벳순으로 국기를 선두로 입장행진을 함으로써 민족주의 경향을 더욱 부추겼고 처음으로 국기를 둘러싼 문제가 발생하기도 했다. 또한 경기규칙도 영국에서 사용하는 규칙으로 통일되었기 때문에 이를 둘러싸고 항의가 끊이지 않았고 특히 미국인들은 영국의 경기규칙을 따를 수 없다고 항의하며 심지어 미국의 테오도르 루스벨트 대통령까지 나서 미국선수들이 사기를 당하고 있다고 언급했다.[9] 결국 6개국이 대회보이콧을 성명하는 소동까지 일어났다.

이와 같이 런던대회부터 더욱 거세진 정치성은 참가국으로 하여금 자국의 대표단을 올림픽에 파견하도록 했으며 더 이상 선수는 개인자격으로 참가할 수 없게 되었으며 국가단위의 유니폼을 착용하게 되었다. 특히 이러한 민족국가주의는 당시 제국주의 통치를 받던 속국들에게 현저히 표면화되어 주권을 상실하고 있던 이들에게 올림픽 참가를 계기로 완전한 독립국가로서 인정받기를 원했기 때문이다. 이들에게 올림픽은 곧 정치적 선전장이 되었다. 이보다 앞서 1900년 스톡홀름 대회에서도 이러한 민족주의가 두드러지게 나타났었다. 스웨덴은 복싱을 건강상 과격한 경기로 규정하고 법률로 금지하고 있기 때문에 올림픽 프로그램에서 복싱을 제외시켜 복싱 토너먼트가 열리지 못했다. 또한 스웨덴의 체조는 건강과 마음의 안정을 위한 의학적인 측면이 강조된 것으로 즐거움과 무한한 활동력이 넘치는 올림픽 체조와 크게 달라 경기규칙도 유별났다. 따라서 IOC와 스포츠연맹은 차제에 올림픽 프로그램과 경기규칙 그리고 세칙 등을 표준화하기로 확신하고 여러 사항

9) Lucas, J.A. "Theodore Roosevelt and Baron Pier de Coubertin: Entangle Olympic Games Involvement", Stadion 8/9 (1982/3), pp.137-50.

중 한 가지 합의된 사항으로 올림픽 경기규칙은 런던올림픽 경기규칙을 다음 대회부터 그대로 적용하기로 합의했다. 흥미롭게 한 가지 예를 들면 런던올림픽 마라톤거리 42.195km가 국제적으로 승인되었다. 1896년 제1회 올림픽 마라톤은 36km, 파리올림픽은 40.260km, 그리고 런던올림픽은 약간의 거리를 연장하였는데 그 이유는 출발지점을 윈저(Winser)성의 중앙발코니 정면에 맞춰 왕족들에게 최고의 전망을 제공해 주기 위해서였다. 정식으로 1924년 파리대회에서 성문화되어 지금까지 이어왔다. 대부분의 경기규칙들은 바로 영국에서 창안된 셈이다. 1936년 베를린올림픽 또한 나치독일의 히틀러 수상에 의한 '게르만민족주의'의 또 하나의 제물이 되었다. 히틀러의 심복 괴벨 선전장관은 독일국민에게 나치정권의 세뇌 역을 맡아오다 올림픽을 나치의 선전장으로 최대한 이용했다. 3백만 이상의 관람인원과 최고시설의 경기장, 최고의 체력과시(미국을 압도)뿐만 아니라 거리곳곳에 나치깃발을 내걸고 국가와 국민, 국가와 민족, 인종의 개념을 하나로 통합시키는 데 올림픽을 최대한 이용코자 했다. 심지어 젊은 아리안족출신의 독일여성들에게 우수한 독일선수들의 유전자를 임신시켜 우수한 아리안족의 개량을 시도했다.

베를린올림픽은 또한 인종차별이 가장 심했던 대회로 기억되었다. 미국의 육상4관왕 제시 오웬스(Jesse Owens)와 히틀러 사이에 벌어진 흑백인종 간의 에피소드가 그러하다. 히틀러는 열렬한 스포츠팬이었으나 온 종일 독일 팀만을 응원하기 위해 스타디움을 떠나지 않는다. 언제나 독일선수의 우승을 원하는 그는 독일축구팀이 노르웨이에 패하자 몹시 분개하고 실망하여 자리를 떴으며 경기 첫날 마지막 종목인 높이뛰기에서 미국의 흑인선수들이 금과 은메달을 차지하자 예정보다 늦게까지 관람 중이던 히틀러는 마지막 점프가 끝나자마자 자리를 떠버려 우승자들을 축하하지 않았다. IOC의 라뚜르(Henri de Baillet-Latour) 위원장은 이러한 히틀러의 인종차별 행동을 강력히 항의했으나 히틀러는 그 후에도 이를 무시하고 독일 우승선수들에게는 로얄박스 좌석 아래에 있는 VIP룸에서 열렬하게 축하하며 격려했다. 결국 올림픽 3관왕 오웬스는 주최국의 히틀러 수상과 한 번도 서로 만나지도 못하고 악수도 하지 않았다. 히틀러는 올림픽을 최대한 이용하여 대중을 향한 상징조작으로 정치교화(political indoctrination)를 계속하면서 게르만민족주의를 선전하고 인종차별과 정치권력의 부도덕성을 은폐하려 했다.

1940년과 1944년의 제12, 13회 대회는 제2차 세계대전으로 무산되었으며 1948년 런던올림픽대회는 제2차 세계대전 종식 후 열린 첫 대회로 냉전초기 동서갈등이 올림픽대회에 처음으로 표출되기 시작하여 소련은 이 대회에 당연하듯이 불참하였고 간신히 동유럽의 소련 위성국가들만 참석하였다. 한편 소련은 IOC측에 다음 대회의 참석을 위한 조건으로 反사회주의적인 스페인의 프랑코 정권을 올림픽에서 제외시키고 러시아어를 제3의 올림픽 사용어로 인정해줄 것을 요구했으나 IOC측은 올림픽 정신과 헌장위배를 이유로 이를 모두 거절했다. 그 대신 소련은 IOC의 요구로 전쟁범죄로 억류하고 있던 히틀러 정권당시 독일IOC위원이던 칼 폰 할트(Karl von Halt)를 서방측에 인도했다. 마침내 소련은 1952년 헬싱키대회에서부터 자신들의 요구를 포기하고 아마추어 경기규칙까지 국제표준에 맞추며 자본주의의 부르주아(Bourgeois)스포츠

세계에 합류했다. 그러나 소련을 위시한 동유럽 공산권은 별도로 미국선수촌 옆의 선수촌에 머물렀다. 물론 자본주의 대열인 한국도 전쟁의 와중(渦中)에도 불구하고 정부수립 후 처음으로 35명의 선수단을 파견했다.

1956년 멜버른대회는 올림픽사상 처음으로 보이콧이 발생한 대회였다. 10월에 발생한 헝가리 반소련자유화운동에 대한 소련의 무력진압에 항의하여 네덜란드, 스페인, 스위스 3국이 올림픽불참 보이콧에 동참하였고 같은 달 영국과 프랑스 그리고 이스라엘에 의한 이집트의 수에즈운하침공에 항의하며 캄보디아, 이집트, 이라크, 레바논이 대회에 불참했다. 1964년 도쿄대회는 아시아에서 처음으로 개최되었고 일본은 패전이후 자본주의 열강의 일원으로 진입하는 계기를 마련했다.

1968년 멕시코 대회는 반정부 학생들 시위 속에 개막되었으나 미국의 흑인선수들이 '블랙파워'를 과시하여 본국의 인종차별에 대항하는 시위를 보여 또 하나의 미국의 커다란 정치사회적 이슈인 흑백분규가 올림픽에서 재현되었다. 복싱 헤비급에서 미 텍사스 휴스턴 출신의 조지 포먼이 소련의 이오나스 체프리스를 눌렀고 육상의 필드와 트랙에서 미 흑인선수들이 금메달과 은, 동메달을 휩쓸었다. 400m에서 우승한 에반스와 함께 2위와 3위로 골인한 래리 제임스와 론 프리먼은 시상식에서 검은 베레모를 쓰고 나와 '블랙파워'를 과시하고 더 나아가 200m에서 각각 금메달과 동메달을 획득한 토미 스미스(Tommie Smith)와 존 카를로스(John Carlos)는 시상식에서 미국 국가가 울려 퍼질 때 검은 색 스카프를 메고 검은 색 장갑을 낀 채 두 주먹을 번쩍 들어 올려 미국백인사회의 흑인들에 대한 차별대우에 항의했다. 두 선수는 올림픽

정신을 위배했다는 이유로 잔여 경기에 대한 출전정지와 올림픽촌에서 퇴촌 당했으나 미 흑인들에게는 인권운동가 마르틴 루터 킹 박사처럼 자신들을 대신한 고난의 십자가를 멘 영웅으로 각인되었다.

1972년 뮌헨올림픽은 팔레스타인게릴라조직 '검은 9월'(Black September)이 이스라엘 선수촌을 습격하고 역도코치와 레슬링코치를 살해한 후 9명의 인질을 잡고 이스라엘에 억류중인 동료대원 200명의 석방과 안전 국외탈출을 요구한 사건이 발생했다. 사건발생 수 시간 후 이스라엘 정부는 이들 요구를 거절하자 주최국 독일 수상 빌리 브란트까지 직접 협상에 개입했으나 실패하고 결국 9명의 이스라엘 선수들과 5명의 팔레스타인 게릴라대원 그리고 1명의 독일경찰이 숨졌다. 올림픽 게임은 24시간동안 중단되었고 올림픽 스타디움에서는 사망자들의 장례식이 거행되었다. 브런디지(Avery Brundage) IOC 위원장은 다른 전임자들도 같은 결정을 내릴 수밖에 없듯이 "게임은 계속 진행되어야 한다."는 결론을 내리고 경기를 계속 진행시켰다. 사실 뮌헨 올림픽은 1936년 히틀러의 나치올림픽을 상기시키지 않기 위해 주도면밀하게 비군사적인 평화와 우호적 분위기를 조성하려했다. 이 대회는 또한 바로 이전의 1968년 멕시코올림픽이 학생들의 반정부시위로 개회식 날 탱크와 군인들로 뒤범벅이 된 삼엄한 대회분위기와 비교해 볼 때 표면적으로는 아주 대조적인 평화롭고 즐거운 행사였다. 그러나 불행하게도 독일정부는 선수들의 안전에 만전을 기하지 못하고 아무나 올림픽 선수촌을 자유롭게 입장할 수 있게 해 결국 팔레스타인 게릴라조직원들도 이스라엘 선수촌에 쉽게 접근할 수 있었다. 그러나 다행스럽게도 사건발생 이전에 대부분의 이스라엘 선수들은 아랍게릴라의 테러위협에 대비하여 처음부터 선수촌에 입촌하지 않고 개최도시 여기저기에 있는 친지들 집에 분산하여 머물고 있었다. 희생당한 소수의 선수들은 대개 군 출신 선수들이었다.

1976년 몬트리올 올림픽도 인종차별이란 정치문제로 큰 파동을 겪어야 했다. 인종차별에 민감한 아프리카 국가들은 지난 뮌헨 올림픽대회 당시 인종차별 문제로 영국식민지로부터 독립했던 로디지아(현재의 짐바부에)를 제외시킨 바 있다. 이들 아프리카 국가들은 이번 몬트리올 올림픽에서도 인종차별 정책(Apartheid)을 펴온 남아프리카와 국제럭비경기를 가졌다는 이유로 뉴질랜드를 배척하는 데 앞장을 섰다. 브런디지 IOC 위원장의 뒤를 이은 킬라닌(Killanin) 위원장은 이들 국가의 입장을 어느 정도 이해하고 있었으나 IOC 총회 투표로 결정하기로 결론 짓고 투표를 단행 이들의 요구가 부결되었다. 이에 항의하여 35개 아프리카 국가들이 대거 경기에 참여하지 않았다. 여기에서 만약 개성이 강한 카리스마적인 브런디지 IOC 전위원장이 연임했더라면 이런 파동이 가능했을까 하는 의심이 가는 대목이다. 이러한 상황에서 대만(Taiwan) 또한 올림픽 규약에 위배된 캐나다 정부의 결정으로 참가가 허용되지 않았다. 결국 하나의 중국을 원칙으로 내세우는 중국정부의 강력한 항의로 IOC 자체도 아무런 행동도 취하지 못하고 수수방관하는 입장이었다. IOC는 1980년 또다시 모스크바 올림픽대회에서도 수수방관의 무력증에 빠질 수밖에 없었다. 정치가 스포츠에 직접 개입된 또 하나의 불행한 사태가 발생했기 때문이다. 사회주의 국가에서 최초의 올림픽 대회가 개최되어 참가국 · 참가인원이 사상 최고를 기록할 것으로 예상되었으나 1979년 12월 26일 소련은 '브레즈네프 독트린'(Brezhnev Doctrine)을 앞세워 아프가니스탄을 소련의 위성국으로 만들기 위해 무력침공을 감행함으로써 미국을 위시한 동맹국들은 물론 아프가니스탄과 국경을 맞대고 있던 중국과 파키스탄까지 소련의 침공을 비난하고 불참의사를 표명하고 나섰다.[10] 특히 서방동맹국의 맹주였던 미국의 카터 대통령은 국내적으로는 특히 11월 대통령선거를 앞두고 자신의 위상을 높여야할 입장에서 강력한 항의를 하지 않을 수 없었다. 따라서 카터 대통령은 IOC에 대해 대회 자체를 소련이 아닌 다른 국가에서 개최하거나 연기되어야 한다고 주장하고 만약 이러한 주장이 받아들여지지 않는다면 미국은 물론 동맹국들이 모두 경기에 불참할 것이라고 IOC를 압박했다. 그러나 IOC의 입장으로서는 1938년 IOC에 규약에 따라 이러한 주장을 수용할 수 없었다. 이 같은 주장은 IOC의 자치권을 무참히 침해하는 것이나 다름없었으나 미국 베이커 국무장관은 IOC를 협박하려 했다. 결국 미국의 이 같은 행동은 IOC 위원들로부터 더욱 강력한 반발을 불러 일으켰고 킬라닌 위원장은 자신의 건강문제에도 불구하고 세계 여러 도시들을 순방하며 IOC의 단결을 호소하였다. 결과적으로 모스크바 대회는 81개 국가들만이 참석하였고 참가국 중 몇몇 나라들은 자국 국기를 사용하지 않았으며 또 다른 몇몇 나라들은 아예 개회식에도 참석하지 않았다. 30개 경기 팀이 불참을 선언했고 또

---

10) 1968년 소련 브레즈네프 수상은 자본주의 서방권과의 대결에서 '공산권 국가의 주권과 국제적 의무'에 관한 외교정책의 일환으로 소련의 위성국들에 대한 영향권을 확보하려는 데 목적을 두었으며 1979년 非 바르샤바국이었던 아프가니스탄을 침공할 정도로 그 적용대상은 광범위했다. 이후 고르바쵸프 수상의 개혁개방정책에 따라 1989년 '시나트라 독트린'(Sinatra Doctrine)으로 속칭 'My Way Doctrine'대체되었다.

다른 33개 팀은 아예 초청에 응답도 하지 않았다. 모스크바 대회와 관련, 흥미로운 일은 주요 서방국가들 중에서 모스크바올림픽 참가여부가 각 해당국가의 국가올림픽위원회(National Olympic Committee-NOC)의 독립성을 실험하는 리트머스(litmus) 실험의 좋은 기회였다는 점이다. 미국의 NOC는 평소에는 극성스럽게 자체의 독립성을 이야기해왔지만 실제로는 재정적으로 1978년에 제정된 '아마추어스포츠법'(Amateur Sports Act)에 종속되어 독립성이 상실된 상태였고 프랑스는 대조적으로 이 같은 법의 강제로 NOC가 정부의 한 산하기관으로 인식되었으나 당당히 자신의 독립성을 보여주는 기회였다. 영국의 경우는 불참을 희망하는 각 연방의 결정을 존중하면서도 자국은 대회에 참석하였고 독일 NOC도 미국처럼 결국 정부에 재정적으로 종속되어 있었기 때문에 감히 독자적인 행동을 취하지 못했다.

1984년 LA올림픽 또한 모스크바올림픽처럼 동서냉전의 희생으로 반쪽대회가 되었다. 그러나 소련의 LA올림픽 불참선언이 1984년 5월 8일 발표되기까지는 소련관리들이 미국에 대한 일련의 교섭협상을 제기하고 있었다는 사실을 빼놓을 수 없다. 그들은 무엇보다 자국선수들의 유인, 납치 등 신변안전 문제를 제기하면서 LA항구와 공항에 선수단파견을 위한 소련국적 선박과 '에어로프로트'(Aeroflot) 자국여객기의 입항을 요구하였고 올림픽 수행원들에 대한 입국사증(VISA)을 요구하였다. 그러나 미국 국무부는 이에 대한 답변을 지연시켰고 수행원들을 소련비밀첩보원(KGB)으로 이해하고 비자요청을 거절했다. 이외에 다른 몇 가지 불만요인들이 상승 작용하였고 LA올림픽 조직위원회(OOC)의 피터 우에베로스(Peter

Ueberroth) 위원장까지 과장된 자신의 위상을 제고(提高)하려는 야심으로 국무부와 마찰을 빚었으며 급기야 결국 소련이 불참을 선언한 것으로 풀이되었다. 그러나 무엇보다 근본적 원인을 지적한다면 소련의 브레즈네프 수상과 미국의 카터 대통령사이의 체면이나 기(氣)싸움으로 결론지을 수밖에 없으며 나아가 그 근저(根底)에는 미 · 소의 오랜 냉전기간에 쌓인 불신의 원인(遠因)을 지적하지 않을 수 없다. 그러나 다행으로 동서냉전의 와중에도 중국은 1952년 이래 처음으로 올림픽에 참가하였다.

바야흐로 1988년 서울올림픽은 미 · 소의 스포츠 냉전주역들이 한자리에 다시 모인 동서화합의 대회였으나 도쿄에 이어 아시아에서 2번째 올림픽대회였던 이번 대회도 또 다른 정치문제로 완전한 세계평화를 기리는 행사가 되지는 못했다. 북한이 올림픽 공동개최를 계속 주장하며 불참을 선언하고 이에 쿠바, 에티오피아 등의 동맹국들이 동조하며 불참국수가 늘어났기 때문이다. 그러나 결국 북한과 쿠바 등 소수 공산국가를 제외하고는 소련을 위시한 다수 공산권국가들이 대거 참가하여 역대 최다 참가국인 160개국이 경기에 참여하여 동서이념과 인종갈등의 기존한계를 벗어나 스포츠세계화의 '지구촌 시대'(Global Village Era)를 앞당겼다. 서울올림픽에 대해서는 뒷장에서 다시 자세히 언급하기로 한다.

제25회 대회인 1992년 바르셀로나 올림픽은 스페인으로부터의 카탈루냐 분리 · 독립요구와 바스크분리주의자(ETA)의 테러위협 등으로 위험이 예상됐으나 별다른 문제없이 치러졌다. 바르셀로나 대회는 30년 만에 처음으로 경기불참을 선언한 나라 없이 치러진 성공적인 대회였다. 또한 베를린 장벽의

붕괴와 더불어 독일도 단일팀으로 출전했고, 구소련은 독립국가연합(CIS)이라는 이름으로 마지막 단일팀을 구성하여 참가했다. 또한 남아프리카 공화국도 최초로 인종이 통합된 팀을 구성해 올림픽대회에 참가하였다. 또한 1980년 모스크바대회 후 불참했던 쿠바와 북한 등도 참가했고 보스니아공화국 팀도 유엔의 호송으로 무사히 도착해 처음으로 보이콧이 없는 올림픽을 기록하여 동서냉전의 해소와 세계평화에 이바지했다.

마라톤에서 한국의 황영조(黃永祚)는 2시간13분23초 기록으로 금메달을 획득하여 1936년 손기정(孫基禎)선수가 일장기를 달고 2시간29분20초로 마의 30분벽을 깨고 우승한 베를린올림픽 이래 한국 마라톤의 올림픽 제패라는 신화를 재창조하면서 10위권 경제대국의 위상과 함께 정치 외교적 측면에서 한국의 국위를 크게 고양시켰다.

1996년 애들랜나올림픽은 근대올림픽 100주년 대회로 사상 최초로 IOC 전 회원국이 참석하여 세계평화증진이란 올림픽 정신을 빛낸 첫 대회였다. 그러나 지나친 상업주의와 2명이 현장에서 사망한 폭파사건 등으로 그 성과와 의의가 흐려지기도 했다.

2000년 시드니올림픽에서 남북한은 분단 이후 처음으로 개회식에서 한반도 기(旗)를 앞세우고 공동입장을 하였고 2004년 아테네 올림픽에서도 공동 개회식을 갖고 2008년 베이징 올림픽에서는 남북한 단일팀을 구성하기로 2004년 2월 25일 전격적으로 합의한 바 있다. 2000년 6.15 남북공동선언에 따른 민족화해와 평화통일의 가교 역을 해낼 수 기회로 간주된다. 통일이전 동서독이 두 번에 걸친 단일팀구성에 성공하여 민족의 일체성을 키우고 결국 통일을 이루었던 교훈을 남겨

스포츠의 순기능적인 정치화의 좋은 사례로 꼽을 수 있다.[11)]

2008년 베이징올림픽도 정치화의 한 전형으로 나타났다.[12)] 티베트 독립시위, 다프르 학살, 대만문제 등 중국정부정책에 항의하며 대회불참의 보이콧운동이 개막전까지 점증하면서 세계 곳곳에서 벌어진 올림픽성화봉송 방해사건이 줄이어 발생했다. 고든 브라운(James Gordon Brown) 영국수상과 캐나다의 스테펜 하퍼(Stephen Harper) 수상은 개회식에 불참하였고 미국 부시 대통령은 개회식 전날 타일랜드에서 가진 기자회견에서 중국의 인권탄압정책에 대해 강력히 규탄했다. 동시에 세계각처에서 중국상품 불매운동도 벌어졌다.

2. 올림픽의 정치권력

1) 올림픽조직과 정치

올림픽 조직내부의 권력배열 및 분배(Power Arrange ment & Distribution)는 그 중심에 국제올림픽위원회(IOC)가 있으며 종속기관인 국가올림픽위원회(National Olympic Committees-NOCs)가 있으며 주변에 준 독립적인 국제경기연맹(International Sports Federations-ISF 또는 국제연맹(International Federation-IFs라고 호칭)과 개최도시의

11) 불행하게도 2008년 8월 8일 밤 8시에 개막된 베이징올림픽대회에서는 남한의 이명박 대통령의 보수정권교체로 남북한이 냉전기간으로 되돌아가는 듯 갈등국면으로 치달으면서 공동개회식은 물론 단일팀 구성도 물 건너갔다.

12) 양동주, "베이징올림픽 중국 민주화 빗장 여나,"(동아일보, 2007. 9. 6.) 참조.

올림픽조직위원회(OCOG: Organizing Committee of the Olympic Games 또는 Olympic Organizing Committee-OOC라고 호칭)가 있다. IOC는 올림픽 개최지를 결정하고 개최국의 NOC는 개최권을 위임받아 올림픽을 준비하기 위해 개최도시와 협력하여 OOC를 설립한다. NOC는 스스로 대회운영을 할 수도 있으나 대회의 규모가 크므로 특별한 위원회, 즉 OOC에 재위임할 수 있으며 그것이 관례이다. 재위임을 받은 OOC는 IOC와 직접 대회의 날짜 등을 협의하고 각국의 NOC에 초청장을 발송하는 일을 한다. 또한 각 IF와 협의하여 대회의 준비 및 기술적 운영 등을 결정한다. OOC는 대회종료와 더불어 해체되며, 대회의 기록영화나 정식보고서를 작성할 의무가 있다. 이것은 대회종료 후 2년 이내에 완료해야 한다. 이상의 올림픽 관련 3개 조직인 올림픽 트리오(Olympic Trio)중 IOC를 제외한 NOCs, IFs와 별도의 OOCs가 갖는 좀 더 구체적인 업무와 권한을 보면 아래와 같다.

1) 올림픽조직위원회(Organizing Committee of the Olympic Games-OCOG)

조직위원회는 올림픽 개최에 필요한 경기장 및 숙박 등 관련 시설물을 올림픽 기준에 준하여 제공하는 것과 원활한 대회운영을 위하여 관련 인적, 물적 자원을 제공하는 것이 가장 큰 업무이다. 통상 이러한 준비를 위해 올림픽조직위는 대회 개최년도의 약 7-8년 전에 확정된다.

2) 세계연맹(International Federations-IF)

각 경기종목마다 세계연맹이 있다. 세계육상연맹(IAAF), 세계체조연맹(FIG), 세계유도연맹(IJF) 등은 각 해당 종목의 각국 경기연맹들이 모여 결성한 단체들이다. 세계연맹은 해당 종목의 각종 법규를 제정하고, 이 법규에 따른 해당 종목의 운영에 관한 전반적인 감독 및 지원을 하는 단체이다. 실제로 올림픽 때 각 세계연맹은 심판 파견 및 해당 경기의 운영을 담당한다.

3) 각국 올림픽위원회(National Olympic Committee-NOC)

각 나라마다 올림픽위원회가 있다. 이 올림픽위원회는 각국 내에서 IOC가 주관하는 각종 올림픽운동(Olympic Movement)을 수행하는 기관이며 올림픽대회 때에는 자국의 대표선수를 선발 파견하는 책임을 갖고 있다.

NOCs가 조직되지 않은 초기의 제1회 아테네 대회는 그리스 왕실과 관공서에서 주최함으로써 성공하였으나, 제2회 파리 대회는 만국박람회에서 주최하여 실패한 경우도 있다. 제3회 미국 레이크플래시드(Lake Placid) 대회도 박람회에서 관리하였는데, 경기운영은 특별위원회를 설치하였으므로 독립된 형태로 실시되었다.

1896년에 설립된 IOC는 처음에는 위원장이 올림픽조직위원장을 겸하기로 하여 그리스의 비켈라스(Demetrius Vikelas)가 위원장이 되었으나 대회 후 IOC위원장과 조직위원회위원장을 분리하고 쿠베르탱이 위원장이 되었다. 아래 표 1-1은 역대 IOC위원장과 임기연한을 나타내고 있다.

표 1-1 역대 IOC 위원장

성 명	국가	수명	임기
Demetrius Vikeles	그리스	1835-1908	1894-1896
Pier de Coubertin	프랑스	1860-1937	1896-1925
Henri de Baillet-Latour	벨기에	1876-1942	1925-1942
Sigfried Edstrom	스웨덴	1870-1964	1942*-1952
Avery Brubdage	미국	1887-1975	1952-1972
Lord Killanin	아일랜드	1914-1999	1972-1980
Juan A. Samaranch	스페인	1920-2010	1980-2001
Jacques Rogge	벨기에	1949-	2001-

*1942년부터 1946년까지 부위원장으로 활동

IOC는 마치 거대한 다국적기업처럼 올림픽과 관련된 많은 업무량을 NOCs에 맡기고 최종결론이나 중요한 결정을 하면서 막강한 정치적 권력을 휘두른다. 2004년 현재 전 세계 202개국의 NOCs와 61개의 IF를 총괄하며, 산하 조직으로 총회와 집행위원회, 사무국, 윤리분과위원회, 올림픽 대회조정분과위원회 등 21개 분과위를 두고 있다. 본부는 스위스의 로잔에 있다. IOC 위원장은 무보수 명예직이며 장기집권에 따른 독단을 견제하기 위해 99년부터 임기 8년, 한 차례에 한해 4년 중임이 가능하도록 제한됐다. 현재 위원장은 2001년 7월 모스크바에서 열린 제112차 총회에서 벨기에의 자크 로게(Jacques Rogge)가 제8대 IOC 위원장으로 선출되었다. 또한 IOC 위원은 스포츠계 최고의 명예직이며 대부분의 나라에 입국사증 없이 입국이 허용되는 등 국제적인 예우를 받는다. 산하 조직인 '총회'는 매년 1회 개최되며 올림픽 개최지선정과 임원선출, 위원선정, 수익금배분, 헌장개정 등 올림픽에 관한 최종적인 결정권을 갖는다. '집행위원회'는 위원장과 부위원장 4명, 위원 10명으로 구성되며 IOC 주요 정책결정에서 실질적인 권한을 행사한다. IOC는 NOCs를 인정하거나 인정을 철회하는 등의 여러 방법으로 직접적인 통제를 하며 스포츠의 정치권력을 행사한다. 특히 올림픽의 TV방영권에서 오는 수입과 IOC 자체 마케팅 프로그램으로 얻어진 이익금의 일부를 모아 NOCs에 '올림픽 연대금(Olympic Solidarity)'으로 알려진 NOCs 발전기금을 통해 보조금을 지급하면서 직접적인 통제를 한다. 그러나 한편으로 IOC가 NOCs를 함부로 무시할 수 없다. NOCs는 국가올림픽연합(Association of National Olympic Committees-ANOC)을 설립하며 계속 세력을 확대하여 현재 5개의 지역연합을 거느리고 있으며 ANOC위원장은 조직의 위 아래로 스포츠의 정치권력(Political Power of Sport)을 행사하고 있는 실정이다. 더더욱 앞으로 NOCs 자체가 직접 IOC 의 대표자가 될 수 있을지도 모르며 IOC정회원이 아니더라도 최소한 하계와 동계 올림픽의 개최도시를 결정할 수 있을 정도는 될지도 모른다.

올림픽의 성장발전은 IFs의 성장발전과 밀접한 관계가 있다. 영국은 거의 모든 스포츠의 규칙을 만들어 최초의 국내경기연맹을 조직하고 이후 IFs를 조직했다. 아래 표 1-2는 IFs의 각 종목별 국제경기연맹 설립연도를 나타내고 있다. IFs는 각 종목별 국제경기연맹으로 국내 통합 경기단체로 구성되어 IOC에 직접 종속되어 있지 않고 준(準)독립단체로 NOCs와는 밀접한 관계를 유지한다. IFs는 올림픽경기와 세계선수권대회의 경기를 운영하고 선수의 자격심사, 경기규칙의 제정과 개정, 세계기록 공인 등을 관장한다. 국제올림픽위원회에서 공인을 받은 국제연맹의 경기만이 올림픽경기대회에 출전할 수 있으며 국가 경기연맹에 가맹하지 않으면 올림픽대회와 각종 국제경기에 참가하지 못함으로써 IFs와 IOC는 상호의존적 관계를 갖는다. 또한 IFs는 축구 야구 테니스 권투 등 대중인기 종목 경기에서 TV방송중계권으로 수입을 얻지만 IOC로부터 NOCs처럼 보조금을 받는다. 한편 NOCs처럼 산하에 여러 단체들을 조직하여 재정을 확보하고 정치적으로 권력을 행사한다.

표 1-2 각 종목별 국제경기연맹 설립연도

스포츠	영국연맹	년 도	국제연맹	년 도
육상	AAA	1880	IAAF	1912
복싱	ABA	1880	IBU(프로)	1911
			FIBA(아마추어)	1920
펜싱	AFA	1902	FIE	1913
축구	FA	1863	FIFA	1904
체조	AGA	1890	FIG	1897
스케이팅	NSAGB	1879	ISU	1892
테니스	LTA	1888	ILTF	1913
조정	ARA	1882	FISA	1892
수영	ASA	1886	FINA	1908

각국 경기연맹은 국제적으로 적용되는 아마추어 규정 및 경기규칙을 제정하여 국제 · 국내를 막론하고 공식경기대회는 모두 이 규칙에 따라 운영한다. 아마추어 자격으로 프로와 시합을 금지하는 국제육상경기연맹(IAAF), 이를 허용하는 국제축구연맹(FIFA) 등과 같이 연맹에 따라 다소 차이가 있다.

1921년 스위스 로잔에서의 최초의 경기연맹 공인 이후 긴밀한 연락을 위해 IF는 국제연맹총회를 개최하며, 국제경기연맹 간의 협조체제를 유지하기 위한 통괄기구로 국제경기연맹총연합회(GAISF)를 두고 있다.

올림픽 정치의 핵심 행위자인 IOC는 앞에서 지적한데로 무소불위(無所不爲)의 권력을 갖고 개별의 NOCs나 IFs의 승인을 취소할 수 있으나 특별한 경우를 제외하고는 거의 불가능하다. 한 극단적인 예로 IOC는 막대한 TV방송중계료 분배문제로 미국올림픽위원회(US Olympic Committee)와 빚은 분쟁을 해결하기 위해 실용적인 측면에서 미국의 NOC를 축출할 수는 없다. 왜냐하면 IOC가 USOC를 축출한다면 올림픽 운동에도 부정적인 결과를 초래할 뿐만 아니라 IOC의 올림픽 마케팅 프로그램에 중추적 역할을 하고 있는 미국 대기업들의 지원을 상실할 수 있기 때문이다. 똑같은 사례로 IOC는 국제경기연맹 중 가장 큰 권한과 탄탄한 재정, 그리고 국제축구연맹(Federation Internationale de Football Association-FIFA)과 함께 가장 대중적 인기를 갖고 있는 국제육상경기연맹(International Amateur Athletic Federation-IAAF)과 권력배분문제로 생겨난 마찰을 차단하기 위해 이를 축출할 수 없다. 만약 축출이란 최악의 경우 IAAF는 물론 다른 경기 연맹들도 모두 함께 IOC의 올림픽운동에서 철수하는 권력(Power)을 과시할 수 있기 때문이다. 특히 IAAF의 프리모 네비올로(Dr.Primo Nebiolo) 위원장은 매 4년마다 열리는 세계육상선수권대회를 2년마다 개최하자는 제안을 내어 IOC의 올림픽을 평가절하 시키고 후원기업체들로 하여금 올림픽 지원을 절하시키려는 스포츠의 정치근력(政治筋力 political muscle)을 내보인 바 있다. 그는 자신이 충분히 IOC올림픽의 절대적인 위상을 변화시킬 수 있는 위치에 있다는 점을 은근히 내비쳤던 것이다. 따라서 IOC의 중심적 위상을 감안하드라도 올림픽운동의 3개 트리오 조직(IOC-IFs-NOCs)간에는 항상 직간접적으로 스포츠 권력의 배분문제를 놓고 긴장감이 흐른다. 여러 측면에서 서로 견제와 협력을 이루며 공동의 목표인 올림픽 운동의 발전을 위해 노력한다.

이에 더해 4년마다 하계와 동계올림픽의 개최도시의 OOC가 갖는 관심은 3개 올림픽조직과 다르다. 이 조직위원회는 올림픽대회가 종료되면 해체되고 오랜 기간 동안 再개최의 희망이 거의 없기 때문에 짧은 기간에 최대의 이익을 만들어 내야 한다. 바로 개최도시의 OOC는 TV방송의 경기중계권을 주로 각국방송사에 판매하는 일이다. 이때 OOC는 NOCs와 협의하며 IOC와 TV중계료 배분문제를 결정한다.

이렇게 올림픽운동은 내부의 복잡한 정치적 역학관계로 현명한 IOC위원장은 세계도처로부터 올림픽 내부의 각 조직에 참여하려는 스포츠 인사들에게 항상 귀를 기울인다. 각 후보자들 중에는 NOCs위원 또는 위원장을 지망하거나 각 권역(현재 5개 권역)별 위원장자리를 희망할 수 있기 때문이다. 동시에 IOC위원장은 IOC와 NOCs, IFs 그리고 OOC 등 각 조직의 총회, 집행위원, 사무국, 분과위원회 등 모든 직무단위별 자리를 희망하는 후보자들을 예의 주시한다. 결코 IOC위원장은 이러한 각급단위의 후보군들에게 아무렇게나 자리를 내맡기지 않는다. 먼저 올림픽 운동의 성장발전에 기여한 후보를 우선하면서도 자신의 권한을 유지하고 확대시키는데 도움을 줄 수 있는 우군을 만들어 내는 데 자신의 막대한 스포츠 정치권력을 발휘한다.

IOC위원장의 권한은 앞에서 지적한 데로 아주 막강하다. 특히 1980년 모스크바 총회에서 피선된 사마란치 위원장은 IOC 자체 내의 여러 조직을 관장하여 휘하에 충성스런 수많은 후원자를 배치했다. 그는 여러 개의 분과위원회를 설립하고 조직원을 임명하며 각 위원회의 소집과 특정업무가 완료된 위원회를 해체시키기도 한다. 위원장이 임명한 IOC 조직원들은 거의 아무에게로부터 이의(異意)를 제기 받지 않고 그대로 통과된다. 또한 부위원장과 위원 등 15명의 조직원을 거느린 집행위원회를 구성하는 데 거의 전적으로 자신의 권한을 행사한다. 따라서 IOC 위원장은 전 세계 어디에서나 유엔 사무총장과 같은 대우를 받으며 실제로 올림픽 운동이 유엔과 같은 세계기구로 경쟁적 관계를 갖고 있다고 생각할 수 있다.

무엇보다 IOC가 갖는 가장 큰 권한은 올림픽 개최도시의 결정권이다. 초창기 만해도 올림픽의 수입구조는 개인기부금과 입장권판매 정도였으며 1976년 몬트리올 올림픽 때는 10억 달러의 적자로 몬트리올 자체가 파산상태에 이르기도 했다. 이에 따라 78년까지 다음 개최년도의 84년 올림픽 대회를 유치하겠다고 신청한 도시는 미국 로스앤젤레스가 유일했다. 로스앤젤레스 올림픽조직위원회는 몬트리올의 전철을 밟지 않기 위해 성화봉송(聖火奉送)의 주자(走者) 한 사람마다 3,000달러에 팔정도로 마케팅(뒤에 다시 설명)에 열중했다. 로스앤젤레스 올림픽조직위는 총 2억2000만 달러의 순익을 올리고 IOC는 TV중계권료로만 150개국에 판매하여 2억 8700만 달러의 수익을 올렸다.

이후 흑자행진이 계속되어 88년 서울올림픽 때는 2520억원, 96년 애틀랜타 올림픽 때는 10억 달러, 2000년 시드니 올림픽은 4억8천만 달러에 추가로 관광객 유치 등 장기적 효과까지 합치면 올림픽 개최의 경제효과는 60억 달러에 이르렀다. 따라서 이후부터 각국 도시들은 올림픽개최에 열을 올리기 시작했고 2012년 올림픽을 따내기 위해 뉴욕, 런던, 파리, 마드리드, 모스크바 등이 치열한 경쟁을 벌이고 마침내 런던으로 결정된 바 있다. 이에 따라 개최지를 결정하는 IOC 위원들에게도 로비가 쇄도했다. 92년 개최후보도시였던 파리, 베오그라드, 버밍엄, 암스테르담 등의 유치위원회는 유치캠페인에 총 1억4000만 달러(약 1480억 원)를 쓴 것으로 드러났다. 역대 하계올림픽개최지와 참가국은 아래 표1-3과 같다.

표 1-3 하계올림픽 개최도시와 참가국

연도	개최도시	참가국	여자선수	남자선수
1896	Athens	13	_	311
1900	Paris	22	11	1,319
1904	St. Louis	12	8	617
1906	Athens	20	7	877
1908	London	22	36	1,990
1912	Stockholm	28	57	2,490
1920	Athens	29	64	2,543
1924	Paris	44	136	2,956
1928	Amsterdam	46	290	2,724
1932	Los Angeles	37	127	1,281
1936	Berlin	49	328	3,738
1948	London	59	385	3,714

1952	Helsinki	69	518	4,407
1956	Melbourne/	67	371	2,813
	Stockholm	29	13	145
1960	Rome	83	610	4,738
1964	Tokyo	93	683	4,457
1968	Mexico City	112	781	4,750
1972	Munich	122	1,299	5,848
1976	Montreal	94	1,247	4,781
1980	Moscow	81	1,125	4,092
1984	Los Angeles	141	1,567	6,797
1988	Seoul	159	2,476	7,105
1992	Barcelona	169	2,708	6.659
1996	Atlanta	197	3,779	6,582
2000	Sidney	200	·	총인원: 10,200
2004	Athens	202		총인원: 10,500
2008	Beijing	204		총인원: 11,028

이러한 각국의 개최도시 유치경쟁으로 IOC 위원장과 위원들은 개최희망 도시들을 방문하고 극진한 특별대우를 받는다. 예를 들면 1999년 서울에서 109차 IOC 총회가 열렸을 때 IOC 위원들이 묵는 한 호텔은 이들을 VIP 중 가장 높은 수준인 '스페셜 어텐션'(Special Attention: 특별배려)급으로 대접했다. 스페셜 어텐션은 국가수반과 같은 정도의 서비스로 호텔로비에는 레드 카펫이 깔렸고 전담 서비스요원이 지정됐으며 정부에서 위원별로 차를 지급했다. IOC 위원은 모든 국가에 무비자로 입국할 수 있다. IOC 총회를 여는 개최국 수반과

단체로 접견할 수 있다. 위원들이 묵는 숙소에는 IOC 깃발은 물론이고 해당 위원 모국의 국기도 게양된다. 이와 같은 특별 대우는 올림픽 헌장에 규정돼 있지는 않으나 20년대부터 올림픽 개최도시는 IOC 위원들에게 부부동반으로 배, 기차 등의 1등석을 제공하는 것이 관행이었다. IOC 자체의 수입이 늘어난 뒤에는 IOC에서 항공료를 지급하고, 숙박 및 체재비는 위원들이 일단 낸 뒤 IOC에서 나중에 환급해 주었다.

그러나 이러한 개최도시의 유치경쟁은 뇌물사건 같은 부패를 낳기도 해 올림픽정신을 훼손하는 일이 종종 발생한다. 예를 들면 1998년 스위스의 IOC위원 마크 호들러가 폭로한 '솔트레이크 동계올림픽유치비리'가 그러하다. 호들러 위원에 따르면 솔트레이크 올림픽조직위원회는 2002년 동계올림픽을 유치하기 위해 13명의 IOC 위원에게 120만 달러(약 14억 4000만원)에 이르는 현금과 선물, 자녀교육비, 취업, 건강진단 등을 제공했다. 이 사건으로 IOC 위원 중 6명이 제명됐고 4명은 사퇴, 3명에게는 엄중경고 조치가 내려졌다.

'솔트레이크 파문'으로 IOC는 창설 105년만인 1999년 서울총회에서 과감한 개혁에 들어가 자체의 윤리위원회를 만들고 200달러(약 24만원)가 넘는 선물은 받지 못하도록 했다. 또한 올림픽 개최후보도시에 IOC위원들이 방문하는 것도 금지했다. 위원들의 정년도 80세에서 70세로 낮췄고 임기도 종신에서 8년으로 줄였으며 재선까지만 가능하도록 했다. 위원장은 8년 임기에 4년 중임까지만 가능하다. 또한 이전까지는 받아주지 않던 현역선수들과 국제경기연맹(IF) 등 올림픽관련 국제단체 및 NOCs의 위원장들에게도 IOC 위원이 될 수 있도록 했다. 또한 IOC위원 선정위원회를 만들어 사전에 후보들에 대한 평가 작업을 하도록 했고 IOC의 수입과 지출내용도 공개하기로 했다.

IOC의 올림픽개최도시 선정의 가장 중요한 기준은 물론 경기시설과 진행을 위한 기술적인 요인이다. 최소한 이와 같은 기술적 조건들이 적절하게 부합되어야 하나 동시에 정치경제적, 지역적 요인도 크게 작용한다. 1964년 도쿄대회는 제2차 대전의 전범국가에서 민주시민국가로 변신한 일본에 대해 그리고 유럽중심주의(Eurocentrism)에서 아시아지역에서 처음으로 올림픽이 개최되었고 뒤이어 1968년 멕시코시티 대회에서도 이와 같은 지역적 안배가 고려되어 최초의 남미대륙 올림픽이 개최하게 되었다. 1980년 모스크바 대회와 2008년 베이징 대회 또한 구소련의 공산권 종주국에 대한 배려와 새롭게 국제무대에 등장하고 있는 시장사회주의(Market-oriented Socialism) 실험에 성공한 중국에 대해 각 IOC측으로부터 올림픽운동 신장이란 목표와 일치하여 개최지로 선정되었다. 나아가 2016년이나 2020년 올림픽도 아프리카의 요하네스버그 등지에서 개최될 수도 있다. 30여 년 동안의 인종차별(Apartheid)을 종식하고 민주주의를 성취한 남아프리카에 대해, 나아가 5대주의 하나인 아프리카 대륙에서도 첫 올림픽을 개최하는 정치적, 지역적인 고려를 참작한다면 이와 같은 선택은 매우 합당할 수 있기 때문이다.

가장 정치적 요인이 작용했던 올림픽개최지 선정의 경우로서는 1988년 서울 올림픽을 들지 않을 수 없다. 일본 나고야와 경합 중이던 서울 올림픽 개최지는 다른 요인들보다 사마란치 IOC위원장의 절대적인 정치적 결단으로 이루어졌다고 볼 수 있다. 1980년 모스크바 올림픽과 1984년 LA올림픽이

미-소 냉전의 희생물이 되어 '반쪽 올림픽'이란 오명을 받게 된 사마란치 위원장에게는 그 냉전의 전면에 서왔던 한반도의 한 복판 서울에서 올림픽 개최가 성공하면 동서화합과 세계평화를 이룩하려는 올림픽의 기본정신에 부합되는 선택이 아닐 수 없었다. 한편으로 사마란치 위원장의 개인적인 명예회복 차원에서도 이와 같은 선택은 당연한 것으로 이해될 수 있는 양수겸장(兩手兼將)이자 두 마리 토끼를 한꺼번에 잡을 수 있는 절묘한 선택이 아닐 수 없었다. 그러나 서울 올림픽 개최 성공이란 사마란치 위원장의 외교수완과 정치적 지도력이 어떻게 발휘될 수 있느냐의 여부에 달려 있었으나 결코 만만치 않은 험난한 장애물들이 놓여 있었다.

1945년 이후 미소냉전의 전초기지(Outpost)였던 한반도의 2개 분단국은 미국과 소련의 대리 역을 맡아 첨예하게 대립각을 세워왔나. 남한은 소련과 다른 공산주의 국가들과 철저힌 적대관계를 유지하는 한편 미국과는 정부수립과 군사우호 동맹관계를 갖고 보호와 지원을 받아왔다. 한편 북한도 마찬가지로 미국과 다른 자본주의 국가들과는 철저한 적대관계를 가지는 한편 소련과는 그 위성국가로서 군사우호 동맹관계를 가지면서 남북한은 공히 미국과 소련에게 각각 "보호국(Patron State)과 피보호국(Client State)"의 양자관계를 40년 이상 유지해온 상태였다.

한편으로 남한이 27년간의 장기 군사독재정치가 계속돼온 터에 민주주의를 열망하는 한국인들의 염원과 자유민주주의를 사랑하는 전 세계인들에게 한국의 민주화의 일정을 앞당길 수 있는 계기를 만들어 낼 수도 있다는 기대가 동시에 작용했다고 해석할 수 있다.[13] 특히 1980년 5월 2000여명의 희생자를 낸 5.18광주민주항쟁으로 국내는 물론 세계여론으로부터 질타를 당한 군사독재정부가 내외에 주의를 환기하여 올림픽이란 이벤트로 체제의 정통성을 분칠하려는 전형적인 '연계정치'(Linkage Politics)의 본보기로 이해될 수도 있었다.

그러나 처음에는 만약 IOC가 서울올림픽을 선택할 경우 소련을 위시한 공산권국가들이 집단으로 불참할 수 있으며 공산권의 종주국이자 수장으로서 소련에게는 자신들이 원하든 원치 않던 간에 동맹국 북한과 다른 제3세계 우호국들에게 동맹 및 우방관계상 지도국으로서의 신뢰를 보여야할 입장이었다. 다른 한쪽의 당사국인 북한 또한 서울 올림픽 개최지 결정에 따라 당연히 올림픽의 동시개최를 주장하고 나섰다.

사마란치 위원장은 이러한 어려운 국제정치 환경 속에서 자신의 외교정치 역량을 최대한 발휘하기 시작했다. 우선 북한과의 협상을 진지하게 진행해 보임으로써 소련의 체면을 살려주고 올림픽 참가로 유도해 내는 것이었다. 이는 곧 IOC가 최선의 노력으로 북한의 동시개최 요구를 만족하게 할 수 있는 협상을 벌인다는 그 자체가 매우 중요한 과제였기 때문이다. 이는 이미 소련 측의 입장에서 보면 84년 LA올림픽 불참으로 당시 동유럽 공산권국가들과 불편한 관계가 생겨난 터에 사마란치 위원장의 對북한 협상개시는 매우 바람직한 선택으로 평가되었다. 만약 자신들의 서울올림픽 불참이 재발된다면 소련으로서는 동유럽공산권은 물론 제3세계 우방국들에게도 심대한 부정적인 영향을 미쳐 큰 타격을 받을 수 있음과 동시에 세계여론과 자국선수들도 그 동안 올림픽을 위해 기울어온

13) 김운용, 위대한 올림픽: 바덴바덴에서 서울까지(서울: 시사영어사, 1990), p. 14.

모든 노력들이 공염불이 될 수 도 있다는 위기감을 간파(看破)하고 있었기 때문이다.

결국 사마란치 위원장의 뛰어난 외교 및 정치수완으로 1981년 9월 30일 독일의 바덴바덴에서 개최된 IOC 총회는 제24회 올림픽대회를 한국의 서울에서 개최하기로 결정하였고 북한과 쿠바 등 소수 공산국가를 제외하고는 소련을 위시한 공산권국가들이 대거 참가하여 역대 최다 참가국인 160개국이 경기에 임하여 동서이념과 인종갈등의 기존한계를 벗어나 스포츠 세계화의 '지구촌 시대'를 앞당겼다. 한국은 국내적으로 올림픽이전 대통령 직접선거를 치루며 민주화에 접근하기 시작했으며 국외적으로는 소련과 동유럽 공산국가들과 국교를 수립하여 한국의 '북방외교'가 결실을 맺게 되었다.

끝으로 IOC위원장은 쿠베르탱이 1894년 최초로 조직하여 1945년에 해산되었다가 1972년에 부활된 올림픽의회(Olympic Congress)를 맡아 올림픽운동의 일체성을 위해 필요한 스포츠 전반에 관한 공동관심사의 주제를 선정하여 소집하고 이를 주제한다. 이는 IOC이사회, NOCs 위원회, IFs 대표자들이 연석으로 참석하는 회의로서 아래 표 1-4는 역대 소집된 올림픽회의 장소와 주제를 나타내고 있다.

표 1-4 올림픽 회의

년 도	도 시	주 제
1894	Paris	아마추어리즘의 연구와 증진
1897	Le Harve	신체운동과 관련한 보건, 교육, 역사
1905	Brussels	스포츠와 체육에 관한 쟁점
1906	Paris	올림픽게임과 예술의 접목
1913	Lausanne	스포츠 심리와 생리

1914	Paris	올림픽 참여 스포츠 단일화
1921	Lausanne	올림픽 참여 스포츠에 대한 완화
1925	Prague	교육학적 문제점, 올림픽 규칙과 프로그램
1930	Berlin	올림픽 규정의 수정
1973	Varna	올림픽운동의 미래
1981	Baden-Baden	올림픽 게임의 미래와 국제협력
1994	Paris	근대사회에 대한 올림픽의 기여

자료: Jim Riordan and Arnd Krüger (1999), p. 7.

2) 올림픽의 '돈'(錢)정치(Politics of Olympic Money)

올림픽의 재정은 초기에 몹시 영세한 자금으로 시작하여 스위스의 한 시계방 뒤편 사무실을 얻어두고 여직원 혼자 근무하던 시절에서 이제 거대한 매머드 조직으로 상업적으로는 세계 거대 다국적기업과 같은 위치로 변했고 국제평화를 유지하고 증진하는 유엔과 같은 위상을 갖는 조직으로 변하면서 막대한 재정으로 수입과 지출의 업무가 중요한 과제로 대두되고 있다. 이러한 거대조직을 가동하고 혹시 3차 세계대전이나 천재지변으로 발생할지도 모르는 올림픽 개최무산이나 보험사로부터 예상수입 보상 등이 불가능할 때를 대비하여 IOC는 최소한도의 예비비를 포함하여 대회운영비 등 수입의 재원을 마련하기 위한 마케팅이 무엇보다 필요하며 점점 확대되고 있는 올림픽 수입은 원칙적으로 대부분 올림픽 개최도시의 OOCs에 배분되어 대회운영경비와 각국의 선수단 항공료 및 숙식지원비로 사용되며 나머지는 IOC운영비, NOCs 직접지원비, IFs지원비 등으로 사용된다. 배율 비는 공식적으로 IOC는 총수입의 10%를 갖고 90%는 각

국가의 올림픽위원회(NOC's), 개최국 조직위원회(OCOG), 각 국제경기단체(IF's)에 배분하고 있다. 시드니 올림픽의 경우 IOC는 11.8억 달러를 보유했다.

올림픽 마케팅은 TV중계권 판매, 스폰서십 판매, 입장권 판매, 그리고 상품화권 사업(Licenses)으로 크게 나눈다. 올림픽 마케팅은 고대올림픽 참가선수가 스폰서십이란 용어를 사용하지 않았을 뿐 개인으로부터 후원을 받은 것이 스포츠마케팅의 원조라 할 수 있다. 1924년 파리 대회에서 근대올림픽의 창시자 쿠베르탱이 처음으로 사진 촬영권과 경기장 광고를 허용한 것과 1928년 암스테르담 올림픽 당시 미국의 코카콜라회사가 코카콜라를 대회장으로 직접 수송하여 미국선수단에게 제공하여 미국 내에서 코카콜라 선풍을 일으킨 것이 근대올림픽 마케팅의 효시라 할 수 있다. 현대올림픽 마케팅 효시는 1984년 LA 올림픽 당시 야구커미셔니인 피터 우에베로(Peter V. Ueberroth)를 OOC위원장으로 영입하여 미국의 거대시장을 배경하여 마케팅을 전개, 올림픽 사상 최초로 2억2천5백만 달러의 흑자를 기록했다. 여기에는 34개의 공식후원업체(Official Sponsers)와 64개의 공식공급업체(Official Suppliers), 65개의 상품판매업체(Licensees)가 참여했으며 거의 대부분 미국회사들이 독점했다. 또한 TV중계권은 150개국에 판매되어 2억8천7백만 달러의 수입을 올렸다.

1984년 LA올림픽 이전까지만 해도 올림픽재정은 개선되지 못해 1932년 LA대회의 경우 겨우100만 달러의 수입을 올렸을 뿐이다. 여기에 더해 당시 미국올림픽위원회(USOC)위원장이었던 에버리 브런디지는 IOC와 USOC가 OOC로부터 일정 비율의 재정수입을 할당받을 수 있도록 협상을 시작했으나

LA올림픽조직위원회 위원장이자 IOC위원이었던 윌리엄 가랜드(William Garland)는 이를 거절했다. 경제공황으로 사람들이 돈이 없어 올림픽입장을 할 수 없게 되자 가랜드는 입장권을 반값으로 할인하여 올림픽 사상 최대 1백만 인파 이상으로 모든 게임의 스타디움을 채다. 결국 USOC는 OOC를 법원에 제소했으나 패하였다. LA지방법원은 피고 OOC는 모든 위험을 무릅쓰고 대회를 개최하였으므로 대회에서 발생하는 모든 이익금도 OOC에 귀속된다고 원고 패소판정을 내렸다. 이때까지 만해도 IOC와 NOCs의 올림픽 등록상표권이 안전하게 보장받지 못했던 것이다. 그러나 다행히 1932년 LA올림픽은 통신기술의 혁신으로 라디오를 통하여 빠르게 생중계되었으며 미국 라디오 방송사는 독점권을 획득하기 위해 거금을 지불하였고 브런디지는 또한 육상경기 중계권을 막대한 금액으로 팔 수 있었다. 이러한 결정에 대해 법원은 이 권리를 입장표에 기재한다면 이를 허가한다고 결정하기도 했다.

IOC 최초의 TV중계권료 수입은 1948년 런던대회부터이며 1960년 로마 대회에서는 무보수에 업무비용까지 자비로 충당해오던 사업가출신의 브런디지 IOC위원장은 북미주 TV중계권을 처음으로 440,000달러에 팔았다. 그러나 이후부터 개최국올림픽위원회는 천정부지(天井不知)의 TV중계료를 올려 받고 지난 1988년 서울올림픽 때에는 전 세계 방영권이 4억8백만 달러, 1992년 바르셀로나 하계올림픽은 6억3천5백만 달러, 알베르빌 동계대회는 2억9천5백만 달러, 2000년 시드니대회는 13억2천2백5십만 달러, 2004년 아테네 대회는 14억7천6백5십만 달러로 치솟았다. 2008년 북경올림픽대회는 16억9천80만 달러를 예상했다. 이러한 매 4년마다의 올림픽대회 TV중계료의 인상은 거의 전세계인구의 90%에 육박하는 시청율과 무엇보다 이를 상업적 전문마케팅 프로그램 TOP을 개발했기 때문이다. IOC는 바르셀로나 올림픽 이후부터 안정적 수입확보를 위해 OOCs의 중계료 판매를 회수하여 1995년부터 방송권을 직접 장기계약하고 있다. 이로써 올림픽 마케팅의 가장 큰 수입원을 확보하게 되었다.

한편으로 IOC는 규모가 점차 방대해지고 있는 올림픽의 재원을 마련하고 대회에 참가하는 각 NOC의 재정을 돕기 위해 본격적인 올림픽마케팅을 발전시켜왔다. 특히 상업적 측면에서 성공한 1984 LA올림픽에서 자신감을 얻은 스폰서십 사업인 TOP(The Olympic Partner Programme-TOP)을 개발하여 세계적인 스포츠 마케팅회사인 ISL에 대행시켰다.[14] 그러나 ISL은 그동안 IOC, NOCs와의 협조관계의 부족과 업무처리 미숙 등으로 1997년 이후에는 스위스에 본부를 둔 메리디안(Meridian)이 대행하고 있다. 메리디안의 주식 50%는 IOC가 소유하며 모든 권한도 IOC가 행사하고 있다.

TOP은 세계유수의 다국적기업을 스폰서로 유치하고 TV중계권판매, 올림픽휘장을 이용한 상품화권 사업, 올림픽 개·폐회식 및 종목별 입장권 판매, 기타 기념주화를 판매하여 천문학적인 수입을 올리고 있다. 결과적으로 TOP의 기업스폰서들은 IOC와 NOCs, OOCs의 마케팅 권한을 대행하면서 다른 경쟁사들이 사용할 수 없는 '배타적 권리(Exclusive Rights)'를 갖고 세계시장을 상대로 자사제품의 판매를 크게 촉진시킨다. 그러나 IOC는 TOP이 지정한 스폰서 제품을 제

14) ISL주식의 51%는 독일계 다국적 스포츠업체 아이다스(Aidas)가 49%는 일본의 광고회사 덴쓔(Dentsu)가 소유했다.

외한 다른 품목에 대해서는 NOCs와 OOCs가 자체의 마케팅을 하는 것을 막을 수 없다.

TOP은 올림픽의 정식 조직이나 단체는 아니지만 올림픽 운동을 수행하는 데 없어서는 안 될 중요한 역할을 한다. 즉, 올림픽 중계권자와 함께 올림픽 후원사는 올림픽개최에 필요한 자금을 지원하는 매우 중요한 역할을 하고 있다. 특히 점점 대규모화 고급화되어 가는 올림픽대회에 이들의 지원은 결정적인 것이어서 최근에는 이들 후원사도 '올림픽 패밀리'(Olympic Family)라는 칭호를 받을 만큼 그 공헌도를 인정받고 있다.

올림픽 월드와이드 파트너(Worldwide Partner)로 불리는 TOP은 품목별 전 세계 주요 대기업들로 구성된 10여 개 사를 말한다. TOP은 1988년 서울 올림픽 때 처음 도입된 프로그램으로 1992년 바르셀로나 대회(TOP II), 1996년 애틀랜타 대회(TOP III), 2000년 시드니 대회(TOP IV)를 거쳐 2004년 아테네 대회(TOP V)에 이르고 있다. TOP은 올림픽 주기인 4년을 계약기간으로 하며 TOP V의 경우 계약기간은 2000년부터 2004년 아테네 올림픽까지이다. 아래 표 2-1과 같이 주로 미국기업들이 많고 일본의 파나소닉, 한국의 삼성이 월드와이드 파트너로 참여하고 있다.

올림픽 파트너는 후원금과 현물 및 기타 지원(VIK: Value-In-Kind)을 제공하고, 그 대가로 해당분야에서 올림픽 마케팅 권리를 인정받으며 하계올림픽과 동계올림픽 각 1회를 한 시즌으로 계약한다. 스폰서 금액도 크게 증가하여「TOP I」에서는 1개 기업의 스폰서 금액이 1천만 달러였으나「TOP Ⅳ」에서는 5천만 달러로 증가하였다. IOC가 이들

TOP에게 부여하는 주요 권리는 아래와 같다.

(1) 오륜마크 사용권 : TOP은 올림픽 심벌인 오륜마크를 광고나 자사제품(단, 참여품목에 한함)에 부착하여 IOC 가맹 202개국에서 사용할 수 있다. IOC의 조사기관에서 최근 조사한 자료에 따르면 전 세계인의 오륜마크에 대한 인지도는 약 93% 수준인 것으로 나타났다. 또한 오륜마크의 이미지에 대한 질문에 응답자의 74%가 오륜마크는 성공과 이상의 추구를 상징하는 마크로 인식하고 있었다. 이러한 탁월한 마켓 전략은 후원사의 브랜드에 오륜마크를 이입시키는 소위 '차용이미지(Borrowing Image)' 전략을 구사하고 있는 것이다.

(2) 상품의 우선공급권 : 올림픽 운영과 관련된 제품에 대해, TOP은 자사제품을 우선적으로 대회조직위에 납품할 권리를 갖는다. 실제로 올림픽 개최지에서는 이들 TOP의 제품이 개최도시를 뒤덮고 있을 정도이다. 올림픽 운영에 필요한 컴퓨터는 전부 IBM이 공급하고, 방송장비는 마쯔시다(파나소닉)가, 필름은 코닥, 청량음료는 코카콜라가 공급하여 타 경쟁제품이 파고들 여지가 없다. 삼성도 나가노 동계올림픽에서 올림픽 운영에 필요한 무선통신제품을 공급했다.

(3) 차기올림픽 우선후원권 : TOP은 또한 차기 올림픽 후원의 우선권을 갖는다. 예를 들면, 청량음료의 월드와이드 파트너인 코카콜라는 차기 올림픽에 우선적으로 후원할 권리를 갖고 있으며, 코카콜라가 이 권리를 포기하지 않는 한 IOC는 이 품목을 코카콜라의 경쟁사인 펩시에 판매할 수 없다.

표 2-1 TOP 스폰서 현황

Worldwide Olympic Partner	구분
The Coca-Cola Company	청량음료
IBM	정보기술/컴퓨터
John Hancock	생명보험/입금
Kodak	필름/사진과 이미지
McDonald's	음식서비스
Panasonic	Audio/TV/Video 장비
Samsung	무선통신
Sports ll standed/Time	정간물/신문/잡지 등 출판
UPS	우편/항공화물 운송서비스
Visa	신용카드
Xerox	복사기 및 장비

이러한 올림픽마케팅은 올림픽 이미지와 시청률의 변화에 따라 그 성과가 크게 달라질 수 있기 때문에 이미지의 경우 수년전 IOC가 조사한 결과를 보면 아래 표 2-2와 같다. 스포츠 이벤트에 대한 일반인들의 이미지를 5점 척도를 기준으로 조사한 결과 올림픽 경기가 3.8로 가장 높았고 다음으로 월드컵은 3.1을 기록했다.

시청률 면에서도 월드컵이 응답자의 70%가 시청했다고 응답한 반면, 올림픽 시청률은 94%에 이르렀다. 또한 응답자 중 79%가 올림픽경기가 세계평화에 이바지한다고 생각하고 있으며, 96%가 다른 경기들에 비해 더 재미있고 특별한 경기로 인식하고 있다. 예를 들어 올림픽이 중계된 국가 수를 보면 1988년 서울 올림픽당시 160개 국가에서 중계되었고,

1992년 바르셀로나 대회에서는 193개국, 그리고 지난 1996년 애틀랜타대회에는 무려 214개국에 중계된 것으로 집계되었다. 중계국가 수가 확대됨에 따라 중계시간도 절대적으로 늘어나 1988년 대회 때는 약 1만 시간의 중계시간이 1992년에는 2만 시간으로 늘어났고, 1996년 대회에서는 2만 5000시간이 중계된 것으로 나타났다. 시청자 수에서도 괄목할 만한 증가세를 보였는데 1988년 대회에는 104억 명이 올림픽을 시청한 것으로 집계되었으나, 1992년 대회 때는 166억 명, 1996년에는 196억 명이 올림픽을 시청한 것으로 나타났다.

표 2-2 올림픽 이미지

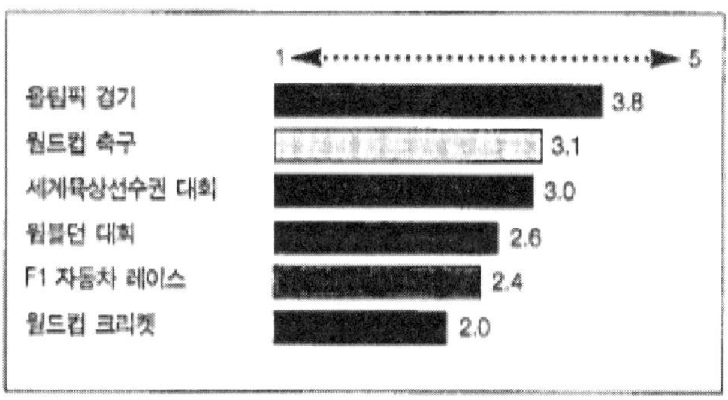

*본 조사는 IOC가 미국, 일본, 영국, 브라질 등 9개국에서 18세 이상 4500명을 대상으로 1996년 8월에 실시한 조사결과이다.

올림픽의 이미지와 시청률이 점차 계속하여 증가되면서 TOP 프로그램이 벌어들인 총수입액도 증가하여 첫 실험 대회였던 1988년 서울대회 때는 동계올림픽을 합쳐 9500만 달러로 시작하여, 1992년 바르셀로나대회는 1억7500만 달러, 1996년 애틀랜타대회는 3억5000만 달러, 2004년 아테네대회는 6억6300만 달러, 2008년 베이징올림픽대회는 8억6600만 달러로 지속적인 대폭증가세를 보이고 있다. [15]

앞에서 살펴 본 올림픽의 총 수입원을 다시 종합 정리하면 아래와 같다.

1. IOC의 주 수입원은 TV중계료와 TOP프로그램의 스폰서료이다. 첫째, TV중계권료는 최초로 1948년 런던대회부터 시작되었다. 1960년 로마대회 이후 개최도시 올림픽조직위원회가 판매한 중계권료 일부를 받아 왔으나 안정적 수입확보를 위해 1995년부터 방송중계권을 직접 장기계약하고 있다. TV중계권료는 올림픽 마케팅의 가장 큰 수입원으로서 지속적으로 증가(前시즌대비 약 70~80%의 성장을 지속)하고 있으며 이는 세계인들의 올림픽에 대한 관심증가를 반영한다고 볼 수 있다. 둘째, 스폰서료는 TOP의 글로벌기업이 올림픽 후원을 통해 마케팅을 전개하는 방식으로 올림픽 후원사는 후원금과 현물 및 기타 지원(VIK : value-in-kind)을 제공하고, 그 대가로 해당분야에서 올림픽마케팅 권리를 인정받는다. 하계올림픽과 동계올림픽을 구별하여 각 1회를 한 시즌으로 계약한다. 스폰서 금액도 크게 증가하여 「TOP Ⅰ」에서는 1개 기업의 스폰서 금액이 1천만 달러였으나 'TOP Ⅳ'에서는 5천만 달러로 증가하였다.

2. OOCs는 TOP과는 다르게 자국 내에서 상품화권리(licensing), 지역스폰서, 경기장 입장료 등의 수입원을 확보하고, 5%를 IOC에 지급하고 수익금의 95%를 개최비용으로 사용한다. 시드니 올림픽의 경우 총 7억7,600만 달러에 달했다. 먼저 지역 스폰서료는 TOP프로그램의 올림픽파트너와 유

---

15) http://economictimes.indiatimes.com/Olympic-sponsors-land-in-China -soup/rssarticleshow (검색일: 2008. 7. 10)

사한 광고 및 홍보에 관한 권리를 갖고 있으나 대회 개최지에 한정된다는 점에서 차이를 보인다. 시드니 올림픽에서는 모두 24개 기업이 참여하였고, 스폰서 총액은 3.3억 달러이며 기업 당 스폰서 요금은 1,300만 달러로서 TOP 참여기업의 약 1/4 수준이다. 다음으로 상품화권리는 올림픽 개최지내에서 올림픽과 관련한 의류, 기념품 등을 판매할 수 있는 권리를 획득하여 활동하고 대가를 지불하는 것이다. 시드니에는 총 73개 기업이 참여했고 전체 금액은 6,900만 달러였다. 끝으로 입장수입은 경기장 입장료에 의한 수입으로 시드니의 경우 입장수입은 총 6,900만 달러로 추정되었다.

IOC는 과거 30여 년 전과는 다르게 수억 또는 수십억 달러를 보유하게 된 부자가 되었다. IOC는 상업적으로 어떤 의미에서 거대 다국적기업으로 변신하면서 앞에서 지적한 바와 같이 올림픽의 TV방영권에서 나오는 수입과 올림픽 파트너인 TOP 프로그램의 스폰서후원금 등 두 가지로 얻어진 수입금의 일부를 배분하면서 산하기구들을 직·간접적으로 통제한다. IOC는 NOCs에 '올림픽 연대금' (Olympic Solidarity)이란 명목의 발전기금을 통해 보조금을 지급하면서 직접적인 통제를 하는 반면 준 독립적인 IFs에 대해서도 총수입액 중 일부를 경기운영비 등 보조금을 배분하면서 간접적인 영향력을 행사한다.

올림픽수입금의 배분은 IOC 총회가 결정하지만 다원화된 수입원과 법률비용 등 지출명목에 계상되지 않은 모호성 등으로 투명하고 정확한 재정관리가 부재한 상태로 각 조직 간의 이해가 충돌하기도 한다. 그러나 흑자올림픽이 시작된 1984

LA대회를 거쳐 1998년 '솔트레이크 동계올림픽 유치비리사건' 폭로를 계기로 IOC는 창설 105년만인 1999년 서울총회에서 과감한 자체개혁에 들어가 IOC내에 윤리위원회를 만들고 또한 수입과 지출내용도 공개하기로 했다. 따라서 그 동안 공적이 아닌 사적영역(Private Domain)으로서의 올림픽재정에 관한 내역이 보다 투명하게 진행될 수 있는 계기를 마련하여 수입금의 배분문제를 둘러싼 올림픽 조직내부와 OOCs사이에 내재해왔던 갈등과 올림픽 운동의 발전을 저해하는 분란요인들이 점차 감소되고 해소되어 갔다.

앞서 지적했듯이 IOC는 현재 공식적으로 TV중계료와 TOP프로그램 수입을 합산한 총수입의 10%를 갖고 90%는 각국의 올림픽위원회(NOC's), 개최도시 조직위원회(OOCs), 각 국제경기단체(IF's)에 배분하고 있다. 동시에 OOCs는 1996년부터 자체수입원에서 생긴 수입금의 5%(이전에는 3%)를 IOC에 지급하고 수익금의 95%를 개최비용으로 사용한다. 결국 대부분의 올림픽수익금은 OOCs에 지원되어 대회운영경비와 각국의 선수단항공료 및 숙식지원비로 사용되며 나머지는 IOC 운영비, NOCs 직접지원비, IFs 지원비 등으로 사용된다.

한편 올림픽의 '돈 정치'와 관련하여 1998년 '솔트레이크 동계올림픽 유치비리사건'에서 나타나듯 올림픽 개최지 도시선정을 놓고 유치희망 후보도시들은 해당 정부의 직·간접적 지원아래 치열한 유치경쟁을 벌이며 그 배경에는 무엇보다 경제적 기여도가 우선 감안된 것으로 이해할 수 있다. 결국 올림픽의 개최와 진행에서 가장 관심되는 분야는 비용과 수익의 문제로 올림픽 개최의 경제적 파급효과는 앞에서 보았듯이 막대하다. 그러나 올림픽 개최와 진행에 따른 가장 효과적이고 경제적인 전략과 실천이 따르지 않는 한 경제적 수익을 위해 긍정적이고 순기능적인 효과보다 오히려 부정적이고 역기능적인 영향만을 끼칠 수도 있다. 캐나다 정부는 1976년 몬트리올 올림픽으로 진 15억 달러의 재정부채를 안고 2006년까지 모두 변제(辨濟)할 수 있었다. 1992년 바르셀로나 올림픽의 경우, 바르셀로나 시는 21억 달러, 스페인 정부는 40억 달러의 부채를 안았고 1996년 애틀랜타 올림픽도 자체흥행은 흑자였으나 16억 달러의 공공투자비용이 시의 재정 부담으로 남았다. 2012년 런던올림픽의 경우 개최비용이 90억 파운드의 막대한 비용이 지불될 것으로 예상하며 수익 · 지출의 결산이 주목된다.

결론

고대올림픽과 근대올림픽이 처음부터 정치적 목적으로 출발하였고 올림픽 역사가 증명하듯이 올림픽과 정치는 불가분의 관계를 갖는다. 트로이전쟁(전쟁시기는 BC1193-1183으로 알려졌으나 최근에는 BC1188년으로 통용됨) 이후 영웅의 장례나 군대진영의 위안을 위하여 군사경기가 벌어졌고 앞으로 있을 새로운 전쟁에 대비하기 위한 군사훈련의 목적으로 달리기, 레슬링, 권투 등과 같은 주요 군사경기가 제전에서 행해졌다. 이는 곧 올림픽이 건전한 육체와 건전한 정신을 다듬어 이상적인 폴리스(polis) 시민을 육성하여 정치 군사적으로 강력한 국가를 만들어 피정복 타민족과 외적의 침입을 막아 내는 데 유일한 수단이 되었기 때문이다. 또한 올림픽은 이들에게 제전경기로서 종교적 제전이자 생활의 일부로서 모든 도시국가가 합의하여 전쟁을 중단하고 참여하면서 평화적 결합을 도모한다는 커다란 정치적 의미를 갖고 있었다. 한편으로 로마군의 정복과 로마제정의 기독교 국교화 조치로 고대올림픽이 조종(弔鐘)을 고함으로서 스포츠의 정치화와 정치의 스포츠화가 남긴 첫 선례로 지적될 수 있다.

근대올림픽도 처음 20세의 쿠베르탱이 보불전쟁에서 패배한 프랑스의 자존심을 일깨우며 '위대한 프랑스'를 만들기 위해 시작되었다. 또한 그의 초기 올림픽운동의 출발에서도 주변국들의 민족주의란 정치이데올로기 역풍을 받아야만 했으며 부활된 올림픽도 '국제정치의 풍향'(The Wind of International Politics)에 따라 그 기복(起伏)이 심할 수밖에 없었다. 양차세계대전에 의해 올림픽이 중단되었는가하면 1936년 베를린올림픽에서는 히틀러의 나치즘에 물들어야했고 1980년 모스크바대회와 1984년 로스앤젤레스 대회는 동서냉전의 희생으로 반쪽대회가 될 수밖에 없었다. 동시에 국내정치의 불만세력을 달래거나 탄압하기위해 올림픽을 정치적으로 이용한다. 1968년 멕시코올림픽을 10여일 앞두고 멕시코 독재정부는 대규모 반정부 학생시위를 무력으로 진압하여 최대 400여명의 사망자를 냈으며 1988서울올림픽 역시 군사독재정부에 항의하며 최대 2000명 이상의 사망자를 낸 1980년 5.18광주민주항쟁과 이후 계속되는 국민들의 군사독재에 대한 불만을 잠재우기 위해 올림픽이 활용되었다.[16] 2008베이징올림픽에서도 비슷한 방법으로 티베트독립을 요구하는 시위대들을 무력으로 진압한 바 있다.

한편으로 올림픽의 조직과 운영 면에서도 IOC위원장 선출

---

16) "1968 Student Massacre"("Tlatelolco massacre/The Night of Tlatelolco" 라고도 호칭), WWW.Globalsecurity.org. Retrieved on 2008-08-28(검색일: 2008. 9. 3.); 5.18광주민주항쟁에 대해서는 梁東柱 (2001), 하권 p. 491. 참고.

문제나 개최도시선정, 재정수입, 그리고 그 배분문제 등을 둘러싼 올림픽운동의 문제들이 결국 정치협상의 '밀림과 당김'(pulling and hauling)의 형식으로 이루어지는 현실 속에서 올림픽과 정치는 다시 한 번 상호불가분의 관계를 보여주었다.

동시에 스포츠맨들은 스포츠의 정치화를 의도적으로 부인하고 정치인들은 정치의 스포츠화를 암암리에 부인하고 있지만 스포츠와 정치는 동전의 양립으로 존재하고 지금까지 보았듯이 이론과 실제에서 더욱 분명하게 증명되고 있다. 첨언(添言)하자면 올림픽운동은 건강한 육체의 단련과 평화증진이 그 이상적 목적을 가지고 활동해왔지만 그 동안 마키아벨리적인 권력위주의 정치화(politicization)와 과도한 상업주의(commercialism), 아마추어리즘(amateurism)의 상실, 그리고 공룡화(gigantism)와 약물(drug-doping)문제 등으로 그 발전이 저해를 받아왔다.

올림픽의 시대구분과 특성을 규정하자면 초기 1회 아테네대회에서 10회 LA대회까지는 아마추어리즘의 시대로, 11회 베를린대회부터 23회 LA대회(1984)까지는 정치이데올로기 중시시대로, 23회 LA부터 26회 애틀랜타대회 사이에는 상업주의의 침투시대로, 그리고 27회 시드니대회(2000)부터 다시 올림픽정신의 순수성을 회복하고 인류평화발전에 기여하기 위해 환경문제와 인류공동체인식을 강조하면서 변해왔다고 볼 수 있다.

다른 한편 올림픽에 대한 몇 가지 문제점도 지적될 수 있다. 첫째, IOC의 개최지 선정문제는 정치적 '힘의 논리'에 의해 아직도 아시아 · 오세아니아의 4번에 걸친 개최지를 제외하고는 근대올림픽 92년의 역사상 유럽과 북미지역이 거의 독식하고 있는 실정으로 아프리카와 남미지역의 참여가 반듯이 이루어져야 한다. 동시에 IOC 위원의 대다수가 평생직으로 잔류하는 IOC의 스포츠 권력의 독재화에 비판을 면할 수 없고 특히 지난 사마란치 위원장의 경우 과거 스페인 프랑코 독재자와의 유착관계와 21년간(81세까지 재임)의 장기재임기간 행해진 IOC의 독재운영과 부패로 스포츠와 정치의 유착관계를 적나하게 보여준 사례로 지적되지 않을 수 없다. 둘째, 앞서 지적된 1998년 솔트레이크 시의 2002동계올림픽 유치뇌물사건이 보려준 IOC의 개혁필요성이다.[17] 사건이후 최근 보다 객관적이고 정당한 개최지 선정방법과 활동적이고 유능한 전 올림픽선수들에게도 15명이내로 올림픽참가선수들의 직접 선거에 의한 IOC 위원직 선출방식과 IOC위원의 임기제한(8년 임기의 선출제와 연임가능)제제의 도입은 IOC의 새로운 개혁조치로 투명한 스포츠정치현상으로 높이 평가될 수 있다.

17) 올림픽유치 뇌물사건과 관련하여 영국 BBC 방송은 2004년 8월 "파노라마: 올림픽 매매"란 특집다큐멘트를 제작하여 2012년 런던 하계올림픽유치 뇌물의혹사건을 방영했다. 이 방송에 따르면 올림픽유치를 원하는 개최도시후보들 측에서는 IOC위원들을 매수해 찬성투표를 조작해낼 수 있는 가능성이 있다고 한다. 근소한 표차로 패한 파리 시는 버트랑 델라노(Bertrant Delanoe)시장을 통해 토니 블레어 영국수상과 유치위원회를 뇌물사건의 주역으로 고발했다. 특히 그는 뇌물을 받았을 IOC위원으로 불가리아의 이반 슬라브코프(Ivan Slavkov)와 아시아지역위원회(Olympic Council of Asia)의 무타레브 아마드(Muttaleb Ahmad)위원을 지목하였다. 증인으로 채택된 시라크 프랑스 대통령은 조심스런 반응을 보였으며 두 해당 IOC위원들도 의혹을 전면 부인하였다. 2006년 동계올림픽 개최지선정문제도 도마 위에 올랐다.
http://wikipedia.org/wiki/Olympic-Games, 검색일: 2008. 9. 10)

3. FIFA와 월드컵 정치

1) 축구와 FIFA의 역사적 개요

축구의 기원에 대해서 아직까지 정답을 찾을 수 없으나 대개 서양에서는 고대 그리스 역사가 헤로도토스(Herodotus)의 기록에 따라 BC 7~6세기 무렵 고대 그리스시대에 전쟁에서 패배한 적군 장수의 목을 베어 끓는 고무액에 넣어다가 꺼내어 차기 시작했다고 한다. 그 뒤 로마시대에는 군사경기로 널리 보급되었고, 로마가 영국을 침공하였을 때 하르파스툼(Harpastum)이라는 경기를 보급시켜 영국에서 근대 축구의 기원이 되었다고 전해진다. 한편 AD 1042년 덴마크 인들에게 의해 정복당했던 영국이 덴마크의 압제를 벗어나자 덴마크 인들에게 복수하는 뜻으로 그들의 두개골을 땅에서 파내 차기 시작한 것이 축구의 기원이라고도 한다. 그 뒤에 두개골 대신 동물의 방광에 바람을 불어넣어 차는 것으로 변천했다는 것이다. 동양에서는 BC 2-3세기 중국 한조(漢朝)시대 군인들의 군사훈련이나 경기로 시작되었다고 하며 중남미에서는 마야문명시대 지금의 온두라스에서 그 기원을 찾거나 멕시코 토착인디언들이 유럽의 침략자들을 살해하여 두골을 차기 시작한 이후 스페인, 포르투갈, 화란 인들이 이를 유럽에 전달했다고 한다. 또한 브라질에서는 고무 밭 주변에서 우연히 아이들이 놀이를 하다가 발견한 고무 통을 더 둥글게 공 모양으로 만들어 차기 시작한데서 출발했다고 한다. 한국에서는 삼국사기(三國史記)에 신라시대 축국(蹴鞠)이라는 놀이가 성행했다고 전한 것으로 보아 그 이전부터 오늘날의 축구와 유사한 운동이 있었던 것으로 짐작되며 볏짚으로 만든 공이나 돼지방광(오줌보)으로 만든 공놀이의 족구(足球)도 그 한 몫을 했다고 할 수 있다.

현재 기록으로 남아 있는 최초의 축구경기는 AD 217년 영국에서 성령강림절의 화요일(Shrove Tuesday)에 더비(Derby)에서 개최된 경기로서, 로마군의 공격을 막아낸 것을 기념하는 축제의 일환으로 행해졌으며 1175년부터 영국에서는 축구경기가 매년 연례행사로 열렸다.

그러나 축구가 현재와 같은 스포츠로서의 형식을 갖추게 된 것은 1800년대라고 할 수 있다. 1800년대 영국에서의 풋볼은 무질서한 가운데 행해졌기 때문에 각 그룹들은 통일된 경기규칙의 필요성을 절감하게 되었다. 그리하여 1863년 10월 26일 풋볼그룹의 대표자들은 런던에 모여 제1차 회의를 가졌으나 회의는 부진하였다. 같은 해 12월 8일 개최된 제6차 회의에서 협회가 규칙을 통일하고 공인된 규약과 경기규칙을 인쇄하여 발행할 것을 결의하였다. 그 결과 협회가 인정하는 경기규칙에 의한 축구가 생겨났으며, 이것이 어소시에이션 풋볼(Association Football)의 탄생이다.

영국에서 조직화되고 발전한 축구는 영국의 제국주의에 의한 전 세계적 차원의 패권(覇權 hegemony)이 팽창하면서 유학한 사람들에 의해 그들의 고국에 보급되거나, 영국인 목사 · 선교사 · 군인상인들에 의해 세계 각국에 소개되고 보급되었다. 그 결과 축구는 세계적인 열광 속에 유럽대륙 7개국의 노력으로 1904년 국제 관리기구로서 FIFA(Fédération Internationale de Football Association : 국제축구연맹)를 탄생시켰다.

FIFA의 조직은 최고 결정기관인 총회와 행정위원회, 징계위원회, 마케팅 · 텔레비전 자문위원회 등이 있으며 그밖에 상설위원회로는 재정위원회, FIFA 월드컵조직위원회, FIFA 컨페더레이션스컵 · 클럽월드챔피언십조직위원회, 올림픽축구토너먼트조직위원회, 청소년경기위원회, 여자축구위원회, 기술위원회, 스포츠의학위원회, 법률문제위원회 등이 있다. 동시에 FIFA의 범위와 업무가 늘어남에 따라 최근에는 지역별 연맹에서 업무를 도우는 아시아지역의 AFC, 아프리카의 CAF, 북 · 중부아메리카와 카리브지역의 CONCACAF, 남부 아메리카의 CONMEBOL, 유럽의 UEFA와 오세아니아 지역의 OFC 등이 있다.

2010년 현재 FIFA 가입국은 영국의 4개 지역 팀(잉글랜드 · 스코틀랜드 · 웨일즈 · 북아일랜드)을 포함하여 208개국에 이른나.[18] 범세세적 경기로 행해지고 있는 대회는 올림픽경기대회에서 1900년부터 개최되는 축구경기와, 그 중간 해에 4년마다 아마추어나 프로선수 모두 참가하여 열리는 월드컵축구대회, 월드컵여자축구대회, 세계청소년축구대회 등이 있다.

축구종주국 영국은 19세기 초엽 이미 각 도시학교에 축구를 정식과목으로 넣었으며, 캠브리지 대학에서 축구규칙을 제정하기에 이르렀다. 처음으로 1863년 10월 런던에서 잉글랜드 축구협회가 설립되었고 뒤이어 1873년 스코틀랜드, 1876년 아일랜드, 1880년에는 웨일즈축구협회 설립으로 이어지면서 1882년에는 4개 축구협회를 총망라하여 전영국의 축구경기규

18) 주권국 영국(United Kingdom)은 올림픽에만 단일팀으로 출전하고 산하 4개 축구협회(잉글랜드 · 스코틀랜드 · 웨일즈 · 북아일랜드)는 각각 비주권국가이나 독립된 대표팀으로 FIFA와 UEFA에 각각 회원으로 가입되었다. 축구종주국으로서의 프리미엄으로 간주된다.

칙을 표준화하기 위한 '국제위원회'(International Board)를 창설하고 매년 '홈인터내셔널토너먼트'(Home International Tournament)를 개최하기로 했다.

최초로 1872년부터 이 대회는 잉글랜드와 스코틀랜드의 시합으로 시작되면서 1988년까지 계속되었다. 뒤이어 1889년 영국에 인접한 덴마크와 네덜란드에서 축구협회를 결성하였고, 1895년 벨기에 · 스위스 · 이탈리아 · 독일(1900) · 헝가리(1901) · 노르웨이(1902) · 프랑스(1903) · 스웨덴(1904)의 순서로 세계 각국이 축구협회를 결성하였다. 한편 올림픽종목으로 축구가 채택된 것은 1908년 제4회 런던대회부터이며 이 대회에서 영국은 덴마크를 2대 0으로 격파, 최초의 올림픽 축구우승국이 되었다.

20세기를 맞아 영국의 스코틀랜드와 잉글랜드는 다른 국가들보다 높은 수준의 축구기량을 갖고 있었으나 세계 다른 지역의 축구발전에는 무관심했었다. 축구종주국으로 행세하는 영국의 패권(British Hegemony)은 20세기 초부터 지금까지 매우 강력한 영향력을 미치면서 영국축구의 '국제위원회'(International Board)가 FIFA내에서 대등한 위치로 영향력을 행사한다. 예를 들어 단일주권국인 영국은 잉글랜드와 스코틀랜드, 웨일스와 북부아일랜드 팀이 각각 FIFA회원으로 국제대회에 독립적으로 참가한다. 물론 영국 국내에서나 국외에서 이에 대한 찬반논의가 아직도 진행 중이다.

유럽대륙에서 축구동호인 등 뜻있는 인사들이 개별적으로 국제축구협회를 창설하고 대회를 개최하고자할 때는 언제나 축구종주국 영국에 자문을 구하는 것은 아주 자연스러운 일이었다. 그러나 이러한 생각은 영국 측으로부터 환영받지 못하고 아무런 자문도 받지 못했으나 국제축구연맹을 창설하려는 집념을 포기하지 않은 이들은 이를 실천하기 위해 자신들의 노력을 배가했다.

1890년대 후반 벨기에의 한 축구동호인에 의해 처음으로 FIFA구성에 대한 제안이 제기되었고 뒤이어 네덜란드 은행가 허쉬만(C.A.W. Hirthman)이 1902년 이 문제를 다시 꺼내들었다. 그러나 실질적인 국제축구기구로서 FIFA의 탄생을 이끈 주요인물은 프랑스 출신의 엔지니어이자 언론인이었던 로베르 게링(Robert Guerin)이었다. 그는 또한 프랑스의 주요한 스포츠 조직인 프랑스스포츠체육연합(Union of French Sports and Athletics Societies-USFSA)의 회원이기도 했다. 결국 이들은 1904년 5월 21일 파리에서 국제축구연맹(Federation Internationale de Football Association-FIFA)의 창설식을 가졌다.

이 개회식장에는 프랑스의 USFSA 부회장인 프링네르(M. Fringnet)가 의장을 맡고 7개국 대표단과 대리인들이 참석했다. 프랑스, 네덜란드, 덴마크, 스위스, 벨기에, 스웨덴, 스페인 등 7개국은 축구의 모든 영역에서 그 어떤 '유럽적'인 간섭으로부터 해방되어 한 국가의 축구연맹이나 연합체의 권한에 대한 국가 간의 쟁점을 해결하는 데 그 목적을 두고 나아가 정규적으로 국제경기를 주관하는 조직체를 만들어 냈다. 그러나 사실상 조직의 탄생 초부터 아이러니컬하게 '유럽적' 간섭은 당시 영국 다음으로 축구 기량이 뛰어난 아르헨티나와 우루과이에게는 이와 같은 조직의 창립에 대해 그 어떤 사전 통고나 협의도 이루어지지 않았다. 이는 곧 처음부터 FIFA를 유럽중심의 조직체로 만들어 자신들 주류의 권위와 권한을 이어가려 했던 저의가 있었음을 스스로 입증하였다는 점을 간과(看過)할 수 없다.

그러나 어떻건 FIFA는 점차 회원국수가 늘어나 10년 후인 1914년에는 24개국으로 증가되었고 특히 미국, 아르헨티나, 칠레, 남아프리카 등이 회원국이 되면서 명실 공히 유럽, 북미, 남미, 아프리카를 연결하는 국제규모의 조직체로 변모해 나갔다. 영국의 4개축구협회 중 잉글랜드는 1905년, 스코틀랜드와 웨일스는 1910년, 그리고 아일랜드는 1911년에 각각 가입했다. 한국은 1947년 6월에 가입하였고 1954년(제5회) 스위스 FIFA 월드컵대회에 처음으로 참가했으며 이후 1986년(제13회) 멕시코대회, 1990년(제14회) 이탈리아대회, 1994년(제15회) 미국대회, 1998년(제16회) 프랑스대회의 본선경기에 진출하여 아시아에서는 처음으로 4회 연속 본선진출에 성공했다. 한국 팀은 스위스대회에서는 유례없는 점수 차로 패했지만, 대회를 거치면서 점차 실력이 향상되었다. 2002년 6월에는 일본과 공동으로 대회를 개최하고 4강 진출의 꿈을 달성했다.

2) FIFA의 파워게임(Power Game): 영국 vs 프랑스

FIFA는 이처럼 여러 분명한 문제점들이 놓여 있었지만 반세기동안 가장 어려웠던 문제는 영국축구협회(FAs)의 비협조적인 독단적 태도와 자체조직내부의 개인적인 시기(猜忌 personal jealousies)와 회원국 간의 기선(機先)을 잡기위한 신경전이었다. 무엇보다도 축구종주국 영국과 FIFA창설주역 프랑스간의 정치적 힘겨루기의 '파워게임'(power game)이라고 말할 수 있다.

앞서 지적했듯이 잉글랜드와 스코틀랜드 등 영국축구의 기량은 다른 국가들보다 높은 수준이었으나 세계 다른 지역의 축구발전에는 무관심했으며 가장 큰 문제는 영국FAs측이 FIFA의 권위를 인정하지 않으려는 독재적 태도였다. 따라서 축구종주국으로 행세하는 영국의 패권(British Hegemony)은 20세기 초부터 지금까지 매우 강력한 영향력을 미치면서 결국 영국의 '국제위원회'(British International Board)가 FIFA내에서도 대등한 위치로 영향력을 행사한다. 단일주권국인 영국뿐만 아니라 잉글랜드와 스코틀랜드, 웨일스 팀이 각각 국제대회에 독립적으로 참가한다. 더욱이 4개 영국축구협회로 구성된 영국의 '국제위원회'(International Board)는 1912년 다른 2개 FIFA회원국과 함께 FIFA경기규칙을 규율하는 통제사로 잔류했다. 동시에 FIFA회원국들이 모든 국제경기에서 발생한 비용을 FIFA에 지불하는 배당금에 대한 비율도 이들 영국의 4개 국제경기(Home Internationals)팀에 대해서는 적용되지 않는다. 한편 지금까지 FIFA역사상 대부분의 회원국들이 비영어사용권 국가들로 구성되어있지만 프랑스어가 제1의 FIFA 공용어인데도 불구하고 FIFA내부에서 자주 발생하는 언어상의 문제는 항상 영어가 그 해결사 노릇을 해오면서 '언어의 제국주의' 행태를 보였다. 이러한 영국의 비협조적 오만한 태도와 언어의 제국주의적 행태에 반발하던 프랑스와 독일은 각각 1908, 1913년에 반영운동을 벌였으나 축구에 관한한 무위로 끝나고 말았다.

앞서 언급했듯이 영국의 4개 축구협회가 각각 가입했으나 이는 사실 축구 '후배국가들'을 통제하고픈 동기에서 가입했다고 볼 수 있다. 영국은 FIFA회원이 된 이후 이에 대한 지원에 인색했으며 그들의 '오만한 섬나라 기질'(Insular Arrogance)은

1950년 다른 회원국들이 양보와 이해를 할 때까지는 늘 항상 갈등의 원인으로 작용했던 것이다.[19] 그러나 영국은 이러한 상황 속에서도 다른 회원국들의 특별한 호응을 받아 1906년 프랑스 출신의 FIFA 초대회장인 로베르 게링의 뒤를 이어 자국 출신인 다니엘 울폴(Daniel Burley Woolfall)을 회장으로 앉히기도 했다.

한편 FIFA창설의 주역임에도 불구하고 프랑스는 국내 스포츠단체들 사이의 반목으로 FIFA에서 탈퇴당하는 사례까지 벌어졌다. 프랑스축구협회의 정통성을 둘러싸고 가톨릭 등 종교단체에 의해 운영되는 FSGSP와 비종교단체에 의해 운영되는 USFSA가 치열하게 대립하고 있었기 때문이다. 처음에는 USFSA가 프랑스의 FIFA회원 대표성을 가졌으나 이와 같은 분열상이 노출되면서 사태는 더욱 악화되었다. USFSA는 잉글랜드 아마추어축구협회가 런던축구협회(London FA)의 프로선수허용문제와 관련하여 조직을 탈퇴하자 잉글랜드 축구협회를 강력히 지지하였고 이미 FIFA회원국이었던 잉글랜드협회의 회원가입을 지지하고 나섰다. 1908년 비엔나 FIFA총회에서 이들 USFSA대표들은 영국의 독단적인 태도와 언어적 제국주의를 지적하면서 그 편견에 반대하고 심지어 경쟁적인 독립기구를 만들려고 시도하면서 스위스와 이탈리아, 헝가리 대표들을 동참시키려 설득했으나 실패하고 말았다. FIFA는 이러한 상황을 도저히 묵과할 수 없었고 결국 USFSA의 프랑스대표단은 사임할 수밖에 없었으며 이는 곧 반대편의 FSGSA가 1910년 FIFA 회원으로 다시 프랑스를 대표하게 되었다. FSGSP는 이에 앞서 1907년 국내 여러 개의 지역단

---

19) Jim Riordan and Arnd Krűger(1999), p. 30.

체 및 여타 단체들과 합병하면서 프랑스연합위원회(French Inter-Federal Committee-CFI)를 결성하며 조직을 강화시켰다.

FIFA는 이렇게 외부적인 도전에 의해 몇 번의 위기를 맞았으나 건재할 수 있었다. 앞서 지적한 프랑스 USFSA가 FIFA의 권위에 도전한 적이 있었으나 오히려 회원자격을 박탈당하고 심지어 FIFA 회원이 아닌 어떤 팀과도 경기를 가질 수 없게 되었으며 유일한 해법으로 반대편의 FSGSP와 관계를 정상화시키는 일 뿐이었다. 이와 비슷하게 FIFA에 대한 도전으로 같은 운명을 당하게 된 사례들도 발생하였다. 1950년대의 콜롬비아와 1960년대 오스트랄리아가 FIFA 탈퇴 후에 다시 FIFA와 관계를 정상화하였다. 한편 라틴아메리카도 FIFA의 편파적인 '유럽중심주의'를 비판하며 탈퇴위협을 계속했으나 결국 실행하지 못했다.[20)]

FIFA와 관련해 프랑스의 내부적 갈등으로 가장 이득을 본 사람은 줄 리메(Jules Rime)로 Red Star 회장이며 가톨릭 중심의 FSGSP에서 선도적 등대 역을 맡아온 체육계인사였다.[21)] 그는 또한 프랑스축구연합과 프랑스 스포츠위원회 회장직을 역임했으며 마침내 1921년부터 1954년까지 제3대 FIFA회장 역을 맡으며 FIFA의 기틀을 닦아 전성기를 만들어 냈다. 그는 1930년 월드컵을 창설하여 '월드컵의 아버지'로 알려졌으며 이는 최초로 전 세계 아마추어와 프로선수들이

---

20) 1970년 FIFA총회에서 남미대륙은 처음으로 아프리카 · 아시아 신생 회원국들과 정치적 동맹을 이루어 세력과시를 보임으로서 월드컵이나 올림픽축구의 각 토너먼트위원회에서 항상 과반수를 차지해왔던 유럽대륙을 제쳤다. 뒷장에서 다시 논의함.

21) 1897년 줄 리메 회장에 의해 파리에 창설된 축구클럽

참가하여 기량을 겨루는 국제대회로 자리매김했다.

이렇게 FIFA가 초기에는 여러 도전, 특히 축구종주국인 영국의 축구협회로부터 권위를 인정받지 못했으나 창설이후부터 줄곧 성장·발전되어 왔다. 1914년까지 FIFA회원국은 24개국이었으며 이들 중 4개 비유럽국가들이 동참했다. 1909-10년에 남아프리카, 1912년에 아르헨티나와 칠레, 1913년에 미국이 각각 가입했다. 제2차 세계대전 전야까지는 51개 회원국이, 1950년과 1984년 사이에는 그 숫자가 배로 증가하여 73개국에서 150개국으로 확대되었다. 1994년 미국에서 열린 월드컵 대회 때는 168개회원국들 중 143개회원국이 참가했으며 경기종료 때까지는 무려 191개국이 되었다. 이러한 급격한 증가세는 주로 1989년 동유럽혁명 이후 舊공산권국가들이 대거 참여한 탓이며 이러한 증가추세는 계속되고 있다. 2010년 현재 208개 회원국을 거느린, UN보다 15개 멤버수를 더 갖고 있는 거대조직으로 거듭나 취리히에 있는 FIFA본부 사무실에는 모든 회원국들의 국기가 게양되어 있다.

FIFA는 여느 인류의 이상을 내건 다른 국제기구들과 마찬가지로 현실 속에서 여러 어려움을 갖고 있으나 어느 누구도 어떤 조직도 감히 도전할 수 없는 막강한 권한(Power)을 가지고 있었다. 앞서 지적한 것처럼 프랑스 대표단이 혹독한 대가를 지불했고 또 다른 사례들도 마찬가지로 FIFA의 권한에 맞설 수는 없었다. 1920년대 두 번에 걸쳐 FIFA를 탈퇴했던 영국축구협회의 경우도 결국 가장 큰 피해를 당한 쪽은 FIFA가 아니라 영국 자체였다.

영국은 1918년 제1차 세계대전 종식 후 1920년 곧바로 FIFA를 탈퇴하고 1924년에 다시 재가입 했으며 1928년에 또다시 탈퇴했다가 1945년 제2차 세계대전이 끝날 때까지 재가입하지 않았다. 영국으로서는 정치적인 면과 아마추어리즘에 대하여 FIFA와 원칙적인 견해 차이에서 비롯되었다. 영국이 이와 같은 기본적 입장을 강조했던 점은 FIFA의 다른 대부분의 회원국들과 영국축구협회 자체 내의 국제축구경기에 대한 접근방식에 큰 의견 차이를 보였기 때문이다. 크게 보아 결국 FIFA와 관련한 축구경기에 대한 아이디어 차원은 결국 2차 대전 전까지는 언제나 일방통행 식이었으며 나아가 유럽대륙국들이 축구의 종주국인 영국에 대해 무엇인가를 가르쳐 주어야야 한다는 소수 목소리들이 영국의 냉대와 무관심속에 잠재워졌을 뿐이다.

유럽대륙국들에 대한 영국의 비판은 유럽대륙의 경기가 정치에 휘둘린다는 점이다. 이와 같은 비판은 영국축구협회(UK FAs)가 FIFA와 처음으로 살라서는 정치적 동기를 부여하여 제1차 세계대전의 추축국이었던 독일 · 헝가리 · 오스트레일리아와 스포츠관계를 단절하는 정치적인 통첩(通牒 Political Note)안을 연합동맹국이었던 프랑스 · 벨기에 · 룩셈부르크의 지원을 받아 1919년 12월 29일 제출한 상황이었기 때문이다. 이들은 새로운 대항조직으로 '국가축구연맹'(Federation of National Football Associations-FNFA)을 창설하기 위해 FIFA로부터 탈퇴하고자 했으며 나아가 중립국들에게도 패전의 추축국들과 일체 경기를 삼가 하도록 압력을 가했다. 그러나 스위스는 프랑스어보다 독일어를 사용하는 인구가 더 많음으로서 독일과 경기를 갖게 된 첫 중립국이 되었다. 한편으로 유럽대륙에 축구열기를 불어넣은 보헤미아 출신 오스트리아 축구애호가 휴고 마이슬(Hugo Meisl)의 권고로 다른 중립국들도 적국이 아니었던 추축국들과의 경기를 마다하지 않았다. 이탈리아도 전쟁말기 연합국으로 편입되면서 그와 같은 경기불참에 반대했다. 이런 상황에서 결국 영국은 1920년 4월 23일 FIFA를 탈퇴했다. 2년 동안 영국축구협회는 다른 협회회원들에게 FIFA의 어떤 회원 팀과의 경기도 일체 허용하지 않았다. 그러나 그 이후 영국은 1924년 6월 14일 자체 내 아일랜드의 정치적 내분으로 FIFA에 재가입 하게 되었다.

아일랜드가 내전으로 1927년 개신교 중심의 북부와 가톨릭 중심의 남부(Catholic Irish Free State-Eire)로 국토가 양분되는 와중에서 남부 축구팀은 1921년 자신들만의 축구협회(Football Association of Ireland-FAI)를 창설하기 위해 북부의 벨파스트에서 운영되고 있는 전 아일랜드축구협회(IFA)와 단절하고 2개월 후에는 자체의 리그를 만들었다. 사태가 이렇게 발전되어 아일랜드의 축구대표성 문제를 놓고 분규가 일어나고 '가톨릭 아일랜드자유국가(Catholic Irish Free State)'를 대표하는 남부 팀들은 '북부 아일랜드'(Nothern Ireland)의 정체성을 부인하고 자신들이 '아일랜드'를 대표한다고 주장했다. 가톨릭 배경을 가진 북부의 얼스터(Ulster) 팀은 FAI에서 경기하기를 원했고 이에 반해 북부의 IRA측은 더블린에 연고를 둔 IFA를 아일랜드자유국가 축구협회(Football Association of the Irish Free State)로 호칭한다고 주장했다. 문제는 1945년 2차 대전 후 세계 여러 나라에서 아일랜드의 단일국가호칭을 요청하고 나서면서 더욱 잘 알려지게 되었으나 IFA가 FIFA의 가입과 영국 국제위원회(International Board)의 대표성을 요청해 왔기 때문이다. 양 조직으로서는 어느 한쪽에 대표성을 인정하는 일은 매우 난감한 정치적 함의를 갖는 사안이었다. 결국

1923년 8월 FAI는 FIFA회원자격을 획득하고 국제위원회의 인정을 받았으나 위원회 자체의 지위는 획득하지 못했다. 얼스타팀과 강력한 벨파스트 켈트(Belfast Celtic) 팀은 에이레 리그전(Eire League)에 참여할 수 없었다. IFA와 FAI의 공동위원회가 추진한 단일국제 팀을 만들려는 운동은 벨파스트에 의해 무산되었다.

그러나 무엇보다도 영국축구협회와 FIFA의 갈등요인은 아마추어리즘에 대한 입장 차이였다. 영국축구협회 지도자들은 아마추어리즘을 강조하며 아마추어에게 필요한 여행경비와 호텔숙박비용만을 지출하는 등 아주 제한적인 허용범위를 정하고 선수들은 자신들의 코치나 트레이너에게 경비를 지출할 수 있으나 다른 기타 훈련비용은 자신들이 스스로 부담해야 한다. 또한 그들은 어떠한 상금을 바라는 경기도 치룰 수 없고 경기시간에 해당하는 어떤 보상도 허용되지 않았다. 결과적으로 그 동안 올림픽축구경기의 선수팀들은 부자들에게만 허용되는 것으로 나타났다. 그러나 1924년과 1928년 올림픽에서 남미의 우루과이 선수 팀이 우승한 경우는 예외적이었다. 이들 선수들은 올림픽개최지인 유럽까지 항해해 오는 시간을 제외하고는 오랫동안 연습기간을 가졌다. 이에 비해 영국축구협회로서는 자신들의 프로선수들에게조차 아주 작은 경비를 지불하고 선수들의 고된 훈련도 마치 일종의 모욕감을 느낄 정도로서 FIFA를 자진 탈퇴할 수밖에 없었다. 그러나 1928년 2월 17일 영국의 FIFA탈퇴는 완전 탈퇴라기보다 계속하여 다른 클럽이나 심지어 국제적 차원까지 스포츠 교류를 계속했던 차원이었다.

3) 월드컵과 국제정치: 시련과 발전

FIFA가 만든 세계 최대 단일경기로서 현재 올림픽과 대비(對比)되는 월드컵은 1930년 최초로 아마추어와 프로선수들이 함께 출전하는 국제축구대회로 우루과이의 몬테비데오에서 처음 열린 이래 올림픽 중간에 4년마다 개최된다. 월드컵대회도 올림픽대회처럼 국제정치의 풍향에 따라 좌절과 중단 등 시련과 발전을 동시에 거듭해왔다. 월드컵대회는 1920년대 무솔리니의 파시즘, 1930년대 히틀러의 나치즘과 스페인 프랑코의 독재시대를 거치며 정치적 파고를 견디어 오다 마침내 1939년 유럽에서 히틀러의 나치 광풍으로 번진 제2차 세계대전으로 중단되었다가 1950년부터 재개되는 비운을 맞기도 했다. 물론 그 이후에도 아시아, 아프리카, 중동지역의 지역정치와 국제정치의 상황전개에 따라 많은 문제점들과 마주쳐야만 했다.

한편 일부 축구를 좋아하지 않은 나라에서는 축구가 마치 폭동이나 관전자들의 폭력으로 동일시되기도 했다. 그러나 2차 대전 후 세계는 긴장과 좌절 속에 놓였으나 축구는 지구촌의 관심으로 계속 진전되어 월드컵이 진정한 국가 간의 축구 기량을 경쟁하는 국제경기로 자리를 굳혔다.

이러한 월드컵의 창설과 성공의 이면에는 FIFA의 제3대회장 줄 리메(Jules Rimet)와 그의 열렬한 동반 후원자였던 앙리 드롱(Henri Delaunay)의 역할이 매우 컸다. 리메와 드롱은 1924년 파리올림픽에서 처음 세계대회를 구상하고 4년 뒤에 암스테르담올림픽에서 다른 참가국들의 동의를 얻어 대회를 구체화시켰다. 1930년 첫 대회의 개최지로서 우루과이가 선정되었고 이는 우루과이가 파리올림픽과 암스테르담올림픽의 우승국일 뿐만 아니라 국가행사의 일환으로 모든 참가국들의 여비와 숙박경비 일체를 지불할 수 있었기 때문이었다. 때마침 우루과이는 자국의 헌법제정 100주년을 기념할 행사의 일환으로 첫 월드컵을 유치하기를 희망했으며 이를 위해 특별 스타디움을 건설할 것을 약속하기도 했다.

그러나 막상 몬테비데오의 첫 월드컵 경기장은 13개국만이 참가하였다. 세계경제의 공황으로 유럽 국가들의 참가여부가 문제였으나 이보다 더 큰 문제는 유럽 국가들이 우루과이에 도착하려면 장기 항해시간이 필요한데다 2주간의 경기일정까지 계산하면 최소한 6주간을 보내야 할 형편으로 주최 측의 경비부담을 제외하고도 중요한 점은 프로선수들에 대한 보수 문제였다. 당시 유럽의 축구 강호였던 오스트리아, 체코, 헝가리 같은 프로선수를 갖고 있는 나라가 바로 이러한 문제에 봉착했다. 반면으로 프랑스, 벨기에, 유고슬라비아와 같은 아마추어 선수의 참가국은 문제가 되지 않았다. 이들 3개 아마추어 팀의 유럽국가들 만이 미국과 라틴 아메리카 팀과 합류하여 총 13개 팀만이 경기에 임했다. 첫 월드컵 경기를 주최한 몬테비데오 경기장은 통상적인 필드의 문제점을 노출하였고 특히 결승전에서 우루과이와 아르헨티나의 선수 및 관전자들의 국수적 자세와 정치적 파급효과 등으로 다소 경기 자체가 흠집 나는 문제점들에도 불구하고 우루과이는 성공적으로 대회를 수행하며 주최 우승국이 되었다.

1934년 제2회 월드컵개최지였던 이탈리아대회는 무솔리니의 파시즘(Fascism)에 휘둘려 여러 문제점들이 발생했다. 그러나 FIFA는 1930년대 경기와 관련하여 외부로부터 받게 되는 정치적 입김을 도외시하려고 최대한 노력을 다했다. 당시 남미의 여러 국가들은 아마추어리즘과 프로패셔널리즘에 관한 문제로 혼란스러웠으며 몇몇 국가들은 축구가 유럽 국가들에 의해 좌지우지(左之右之)되는 데 불만을 가지고 있었다. 이에 우루과이는 1934년 이탈리아 월드컵에 불참하여 몬테비데오 대회 때 유럽에서 단지 3개 팀만이 참여한 데 대해 항의를 표시했다. 또한 아르헨티나는 상당 수준미달의 약체선수 팀을 파견하여 이탈리아가 1920년대 후반 자국의 우수선수들을 모조리 스카우트라는 이름으로 약탈해 갔기 때문이다. 브라질 또한 아마와 프로선수 문제로 양분되어 참가는 했으나 그 이전 우루과이 대회에서 아르헨티나처럼 세계무대에서 정상을 차지하는 데는 일차로 실패했으며 주최국 이탈리아가 우승했다.

1938프랑스대회는 1936년 7월 17일 우파의 프랑코(Francisco Franco Bahamonde)에 의해 촉발된 스페인내전(1939년 3월까지)과 1938년 3월 독일 히틀러의 오스트리아 합병, 그리고 같은 해 9월부터 시작된 체코슬로바키아 수데텐(Sudeten)지역의 강제합병(1939년 3월 체코를 완전합병) 등 정치적 대사건이 연속 발생하면서 먹구름이 덮이기 시작했다. 그러나 이러한 상황 속에서도 리메 FIFA회장은 회원국들의 '비정치적 유대'를 강조하며 자구책을 모색해 나갔다. 이미 1930년대 초반 FIFA는 자체 공식문서에서 축구의 어떤 정치적 관련성도 부인한 바 있으며 더욱이 이러한 정치적 불안정의 상황 속에서 FIFA의 독자적 노선을 촉구했다. 마침내 제2차 세계대전과 스페인내전의 국제정치의 암운에도 불구하고 FIFA는 독자노선을 지키며 제3차 프랑스 대회를 성공리에 개최하였고 이탈리아가 다시 우승했다.

그러나 FIFA와 국제정치의 역학관계는 그렇게 순탄치만은 아니었다. 1936년부터 39년까지 계속된 스페인 내전은 FIFA에 많은 문제점을 남겼다. FIFA는 내전중인 스페인에서 어떤 국제축구대회도 금지시켰다. 그러나 FIFA는 프랑코가 집권하자 그를 지지하고 종전의 입장을 바꿨다. 그런데 이번에는 프랑코 장군이 세계를 순회하며 친선게임을 갖고 있는 분리 독립과 계속 반기를 들고 있는 바스크(Basque)지역 축구팀과의 경기를 회원국들에게 허용하지 않을 것을 FIFA측에 요구하고 나섰다. 이에 남미 라틴계국가들이 반발하고 나서자 문제는 그리 쉽지 않았다. 남미국가들은 이미 친선경기 일정이 잡혀진데다 그간 유럽중심의 FIFA운영에 불만을 갖고 오던 중이라서 FIFA의 제재에 순순히 따를 수 없었다. 칠레를 중심으로 페루, 볼리비아, 파라과이 그리고 우루과이가 FIFA의 바스크 제재에 대한 반대전선의 주요멤버들이었다. 그러나 1938년 뒤늦게 월드컵주최국을 신청했으나 좌절되있던 아르헨티나는 격렬한 찬반토론 끝에 FIFA입장에 동조하였고 결국 FIFA의 바스크에 대한 제재조치는 성공을 거두어 5게임의 친선경기를 가지려던 바스크 팀의 계획은 무산되고 말았다. 동시에 칠레와 우루과이도 본래의 약속을 접고 FIFA를 탈퇴하지 않았다.

불철주야(不撤晝夜)로 FIFA의 조직 확대와 회원 간의 단합과 친목을 목표로 했던 FIFA외교의 총수였던 리메 회장은 1939년 2월 남미를 방문하여 당면문제였던 남미의 '유럽중심의 FIFA운영방식'이란 비난을 완화시키려 했다.[22] 사실상 그때까지 남미출신 FIFA집행위원은 단 한명에 그쳤으나 이는 단순한 언어소통문제로 돌린 듯 했다. 줄 리메는 먼저 아르헨

22) FIFA, Football World/Football Mondial/Fussball Welt (April 1939).

티나를 방문하여 1938년 주최국선정의 실패에 대해 위로하고 1942년 차기 월드컵 주최 예정국인 독일이 포기하는 경우 아르헨티나에 기회를 부여하겠다고 약속하였다. 또한 그는 유럽과 남미국가간의 경기를 갖도록 하는 가능성을 제기하였으나 나중에 더욱 현실적으로는 유럽과 남미의 최고 축구팀이 각각 경기를 갖는 편이 더 나은 방안으로 결론지었다. 브라질은 지난 프랑스월드컵에 출전한 유일한 남미국가로 당시 페널티에 이의를 제기하며 탈퇴의사를 표했던 것과는 대조적으로 FIFA와 관계회복을 약속했다.

제2차 대전으로 유럽전역이 홍역을 치르는 1940년대 초 남미국가들은 스스로의 월드컵에 대한 대책을 세우고 있는 동안 전쟁은 계속되었고 결국 종전을 맞은 1946년 유럽축구가 다시 활발해지기 시작했다. 1946년 영국축구협회(FAs)는 획기적으로 FIFA와 새로운 평화관계를 갖고 그 일환으로 1947년 5월 글라스고의 햄프덴 파크(Hampden Park)에서 134,000명의 관객이 모인 가운데 영국 대 유럽 간에 극적인 경기를 가졌다. 이 경기로 재정적으로 빈약했던 FIFA는 30,000파운드를 벌여 들였다. 이후로 지금까지 참가국들이 불과 15개국 내외였던 월드컵축구경기의 성장세가 이루어지기 시작했다. 1950년 차기 월드컵대회 주최국은 거의 확실하게 남미의 브라질로 결정되었고 이때부터 우승컵이 줄 리메 월드컵으로 호칭되어 남미와 FIFA사이의 조직운영과 관련된 스포츠의 중심부와 주변부의 소외된 세력관계가 조금씩 변화되기 시작했다.

1950년대에 들어서 과학기술의 발달로 육 해 공의 여행수단과 통신시설이 발달하여 세계가 더욱 가까워지면서 축구열풍도 대륙 간으로 크게 번지기 시작했다. 1930년대에 남미에서 유행하던 투광조명경기(Floodlit matches)가 주중에도 열려 유럽에 유행되기 시작해 1950년대 초부터는 전 세계 6대주를 연결시킬 수 있었으며 곧 이어 1960년대 TV의 출현으로 대륙 간 축구경기 개최가 활발해지기 시작했다.

이러한 시대적 변화에 따라 유럽중심의 FIFA는 그 영향력에는 큰 변동이 없었으나 유럽 강대국들의 식민주의의 압제로부터 벗어난 아시아와 아프리카의 신생독립국가들의 FIFA회원 참여문제로 고민하지 않을 수 없었다. 이들 신생국가들은 축구를 통해 국민통합을 이루어 내는 국가전략을 세우고 있었기 때문이다. 과거의 제국주의 국가들과 일전을 겨루어 일종의 국민적 복수심을 유발할 수 있기 때문이었다. 여기에 국내정치와 민족주의 그리고 축구가 서로 얽혀 연계되는 과정이 생겨났다.

1950년대 중반 FIFA의 총 회원국수 80개 국가 중에서 아시아권의 회원국가수는 18개국이며 아프리카 권은 5개국에 불과했으나 1970년대에는 그 회원 수가 거의 절반으로 증가하여 총 141개국 중 아프리카에서 39개국, 아시아에서 33개국이 참여하게 되었다. 1990년에는 총 166개국 중에서 48개 아프리카 국가와 36개 아시아 국가들이 회원국이 되었다. 이때까지 FIFA는 6개 지역 축구연맹을 주관함으로써 전 세계에 걸쳐 축구를 관장하게 되었다. 1916년 최초의 남미지역연맹(CONMEBOL)이 결성되었고 한참 후인 1954년 유럽지역연맹(UEFA)과 아시아지역연맹(AFC)이 결성되었다. 1957년 아프리카축구연맹(CAF)이 결성되었고 북중미 · 카리브는 1961년 연합하여 북중미지역연맹(CONCACAF)을 결성하였다. 최종적으로 4년 뒤 오세아니아 지역연맹이 결성되어 명실 공히

FIFA는 전 세계를 아우르며 지구촌 축구를 관장하는 단체가 되었다.[23)]

그러나 1950년대에 아시아, 아프리카, 그리고 중동지역 국가들은 세계 축구계에서 그 활동이 미미하였고 1970년대에 이르기까지도 FIFA내에서 정치적 세력화를 형성해내지 못했다. 그 이유는 다름 아닌 투표권의 부재였다. 실제 이들 국가들이 FIFA 회장선거나 다른 집행부의 결정투표에서 그들의 투표권이 행사되었다면 이미 그 결과는 폭발적 변화를 초래할 수도 있었음을 쉽게 짐작할 수 있다.

이 지역 국가들이 FIFA에 참여함으로써 숫자상으로 엄청난 축구선수를 양산하게 되었으나 실제 이들 국가들이 활발한 활동을 하게 된 데는 1973년 제1차 석유파동으로 인해 발생한 중동 산유국들의 재정확대로 축구발전을 위한 국가정책지원이 뒷받침되었고 1980년대 초반 아프리카 국가 출신들의 축구선수들의 선천적인 재능이 발휘되면서 시작되었다.

그러나 이보다 앞서 이들 아시아, 아프리카와 중동지역에서 발생한 일련의 정치적 사건들은 FIFA로 하여금 스포츠와 정치의 분리라는 원래의 의지와 목적에 반대되는 문제점들을 제기했다. 우선 1948년 5월에 모슬렘의 중동지역에 새로운 기독교의 이스라엘 국가가 창건되고 곧 이어 1948년 제1차 중동전쟁을 시작으로 1973년 욤 키퍼 중동전쟁에 이르기까지 아랍과 이스라엘간의 지속적인 분쟁이 야기되고 아시아지역에서도 중공과 북한이 공산화되어 국토가 분단되면서 정치적 갈등을 불러 일으켰다. 같은 시기 냉전의 생성기 동안 공산화와

---

23) Jim Riordan and Arnd Kruger, The International Politics of Sport in the 20th Century(London: E & FN SPON, 1999), p. 37.

분단과정을 겪은 동유럽 국가들과는 다르게 중공과 자유중국, 남한과 북한 등은 공(共)히 자국들만이 해당 국토전체를 대표하는 정통국가임을 주장함으로써 FIFA를 곤경에 처하게 했다. 한편 남아프리카 공화국정부가 1948년 이후부터 흑·백인의 인종차별정책(Apartheid)을 유지함으로써 정치사회적 측면은 물론 스포츠 영역에서도 흑인들의 위상이 크게 소외 내지 위축되면서 남아프리카 축구를 포함한 스포츠 전반에 걸쳐 FIFA 등 국제 사회에 여러 쟁점을 야기 시켰다.

이러한 일련의 아시아 아프리카 지역 국가들의 새로운 문제제기는 현상유지를 바라며 스포츠와 정치 분리를 주장해온 유럽 국가들에게는 혐오스러운 일이었으나 이들 국가들이 처하고 있는 또 다른 정치적 현실상황을 도외시 할 수 없었다. 1949년 모택동이 공산혁명으로 본토에 '중화인민공화국(PRC-중공)'을 창건하자 대부분의 중산층 출신 축구신수와 백민징자의 경기후원자들이 본토를 빠져나가 홍콩에 정착했다. 사실 이들은 FIFA의 아시아 축구연맹(Asian Football Confederation)을 설립하고 초창기 활동에 지대한 역할을 했던 축구 인들이었다. 한편 본토에서는 '전중국체육연합'(All-China Athletic Federation)이란 새로운 스포츠 기구가 만들어져 축구를 관장하게 되었고 FIFA 또한 처음부터 중공을 정회원으로 승인하였다. FIFA로서는 중공이 지리 공간적으로 과거 중국 국민당 정부가 통치했던 전국토를 통치하고 있는 현실을 감안했기 때문이다. 반대로 대만의 장개석 총통이 이끄는 자유중국은 1954년에 FIFA 회원국이 되었으나 축구자체는 미국처럼 야구나 농구에 밀려 뒷전에 밀릴 수밖에 없었다. 4년 뒤 1958년 중공은 '하나의 중국' 원칙을 주장하며 FIFA를 탈퇴함으로 항의를 표시했다. 중국공산당 정권은 자본주의 시장에 자신들의 스포츠가 상품화되는 것을 허용하지 않았다. 따라서 중공의 축구선수들은 같은 공산권 국가인 북한이나 소련 선수들과 경기를 갖는 것으로 만족해야 했다.

중공은 특히 1960년대 중·소 국경분쟁 후 아프리카에 자국의 영향력 확대를 위해 탄자니아 등 여러 국가들과 친선 축구경기를 가져오다 1966년부터 10년 동안 계속된 문화혁명 기간을 거치면서 중단되었다.[24] 그러나 1970년대 초 미-중공 간 '핑퐁외교(ping-pong diplomacy)'로 시작된 중공의 정치적 화해분위기로 FIFA의 재가입이 추진되고 있었다. 그러나 대만(Taiwan)이 이미 가입하고 있는 상황에서 FIFA로서는 곤란한 입장에 처해 있었다. 이때 FIFA회장선거에 출마한 주앙 아벨란제(Joao Havelange)는 자신이 승리한다면 중공가입을 지지하겠다고 선언하였고 이에 동조한 홍콩출신 백만장자 사업가 헨리 포크(Henry Fok)와 중공의 FIFA 재가입 문제를 다루고 있었다. 동시에 중동의 지지를 약속으로 이스라엘의 FIFA회원문제를 다루고자 했다. 1974년 아시아축구연맹(AFC)은 타이완을 축출하고 중공을 가입시킴으로써 FIFA는 결국 6개 연맹 중 가장 규모가 큰 AFC를 축출해야 될지도 모를 난관에 봉착했다. 결국 FIFA는 타이완을 오세아니아 연맹에 재 가입시키기로 하고 이스라엘에 대한 중동 국가들의 반대에도 불구하고 '바터외교'(求償外交 Barter Diplomacy)의 교환방식으로 이스라엘의 회원변동문제는 그대로 현상 고착키로 했다.

그러나 1970년대 후반에는 타이완과 중공의 FIFA 회원가

---

24) 양동주 (1996), pp. 292-296, 참고.

입 문제로 FIFA 내 불협화음에도 불구하고 축구 강국인 영국이나 이탈리아, 포르투갈 등 유럽국가선수들이 중공을 방문하여 친선경기를 가졌고 동시에 중공 선수 또한 유럽에 초청되어 같은 경기를 가졌다. FIFA 규약 상 회원국과 비회원국간의 경기는 금지되었으나 간과되었고 심지어 중공은 1979년 FIFA회원국이 되기 전에 1982년 월드컵 예선전에 참가가 허용되고 있었다. 한편으로 작은 약소국들은 회비미납이란 이유로 축출되기도 했다. 특히 아벨란제는 중공의 가입을 적극 추천하였고 중공의 지원은 곧 축구의 세계화를 의미하는 것이었다. 1960년대에는 인도가 아시아 축구를 대표하는 국가가 될 것이라고 했으나 1970년대 말에는 중공이 명실상부한 대표국가가 되었다. 그러나 FIFA의 입장에서 보면 양적인 팽창은 있었으나 질적 변화는 얻어낼 수 없었다. 1980년대에는 2000만 이상의 축구인구가 FIFA에 추가 등록되었으나 중공이 아시아와 세계대회에서 보여준 기량은 미미했다.

인도네시아, 이집트와 수단이 1958년 월드컵 예선전에서 이스라엘과의 경기를 거부함으로써 중동정치가 처음으로 FIFA에 미치는 영향은 심각했다. 이스라엘은 사실상 기량 면에서 예선전을 치루지 않아도 될 만큼 우수한 기량을 갖고 있었으나 FIFA로서는 어쩔 수 없이 이스라엘로 하여금 예선전에서 탈락한 영국 웨일스와 승부를 겨루도록 결정했다. 이스라엘은 엄연한 국가이자 여러 클럽 팀을 가지면서도 아랍 이슬람권과 그의 동조세력인 아시아와 아프리카 이슬람 국가들의 증오를 피해 이 지역 축구연맹서 저 지역 축구연맹으로 전전긍긍(戰戰兢兢)하며 왕따를 당하는 처지였다. 결국 1991년에 유럽축구연맹(Union of European Football Associations-UEFA)에 가입하게 되었다.

1957년 아프리카축구연맹(CAF)이 결성된 이후부터 아프리카 국가들은 종교, 언어, 그리고 서로 다른 여러 가지 요인들을 극복해 내는 일이 남아 있었다. 그러나 식민주의의 악령과 남아프리카의 인종차별정책(Apartheid)에 대한 두 가지 부정적 견해는 완전히 일치하고 있었다. 1962년부터 1974년까지 재임한 스탠리 루스 FIFA회장은 이 같은 문제를 심각하게 생각하지 않고 페어플레이의 이상과 근본적으로 모순되고 있는 문제점을 생각하고 있었다. 이는 곧 인종차별정책을 종식시기 위해 FIFA가 나서서 무엇인가를 해야 한다는 것을 의미한다. 남아프리카 축구연맹(FASA)은 FIFA 회원자격을 유지하기 위해 1966년 월드컵 대회에는 흑인 선수단을 파견하고 1970년에는 백인 선수단을 파견하겠다고 제의했으나 흑인만으로 구성된 FASA는 이 제안을 거절하였다. FIFA는 1962년 남아프리카의 회원자격을 정지시킨바 있고 1976년 아벨란제 회장체제아래서는 FIFA에서 완전 축출했다.

1960년대를 통틀어 아시아-아프리카 국가들이 FIFA에 미치는 정치적 영향력은 미미했으며 1966년 영국에서 개최된 월드컵대회는 이 지역과 오세아니아 지역에서 단 한곳에만 경기가 배당된 데 대해 반대하여 불참하기로 했으나 실제 불참한 국가는 거의 없었다. 특히 월드컵대회 기간 중 보이콧 움직임에 무관했던 북한 측이 이 대회에서 보여준 뛰어난 기량으로 월드컵의 하이라이트를 장식한 후부터는 더욱 이 같은 보이콧 운동이 실제로 이루어지지는 않았다.

한편으로 1966년 월드컵을 기점으로 대서양을 가로질러 불화가 또 일기 시작해 FIFA가 이를 그냥 무시하고 넘어 갈 수 없는 상황이 초래되었다. 북미주 국가 등 다른 경쟁 그룹들이 대서양 건너편에서 열리고 있는 월드컵대회가 상업적 돈벌이가 될 가능성을 보이자 미국에 유사한 잠재적 시장을 만들고자 했기 때문이다. 결국 3개 그룹이 각기 리그를 창설하여 FIFA 가입을 신청하였으나 이중 1개 그룹만이 승인되어 미국축구협회(U.S Soccer Football Association)와 캐나다축구협회(CFA)가 FIFA의 공식 승인을 받았다. 승인 받지 못한 2개 그룹은 합병하여 내셔날 프로패셔날 축구협회(National Professional Football Association)란 불법 리그를 만들어 FIFA 외곽에서 활동하며 국제경기를 갖고 CBS와 중계방송권을 계약하여 매주 한번 경기를 중계 방송할 수 있게 되었다. 그러나 이후 상호 적대적인 두 기구는 경비절감을 위해 서로 합병하여 북미축구리그(North American Soccer League)를 결성하였다. 두 단체의 협력적인 출발로 1970년대에는 많은 축구 팬들을 확보하였고 이는 특히 유럽이나 남미의 우수한 선수들을 영입해 온 덕택이었다. 이들 중에서 펠레 같은 선수가 대표적인 선수였다. 그러나 1970년대 후반 무모한 운영으로 1984년 해체되고 말았다. 그러나 이러한 상황에서도 FIFA는 끄떡없이 전 지구촌 축구의 대표기구로서 성장 발전하여 올림픽과 함께 국제스포츠의 양대 산맥을 이루었다.

4) FIFA 회장선거: 라우스 vs 아벨란제

국제축구연맹(FIFA) 회장은 4년(임기)마다 총회에서 회원국 '1국가 1투표'의 무기명투표 방식으로 선출된다. 연임도 얼마든지 가능하다. 선거는 월드컵이 열리는 해에 월드컵 개최국에서 총회를 열어 실시하는 게 관례다. 입후보 조건은 특별한 규정이 없어 누구나 출마가 가능하다. 또 공식적인 유세기간이나 선거관련 세부조항이 없어 통상 선거 두 달 전 후보등록을 한 후 선거운동에 돌입한다. 선출방식은 1차 투표에서 1명의 후보가 총투표자의 3분의 2 이상을 차지하면 당선이 확정되고 그렇지 않을 경우 多득표자 2명을 대상으로 2차 투표를 실시, 다득표 원칙으로 회장이 결정된다. 규정이 다소 모호해 1차 투표 후보가 2명일 경우에도 '3분의 2 이상 규정' 이 유효한가에 이견이 있을 수 있다. 하지만 98년 제프 블래터(Jeff Blatter) 현회장과 요한슨 전 유럽축구연맹 회장의 격돌에서 알 수 있듯 후보가 2명인 경우, 보통 2차 투표 없이 한 번의 투표와 다득표 원칙으로 회장을 결정한다.

1974년 서독 월드컵 결승전이 시작되기 전날 밤 프랑크푸르트에서 개최된 FIFA총회에서 제3세계 국가들은 FIFA의 새로운 회장선거를 눈앞에 두고 유럽중심의 FIFA운영체제를 새로운 공정한 국제체제로 전환시켜 자신들의 위상과 권익을 높여줄 수 있는 후보를 찾고 있었다. 브라질 출신의 주앙 아벨란제(Jeon Havelange)가 바로 이러한 제3세계 국가들의 욕구에 충족될 수 있는 후보로 등장했고 아벨란제 또한 당시 FIFA내의 운영체제와 관련된 여러 세력관계와 전체적인 국제정치의 향방을 정확히 분석한 정치적 선거 전략으로 회장에 당선될 수 있었다. 무엇보다도 제3세계 국가들의 단합된 역할이 컸던 것이다.

아벨란제의 당선과 FIFA운영체제의 새로운 변화에 대해서는 우선 당시의 국제 정치경제적 환경을 파악하고 FIFA내부의 정치적 역학관계를 이해해야 한다. 이를 위해서는 국제정치경제면에서 보여준 제1세계(The First World)와 제3세계(the Third World)의 상관관계를 살펴보고 아벨란제 후보 자신의 전략적인 선거운동 방법과 선거공약 내용을 분석하기로 한다. 나아가 상대적으로 라우스 현 회장이 남아프리카와 중국, 소련을 위시한 공산권 국가들이 제기하고 있는 FIFA와 관련된 여러 정치적 사안들에 대한 그의 정치 감각의 부재와 무관심을 지적하기로 한다.

먼저 국제 정치경제적 측면에서 새로 등장한 아프리카 아시아 그리고 라틴 아메리카 대륙의 제3세계 국가들은 자신들의 단합된 힘으로 과거의 식민 제국주의의 침입자였던 제1세계 국가들의 일방적인 국제정치경제기구(UN, UNESCO, IMF, WB 등) 운행에 대항하여 동등하고 공정한 처우를 요구하고 나섰다. 1955년 반둥에서 열렸던 제3세계 국가들의 비동맹국회의에서 시작된 정치경제적 편차를 줄이기 위한 노력은 곧 제1세계의 경제적 선진국들과 제3세계의 저개발국 또는 개발도상 국가들과의 경제적 차이에서 빚어진 '남북문제(North-South Issue)'를 주요한 국제문제로 부각시켰고 1974년에는 '신新국제경제질서'(New International Economy Order-NIEO)를 요구하고 나섰다.

특히 1973년까지 공식적으로 '비동맹 연합(Non-Aligned Coalition)'에 가담하지 않았던 남미 국가들도 페루와 아르헨티나의 가입을 시작으로 제3세계의 정치경제적 발전과 연대를 도모하고자 하는 데 선도적 역할을 하기 시작했다. 이보다 앞서 남미의 제3세계 국가들은 이미 1950년대에 라틴아메리카 경제위원회(Economic Commission for Latin America -ELCA)를 창설하고 처음으로 단합된 목소리를 내기 시작했으며 1962년 제3세계의 경제발전을 도모하기 위한 유엔경제개발위원회(United Nations Conference on Trade and Development-UNCTAD)가 창설되는 계기를 마련한 바 있다. 이는 곧 처음으로 제3세계의 저개발 국가들이 선진 제1세계 국가들을 향해 통합된 조직의 힘으로 계속 심화되어가고 있는 경제적 격차를 좁혀나가기 위한 중요한 모멘트로 간주되었다. UNCTAD는 이후 정규적으로 제3세계 국가들을 대변하는 입으로 그들의 정치경제적 요구들을 제1세계에 전달하는 기구로 자리 잡았다.

1960년대와 1970년대를 거치면서 마지막 식민주의 통치의 잔재를 걷어낸 전 세계적 정부인 유엔과 유엔교육과학문화기구(UNESCO)와 같은 부속 조직체들이 점차 제3세계의 이익을 증진하는 주요한 모태가 되었다. 제3세계 국가들의 점진적인 단합된 노력으로 앞서 지적했듯이 1974년에 이르러 새로운 제1세계와 제3세계의 '남북문제'의 '신경제질서'를 요구하기에 이르렀다. 이는 곧 제3세계 국가들의 '비동맹운동'(Non-Aligned Movement)을 위한 활동의 기축점이 되었다. NIEO는 곧 경제적인 남북문제의 불균형뿐만 아니라 제3세계 국가들의 국제정치적 입지를 강화시켜가는 디딤돌 역할을 했다. 자본주의 세계경제의 종속적 위치를 최소화하고 국가내부의 자체적 발전을 도모하려는 제3세계 국가들의 노력은 오늘날 정보화와 세계화시대에서는 UNESCO 산하에 또다시 '신세계정보통신질서'(New World Information and Communications Order)까지 요구하기에 이르렀다. 이는 곧 정보통신 분야에서도 선진국들의 독점과 통제로부터 벗어나기 위한 개발국들의 시도였다.

이러한 제3세계 비동맹 국가들의 세계 정치경제적 힘의 배분에서 자신들의 '지분'을 찾으려는 연대적인 노력과 세계 축구계에서 보여준 이들 국가들의 단합된 노력은 상호보완적 상승작용으로 국제정치와 FIFA내부의 세력판도에 각각 유리하게 작용했다. 이러한 과정에서 타 후보보다 정치적 통찰력이 뛰어났던 아벨란제 후보의 출현과 전통적으로 1950년대 초부터 FIFA내부의 권력배분에서 제3세계 국가들의 이익을 증진하는 데 전위적인 역할을 해온 남미국가들의 노력이 오랜 기간 선진 유럽중심의 FIFA회장체제에서 처음으로 비유럽의 제3세계 후보가 선출되는 결과를 낳게 했다.

브라질의 아벨란제 회장선출은 특히 인종적, 사회문화적인 동질성을 갖고 있는 남미대륙과 아프리카대륙의 축구인들 사이에 깊은 연대가 이뤄짐으로 더욱 가능했다. 1950년까지 두 차례에 걸쳐 월드컵을 주최하고 우승을 차지한 바 있는 남미국가들이었으나 FIFA내부 권력징치에서 항상 소수세력으로 밀려 1970년의 경우 전체 FIFA회원국수 136개국 중에서 불과 10개국에 그쳐 있었다. FIFA나 국제경기연맹(International Federation)의 세력구조에서 늘 소수변방으로 밀린 이들 국가들은 새로운 힘의 재분배를 위해서 절실하게 아프리카와 아시아 국가들과 깊은 유대를 맺을 수밖에 없었다. 1970년 FIFA총회에서 처음으로 남미대륙은 아프리카 아시아 대륙의 신생 회원국들과 정치적 동맹을 이루어 세력과시를 보임으로서 월드컵이나 올림픽축구의 각 토너먼트위원회에서 항상 과반수를 차지해왔던 유럽대륙을 제치는 결과를 가져왔었다. 이후 이들 제3국가들의 정치적 동맹이 가져올 잠재적 파괴력은 크게 예상될 수 있었다.

특히 남미와 아프리카 축구인들 사이의 유대는 앞서 지적한대로 유별났다. 남미축구가 아프리카 축구에 미친 문화적 영향력은 경기 스타일뿐만 아니라 펠레와 같은 남미 축구 스타들에 대한 인기와 호감에서 비롯되기도 했다. 또한 블랙피플이란 인종적 동질감도 크게 작용했다. 심지어 비아프라 전쟁(Biafra war, 1967-1970)의 와중에서도 브라질의 월드컵 우승을 가져 다 준 펠레의 경기를 관전하기 위해 비아프라와 나이지리아 전쟁당사국이 휴전까지 하는 일도 있었다. 이러한 형제애는 펠레 자신도 인정하면서 아프리카에서의 시범경기 후 "나는 여러분처럼 블랙 피플(black people)로서 인종차별이 없는 나라에서 얼마든지 자기의 목적을 달성할 수 있고 얼마든지 큰 부자도 될 수 있다"라고 말할 정도였다. 25)

아벨란제는 같은 브라질 출신의 펠레와 함께 이러한 아프리카와 유대를 최대한으로 이용해 자신의 선거캠페인으로 활용하고자 했다. 그는 펠레와 함께 여행하면서 아프리카 축구인들을 상대로 한 캠페인에서 "저도 여러분과 똑 같은 사람입니다"라고 역설하면서 흑인선수인 펠레를 앞세워 그들의 동정심과 지원을 이끌어낼 수 있었다.26)

동시에 아벨란제가 구사한 또 하나의 對아프리카 선거 전략은 선거 훨씬 이전부터 시작되었다. 아프리카 축구선수단을 초청하여 브라질을 포함한 남미 국가들과의 친선경기를 자주 주관해왔던 사실이다. 예를 들면 1972년 브라질 독립기념 컵 개최에 브라질 스포츠연맹 회장이란 자신의 명의로 아프리카 선발팀을 초청했으며 이듬해 FIFA 회장선거 바로 일 년 전에는 멕시코에서 개최되는 아프리카-라틴아메리카 친선축구경기에 많은 아프리카 선수 팀이 참가하도록 노력했다. 이러한 친

25) Paul Darby (2002), p. 62.
26) 앞의 책.

선축구의 스킨십(Skinship)으로 양 대륙 간의 선수들과 임원진들 특히 아프리카 축구연맹의 전회장단이 브라질을 방문하는 등 두 대륙 간의 유대가 더욱 공고하게 되었다.

아벨란제의 등장은 앞서 지적했듯이 제1세계로부터 독립한 제3세계 국가들이 절반 또는 2/3이상이 FIFA회원국이 되었고 처음으로 투표권이 부여되어 제1세계 국가들과 동등한 투표권을 행사하게 됨으로써 자연스럽게 제3세계 국가출신의 FIFA회장 선출을 희망하게 되었다. 우선 양 후보의 출신과 경력에서 큰 차이를 보여 제3세계의 브라질 출신인 아벨란제는 1936년 브라질의 올림픽 수영선수단과 1952년 수구선수단 대표로 올림픽에 참가한 바 있으며 브라질 축구협회 회장을 지내고 사업에 크게 성공한 백만장자였다. 이에 반해 상대 후보인 스탠리 라우스 (Stanley Rous) 현 회장은 제1세계의 영국계로 교사출신이며 경기심판관을 지냈고 축구연맹 사무총장으로 일한 경력이 있다.

1955-1974년 사이에 아벨란제는 스포츠 인으로서 활발한 경력을 쌓으며 FIFA 회장출마를 위한 사전 포석을 차근차근 놓았다. 아벨란제는 1955년 브라질 올림픽위원회위원을 역임하고 1963년에는 국제올림픽위원회(IOC)의 위원으로 선출됨에 따라 최초로 국제스포츠계의 당당한 일원으로 국제스포츠 행정의 운영을 경험하게 되었다. 동시에 아벨란제는 1958년부터 1973년까지 브라질의 23개 스포츠 총 집행기구를 망라한 브라질스포츠연맹(CBD)의 회장직을 맡으면서 3회(1956, 1962, 1973년)에 걸쳐 브라질이 월드컵 우승을 차지할 때까지 필요한 기반을 닦았으며 이는 곧 아프리카 국가들로부터 자신의 지지를 공고히 하는 데 기여했다.

아벨란제와 라우스 두 후보 간의 출신배경과 경력이 다시 말해 주듯 선거기간 동안 스포츠와 정치의 연관관계에 있어서도 선거 전략상 뚜렷한 차별을 보여주었다. 라우스 후보가 유럽출신의 보수적이며 원칙중시의 아버지 같은 이미지로 선거 전략에 대비했으며 이와 정반대로 아벨란제는 브라질 카니발 축제의 삼바처럼 발랄한 진보주의자로 혁명적 선거 전략을 마련하여 FIFA의 과거 유럽중심체로부터 남미 · 아프리카 · 아시아의 제3세계로 '힘의 추'(錘 Pendulum of Power)가 대이동하는 선거공약(Manifesto)을 제시했다. 현재의 12개 월드컵예선전을 24개로 늘리며 제3세계에 '인터내셔널 아카데미'를 설립하여 축구인프라를 넓히고 국제청소년챔피언 전을 개설하여 이들 제3국가들이 정규적으로 순회 개최할 것을 공약했다. 한편 그는 스스로 사재를 털어 제3국을 돌며 축구장을 건설해주고 코치를 선발하며 경쟁을 북돋기도 했다.

그러나 무엇보다도 아벨란제는 라우스보다 정치적 감각이 뛰어나고 결정적 순간에 가장 유리한 결정을 내릴 줄 아는 후보였다. 반대로 라우스 현 회장은 남아프리카와 중국, 소련을 위시한 공산권 국가들이 제기한 FIFA 관련 국제정치 현안들에 대한 정치적 감각이 부재했고 거의 무관심으로 일관했다. 앞서 지적했듯이 중공의 경우 1958년 대만과의 국가대표성문제로 FIFA를 탈퇴하였고 1970년대 핑퐁외교와 국제데탕트 분위기에 맞추어 대만을 축출하고 FIFA에 재가입하려는 외교적 노력을 폈으나 라우스 회장의 스포츠와 정치의 분리원칙에 막혀 좌절되고 말았다. 이에 반해 아벨란제는 중공의 요구를 수용하기로 약속하였다. 한편 라우스는 같은 공산권 대부였던 소련이 1974년 미국의 지원을 받고 있던 칠레의 피노체트

(Augusto Pinochet) 장군의 쿠데타에 의한 반공 우파정권의 악명 높은 인권탄압에 항의하며 수도 산티아고 축구장에서 거행예정이었던 칠레와의 예선전을 완강히 거부하며 중립적인 개최장소의 변경을 요구하고 나섰으나 다시 거절되어 FIFA와 IFs의 공산권국가들로부터 거의 완전히 소외(疎外 alienation)당한 '인기 없는 인물'(persona non grata)이란 낙인을 받았다. 동시에 남아프카의 백인정권이 1948년부터 실시해온 흑인에 대한 인종차별정책(Apartheid)으로 아프리카국가들로부터 남아공의 FIFA 축출요구를 받았던 라우스 회장에게는 자신의 보수적 현상유지정책 때문으로 더욱 자신의 선거입지를 좁혔다. 라우스 후보가 남아공 백인축구협회(South African Football Association-FASA)를 지원하며 FIFA의 현상유지정책을 고수했던 이유는 자신의 중도보수의 정치이네올로기에 따른 개인직인 칠힉직 선덱과 앞서 지적했던 스포츠와 정치의 분리원칙에 따른 결과로 이해되기도 했다.

이처럼 79세의 라우스 회장은 1974년 6월 11일 재당선을 위한 선거를 바로 코앞에 두고 어떤 정치적 흥정도 일축하면서 투표장이던 프랑크푸르트 FIFA총회에서 "나는 재선을 위해 어떠한 특별유인책도 내놓을 수 없었으며 다만 지금 내가 여러분과 하고 있는 이 대화를 제외하고는 그 어떤 선거유세도 해오지 않았습니다. 나는 지금껏 (FIFA를 위해) 내가 일해 온 그 공과의 기록으로 판단되길 바랍니다."라고 역설했다.[27] 선거결과 라우스는 결국 자신의 정치적 오판(정치 감각의 미숙)과 유럽축구연맹(UEFA)의 자업자득(自業自得) 그리

27) Stanley Rous, Football Worlds: A Lifetime in Sport (London and Boston: Faber and Faber, 1978), p. 202.

고 상대후보 아벨란제의 제3세계와의 유대 등으로 전체 122명의 대의원 2차 투표에서 52대 68로 패하고 말았다. 특히 아프리카 회원국 37개 투표수가 그 결정적 역할을 했던 것으로 들어났다.[28] 아래 표 2-1의 FIFA 역대 회장 중에서 월드컵을 창설하고 전성기를 이루었던 제 3대 줄 리메 최장수 회장과 FIFA월드컵의 세계화와 상업화로 비약적인 발전을 가져왔던 제 7대 주앙 아벨란제 회장이 서로 독보적 위치를 각각 차지했다.

표 2-1 FIFA 역대회장

회	이름 (국가)	임기	비고
1	로베르 게링(프랑스)	1904~1906	초대회장, FIFA 기반 구축
2	대니얼 벌리 울폴(잉글랜드)	1906~1918	축구규칙 표준화및 국제화
3	줄 리메(프랑스)	1921~1954	월드컵의 아버지, 줄리메컵
4	로돌프 실드레이어스(벨기에)	1954~1955	최단임
5	아서 드루리(잉글랜드)	1955~1961	
6	스탠리 라우스(잉글랜드)	1961~1974	
7	주앙 아벨란제(브라질)	1974~1998	FIFA 및 월드컵 흥행
8	제프 블라터(스위스)	1998~현재	사무총장 출신, 5개 국어 구사

28) FIFA, Minutes of the XXXIIIth Ordinary Congress Frankfurt, 11 June 1974.

5) FIFA월드컵개최국 선정문제

FIFA월드컵의 개최국선정은 국민통합과 국제위상의 고양, 독재국가의 홍보, 정권불만 국민관심의 외부유도 등 여러 정치적 이유와 중장기적 국부의 창출효과 등 경제적 요인들이 복합되어 월드컵 개최지 선정문제는 6대주 모든 국가들이 경쟁적으로 갈망하며 지원해왔다. 그러나 초기의 월드컵은 FIFA 평의회(Ordinary Congress)에서 배분·결정하였다. 당시 축구의 두 중심축이었던 유럽과 남미 사이에는 교통·통신기술의 부진으로 3주의 항로여행기간이 소요되어 처음부터 지역선정은 많은 논란을 불러일으켰다. 우루과이에서 개최된 제1회 월드컵은 단 4개의 유럽 팀만이 대회에 출전하였고 제2회 대회였던 1938년 프랑스 월드컵은 제1회 대회 때의 유럽 참가국의 대다수의 불참으로 불만을 품었던 아르헨티나와 우루과이가 불참하였다.

1957년 FIFA 월드컵 이후에 FIFA는 미래의 대회참가 보이콧이나 또 다른 논쟁을 피하기 위하여 라틴아메리카 대륙과 유럽이 매번 번갈아가며 개최하는 형태를 취하도록 결정했으며 이는 1998년 FIFA 월드컵까지 유지되었다. 2002년 FIFA 월드컵은 대한민국과 일본이 공동 개최되어 아시아에서 처음으로 개최된 대회이자 2개국 이상이 공동 개최한 유일한 대회가 되었다. 2010년 FIFA 월드컵에서 남아프리카공화국은 아프리카의 최초 개최국으로 선정 되었다. 2014년 FIFA 월드컵은 브라질에서 개최되며 또한 유럽 이외의 지역에서 연속적으로 개최되는 첫 사례가 되고 있다. 이는 1978년 아르헨티나 FIFA 월드컵 이래로 처음으로 남미에서 열리는 대회가 되기 때문이다.

그러나 현재는 개최국선정이 FIFA 집행위원회의 단기 이양식 선거(單記移讓式 Single Transferable Vote-STV, 미국에서는 Preference Voting으로 호칭)방식으로 결정된다.[29] 개최 희망국은 FIFA로부터 유치전에서 유리한 고지를 점할 수 있는 차별화된 요소와 준비단계에 대한 설명이 들어간 개최협약(Hosting Agreement)을 받는다. 유치후보국의 협회에서는 입후보의 공식 확인을 위한 확인서를 받는다. 그 후에, FIFA는 해당 국가에 조사단을 파견하여 유치조건을 만족하는지를 알아본 후 그 국가에 대한 보고서가 작성된다. 월드컵대회를 개최지는 현재의 해당대회의 개최 6-7년 전에 결정된다.

2010년과 2014년 월드컵에서, 본선 대회는 대륙 간 순환 개최를 원칙으로 해서 그 대륙에 속한 국가들만이 대회유치에 참가할 수 있도록 허락되었다. 2006년 FIFA 월드컵 개최지 선정을 위한 투표에서, 독일이 남아공을 이기고 개최하게 되면서 생긴 여러 논란들로 인해, 대륙별 순환 개최원칙이 도입되었다. 그러나 대륙별 순환 개최 원칙은 2018년 이후로는 폐기되며 이로 인해 이전 두 대회를 개최했던 대륙(아프리카, 남미)을 제외한 다른 대륙들에 속한 국가들은 2018년 FIFA 월드컵 대회에 유치신청을 할 수 있다. 이와 같은 FIFA결정의 배경에는 2014년 대회 개최지선정에서 벌어졌던 브라질의 단독후보와 같은 상황을 피하기 위한 이유가 상당부분 작용했을 것으로 보인다.

---

29) 단기이양식선거제도는 다수후보선출선거에서 일종의 비례대표제와 비슷하나 정당에 투표하지 않고 자신이 가장 선호하는 후보에게 일단 투표가 간 후 사용되지 않은, 또는 필요하지 않은 투표들은 그 다음 선호 순서의 후보에게 이양된다.

끝으로 지금까지 역대 FIFA 월드컵 개최지 선정과정에서 가장 정치적 드라마의 한편으로 논쟁거리가 된 2006년 독일 월드컵 개최지선정에 대해 알아보기로 한다. 2000년 7월 FIFA 개최선정위원회(the Venue Selection Committee) 소속 24개국 대표들은 영국, 독일, 모로코, 남아프리카, 브라질 등 5개 후보국 중에서 독일과 남아프리카를 준 결선 2개국으로 결정한 후 최종결선투표를 벌였다. 유럽과 아프리카 지역 국가들이 각각의 해당지역 국가를 지원하고 있는 가운데 브라질은 도중 언더 테이블(under-table)협상전략으로 2010년 남아프리카의 지원약속을 조건으로 남아공을 지원하기 위해 도중하차 했다.[30] 남아공은 아프리카 대륙이 갖고 있는 3가지 특장을 가지고 유리한 위치에 있었다. 첫째, 아프리카에서 지금까지 한번도 FIFA월드컵대회를 열지 못했다. 둘째, 아프리카 지역축구협회는 FIFA 지역협회 중에서 가장 많은 회원 수를 확보하고 있다. 셋째, 아프리카 국가들은 축구기량면에서 계속적으로 활발한 경쟁을 보이고 있다. (1996년 올림픽에서 나이지리아는 아르헨티나와 브라질을 격파하고 금 매달을 차지했으며 청소년 챔피언에서 자주 우승하기도 했다). 그러나 결국 결선투표에서 남아공은 11표로 북미주와 중남미 회원국들의 지지표를 얻은 반면에 독일은 12표로 유럽과 아시아(4개)회원국의 지지를 얻었다. 아시아국들의 독일 지지표는 결국 1998년 FIFA회장선거전에서 아프리카 개최지 지원을 약속했던 제프 블래터(Jeseph 'Sepp' Blatter)회장과의 정치적 갈등에서 연유되었던 것으로 알려졌다. 마지막 한 개의 투표권을 갖는 오세아니아축구연맹(호주, 뉴질랜드, 폴리네시아,

30) BBC, BBC 2000 (London)

멜라네시아)은 뉴질랜드 출신의 찰스 뎀프시(Charles Dempsey)에게 남아프리카를 지원토록 의뢰했으나 그는 이를 무시하고 기권함으로서 11:12로 독일개최가 결정되었다. 만약 뎀프시가 지역연맹의 약속에 따라 남아공에 투표했다면 12:12 동수가 되어 블래터 회장의 선택으로 남아공 선택이 될 수도 있었다. 뎀프시의 이 절묘한 정치적 선택으로 FIFA의 개최지 선정문제는 극적인 정치적 드라마로 끝이 났다.[31)]

6) FIFA월드컵의 정치경제

1904년 5월21일 파리의 프랑스체육연합(USFSA) 본부 뒤편의 조그마한 사무실에서 탄생한 FIFA는 현재 208개 가맹국을 거느린 '거대 공룡'으로 성장했다. 초超거대 집단 FIFA의 힘은 정치 · 경제적으로 막강해졌다. FIFA는 지난 아테네올림픽을 앞두고 "2004아테네올림픽에 축구가 빠질지도 모른다."며 국제올림픽위원회(IOC)에 으름장을 놓은 적도 있다.[32)] IOC 산하의 세계반反도핑기구(WADA)가 도핑규약에 서명할 것을 요구하자 FIFA가 이를 거절하면서 분쟁이 발생하였고 이 때문에 자크 로게 IOC 위원장이 황황급히 제프 블래터 FIFA 회장과의 회동을 요구할 정도였다. 스포츠계의 일각에서는 FIFA의 힘이 IOC를 사실상 능가하고 국제연합(UN) 보다 더 큰 지구촌 최대의 조직으로 성장했다고 단언하기도 한다. 이 장에서는 이렇게 거대한 FIFA의 정치경제적 상황을 살펴보기로 한다.

---

31) 앞의 책. 그 후 그는 오세아니아 축구협회와 뉴질랜드 정부로부터의 책임추궁의 압력으로 사의를 표명했다.

32) 동아일보, "축구 FIFA 100년…세계 움직이는 '축구권력' "(2004/5/21)

FIFA월드컵은 민간자본으로 개최되는 세계최대 규모의 단일종목 스포츠이벤트이다. 이를 위해 FIFA는 상업화를 추구하고 소득을 창출하여 조직운영을 위해 예산을 편성하고 집행한다. 수입원으로서는 방송중계권으로 그 수입이 가장 높고 다음으로 마케팅권리와 라이선스권리, 그리고 명칭사용권(Hospitality) 등이 있다. FIFA는 마케팅 권리와 관련해 이를 보유했던 ISL(International Sports & Leisure Marketing)사가 파산함으로 어려움을 겪다 2001년 독일 키르히(Kirch Group)사에게 방송중계권을 인계하였고 최근에는 HBS(Host Broadcast Service)사를 2007년부터 2010까지 주관방송국으로 선정했다. 방송중계권의 경우, 예를 들면, 2002년 월드컵에서 일본 NHK와 민간컨소시엄은 키르히사에게 40경기를 중계하는 조건으로 앞서 1998년 프랑스월드컵 배보나 10배가 님는 63억엔 (519억원)을 지불하였다.

FIFA의 이런 거대한 재정적 실태를 파악하기 위해 아래 표 2-2에서처럼 2003년부터 2007년까지의 FIFA수입 및 지출액은 올림픽과 버금가는 방대한 규모로서 2003년도에는 5억7천5백만 달러의 수입을 얻어 4억6천1백만 달러를 지출하고 1억1천4백만 달러의 순익을 남겼다. 2004년도에는 6억4천7백만 달러의 수입과 5억9백만 달러의 지출로 1억3천8백만 달러의 순익을 보았다. 2007년도 예산에서 8억8천2백만 달러의 수입과 8억3천3백만 달러의 지출로 4천9백만 달러의 순익을 남겼다. 좀 더 구체적으로 표 2-3에서 보듯 2007년도 소득으로 방송권수입이 5억2천5백만 달러로 가장 높고 마케팅 권리가 2억2천3백만 달러, 라이선스 권리가 2천만 달러이며 그 외 수입으로 환률, 이자 및 투자 등 재정수입으로 3천5

백만 달러, 기타 운영수입으로 6천만 달러를 벌여 들었다.

표 2-2, 2007 FIFA 재정보고서(2003-2007)

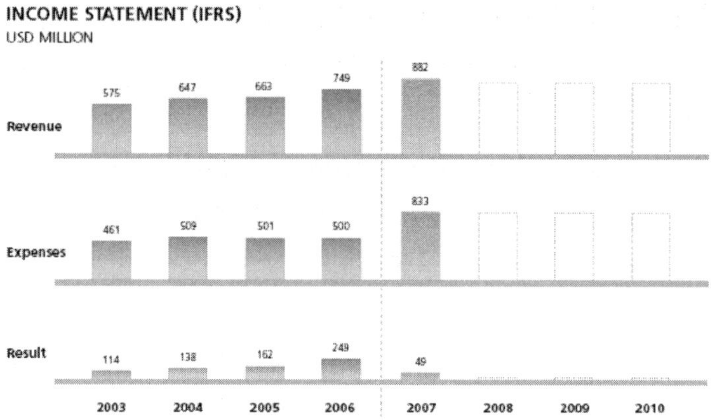

출처: 2007 FIFA 재정보고서 (58차 FIFA 총회, 시드니, 2008. 5. 29-30.), p. 14.

동시에 FIFA는 공식파트너프로그램을 제공하며 재정을 확충한다. 2006 독일월드컵의 경우, 최고브랜드를 가진 업종별 1개사를 선정하여 총 15개 다국적 회사가 참여하였고 공식파트너는 A보드를 매 경기마다 2-3개 설치할 수 있다. 1982년 이후 코카콜라, 후지필름, 질레트가 지속적으로 공식파트너로 참여하였고 한국의 현대와 기아는 2002년 월드컵대회부터 공식파트너로 선정되었다. 공식파트너는 각 업종에서 독점권을 부여받고 차기 월드컵에서도 우선선택권을 부여받음으로써 장기적 계획으로 자사 이미지 구축에 전념할 수 있다. FIFA는 공식파트너의 후원금을 공개하지 않으나 12개 공식파트너로부터 2000만 달러 이상과 부대비용을 포함하여 1억 달러 이상을 후원받았다고 한다. 2002년 한·일 월드컵에서는 1개 회사당 6,000만 달러, 2006

년 독일월드컵에서는 7,000만 달러 이상인 것으로 추정되었다. 특히 Adidas 단독으로 2007년부터 2014년까지 3억2천5백만 달러(3,900억원, 1$=1200W 기준)를 지원한다. 2007년 현재 공식파트너로 Adidas, CocaCola, Emirates, 현대 · 기아, SONY, VISA카드가 있다.

표 2-3, 2007 FIFA 수입·지출

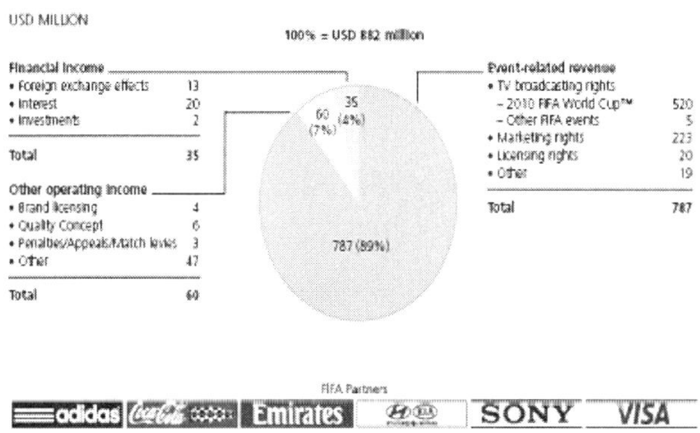

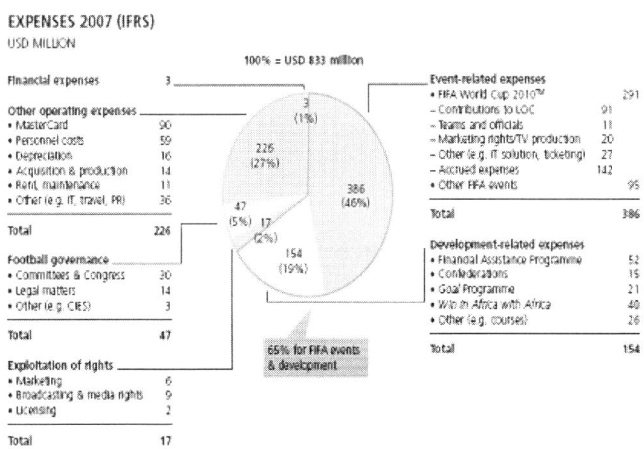

출처: 앞의 보고서, p. 18.

좀 더 구체적으로 2007년도 지출내용을 보면, 2010남아공 월드컵 개최경비 2억9천1백만 달러, 지역축구연맹(LOC)지원금 9천1백만 달러 등 FIFA행사관련 합계비용 3억8천6백만 달러와 조직운영 합계비용 2억9천만 달러, 그리고 축구발전재정 지원금 5천2백만 달러, 아프리카지역 특별지원금 4천만 달러 등 축구 발전을 위한 합계비용 1억5천4백만 달러 등 총 합계 비용이 8억3천3백만 달러로 나타났다.

이에 따라 월드컵 개최지의 경제적 파급효과도 엄청나다. 2002년 한일월드컵의 경우, 한국은 1,650억원의 수익을 낸 것으로 잠정 집계 되었다. 대회기간 수입은 입장권판매수입 2,135억원과 국제축구연맹지원금 1,232억원 등 4,700억 원이었다. 지출은 개막식 등 각종 행사비용 435억원, 국제미디어센터 설치 및 운영비 294억원 등 3,050억원으로 약 1,650억원의 흑자가 발생한 것으로 추산되었다. 투자나 소비지출, 광고 등의 증가에 따른 실질적인 효과뿐 아니라 국가이미지 개선 등 무형의 간접적 효과도 적지 않았다. 한국 재정경제부에 의하면 한국은 26조4,600억원의 경제적 이득을 거뒀다고 분석했다. 재경부가 발간한 2002년 경제백서에 따르면 월드컵은 투자와 소비 지출증가로 인한 부가가치유발 4조원, 국가브랜드홍보 7조7,000억원, 기업이미지제고 14조7,600억원 등의 경제적 효과를 냈다고 한다. 부가가치 4조원은 2001년 국내총생산(GDP)의 0.74%에 해당되는 액수다. 이와 함께 중장기적으로 정보기술(IT)산업, 문화산업 등 국내 산업이 연쇄적으로 발달하는 간접효과도 큰 것으로 파악되었다. 월드컵관련지출은 경기장 10곳 및 주변도로건설투자, 응원 등으로 인한 조업차질 4,098억원등 총 4조8,805억원으로 집계돼 이익이 지출을 압도했다. 한국개발연구원도 한일월드컵으로 한국은 총 3조5,000여억원을 지출, 7조3,000억원 정도의 부가가치를 창출했으며 11조원의 생산유발 효과, 35만여 명의 고용창출 효과를 거뒀다고 분석했다. 뿐만 아니라 축구 국가대표팀이 좋은 성적을 올리고 박지성, 이영표 선수와 같은 국제적인 스타를 계속 배출할 경우 경제효과는 더욱 배가된다고 할 수 있다. 실제 잉글랜드 프리미어리그 맨체스터 유나이티드에서 활동하고 있는 박지성은 월드컵 직후 네덜란드 PSV아인트호벤에 진출해 3년 6개월간 계약금과 연봉을 합쳐 420만 달러(39억여원)을 받았고 지난해 맨체스터 유나이티드로 이적한 후에는 연봉이 약 37억원으로 껑충 뛰었다. 4년 계약기간을 감안할 때 그가 벌어들이는 총액은 150억원에 이른다. 선수 개인이 창출하는 부가가치와 국가이미지 제고 등 부수적인 효과는 세산이 어려울 정도이다.

2006독일월드컵의 경우에도 경제적인 효과가 만만치 않아 독일의 금융사인 포스크방크는 2006년 월드컵이 독일 경제에 100억 유로(약 11조8,577억원)의 부가가치를 창출하고 4만여 개의 일자리를 만들 것이라고 관측했다. 독일 월드컵조직위원회도 2억 유로의 입장권 수입과 국제축구연맹(FIFA)의 지원금, 그리고 자국공식공급업체 후원금을 합쳐 총수입이 4억 3,000만 유로(5289억원)에 달했다고 한다.

2010남아공월드컵의 경제파급효과도 31억 달러로 전망하고 현지화폐로 213억 란드(약 31억 달러, US 1 달러=약 6.9 란드)이며 159,000개의 일자리 창출이 가능할 것으로 전망하고 있다. 월드컵 기간 중 남아공 약 23만 명이 방문해 127억 란드를 지출할 것으로 예상되고 있으며 티켓은 272만장, 금액으로는 46억 란드의 수입을 올릴 수 있을 것으로 전망되고 있다. 비공식 실업률이 40%에 육박하고 있는 남아공의 경우 경기장 및 인프라 건설을 통해 높은 실업률 해소가 가능하다는 점은 남아공 월드컵 유치의 가장 큰 직접 효과로 볼 수 있다. 이와 함께 정부의 세수 증가, 남아공의 이미지 제고, 관광 및 외국인 직접투자 증대, 국제적 이벤트유치 원활 등의 간접 효과까지 누릴 수 있을 것으로 보인다. 직·간접적 효과이외에 남아공정부가 현재 추진하고 있는 기업정책 및 빈곤극복정책도 크게 탄력을 받을 것으로 보인다. 남아공정부는 흑인기업 육성정책을 기업정책의 근간으로 하고 있는데 경기장 및 인프라 확충에 흑인기업에 혜택을 부여함으로써 관련기업의 흑인지분을 확충하는데 활용하겠다는 의지를 보이고 있어 기업구조의 개편이 가속화 될 것으로 전망된다.

그러나 다른 한편으로 이러한 FIFA월드컵의 경제적 기여도(寄與度)에도 불구하고 올림픽개최국의 경우처럼 부정적 측면이 있는 것도 사실이다. 역대 FIFA월드컵을 전후하여 개최연도와 1년 전후의 국내총생산(GDP)을 살펴보면 1990년 이탈리아대회부터 실질적인 GDP의 증가를 가져왔으나 1978년 아르헨티나, 1986년의 멕시코대회처럼 마이너스 기록을 갖기도 했다. 또한 2002년 한일월드컵의 경우에도 한국에서는 7.0%의 성장률을 기록했으나 일본은 오히려 -0.3%를 기록하여 역설적(paradoxical)인 대조를 보이기도 했다.

표 2-4, 2007-2010 FIFA예산 및 수정예산(2006 FIFA총회승인)

USD MILLION

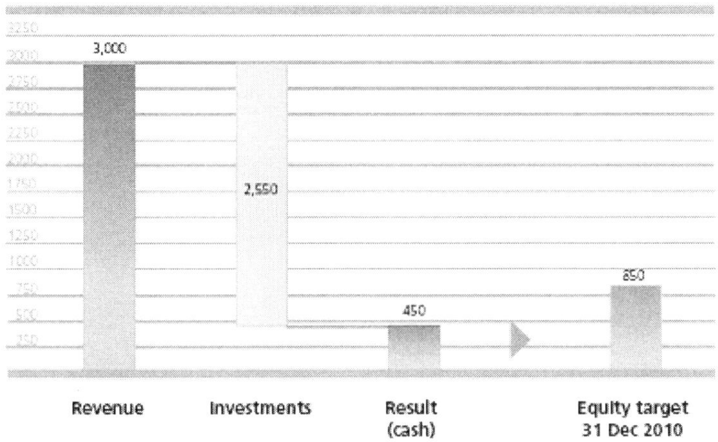

REVISED 2007-2010 BUDGET

USD MILLION

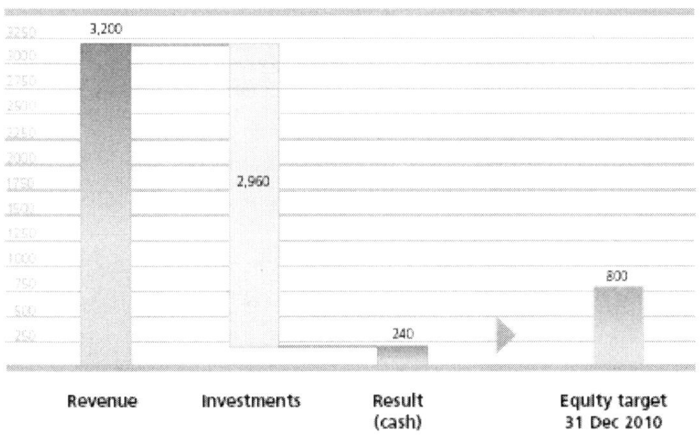

출처: 앞의 보고서, p. 40.

표 2-5, 2009 FIFA 예상수입 및 지출

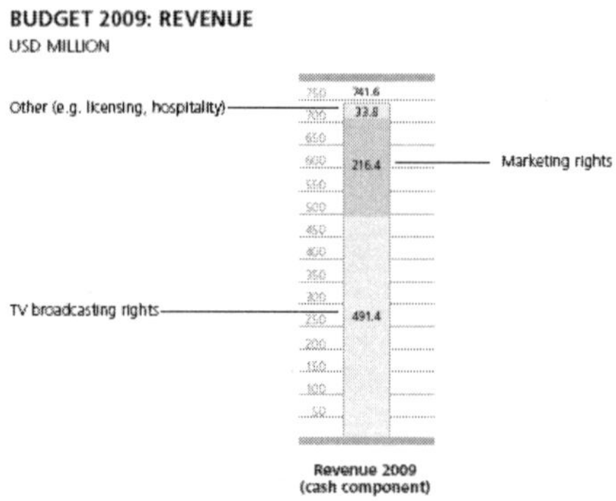

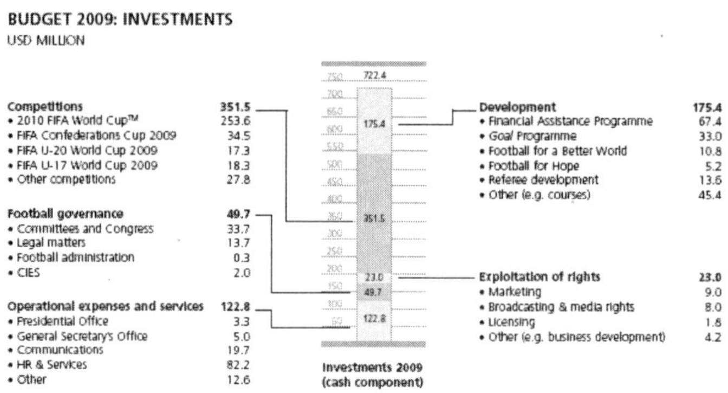

출처: 앞의 보고서, p. 44

그럼에도 불구하고 세계 각국은 FIFA월드컵의 순기능적인 정치경제적 목적을 위해 월드컵 유치경쟁을 벌이고 FIFA 또한 세계 최대조직으로써 표 2-4, 표 2-5가 각각 보여주듯 앞으로 지속적으로 해를 거듭할수록 예산을 늘리면서 월드컵을 통한 정치경제적 힘을 과시할 것으로 예상된다. 이러한 예상은 제프 블래터 FIFA 회장이 FIFA 창립 100주년을 나흘 앞둔 지난 2004년 5월 17일 프랑스 파리에서 가진 기자회견에서 "축구는 세계 평화에 이바지해야 한다."고 강조함으로서 더욱 그 가능성이 커지고 있다. 명실 공히 FIFA는 이제 단순히 스포츠 분야를 넘어 세계의 정치, 경제, 사회, 문화 등 다방면에 걸쳐 큰 영향력을 행사할 것으로 보인다.

결론

올림픽과 더불어 세계에서 가장 인기 있는 국제경기로 자리매김한 FIFA월드컵은 축구의 기원이 고대 그리스와 로마, 중남미의 마야문명, 중국이나 한국의 고대 아시아문명권에서 정치폭력인 전쟁에 대비하기 위한 군사훈련이나 경기로 출발했다는 점에서 처음부터 정치와 불가분의 관계를 맺어왔다. 1904년 축구종주국 영국의 냉대 속에 유럽대륙7개국이 FIFA를 창설하였고 1930년 제3대FIFA회장 줄 리메에 의해 월드컵이 탄생했다.

FIFA의 '유럽중심주의'를 개선하려는 제3세계국가들의 노력이 계속되는 가운데 2010년 현재 UN보다 많은 208개회원국을 거느린 FIFA는 블래터 회장이 지적했듯이 단순한 공을 차는 경기의 차원을 넘어 오늘날 지구촌 시대의 정치 · 경제 · 사회 · 문화면에 커다란 영향력을 행사한다.

축구종주국 영국과 FIFA창설 주역이었던 프랑스간의 스포츠 권력게임은 FIFA회장선출과 경기규칙 및 공용어사용 등 여러 측면의 갈등으로 확산되었고 영국축구위원회(International Board)가 FIFA내에서 대등한 위치로 영향력을 행사하게 되었다. 단일주권국인 영국은 잉글랜드 · 스코틀랜드 · 웨일스 · 북부

아일랜드 대표 팀으로 각각 FIFA회원국이 되어 국제대회에 독립적으로 참가한다. 영국4개축구협회로 구성된 '국제위원회'(International Board)는 다른 2개 FIFA회원국과 함께 경기규칙을 규율하는 통제사가 되었고 FIFA회원국들이 모든 국제경기에서 발생한 비용을 FIFA에 지불하는 배당금에 대한 비율도 이들 영국의 4개 팀(Home Internationals)에 대해서는 적용되지 않는다. 또한 FIFA의 다수회원국들이 비영어사용권 국가들로 구성되어있지만 프랑스어가 제1의 FIFA 공용어인데도 불구하고 FIFA내부에서 언어상의 문제가 발생할 때면 영어가 항상 해결사 역할을 한다. 한편 영국은 아마추어리즘을 주장하고 1차 세계대전 추축국들에 대한 정치적 응징을 요구하면서 축구 종주국으로서의 당당한 위세를 과시했다.

월드컵대회도 올림픽대회처럼 '국제정치의 풍향'에 따라 좌절과 중단의 시련과 발전을 동시에 거듭해왔다. 월드컵대회는 올림픽대회처럼 1920년대 무솔리니의 파시즘, 1930년대 히틀러의 나치즘과 스페인 프랑코의 독재시대를 거치며 '정치적 파고'(Political Wave)를 견디어오다 마침내 1939년 유럽에서 히틀러의 나치광풍으로 번진 제2차 세계대전으로 중단되었다가 1950년부터 재개되는 비운을 겪기도 했다. 제2차 대전 이후에는 아시아, 아프리카, 중동지역의 지역정치와 국제정치의 상황전개에 따라 새로운 도전을 맞기도 했다. 중공의 등장, 한반도의 분단, 아프리카 신생국들의 해방독립, 이스라엘 건국 등 수많은 정치상황의 변동파고(波高)에 따라 FIFA월드컵은 올림픽처럼 보이콧열풍에 시달려야만 했다. 한편 FIFA월드컵은 개최국의 국내정치변수에 따라 난국(難局)을 맞기도 한다. 1978년 아르헨티나월드컵 당시 비델라(Rafael Videla) 쿠데타정부의 반정부 민간학살사건으로 빚은 보이콧 논란과 1973년 칠레 피노체트 쿠데타정부의 반정부인사들에 대한 고문·처형사건으로 빚은 소련의 산디아고월드컵토너멘트 보이콧이 그러하다.

정치와 불가분의 관계를 갖는 FIFA는 회장선거에서도 더욱 뚜렷이 나타난다. FIFA회장선거는 선거 당시의 국제정치·경제 환경과 FIFA내부의 정치적 역학관계로 결정된다. 1974년 제7대 회장선거 당시 브라질출신의 아벨란제 후보는 유럽중심주의로 편향되어 있는 FIFA의 개혁을 바라는 제3세계의 지원을 받아 당선되었다. 제1세계로부터 독립한 제3세계국가들은 절반 또는 2/3이상이 FIFA회원국이 되어 처음으로 제1세계국가들과 동등한 투표권을 행사함으로써 제3세계출신 회장을 선출하게 되었다. 한편 영국출신의 라우스 현 회장은 남아프리카와 중국, 소련을 위시한 공산권에서 제기하는 FIFA와 관련한 여러 정치적 사안들에 대해 정치적 감각부재와 무관심으로 낙선되었다.

FIFA월드컵의 개최국선정은 국민통합과 국제위상의 고양, 독재국가의 홍보, 정권에 불만족하는 국민적 관심의 외부유도 등 여러 정치적 이유와 중장기적 국부의 창출효과 등 경제적 요인들이 복합되어 회원국들이 경쟁적으로 지원한다. 초기당시의 FIFA평의회 결정방식은 1957월드컵이후 보이콧이나 또 다른 논쟁을 피하기 위해 라틴아메리카와 유럽이 번갈아 개최하기로 결정하여 1998월드컵 때까지 유지되었다. 특별히 2002월드컵은 한국과 일본이 공동개최하여 아시아최초의 대회이자 2개국 공동개최의 유일한 대회가 되었다. 2010월드컵 개최지는 남아프리카공화국으로 아프리카지역에서는 처음으로 개최되며 2014월드컵은 브라질에서 개최되어 유럽이외지역에서 연속적으로 개최되는 첫 사례가 된다. 현재는 개최국선정이 FIFA 집행위원회의 단기이양식의 선거방법으로 결정된다. 가장 극적인 정치드라마를 연출한 개최지선정사례는 2006년의 독일 케이스였다. 경쟁국이었던 남아공은 지역우선과 투표자수, 축구기량발전 등 유리한 조건으로 개최국선정이 예상되었었다. 그러나 1998년 FIFA회장선거전에서 아프리카개최지지원을 약속했던 블래터 회장과의 정치적 갈등으로 아시아권 국가들이 독일지지표로 돌아섰고 동수결선투표에서 오세아니아축구연맹의 남아공지원지시를 무시하고 뉴질랜드 출신의 뎀프시가 기권함으로 11:12로 독일개최가 결정되었다. 이는 아시아권의 정치적 반란(political rebel)과 뎀프시의 절묘한 선택으로 빚어진 극적인 정치드라마의 한편이었다.

끝으로 FIFA월드컵이 민간자본으로 개최되는 세계 최대 단일종목 스포츠이벤트로서 FIFA는 이를 위해 상업화를 추구하여 소득을 창출하고 조직운영을 위해 예산을 편성 · 집행한다. 수입원으로서는 가장 많은 방송중계권수입과 마케팅권리, 라이선스권리, 그리고 명칭사용권의 수입 등이 있다. 개최국은 국가이미지 제고와 국민통합 등 정치적 효과와 함께 경제적으로 단기간에는 엄청난 부가가치와 고용의 창출효과를, 중장기에는 정보산업과 문화산업 등 국내 산업이 연쇄적으로 발전할 수 있는 간접효과를 가질 수 있다. 그러나 아르헨티나와 칠레, 일본 등 과거 개최국 일부는 역효과를 낸 사례도 있었음을 지적하지 않을 수 없다.

끝으로 FIFA월드컵은 올림픽과 같이 동전의 양면처럼 정치와 불가분의 태생적 양자관계를 가지고 내외의 정치적 환경에 따라 시련과 발전을 거듭하면서 앞으로도 더욱 단순한 스포츠

분야를 넘어 세계의 정치, 경제, 사회, 문화 등 다방면에 걸쳐 크게 영향력을 행사해 나갈 것으로 예상된다.

참 고 문 헌

김운용, 위대한 올림픽: 바덴바덴에서 서울까지 (서울: 시사영어사, 1990)
동아일보, "축구 FIFA 100년…세계 움직이는 '축구 권력' "(2004. 5. 21)
양동주, "베이징올림픽 중국 민주화 빗장 여나," (동아일보, 2007. 9. 6.)

Christopher R. Hill, "The Politics of Olympic Movement," in Lincoln Allison ed., The Changing Politics of Sport (Manchester University Press, 1993)
FIFA, Football World/Football Mondial/Fussball Welt (April 1939)
FIFA, Minutes of the XXXIIIth Ordinary Congress, Frankfurt, (11 June 1974)
Jim Riordan and Arnd Kruger, The International Politics of Sport in the 20th Century(London: E & FN SPON, 1999)
John Hoberman, "The Olympics Aren' t Political," Foreign Policy, July/August 2008
Lucas, J.A., "Theodore Roosevelt and Baron Pier de Coubertin: Entangle Olympic Games Involvement", Stadion 8/9 (1982/3)
Stanley Rous, Football Worlds: A Lifetime in Sport (London and Boston: Faber and Faber, 1978)
WWW.globalsecurity.org., "1968 Student Massacre"(Tlatelolco massacre)"". Retrieved on 2008-08-28.

제 7 장 정치가들의 스포츠정치화

서론

정치가들이 자신들의 정치권력을 획득하고 유지, 확장시키기 위하여 스포츠를 정치화(politicization of sport)하고 이를 이용해 온 역사기록은 오래전 고대 그리스나 로마 시대부터 시작되었다. 고대 그리스의 올림픽경기에서 통치자들은 경기종목에 달리기나 던지기, 사냥, 체력단련 등 전쟁활동과 관련한 경기를 치르게 함으로 권력의 유지와 안보, 그리고 그 확산을 꾀했으며 오늘날 유명선수들을 후원하면서 이들이 승리할 경우 선수와 함께 정치적 유명세를 한층 더 높이고 명예와 영광을 차지하기도 했다. 한편으로 로마시대의 정치가들은 대규모의 화려한 운동경기와 오락무대를 시민들에게 제공하면서 경기를 구경하는 동안 앞서 지적했듯이 스포츠의 상징성 때문에 이들 시민들이 불만스런 정치사회적 문제에 관심을 기울이지 않게 함으로써 반대로 탈정치화(depoliticization)를 시도했다. 이는 곧 이들에게 반정부 세력을 무력하게하거나 지연시키는 시녀노릇을 하게 했다. 또한 로마 황제들은 점점 시민들의 점진적 욕망을 충족시켜나가기 위해 상상을 뛰어넘는 경기를 하게 했다. 콜리세움 경기장에서 검투사(Gladiator)가 사자와 같은 야생동물과 싸워 피를 보게 했으며 A.D. 90년에는 황제 도미티언(Domitian)이 난쟁이들과 미모의 여성들이 싸우게 하여 관중들에게 흥을 돋우기도 했다.[1)]

중세의 귀족 정치인들은 마상(馬上) 창 시합에 참가하여 젊은 여성들 앞에서 자신을 자랑할 수 있는 호기로 삼아 호화스럽고 멋진 의상을 입고 자신을 과시하거나 용맹스러움을 과시하는 수단으로 삼았다. 물론 평민들은 참가자격 자체가 허락되지 않았다. 근대에 들어 스포츠 정치화의 전형으로는 나폴레옹의 독일 점령시절 독일 학생들에게 자유와 독립을 위한 투사를 육성하는 게릴라 조직체인 '투르넨(Turnen)'의 창설을 들 수 있다. 이 조직체는 국가정책에 의해 중앙 중심적으로 조직을 강화, 확대하고 對프랑스항쟁을 위한 정치적 목적을 가지고 있었다.

한편으로 현대올림픽사상 스포츠가 정치와 무관해 온 적도 거의 없다. 특히 1950년대 TV가 생겨난 이후 스포츠에 혁명적 변화를 가져왔으며 정치인과 정치제도에 대한 거대한 영향력을 발휘하게 하는 정책도구를 제공하게 되었다. 또한 이미 앞서 지적했듯이 구소련, 동유럽, 쿠바, 북한 등 舊공산국가들은 수년 동안 스포츠를 가장 효과적으로 그리고 가장 간단하게 공산주의라는 특정한 정치적 이데올로기를 확장하며 발전시켜 가는 데 필수적인 방법으로 여겨왔었다. 곧 스포츠로서의 과시적(誇示的) 성공이 공산주의라는 연합세력을 확장시키는 성공과 동일시했다.

이미 지적했듯이 아프리카 정치지도자들도 1960년대 서구열강의 제국주의로부터 독립된 후 험난한 국가건설 작업에 신

---

1) Allen Guttman (1978), p. 29. 참고.

생 독립국가 국민들의 국가에 대한 충성심을 고취시키고 국제 사회에서 자신들은 물론 국가의 위상을 드높이기 위해 가장 비용이 적게 들고 가장 간단한 방법인 스포츠를 이용하고자 했다. 수많은 아프리카 시민들의 경우에도 스포츠를 애호하고 스포츠 참가자로 또는 지원자로서 성공하려는 공통적인 결속을 보였다. 최근에는 아프리카 국민들 사이에 스스로의 강렬한 자아의식으로 스포츠 자체가 전 아프리카 통합을 이룩하는데 귀중한 방편이 되어왔다. 더욱이 스포츠 관람자와 참가자들이 모두 직간접적으로(개방적 또는 비개방적으로) 정치적 교화(political indoctrination)의 대상이 될 수 있는 잠재적 유권자들인 셈이다. 이들의 교화과정은 국가주의 또는 민족주의적 상징(nationalistic symbol)을 이용하여 더욱 강화될 수 있다.

이렇듯 동서고금을 막론하고 정치인들은 스포츠를 이용하여 대중들을 향해 자신들의 정치적 메시지를 전달하는 수단으로 활용하고 이는 곧 자신들의 정치적 입지를 강화시켜줄 남녀 스포츠선수들의 사례를 선택하여 자신들과 동일시하는 비합리적 상징조작을 통해 대중들로 하여금 자신들의 정치적 발언을 신뢰하도록 한다. 그러나 이러한 스포츠의 정치적 사례들도 정치인 스스로를 위해서나 스포츠 자체를 위해 부정적인 결과를 자주 가져왔던 것도 사실이다. 때로는 숭고한 목적과 화려한 수사(修辭)에도 불구하고 역효과를 낳을 때도 많다. 스포츠의 정치적 이용이 곧 스포츠 자체로서는 수난을 받는 경우도 있고 남용되어 큰 상처를 받기도 한다.

이 장에서는 현대 자유 민주정치 체제하의 미국의 레이건 전 대통령과 영국의 대처 전 수상, 그리고 독재정치체제하의 쿠바의 카스트로 수상과 한국의 전두환 전 대통령의 사례들을 통해 스포츠의 정치화 과정을 분석하기로 한다.

우선 20세기 자유민주주의 국가 중에서 국내외 정치에 가장 영향력을 발휘했던 지도자들 중에는 레이건(Ronald Reagan) 전 미국 대통령과 영국의 대처(Margaret Thatcher) 전 수상을 꼽을 수 있다. 레이건 전 대통령과 대처 전 수상은 서로 각기 출발점은 다르지만 양자 모두 스포츠 정책면에서 특별히 직접 실제적인 아젠다(agenda)를 다루지 않았으나 자신들을 확실하게 밖으로 들어 내놓고 스포츠를 이용하고 정치화하는 데 아주 준비된 정치인들이라는 점이다. 레이건의 경우 그의 스포츠 연설을 통해 이른바 '레이건 경제정책'(Reaganomics)을 포함한 '레이건 혁명'(Reagan Revolution)을 열렬히 지지하도록 전 국민적 열정을 만들어 내는 데 뛰어난 능력을 갖고 있었으며 대처 수상은 반대로 사회정책이나 외교정책을 이행하기 위해 스포츠를 이용하고자 했다. 대처는 레이건 대통령처럼 자신의 말과 행동으로 스포츠 자체를 좋아하는 편은 아니었었으나 일정한 정책목적을 수행하기 위해 이를 이용하거나 때로는 남용했으며 이는 사실상 관련 스포츠단체를 소외시키는 데 있었다.

레이건 대통령이 자신을 스포츠 선수들과 동일시했던 노력은 전형적인 사례로서 다른 여러 정치지도자들처럼 유권자들에게 자신을 지지하도록 심금(心琴)을 울려주는 인기 높은 스포츠 대중정치가로 인식시키려는 데 있다고 할 수 있다. 1950년대부터 미국의 성공한 대통령들이 스포츠가 마치 정치적 통합력을 가져다주는 것으로 비유(比喩)해왔던 탓도 있다. 이는 곧 스포츠가 미 국민들에게 어떤 특정정치가나 성조기 앞에 지지와 통합을 위해 모여들게 하는 보이지 않은 인력(引

力)을 가진 요술방망이가 된 셈이다. 그러나 이러한 스포츠 정치화가 반듯이 모든 정치인들의 성공을 가져다주는 것은 아니다. 스포츠이미지 관리나 스포츠와의 동일시 조작은 상당한 시간을 두고 개발하거나 정제(精製)되어야 한다.

대학시절 풋볼 선수경력을 가진 로날드 레이건 대통령이나 제럴드 포드(Gerald Ford) 대통령의 경우처럼 성공적인 스포츠경력(사실적으로나 또는 단순한 이미지만이라도)을 가진 정치인들은 유권자를 향해 그러한 스포츠 이미지를 만들어내는 데 귀중한 기반을 갖추고 있다고 말할 수 있다. 지금까지 미국의 정치무대에서 보여준 스포츠 정치화의 성공은 서부개척시대의 개척자와 같은 이미지의 동일시보다 경쟁시대에 성공한 발군(拔群)의 지도자 자질을 갖춘 스포츠 선수나 군사 전략가적 이미지의 동일시 상징화가 훨씬 더 유권자들에게 먹혀들고 있는 실정이다.[2)]

영국의 경우는 이와 반대로 정치가들의 스포츠 선수에 대한 동일시 조작이 훨씬 덜한 편이다. 요트 선수로 꽤 알려진 에드워드 히스(Edward Heath) 전 수상과 열렬(熱烈)한 축구팬이었던 해롤드 윌슨(Harold Wilson) 전 수상 그리고 풋볼과 크리켓을 즐겼던 존 메이어(John Mayor) 전 수상들의 경우가 모두 그러하다. 다만 후자의 두 정치가의 경우에는 스포츠와의 연관성으로 만약 국민들에게 동일시되는 기회가 제공됐을지라도 그 효과는 아주 제한적이며 이용할 가치가 별로 없는 정치적 카드에 불과했을 것이다. 영국 사회의 전체적 맥락에서 보면 그와 같은 스포츠와의 연관성이 미국처럼 어떤

2) Terry Monnington, "Politicians and Sport: Uses and Abuses," in Lincoln Allison, ed., The Changing Politics of Sport (Manchester: Manchester University Press, 1993), p. 129.

커다란 정치적 유리함을 제공한다고 생각되지는 않는다. 전통적으로 영국에서는 스포츠가 미국 사회와는 반대로 일반 국민들의 인식의 가치체계에서 뚜렷이 구별되고 있기 때문이다. 스포츠가 문화적 행위(cultural practice)로 일상화된 미국 사회와 달리 영국의 경우는 스포츠가 적극적이든 소극적이든 간에 일단 여가시간의 추구라는 점에서나 또는 최소한 19세기부터 내려오는 노동윤리의 연장선상에서 노동생활에서 오는 압박감이나 그 영향으로부터 반듯이 벗어나야하는 하나의 행위자체로 해석되었다. 따라서 스포츠의 비(非)정치성이란 영국 사회의 고정된 '신화'가 유지되어 왔으며 정치인들이 스포츠를 이용하는 동일시의 조작(manipulation) 등은 다만 유권자들에게 가벼운 흥미꺼리를 제공해왔을 뿐이다.[3)]

자유민주주의체제하의 미국과 영국의 경우와 상이하게 전체주의(totalitarianism)의 중앙통제체제인 공산주의 일당(一黨)독제국가를 운영하는 쿠바의 카스트로 수상과 권위주의(authoritarianism) 군사독재를 이끈 한국의 전두환 대통령의 스포츠 정치화 사례로 분석함으로써 그 유사점과 차이점을 파악하고자 한다. 쿠바의 카스트로 수상은 자신이 야구선수로서 미국의 제국주의(?)를 막아내고 대신 쿠바의 공산주의혁명의 우수성을 과시하며 자신의 권력기반 공고화를 위해 자신이 직접 개입한 국가주도의 조직적인 엘리트스포츠정책으로 스포츠를 정치화했다.

권위주의적 군사독재체제(authoritarian military regime)의 한국 전두환 대통령은 고교시절부터의 축구선수로서 스포츠를 국민건강과 국내정치기반 강화를 위한 대국민 정통성확보,

3) 앞의 책.

그리고 국제적으로 국가위상을 고양시키려는 복합적인 목적으로 스포츠를 정치에 이용했다.

1. 레이건 前미국대통령

1989년 1월 20일 로날드 레이건 미대통령은 8년 연임기간을 마치고 워싱턴의 앤드류 공항에서 대통령전용 '공군 제1호기'를 타고 캘리포니아로 귀향하던 날 공항터미널 입구에는 그를 환호하는 군중들과 함께 "지퍼(Gipper) 선수를 태운 공군1호기가 다시 비행해왔습니다."(Air Force One Flies Once More For The Gipper)"라고 쓴 현수막이 걸려 있었다.[4)]

레이건 대통령은 재임 당시 항상 자신의 정치적 목적을 위해 스포츠의 상징성(symbolism)을 이용하여 정치적 발언을 거의 매일 해왔다. 그는 자신의 가치와 원칙을 강조할 때는 항상 상징성을 갖는 순수하고 단순명료한 현대적 감각의 스포츠 일화를 꺼내며 비유법을 사용해 왔다. 그는 잘 알려진 바와 같이 화두를 꺼내기 전에 먼저 "옛날에 이런 이야기가 있습니다.…"라고 시작하는 버릇이 있다. 이런 이야기는 대개 방문지역의 주인공들에 대한 이야기들로 자신의 정치적 신념과 이데올로기가 잘 담겨진 내용들이었다.

그중 가장 유명한 상징적 비유는 미국 풋볼선수 지퍼에 대한 이야기로서 레이건 자신이 과거 젊은 영화배우시절 워너브러더스사에서 제작한 영화 〈누티 로크니-진정한 미국인〉(Knute Rokne-All American)에서 조지 지퍼(George

4) Lou Cannon, President Reagan: The Role of a Lifetime (Simon and Schuster, 1999), P. 7.

Gipper)선수 역을 맡아 가장 성공한 배역 중 하나로 주인공인 지퍼 선수가 바로 자신의 정체성과 가장 어울리는 배역이었다고 술회하였다. 이는 곧 레이건이 스포츠의 상징성을 이용하여 자신이 배역한 영화 속의 영웅과 동일시하면서 선거투표자들에게 자신을 지지하는 잠재적인 지지자로 더 나아가 열렬한 지지자로 만들었다는 점을 잘 설명해 주었다.

영화 속의 누티 로크니는 노르웨이 출신으로 1918년부터 1931년 비행기 추락사고로 사망할 때까지 13년 동안 인디아나주 사우스 벤드(South Bend)에 위치한 노트르담 대학 풋볼 팀의 코치를 맡았었다. 어려움을 이겨내고 자신의 팀을 승리로 이끈 그의 성공적인 코치 이야기는 그가 재임기간 동안 발생한 미국의 경제대공황을 극복하게 하는 데 커다란 상징적 영감을 불러 일으켰다. 이 이야기는 후에 소위 '레이거노믹스'(Reaganomics)란 새로운 공급경제학(supply economics)의 용어로 재정 · 감세 · 규제완화 등으로 대변되는 경제정책을 이끌어 내는 동기로 잘 알려졌다.

레이건은 바로 이 영화의 배역으로 성공한 후 미래의 자신의 정치적 야심을 키워가는 데 큰 도움을 받았으며 자신의 기본적인 정치적 신념을 표출시키는 데 항상 이 영화의 이미지가 매체작용을 잘 해주었다. 실제로 레이건은 1980년 11월 대선에서 압승, 마침내 제 40대 대통령으로 취임하고 그 이듬해 바로 문제의 노트르담대학 졸업식 축사에서 다시 한 번 자신의 정치신념을 토로했으며 이는 곧 대학캠퍼스를 뛰어넘어 전 국민들에게 전달하는 메시지로 활용했다. 더더욱 레이건의 이날 졸업식 연설은 그가 암살을 모면한 후에 가진 첫 백악관 밖의 외출에서 행해진 것으로 국민들의 관심이 더욱

커졌던 때였다.

영화 〈누티 로크니〉에서의 지퍼와 로크니는 레이건에게 미국의 진정한 영웅들이자 애국심의 상징으로 부각되었으며 국민들 가슴속에 잠재되어 있는 자아(自我)에 대한 정체성(正體性 identity)과 미래에 대한 낙관론을 불러일으키는 자신의 삶의 철학을 담은 가장 중요한 정치적 독트린(doctrine)으로 자리매김했다고 볼 수 있다. 레이건 대통령의 노트르담 대학 졸업축사는 바로 자신의 정치적 이념을 풋볼코치로서의 위상을 훨씬 뛰어 넘는 로크니 이야기에 맞춰 연결시켰다. 사실상 레이건 대통령은 자신의 정치적 목적을 위해 국민들에게 풋볼코치로서의 로크니를 정신적 교육자이자 미국을 수호하는 아버지 상(像)으로 동일시하며 정치적 교화(political indoctrination) 및 이데올로기를 주입(ideology injection)시켜 이들에게 내일의 희망찬 미래건실을 위한 정신적 영감을 주는 인물로 묘사했다. 레이건은 아래와 같이 그를 칭송했다.

> "로크니는 코치로서 젊은 선수들을 지도·육성했을 뿐만 아니라 이들에게 삶의 지표를 교육했던 것입니다. 그에게 진정 가장 고귀한 삶의 철학은 바로 청년들에게 올바른 인성(人性)을 가르치고 기르는 인격도야(人格陶冶)의 길이었습니다. 이점이 바로 로크니가 아직도 우리들에게 전설적인 인물로 기억되고 있는 이유입니다. 그는 풋볼뿐만 아니라 다른 사회영역에서도 큰 정신적 유산을 남겼으며 국가를 위해 헌신하고 봉사한 훌륭한 귀감(龜鑑)으로 길이 남아있습니다."[5]

〈누티 로크니〉영화에서 레이건 자신이 캐스팅한 인물이자

5) Paul Erikson, Reagan Speaks(New York University Press, 1985), p. 41.

자신의 신념과 가장 맞닿았다고 생각하는 불멸의 풋볼선수 조지 지퍼는 노트르담대학선수를 끝으로 삶을 마감했다. 그는 마지막 죽음의 침상에서 동료선수들에게 차례로 "나를 위해, 모교를 위해 승리를 해다오"라는 유언을 남겼다. 로크니 코치는 지퍼 선수 사망 후 8년 동안 내내 팀 내부의 사소한 질시(嫉視)와 분열로 팀이 위기를 맞을 때마다 지퍼 선수의 유언을 불멸(不滅)의 신화처럼 잘 이용했다. 현실에서의 레이건 대통령 또한 노트르담대학 졸업축사 때뿐만 아니라 재임기간동안 자주 이 불멸의 신화를 이용하여 국민들에게 도덕적 교육경험(a moral learning experience)과 메시지를 전달하였다.

레이건은 패배직전 동료 지퍼 선수의 승리를 갈망하는 유언에 따라 이를 성취했던 노트르담 선수단을 비전(vision)과 대의를 행동으로 실천하여 헌법을 제정했던 건국당시의 국가지도자들과 동일시했다. 이들 선수들의 대의는 곧 대학경기장을 훨씬 넘어 전국을 상대로 도전적인 위대한 행동으로 연결되었다는 해석이었다. 레이건은 이렇게 미국의 역사 속에서 얻어진 교훈에 깊은 감명을 받았으며 지퍼 선수의 무용담이 스포츠 자체에 내재한 사회적 가치의 기재(器材)로 미국사회에 커다란 정서적 동질성을 불러 일으켰던 것도 사실이었다. 이는 곧 모닝턴이 지적하듯 "미국사회에서 스포츠는 하나의 주요한 문화적 행위(cultural practice)이며 국민 모두가 스포츠선수나 관람자가 되는 것이 거의 하나의 책무로 인식되는 풍토"가 조성되었기 때문이다.[6)]

레이건 대통령의 노트르담대학 졸업축사는 곧 전 국민에게 보내는 정치집회를 위한 선동연설처럼 들렸다. 마치 이 대학

6) Terry Monnington (1993), p. 127.

풋볼 팀의 로크니 코치가 30분 동안 작전지시를 하듯 레이건 대통령 또한 미 국민들이 직면하고 있는 경제적 고통과 사회적 병폐 그리고 추락된 국가위상은 바로 민주당의 국가정책 실패와 더욱이 카터 전 대통령의 실정 때문이었다고 맹공을 퍼부었다. 또한 레이건은 30분 동안의 축사에서 미래에 대한 비전을 제시하고 청년들에게 경기에서 꼭 승리하여 다시 한번 미국의 위대함을 되찾기 위해 새로운 힘과 생명력을 한데 모으자고 역설했다. 이와 같은 소명(召命)은 곧 지퍼선수의 결의에 찬 승리의 유언처럼, 조국의 승리를 위해 그리고 끝으로 현대판 지퍼 선수임을 자칭해 왔던 레이건 자신의 승리를 위한 외침이었다.

레이건은 스스로 '현대판 로크니' 풋볼 코치라 지칭하고 국가를 이끌고 있는 코치로서 1930년대 노트르담 대학팀이 홈경기장에서 승리를 가져오게 했던 정신적 보루가 1980년대 미국이 안고 있는 국가적 문제점들을 해결하는 데도 절실히 요구된다고 역설했다. 그는 현재까지 자유민주주의 체제의 위협으로 존재해 온 공산주의와 '악마의 제국'(Evil Soviet Empire), 소련의 반대 팀에 맞서 미국은 일치단결하여 강력한 힘을 바탕으로 승리할 수 있다고 믿었다.

위에서 언급했듯이 레이건 대통령은 60-70년대 월남전과 1979-81년 전임 카터 대통령 재임당시 발생한 주駐이란 미대사관 인질사건 등으로 실추된 미국의 국가적 자긍심과 국위를 다시 고양시키기 위해 재임기간 내내 스포츠의 정치화를 시도해 왔다. 그에게 이와 같은 작업은 절체절명(絶體絶命)으로 여겨졌으며 그 어떤 정책보다도 중요했던 것이다.

실제로 레이건 대통령은 로크니가 대학풋볼 팀을 코치하던 시기에 일리노이 주의 딕슨(Dixon) 고등학교와 유레카 대학(Eureka College)시절 풋볼선수로 활동하면서 스포츠에 대한 열정과 스포츠 영웅을 꿈꾸며 자신의 이상을 키워 왔었다. 그러나 청년시절의 레이건은 수줍은 성격과 왜소(矮小)한 체격으로 보아 와일드한 풋볼에 어울리지 않았다. 그러나 레이건은 스포츠 경기장에서 성공하는 방법이 동료학생들보다 인기를 얻는 더 빠른 지름길로 생각했었던 것 같다. 그러나 그는 이와 같은 학생시절의 스포츠 참가에서 얻은 경험과 영광이 그에게 스포츠계의 전문 정규직 직장인으로는 연결되지 못했으나 아이오와주의 다밴포트(Davenport)에서 비정규직 스포츠아나운서로 일하면서 모교인 유레카대학 풋볼 팀에 출전해 최종결승전을 치른 경험을 살려 출중한 아나운서 실력을 발휘하기 시작했다. 레이건이 스포츠 해설자로서 훌륭한 스포츠 이야기꾼만 아니라 과장해 역사적 사실을 분장시켜 강력한 메시지를 전달하고 시청자들로 하여금 이를 확실하게 믿게 하는 재능도 갖추고 있었다.

이와 같은 사실(事實)과 허구(虛構)의 융합(融合)능력은 그가 데 모네(Des Moines)에서 정규직 라디오아나운서로 일하게 되면서 더욱 정제(精製)되어 갔다. 그는 데스크에서 전송된 제한된 정보를 이용하여 경기의 결승전을 해설하는 능력을 갖고 있었으며 심지어 경기내용의 전송이 중단되어도 해설을 계속해 나갈 정도였다. 이러한 이야기꾼으로서의 기법은 머지않은 미래에 등장할 자신의 정치무대에서의 정치적 수사(political rethoric)를 활용하기 위한 중요한 토대가 되었다.

스포츠를 통한 훌륭한 이야기꾼의 재능을 갖춘 레이건은 또한 그의 인생역전(人生歷傳) 25년 동안 52편의 영화에 출연

했던 배우시절은 그로 하여금 다시 상상(想像)의 영역을 넓혀 미래에 자신의 정치적 신념과 이념을 전파하는 데 필요한 풍부한 화제의 보고(寶庫)를 만들었던 시절이었다.[7]

그러나 레이건 대통령은 자유 시장경제, 자유무역, 애국심, 작은 정부, 그리고 힘에 의한 평화보장 등 기본적 통치이념을 가졌을 뿐 깊고 폭넓은 지식은 갖추지 못했다. 이러한 기본원칙은 선과 악의 대결이란 단순한 형식으로 나타났다. 그는 브리핑 같은 것을 싫어하고 지적인 탐구력을 몹시 등한시한 '지적 태만'(知的 怠慢 intellectual laziness)의 대명사라 할 수 있다.[8] 따라서 경제 및 사회문제들을 해결해가는 데 필요한 정책결정의 복잡성을 기피하여 솔직히 그는 대통령직을 수행할 능력이 부족하여 행정 각 부처의 참모들에게 크게 의존할 수밖에 없었다. 그는 정책 아젠다(agenda)의 큰 밑그림을 먼저 그려 놓은 후에 세부적인 실천방안은 정책보좌관들에게 맡긴다. 더욱이 그의 지도력은 자신의 기억력상실이나 결핍으로 타격을 입거나 브리핑 시간이나 중요한 회동시간에도 수시로 잠에 빠져버리는 특별히 별난 신체적, 정신적 조직구조를 갖고 있는 대통령이라고 말할 수 있다.

잘 알려진 것처럼 레이건은 정부를 끌고 갈 장악력은 부족했으나 국가를 지도해 나가는 능력은 대단했다. 그는 언제나 자신감을 가지고 낙천적인 인생관(positive way of life style)으로 일관했다. 레이건은 자신의 아이디어를 국민들에게 직접 전달하고 이를 매개로 유권자들과 완전한 유대를 만들어 내는 '위대한 전달자'(great communicator)임에 틀림

7) http://en.wikipedia.org/wiki/Ronald-Reagan-Filmography(검색일: 2010. 5. 7).
8) T. Monnington (1993), p. 131.

없다. 그는 반대자를 설득하여 비판을 잠재우고 다수의 국민들을 자신의 뜻에 동의하는 우군(友軍)으로 만들어 자신을 지지하는 여론을 만들어 낸다. 그에게는 많은 사람들이 쉽게 자신을 알아보는 높은 인지도와 거침없이 형식에 구애되지 않고 마치 선술집에서 사람들과 쉽게 맞나 친숙해질 정도의 단순하고 서민적인 장점을 갖고 있는 정치인이기도 했다. 젊은 시절 해수욕장의 안전감시원, 라디오아나운서, 영화배우 등으로 점철(點綴)돼 온 그의 인생역정이 이를 뒷받침해 주었던 것 같다. 레이건의 정치적 신념은 일찍이 그의 삶의 경험에서 출발하여 신문에서 읽은 이야기들 그리고 뉴스위크 주간지나 리더스다이제스트 등 월간잡지에 실린 이야기들이 그 기초를 이뤘다. 이러한 신념은 정책담화나 군중연설을 할 때 크게 작용한다. 그는 항상 신화와 현실을 적절히 결합하여 재미있고 매우 인상적인 이야기를 남긴다. 따라서 이런 이야기들에 대해 신빙성이 의심받기는 극히 이례적일 수밖에 없다. 그는 자신의 논점을 강화하기 위해 제한된 사실과 숫자들을 이용해야 하지만 일화나 비사를 들어 자신의 메시지를 강렬하게 전달시킨다. 앞서 지적했듯이 그는 여러 사례를 들어 이야기를 전개하는 데 주요한 원칙을 강조하기 위해 모두(冒頭)에 먼저 "이런 이야기가 있습니다."라고 시작한다. 비유법이나 복잡한 비사들을 이용하여 자신의 메시지를 전달하는 그의 노련함과 능력은 거의 전적으로 앞서 보았듯이 라디오 스포츠해설가로, 영화배우의 경력에서 갈고 닦은 결과였다. 그는 자신의 음성을 조절하거나 해당지역의 지방방언을 이용하면서 이야기를 잘 윤색(潤色)하곤 한다. 따라서 그는 어떤 정책발표나 그 내용보다 자신의 언어운용과 연기에 더 관심을 갖는다. 정부정책의 실제내용과 시행은 거의 모두 보좌관들에게 의존한다. 때문에 레이건은 스포츠나 영화에 관한 것은 모두 거의 자신감이 있으나 국가가 당면한 경제문제나 현대의 과학기술에 관한 문제 또는 외교정책에 대해서는 정반대로 무능한 대통령이라는 평가를 자주 받았다.

그는 자신의 정직성을 드러내기 위해 또 다른 스포츠 얘기로 돌아간다. 자신의 모교인 시카고의 딕슨 고등학교시절 한 풋볼선수가 전혀 알지 못하는 생면부지(生面不知)의 심판관이 지적한 반칙을 정직하게 수용하여 홈팀에게 패배를 안겨주었던 이야기를 대중연설에서 자주 인용했다. 이러한 스포츠 이야기에 비유하면서 그는 늘 단순하면서도 아주 주요한 정치적 메시지를 대중 앞에 전달한다. 물론 스포츠 선수들의 이름과 개최 장소는 필요에 따라 적절히 수시로 바꿔간다. 이렇게 만들어진 스포츠의 정치적 신화(political myth)는 의심할 여지없이 곧이곧대로 대중들에게 신뢰를 받는다.

1981년 3월 30일 레이건이 25세의 존 힝클리 주니어에게 쏜 5-6발의 총격에도 불구하고 암살을 모면, 병원으로 이송되어 수술을 받고 난 후에 부인 낸시에게 "여보 내가 허리를 구부리는 것을 잊었소!"라고 말해 그녀를 위로하는 여유도 보였다. 바로 이 말은 1926년 미국의 세계 헤비급챔피언 잭 댐프시(Jack Dempsey)가 제인 투니(Gene Tunney)에게 자신이 지켜 온 7년 동안의 챔피언 타이틀을 빼앗기면서 남긴 후회스런 화두였다. 레이건은 또한 애국심을 고취시키기 위해 미국의 전설적인 양키 야구팀의 디마지오(Dimaggio)가 자서전에서 밝힌 "나는 양키 팀 선수가 된 것이 행운이었다."라고 하는 말을 다시 정치적 목적으로 윤색(潤色)하면서 "나는 미국 국민이 된 것이 행운이었다."라고 말 할 정도였다.

역대 전임 대통령들 특히 리차드 닉슨(Richard Nixon) 대통령과 크게 달라 선수들의 라커룸을 방문하여 인기와 표를 얻으려는 제스처 따위는 취하지 않고 심지어 1985년 1월 20일 공식적인 대통령취임식 일정도 전미 풋볼챔피언전과 겹치지 않게 하루 연장할 정도였다. 또한 풋볼시즌에는 더 더욱 외부의 방문여행을 삼가 할 정도였다. 그러나 정규적으로 국가대표 팀이나 선수들을 백악관으로 초청하여 정치적 목적으로 사진기자들로 하여금 그들과 함께 사진을 찍기도 한다. 레이건 대통령의 이 같은 행동들은 다름 아닌 자신의 국가정책과 이미지와 관련시켜 국민들에게 대통령의 임무수행에 대한 신임과 자신의 인기를 높여가는 데 중요한 기재(器材)로 작용하기 때문이다. 레이건은 앞서 지적한 스포츠가 내포하고 있는 정치적인 상징성(political symbol)의 동일시성과 지배성, 그리고 보수성을 이용하여 자신에게 유리한 정치권력의 정당성(legitimacy) 확보를 위한 정치적 상징조작(political symbol manipulation)의 전범(典範)을 보였던 것이다.

그가 백악관을 떠나 있을 때도 이러한 상징조작의 기획은 계속되었다. 1984년 4월 26일부터 6일간의 중국 공식방문 일정을 앞두고 시차(time-zone) 때문에 하와이에서 잠시 기착, 휴식을 취하고 시차로 생겨난 제트-레그(jet-lag)를 극복하고 중국 지도자들과 회담하면서 깜박 졸음에 빠지는 일이 없도록 해변에서 잠시 시간을 보내는 순간에도 짧은 T셔츠와 반바지 차림으로 코코넛 열매를 이용하여 경호원들과 함께 풋볼게임에서 쿼터백 스타선수처럼 경기를 하는 듯한 장면을 언론에 보도함으로써 72세인 자신의 건강미를 국민들에게 알리는 노련함도 잊지 않았다.

레이건에게 1984년은 대통령 재임 중 최고의 황금시기였다. 특히 7월 하순의 로스앤젤레스 올림픽대회가 11월 재선을 앞둔 레이건과 그의 선거참모들에게 천군만마(千軍萬馬)의 우군이 아닐 수 없었다. 1980년 모스크바대회당시 소련의 아프가니스탄 침공에 항의하는 수단으로 미국 선수들의 불참에 이어 이번 LA 올림픽대회에는 소련을 위시한 공산주의 국가선수들이 불참한 가운데 "나와 적"을 구분하는 이분법에 기초해온 레이건으로서는 스포츠의 동일시 상징성(symbol of identification)을 십분 활용했다. 100m 육상선수 칼 루이스(Carl Lewis)와 처음으로 열린 여자마라톤의 조안 베노이(Benoit Joan) 등 많은 미국 선수들이 우승의 영광을 가져오면서 레이건 대통령은 성공적인 1차 임기를 끝내고 11월 재선을 앞둔 시점에서 승리를 장담할 기회를 제공한 셈이다. 사실상 레이건의 4년 임기동안 미국민들은 자존심을 되찾고 국제무대에서 국가의 체면을 부활시킨 듯 했다. 선수들의 승리는 레이건 대통령의 국가 지도력과 함께 국가적 자신감과 자긍심의 회복결과로 해석될 수 있었다. 경기 내내 레이건 대통령은 마치 군사작전에서 전선을 지키는 병사들처럼 각 선수들을 동일시했다. 이러한 동일시성의 결과 우승한 선수들은 바로 국제외교전에서 강대국 미국의 우월성을 반영하고 레이건 대통령 자신과 소속 정당인 공화당의 업적으로 비춰졌다.

올림픽기간 동안 레이건 대통령은 모든 보도사진과 연설문에서 자신과 공화당, 그리고 자신의 이데올로기에 언제나 우승선수들과 관련지었다. 예를 들어 전 세계로 방영되는 LA올림픽 개막식에서 레이건은 미국 선수들에게 자신은 물론 가족과 국가를 위해 승리하도록 당부했다. 그는 마지막으로 "지퍼 선수를 위해 승리하자"고 다시 주문했다. 레이건은 곧 자신이 승리를 위해 뛰고 최고의 우승선수단이 되며 나아가 미국 팀의 주장이 된 것 같은 '비합리적 상징의 동일시성'을 보여주었다. 이러한 그의 전략적 선택의 임무수행은 처음부터 그렇게 어렵게 인식되지 않았다. 그의 재선을 위한 선거캠페인은 마치 마라톤결승에서 승리의 긴 여정을 끝내고 마지막 한 바퀴 운동장을 주파하기 위해 관중들의 뜨거운 환호를 받으며 들어오는 선수와 비교 될 수 있었다. 재선의 승리를 쉽게 예측하게 하는 대목이었다.

민주당의 먼데일(Walter Mondale) 후보 또한 스포츠를 이용하고자 했으나 레이건의 능력과 비교될 수 없었다. 레이건이 정치에 스포츠를 비유하는 세련된 능력은 앞서 보았듯이 그 자신의 직접적인 경험에서 비롯되었다. 당시 만약 유권자들이 개인적으로 레이건의 역사인식과 미래에 대한 희망을 부인했더라면 선거결과는 레이건 자신이 곧 '패자 팀'에 속하는 꼴이 되 버릴 정도로 먼데일 후보에게 유리한 상황일 수도 있었다. 그러나 먼데일 후보의 패배는 최초의 여성 부통령 후보 페라로(Geraldine Anne Ferraro)여사와 부동산 업자였던 그녀의 남편에 관한 부정부패 문제점들의 노출뿐만 아니라 레이건의 뛰어난 상징조작의 능력에 의해 확실하게 점쳐졌다. 이러한 승자와 패자에 대한 그의 예측논의는 적대국 소련에 대해서도 마찬가지였다. 레이건은 미주리 주에서 행한 한 유세연설에서 "유권자 여러분, 소련이 이번 올림픽 폐막식이 끝나면 그대로 안도(安堵)할 수 있을까요? 아닙니다. 저들은 이번 LA올림픽폐막식을 절대 볼 수 없을 것입니다."라고 말했다.[9] 또한 레이건은 폐막식후에 가진 조찬연설에서 자국선수들에게 국가를 대표한 민간외교관이라고 치켜세우고 "나는 만약 세계인들이 미국국민을 평가하고자 한다면 아마도 여러분들의 일거수일투족(一擧手一投足)을 바라보고 관대한 인격과 열성, 그리고 높은 기상을 가지고 최고의 목표를 향해 전진하는 진정한 챔피언의 국민들로 여길 것으로 믿습니다."라고 말했다.[10]

또한 레이건 대통령은 전국을 돌며 올림픽 성화를 봉송하는 각 연령별, 성별, 그리고 장애인과 비장애인을 포함한 모든 주자들에게 미국의 이미지를 전달하는 선수들과 똑같은 주요한 인물들로 '진정한 승리자, 진정한 국민들'이라고 칭송했다. 그해 5월에는 이들을 백악관에 공식초청하고 "우리의 젊은 청년들이 국가를 위해 헌신하고 위대한 성과를 올리며 불가능에 도전하면서 달려왔던 것입니다."라며 칭찬을 아끼지 않았다.[11]

레이건은 이렇게 계속된 선거유세에서 늘 스포츠와 관련한 비유와 일화를 동원함으로써 연설하는 곳마다 수많은 지지자들이 마치 LA올림픽 때 수많은 관중들이 보여준 애국심을 다시 보여 주 듯 연설도중 'USA! USA! USA!'를 외쳐 연설이 몇 차례 중단된 적도 있었다. 8월 22일 레이건은 공화당 대통령 후보지명 수락연설에서 올림픽게임 이야기를 다시 꺼냈다. 그는 전 미국 국민들을 올림픽 선수들에게 비유하면서 '진정한 승리자'라고 말하고 올림픽에서 보여준 드높은 애국심을 다시 일깨웠다. 마치 이번 재선거에서 만약 그가 승리한다면

---

9) P. Erikson (1985), p. 109.
10) 앞의 책, p. 106.
11) L. Cannon (1991), p. 495.

'새로운 기대와 행운이 깃들 희망찬 시대'가 도래 할 것 같은 분위기였다. 민주당의 먼데일 후보와 겨루는 일은 마치 국가팀의 코치 역을 놓고 두 코치가 겨루는 것으로 비유되었다. 선택은 자명했다. 레이건은 "오는 11월은 미국국민들은 세금을 올리고자 하는 먼데일 코치에게 다른 곳의 다른 팀 코치 역을 알아보라고 충고할 것입니다"라고 자신 있게 말했다.[12]

그러나 레이건의 승리를 자신했던 공화당은 10월에 있었던 레이건-먼데일 TV대선토론에서 긴장했다. 먼데일 민주당후보의 집요한 공격에 비해 레이건은 논쟁의 초점(焦點)을 잘 다루지 못하고 간혹 어리둥절한 태도를 보여 당원과 지지자들을 당황시키기도 했다. 특히 국가재정적자에 대한 상대방의 공격에 대해 그는 상당히 당황했다. 사실 레이건은 지난 재임기간 동안 세금은 동결하고 과도한 국방비 지출로 균형예산을 맞추는 데 실패했다. 이는 또한 공화당의 전통적 정책노선에서도 빗나간 생소한 정책이었다.

선거기간 내내 그는 새로운 정책이나 미래에 대한 국가적 아이디어를 스스로 내놓지 못하고 거의 전적으로 참모들에게 의존했다. 이 때문에 그의 비판자들은 언제나 이런 자세를 비꼬며 1927년 10월 6일 첫 개봉된 흑인 재즈 가수 알 졸슨(Al Jolson)이 자신의 삶을 묘사한 발성영화 '재즈가수' 를 연상하면서 레이건이 고작 했던 일은 졸슨 영화의 한 대목 대사(臺詞)처럼 "당신은 아직까지 아무것도 보여주지 못했어요."라고 빈정댔다. [13]

이러한 상대방의 비판과 지적영역의 부족, 흔한 말실수, 사

12) P. Erikson (1985), p. 106.
13) T. Monnington(1993), p. 136; 양동주 (2001), 상권 p. 323.

실과의 괴리감 등 여러 약점에도 불구하고 레이건은 루스벨트 대통령 이후 가장 높은 유권자의 지지를 얻어 49개주에서 승리하게 되었다. 먼데일이 유세기간 중 국가가 당면하고 있는 골치 아픈 문제점만을 이야기할 때 그는 반대로 유권자들을 편안하게 하면서 미국의 건재함을 이야기했다. 이는 곧 레이건 자신이 과거 스포츠 해설가로써, 영화배우로써의 경력을 십분 발휘하여 유권자들을 매료시켜 재선의 영광을 안았던 점이다.

앞에서 지적했듯이 레이건 대통령은 1985년 1월 자신의 공식적인 취임식이 마침 슈퍼볼경기와 겹치자 공식행사를 연기하고 경기도중 TV화면에 등장하여 슈퍼볼을 지켜보고 있었던 수많은 관중 앞에 모습을 드러내는 드라마를 연출하는 일도 빼놓지 않았다. 다시 말해 레이건에게 스포츠 행사는 그의 정치적 목적을 위해 언제나 필수적인 자본적 기재였다.

한편으로 흑인 유권자들의 레이건 대통령에 대한 지지세력은 몹시 빈약했다. 그러나 레이건 자신은 미국 사회의 흑인에 대한 인종차별을 오랫동안 반대해왔으며 이를 증명이라도 하듯 항상 스포츠와 관련된 일화들을 소개하곤 했다. 예를 들면 유레카 대학시절 그는 대학 풋볼 팀의 동료선수들과 자신의 고향인 딕슨 타운으로 친선경기를 나갔을 때 동료 흑인선수가 인종차별로 호텔숙박을 거절받자 그는 곧바로 그 흑인선수를 그의 집까지 데려다 준 적이 있었다. 이 인연으로 레이건은 그 흑인선수와 1981년 그가 죽을 때까지 평생 우정을 나눈 바 있다.[14)]

레이건은 흑인선수들을 만날 때마다 늘 이 일화를 들려주며

14) T. Monnington (1993) p. 136.

자신의 스포츠 해설가 시절에도 인종차별을 지속적으로 반대해온 입장을 설명하곤 했다. 그는 또한 1947년 이전까지 미 야구의 메이저 리그에 흑인선수들의 참가가 허용되고 있지 않을 때 이 같은 스포츠계의 인종차별을 반대해 왔던 사실들을 강조했다.

그러나 일반적으로 흑인들은 레이건이 자신들의 문제에 무관심하다고 인식하고 있었다. 사실상 흑인들에게 레이건의 지난 재임기간 자신들의 인권향상을 위한 투쟁에서 연방정부 차원이나 입법과정을 통해 지원을 받아본 적이 거의 없었기 때문이다. 흑인들은 자신들의 인권투쟁에 대한 그의 무관심과 노력부재를 비난하면서도 11월 대선에서 레이건의 압승을 저지할 정도의 정치역량을 결집하지 못했다. 그러나 선거가 만약 1세대 정도만 앞당겨졌다면 흑인들의 거센 반발 속에 선거결과는 아마도 다르게 나타났을 수도 있었을 것이라고 추측되었다.15)

1955년 12월 1일 미국 남부 앨라배마 주 몽고메리에서 흑인여성 로자 파크스(Rosa Parks)가 인종차별의 버스규정을 무시하고 백인전용 앞좌석에 앉았다가 경찰에 연행되어 수감된 사건이 터진 이후 전국에서 흑인들의 인권운동이 크게 번져 마침내 1960년대는 미 정치권에 태풍의 눈이 되었던 시점이었다. 흑인인권투쟁의 선구자였던 마르틴 루터 킹 목사와 남부 백인분리주의의 기수였던 조지 월리스(George Wallace) 앨라배마 주지사 사이에 생겨난 흑백간의 팽팽한 정치적 갈등으로 흑인들의 인권투쟁을 향한 시위는 지칠 줄 몰랐다. 세계 언론들은 경쟁하듯이 미국 내의 인종갈등과 긴장, 인종분리, 인종차별 등 여러 스펙

15) 앞의 책, p. 137.

트럼을 조명하며 미국 정치의 흐름을 전하고 있었다. 1963년 8월28일 루터 킹 목사의 흑인 인권신장을 위한 워싱턴 기념비 앞의 20만 군중집회 시위 등 인권운동이 극에 달해 이듬해 7월 2일 미국 역사상 최초의 획기적인 인권평등 법안이 통과되기에 이르렀다.[16)]

그러나 끊임없이 일어나고 있는 인종차별은 다른 사회영역과 같이 스포츠계에서도 마찬가지였다. 이러한 인종차별의 사례들은 스포츠 경기가 지역사회에서나 국가 또는 국제적 수준에서 치러질 때마다 수 없이 발생하였다. 1968년 멕시코대회에서는 농구경기 등 일부 종목에서 흑인 선수들이 불참하는 사태가 일어났으며 200m 남자육상에서 우승한 토미 스미스(Tommie Smith)와 3위의 존 카를로스(John Calros)는 시상대위에서 검은 스카프와 검은 장갑을 끼고 두 주먹을 치켜들고 미국사회의 흑인에 대한 부당한 차별대우를 가장 간명한 어투로 전 세계의 언론에 전달했다. "우리 흑인선수들이 승리하면 미국인으로 취급되고 패하면 니그로(Negro)로 전락할 뿐이다"라고 외쳤다 (두 선수는 남은 경기에 대한 출전이 정지되었고 선수촌으로부터 쫓겨 남).[17)]

이러한 흑인들의 강력한 시위와 반발은 존슨 대통령에게 큰 정치적 피해를 안겨 주었으며 미국인들을 당황시키기도 했다. 1972년 뮌헨올림픽에서 또다시 미국 흑인선수들의 인종차별에 대한 블랙파워 시위가 계속되었다. 400m 남자육상 우승자 빈스 메추(Vince Matthews)와 은 메달리스트 웨인 콜렛(Wayne Collett)이 시상대에서 미국 국기가 게양되고 국가

---

16) 양동주, 20세기 대사건 100장면(가람기획, 2000), pp. 310-314.
17) Alan Tomlinson and Garry Whannel, ed., Five Ring Circus (Pluto Press, 1984), p. 28.

가 연주될 때 개의치 않은 불경(不敬)한 자세를 보이면서 불평등에 대해 항의를 표시했다. 이 두 선수는 흑인인권향상의 작은 밑거름이 되었지만 그들은 결국 평생 동안 올림픽 출전 금지령을 IOC측으로부터 받았었다.

그러나 1976년 몬트리올 올림픽에서 1980년 모스크바 올림픽의 미국선수 보이콧에 이르기까지 흑인 선수들의 항의시위가 사라지고 1984년 LA 올림픽을 맞은 레이건 대통령으로서는 그들의 정치적 공격으로부터 피할 수 있었다. 그러나 인종차별은 레이건의 재임기간에도 계속되어 스포츠경기의 선수 선발과정에서 흑인선수의 할당제나 부당한 방법의 선발제도 등은 여전히 비난의 대상이었다. 결국 흑인을 포함한 소수민족 출신들의 사회적 신분을 격상시키는 기회는 늘 높은 장벽으로 막혔다. 그럼에도 불구하고 레이건 시대의 전체 미국사회의 분위기는 몇몇 경우를 제외하고는 그의 독특한 지도력으로 미 국민의 자긍심과 애국심으로 충만하고 있었다.

레이건의 국내 인권향상에 대한 관심부족은 비단 흑인뿐만 아니라 성차별을 무효화하는 헌법수정안을 의회에서 통과시켜 대통령에게 이첩되었을 때 그는 부정적 자세를 취했다. 결국 1984년 대법원도 성차별을 인정하는 판례(그로브시티 칼레지 對 벨 사건 Glove City College vs Bell)를 남기자 反성차별 로비단체들은 레이건에게 대법원의 판결에 반대하도록 요청했으나 허사였다. 결국 1988년 의회에서 인권회복법안(Civil Rights Restoration Bill)이 통과되어 대법원의 결정을 번복시키려 했으나 레이건의 거부권에 부딪혀 다시 의회에 회부되었고 의회는 다시 대통령의 거부권에 맞서 재입법안을 통과시켜 법률화했다.

레이건은 1986년 11월 중간선거에서 상원의 다수의석을 민주당에 내주는 선거결과를 사전에 차단하기 위해 공화당의 정책적 주요 선거구인 네바다 주를 찾아 공화당의 렉솔트(Laxalt) 의원을 승계할 신진후보 짐 산티니(Jim Santini)를 지원하는 유세를 벌였다. 물론 막바지 유세에서 그는 유권자들에게 그의 특허품인 스포츠 비유법으로 승부를 호소했다. "여러분, 산티니를 위해, 미래를 위해, 미국을 위해, 그리고 지퍼선수를 위해 승리합시다!" 그는 또한 캘리포니아의 오렌지카운티를 찾아 "여러분의 후손들에게 오늘 스포츠해설가 레이건이 최후 유세를 위해 이곳을 방문했다고 기억해 주십시오."라고 호소하였다. 곧 이어 그는 "나는 의심할 여지없이 미 국민으로 태어나 영광입니다. 나는 내 조국을 사랑합니다. 신의 가호를 빕니다."라며 국민들의 애국심에 호소했다.[18] 청중들은 LA올림픽 당시의 환호로 레이건을 지지하며 USA! USA! USA!를 연호했다.

그러나 선거결과 상원에서 레이건의 공화당은 민주당에게 다수의석을 내주었고 1986년 '이란-콘트라 사건'(Iran-Contra Affairs)이 탄로되면서 레이건은 탄핵위기설까지 떠도는 최악의 위기를 맞게 되었다. 레이건은 자신의 명예와 성실성에 타격을 입었으며 이를 증명이나 하듯 1986년 11월 17일자 워싱턴포스트지에 실린 독일TV영상프로 '괴테르담메룽'(Gotterdammerung-신의 황혼-the Twilight of Gods)을 연상하며 레이건의 황혼을 비유하는 바로 그 신격화된 노틀담 대학 풋볼선수 지퍼 선수의 이름을 딴 '지퍼담메룽(Gipperdammerung)'이란 표제를 실어 그를 곤경에 처하게

18) L. Cannon (1991), p. 674.

했다.[19)]

그러나 레이건은 '별들의 전쟁'(Stars War) 등 강화된 국방력을 바탕으로 자신이 만들어 일컬었던 '악마의 제국'(The Evil Empire) 소련의 고르바초프 수상을 상대로 국제정치에서 우월한 협상력을 십분 발휘하여 자본주의 체제의 수장으로 유리한 국면을 조성해 갔다. 그는 또한 1988년 11월 41대 대통령 선거전이 시작되자 다시 떠오르는 혜성(彗星 Rising Star)처럼 광채를 내기 시작했다. 자신의 부통령으로 재임했던 조지 부시(George Bush) 대통령후보와 덴 퀘일(Dan Quayle) 부통령후보 당선을 위해 레이건은 또다시 노련한 언사로, 일사불란(一絲不亂)한 팀워크로, 스포츠의 상징적 비유(比喩 symbolic analogy of sport)로, 그리고 재미난 일화를 동원하면서 전국을 누볐다. 공화당 전당대회에서 레이건은 크게 흥분된 어조로 부시를 치켜세우고 "출전하여 지퍼선수를 위해 반드시 승리하라"며 독려(督勵)하였다. 마지막 유세전에서는 "미국은 절대로 2등 국가가 되지 않을 것입니다. 우리 모두 올림픽 선수들처럼 최고의 우승자가 되어 금메달을 목에 겁시다. ‥‥미국에게 아직 도래(到來)한 적이 없는 최고의 전성시대를 만들어 냅시다."라고 강조하면서 유권자들을 다시 결집시켰다.[20)]

감세정책과 국방력증가 등 이율배반(二律背反)적 정책수행으로 마치 '옥수수의 씨종자'(Corn Seed)를 까먹은 것으로 비유된 레이건 행정부 시절의 재정 적자폭이 불어나기 시작했는데도 불구하고 인플레이션은 줄어들고 고용창출은 늘어난

19) T. Monnington, p. 139.
20) L. Cannon (1991), p. 515.

이해하기 힘든 경제적 이변(異變)이 일어났던 것이다. 그러나 무엇보다도 가장 두드러진 현상은 미국 국민들이 월남전과 이란의 미국인 인질사태 이후 오랜만에 처음으로 국제사회에서 다시 우쭐대며 최강대국의 면모를 여실히 보여준 점이었다.

결론으로 레이건 전 대통령은 1989년 1월 20일 부시 대통령 당선자에게 8년 연임의 '제왕적 대통령'(Imperial Presidency)을 물려주고 캘리포니아 사저(私邸)로 귀향할 때 국민들은 그를 위대한 대통령의 한사람으로 기억하며 깊은 존경과 사랑을 보냈다. 레이건의 정치적 성공은 "지퍼(Gipper) 선수를 태운 공군1호기가 다시 비행했습니다."라는 공항터미널에 걸린 상징적 고별 현수막의 메시지가 상징하듯 자신이 과거 스포츠아나운서로서, 영화배우로서의 경력을 십분 발휘하여 스스로를 영웅적 풋볼선수 지퍼와 동일시하면서 유권자들을 매료시키고 정치적 상징조작의 효과를 톡톡히 보았던 것으로 해석할 수 있다.

2. 마가렛 대처 前영국수상

영국의 마가렛 대처 前수상도 레이건 대통령 집권시기와 비슷한 1979년 5월 3일 총선에서 보수 토리당이 노동당을 크게 앞질러 영국 최초로, 세계에서는 3번째로 여수상이 되었다. 옥스퍼드 대학에서 화학과 법률학을 전공한 대처는 변호사를 거쳐 1959년 보수당의 하원의원으로 처음으로 의회에 진출한 후 강렬한 성격과 일 중독자로써 변신하면서 전후 일괄해 온 여론정치(Consensus Politics)를 비판해 왔다. 전후 연립정부에서 시작된 복지정책은 평등주의(Egalitarianism)와 집단주의(Collectivism)에 기초하였고 국제적으로는 1960년대를 전후하여 식민지해방과 NATO설립과 핵 억지정책을 지지하였고 국내적으로는 높은 공공영역의 지출과 완전고용, 경제의 국가관리, 시장기능의 약화, 기간산업의 국유화 등으로 나타났다. 그러나 1970년 초반 캘러한(James Callaghan) 수상 재임기간 중 스태그플레이션(stagflation)을 막기 위해 그 동안 정부의 유효수요창출과 공공지출을 강조한 케인즈의 경제정책 방식(Keynes formula)을 부정하고 공적소비를 줄이며 인플레이션을 통제하고 공적대출을 낮추기 위해 국제통화기금(IMF)을 수용할 수밖에 없는 경제위기의 경험을 살려 대처는 점차 통화주의로부터 벗어나는 강력한 경제정책을 내놓았다. 강력한 금융통제, 공공지출 감소, 反국유화, 가계세금 인하정책 등이었다. 동시에 사회전반에 대해 법과 질서 확립을 강조하고 자립과 개인주의를 옹호하는 가족의 전통적인 가치를 내세웠다.

대처는 레이건과 함께 신자유주의(Neo-Liberalism)에 입각한 '뉴 라이트'(New Right)의 이념적 토대를 깊게 파악하고 있었다. 그러나 레이건과 다르게 대처는 영국의 '정책연구원(Center for Policy Studies)'이나 '아담 스미스 연구소(Adam Smith Institute)' 등지에서 발간된 전공논문이나 신자유주의 경제학자였던 프리드리히 하이엑(Friedrich Hyek)이나 밀톤 프리드만(Milton Friedman) 같은 전문 지식인들의 책들을 섭렵(涉獵)하면서 지적토대를 넓혔다. 작은 정부를 지향하며 시장기능을 높이고 국유화를 폐지하는 경제정책들은 집권 당시 높은 인플레이션과 실업증가 등으로 경제상황이 위기수준에 이르렀던 시기에 적절한 대응책으로 평가되었다. 그러나 가계세금을 내리고 시장에서의 자유스런 투자와 소비를 진작시키려는 목적에서 출발된 反국유화정책은 시장에서 정부의 책임을 줄이거나 떠넘기려는 의도로 지적되면서 논란의 여지를 남겼다. 대처는 국제관계에서도 레이건과 같이 강력한 국방력을 내세웠다.

대처는 또한 레이건과 다르게 행정부의 각 부처 장관들과 이견을 노출하여 이들이 자주 사표를 내던지는 일이 발생하였다. 레이건의 무간섭(easy-going)태도와 다르게 대처 수상은 내각보다 외부의 정책자문에 크게 의존하면서 내각의 정책수립과 집행에 자주 간섭하면서 내각책임제의 정치풍토에서 대통령제도의 국가운영 스타일을 쫓는 듯한 인상을 각료들에게 주었다. 앞서 지적했듯이 대처는 '철의 여인'이란 별명처럼 자신의 강인한 성격과 일 중독자와 같은 노력가로서 어쩔 수 없는 결과였다.

대처는 신자유주의의 이념과 보수 토리당의 전통적 정강정책에 담긴 가치들을 잘 융합하여 논리적 체계를 세워 외부로부터 일정한 평가를 받고 있는 '대처주의'(Thatcherism)란 용어를 남겼다. 이는 1986년 통화주의의 기본노선을 포기하고 신자유주의 경제논리로 전환된 것을 말하며 이러한 전환은 새로운 사건들과 아이디어, 그리고 행위자가 바뀐 단순한 결과로 파악되기도 했다.[21]그러나 대처는 자신의 임기 중(1979-1990) 하나의 단순한 경제 독트린에 억매이지 않고 필요할 때에는 언제나 실용적이고 이념적 타협을 마다하지 않는 정치적 편의주의(political expediency)를 따랐다.

이러한 대처 수상의 새로운 정치구도와 함께 스포츠는 어떤

---

21) Dennis Kavanagh, The Thatcherism and British Politics (Oxford: Oxford University Press, 1987), p. 17.

위치에 있었으며 어떤 역할을 하였는가? 전통적으로 20세기 영국의 집권자들은 직접 스포츠에 개입해 오지 않았으나 월드컵축구결승전이나 윔블던테니스경기에 참여하거나 요트경기에 개입할 정도는 가능하였다. 그러나 미국에서처럼 노련한 정치인들(레이건 대통령 등)이 스포츠경기의 선수나 우승 팀을 자신의 정치적 목적을 위해 상징적으로 동일시하는 정치적 술책은 쓰지 않는다. 대처의 경우도 예외가 아니었으나 1991년 11월 20일 EU가입을 앞둔 의회의 찬반토론에서 가끔 그녀가 핸드백을 이용해 정치적 제스처를 쓰는 스타일에서 가디언(Guardian)지가 제시하듯이 "이제 핸드백 대신 크리켓 배트로 제스처를 써야할 것이다"라는 점이다.

대처는 레이건과 달리 스포츠와 관련한 일화나 스포츠에 비유될 사례와 같은 풍부한 자료가 없어 자신이 청중을 운집하고 사로잡는 데 성공하지 못했다. 그러나 이러한 방식은 결코 대처 수상에게 어울리지도 않을 것이며 영국 국민 또한 미국 국민들과는 다르게 이와 같은 방식을 수용하지도 않고 그 영향을 받지도 않을 것이다. 그럼에도 불구하고 대처는 다른 정치가들처럼 자신의 방식으로 스포츠와 관련된 아젠다를 바꾸고 정치적 목적을 위해 스포츠를 이용할 필요가 있다고 생각되면 이에 관여할 준비가 언제나 되어 있었다. 이는 곧 대처에게도 스포츠는 다른 정치수단처럼 주요한 정치적 기재(器材)였다. 다시 말해 대처 수상에게 스포츠도 상황이 바뀔 때는 언제나 물리적으로 개입할 수 있는 영역으로 남아 있었다. 그러나 이와 같은 그녀의 스포츠의 개입으로 반듯이 자신에게 유리한 정치적 이미지를 높여 주는 것만은 아니었다.

우선 스포츠관련 예산문제에 있어서 대처정부는 복지경제정책의 일환으로 책정된 레저부문의 예산삭감이 불가피하게 여겨졌다. 그러나 영국 스포츠계의 분수령을 이루었던 1975년 노동당 정부 당시 발간된 '스포츠레크리에이션 백서'(White Paper on Sport and Recreation)에서 사회의 다른 영역과 함께 스포츠계의 민주화도 함께 이루어져야 한다는 점을 수용했던 점을 감안하면 대처정부 또한 이를 추진해야할 인식을 공유하지 않을 수 없었다. 곧 이 백서로 인해 스포츠 영역도 '공공서비스의 한 영역'으로 간주되었던 것이다.[22] 이 백서는 정부가 지방정부를 통하거나 '스포츠위원회'(Sport Council)와 같은 정부 산하기관을 통해 현재의 수요 뿐 만 아니라 현재 활동하지 않은 개인이나 단체의 미래 수요자들을 충족시키기 위한 스포츠마케팅 과 판매를 촉진시켜 나가야할 책임이 있다고 지적했다.

그러나 대처정부는 이러한 팽창된 스포츠레저육성정책에 반대히였으나 예상보다는 적극적이지 않았다. 결국 대처정부가 스포츠레저공급을 위한 공공비용을 소규모 삭감했으나 1980년대의 경제위기 속에서도 각 지방정부는 수천만 파운드를 들여 스포츠 전반에 걸친 시설 설치에 투자했다. 사실상 경제불황과 손익분석(損益分析 Cost-Benefit Analysis)으로 보면 거의 불가능했던 과거의 소외지역에도 스포츠와 레크리에이션을 위한 시설투자를 한다는 사실은 놀라운 것이었다.

이는 곧 대처와 그의 보수주의자들이 법과 질서 확립을 우선시했으나 1980년대 실업증가와 파업 그리고 높은 인플레이션 등으로 경제사회적 고통이 가중됨에 따라 심각한 사회적 무질서가 촉발될 수 있다는 심각성을 간파하고 있었기 때문이

22) Department of the Environment, Sport and Recreation (Cmnd. 6200, 1975), p. 1.

다. 이러한 사회적 무질서의 잠재촉발가능성은 가장 휘발성이 큰 대도시저소득층 거주지역의 인화지대(引火地帶 flash-point zone)에서 점증하고 있는 인종갈등과 합성되어 발생할 수 있다는 데 있었다.

대처 정부는 스포츠레크리에이션 시설투자가 삭감되는 경우 사회적 혼란을 더 야기 시킬 잠재적 위기가 심화될 수 있다고 판단했던 것이다. 결국 스포츠레저 관련예산이 상당히 높게 배정되었고 추가 투자기금도 '인력서비스'(Manpower Services), '도시계획'(Urban Programme), 그리고 '스포츠위원회'(Sport Council) 등 정부산하기관을 통해서 조달되었다.

이러한 영국사회의 스포츠레저에 대한 시대적 요청은 1970년대와 1980년대에 걸쳐 특정지역과 특수단체들이 지정되어 레저 향상을 위한 예산집행이 두드러졌다. 1973년 상원(House of Lords)의 '레저보고서'(Report on Leisure), 앞서 지적한 1975년 정부의 '스포츠레크리에이션 백서' 그리고 1977년 '도시저소득층개발정책 백서'(White Paper on Policy for the Inner Cities) 등은 모두 스포츠레저향상으로 사회적 무질서를 예방하는 정책방안들이었다.[23] 결국 대처정부도 1980년대 도시빈곤지대에 레크리에이션 시설과 개방 프로그램을 포함한 과감한 투자로 재충전을 시도했었다. 이와 같은 투자명분은 1981년 4월 런던 남부 브릭스톤 흑인빈민지역과 6월과 7월에 연이어 터진 도시빈민촌의 폭동사건을 분석 보고한 '스카만 리포트(Scarman Report)'를 계기로 더욱 강화되었다.[24]

대처정부의 레저부문 투자는 1970년대 노동당 정부에서 시

23) T. Monnington (1993), p. 145.
24) 앞의 책.

작되어 계속된 셈이다. 그러나 대처정부의 레저정책은 과거 복지정책을 지원하는 '필요'에서 출발했으나 이제는 공공질서 유지를 위한 '방법'으로 정당화 되었다. 스포츠 레저를 위한 투자부문에서 대처주의(Thatcherism)가 갖는 공공질서유지의 목적은 대처 수상 자신이 직접 축구경기의 난동사태에 따른 토론회에 참여함으로써 더욱 각인(刻印)되었다.

축구경기 난동사건이 처음 있는 일은 아니었으나 1985년 5월 하순 브뤼셀 헤이젤 스타디움에서 열린 유럽축구챔피언전의 이탈리아-영국 간 최종경기에서 양국 팬들의 난동으로 39명이 사망하고 250명이 부상당한 사건은 대처정부로 하여금 영국의 축구폭력난동(Football Hooliganism)에 직접 개입하는 계기를 만들었다. 1억 명의 전 세계 TV시청자들이 보는 앞에서 생생하게 벌어진 이 폭력사태는 대처정부 특히 수상 자신에게 큰 당혹감을 주었다. 영국 축구의 폭력행위를 해외로 수출한다는 오해를 불식(拂拭)하는 일이 그녀에게는 매우 중요했다. 물론 이러한 축구장에서의 폭력사태가 어제 오늘만의 일이 아니었으나 1980년 수상 자신이 이탈리아를 방문할 당시에도 유럽 축구챔피언 전에서 영국 축구팬들 때문에 폭력사태가 벌어지기도 했다.

헤이젤 스타디움의 폭력사태 이어 1989년 4월 15일 영국 셰필드의 힐스보로 축구장에서 관중의 초과입장으로 빚어진 유럽 스포츠사상 최대의 참사가 발생하여 95명이 사망한 사건은 군중의 무질서가 정치현안과 무관하게 동떨어져 있는 것이 아님을 보여 주었다.[25] 대처수상은 축구관계기관이 이와 같은 폭력사

---

25) 이 참사는 수용인원 54000명에 경찰이 늦게 도착한 4000명을 무검표로 마구 입장시켜 경기장과 관중석을 차단하는 높이 3m의 철책과 가로대가 무너지면서 발생했다: 양동주(2001), p. 1276.

태와 무질서에 대처하려는 의지와 능력이 없는 것으로 판단하고 정부가 직접 나서 문제를 해결하거나 최소화하려 했다.

마침내 대처 수상은 광범위한 정치사회적 비정부단체들로부터의 반대에도 불구하고 '축구관람법안(Football Spectators Bill)'을 의회에 제출했다. 그러나 축구관계기관은 이런 폭력사태의 원인이 단순히 축구 그 자체에 있는 것이 아니라 보이지 않은 보다 깊은 사회적 불안에서 생겨나고 있다고 생각했다. 결국 이 법안 통과를 둘러싼 찬반토론에서 헤이젤 폭력사고 후 일주일 만에 대처 수상은 하원에 출석하여 폭력방지를 위한 5개 사항을 설명했다. 법과 질서를 확립하기 위한 대처의 강력한 의지는 광산노조파업을 겪으며 더욱 굳어져 갔다. 법안통과를 위해 소속부처인 체육부장관이 나섰으나 사실은 대처 자신이 직접 챙겼던 것으로 확인되었다. 그러나 대처 수상의 이 법안에 대한 직접적인 관여는 그 이후 힐스보로 참사를 조사한 '테일러 보고서'(Taylor Report)가 이 법안의 핵심내용이었던 축구협회의 회원제를 겨냥한 것이 아니라 법과 질서의 확립이란 미명아래 주제넘은 대처 수상 자신의 정치적 이익을 위한 행보로 해석되어 반대여론이 생겨나기도 했다.[26)]

대처 수상이 '축구관람법안' 처리과정에서 보여준 영국정부의 스포츠에 대한 강제적 간섭은 이보다 훨씬 앞서 1979년 12월 27일 소련의 아프가니스탄 침공과 1980년 7월 19일 모스크바 올림픽 개막이 이루어지기까지 영국정부의 대對소련 정책입안과 그 이행과정을 보면 더욱 확연히 드러났다. 소련이 아프가니스탄의 주권국가에 대한 정치군사적 간섭과 대량학살을 자행(恣行)한 점은 국제여론의 비난을 받아 마땅했다.

---

26) T. Monnington (1993), pp. 146-147.

그러나 영국이나 미국정부가 직접 나서는 일은 불가(不可)한 일이었다. 결국 카터 미국 대통령은 소련에 대한 당혹스런 불만표시로 모스크바 올림픽에 불참하기로 결정했으며 대처 수상도 개인적으로 카터 대통령을 지지하며 선수들과 올림픽위원회를 방문하여 모스크바올림픽에 불참하도록 요구했다.

그러나 양국의 모스크바올림픽 불참결정은 아주 제한적인 몇 가지 성공에도 불구하고 그 의미를 크게 부여받지는 못했다. 프레이(J. H. Frey)에 의하면 불참결정으로 미국이 외교적으로 큰 이득을 얻은 것이 아니었다는 점이다.[27] 그에 따르면 모스크바 올림픽 개막일을 앞두고 사전에 미-소 고위 관리들이 양국의 협상과정에서 올림픽 보이콧에 대해서는 언급한 적이 없었던 것으로 알려졌기 때문이다. 이 경우 스포츠의 정치적 이용이 결국 언론과 여론의 향방을 조작하기 위한 방편용이었다는 지적이다. 한편으로 대처 수상의 모스크바 올림픽 불참결정은 결과적으로 영국 정치무대에서 일찍이 대처 자신이 광범위한 국가정책에 직접 개입하려는 의도와 내각의 각 장관들을 일방적으로 다루려는 경향을 내보인 신호탄으로 여겨졌다. 이는 곧 수상 자신이 1980년 3월 모스크바 올림픽과 관련한 하원토론회에 해당부처인 체육부장관까지도 불참하게 하는 사례를 남겼었다.

대처 수상에게 이와 같은 스포츠의 정치적 개입은 늘 정치적 재앙으로 나타났다. 대처 수상은 카터 대통령처럼 처음부터 영국 선수단의 모스크바 올림픽 불참을 과감하게 결정하지 않고 선수들의 여권을 압류할 생각이었다. 그러나 대처 수상

27) Jay Coakley, Sport in Society: Issuses and Controversies (Times Mirror/Mosby Col. Publishing, 1990) 참고.

은 그러한 여권압류가 위법성이 있을 가능성이 있다는 주위의 충고를 받아들여 이를 취소했으며 올림픽조직위원회에게도 선수들의 불참을 설득하려했으나 부정적 대답을 받았을 뿐이었다.[28]

더욱이 대처 수상은 공무원 출신의 자국 선수단원이 모스크바 경기에 참석할 경우 해고위협까지 마다하지 않았다. 사실이 같은 위협을 받은 몇몇 선수들은 공공연한 압력에 침묵하느니보다 사퇴를 결정했었다. 결국 몇 명의 선수가 강제로 불참하고 영국 선수단이 영국 국기 대신 올림픽기 아래 경기에 참가하게 된 셈이었다. 영국정부와 대처 수상에게는 황당한 결과였으며 결국 정치적 우직(愚直)함과 동시에 동서냉전에 스포츠를 개입시키려다 결국 불발탄이 된 좋은 사례라 할 수 있다.

1985년 헤이젤 구장에서 발생한 축구 폭력사태에 따른 의회 토론이 있을 때도 담당 체육장관이던 콜린 모이니한(Colin Moynihan)이 참석하지 않고 대처 자신과 다른 장관 몇 사람이 참석하여 "체육부장관은 의회에서 내각노조(Trade Union of Ministers)의 가장 말단에 있는 힘없는 노조원"의 취급을 받았다는 야유까지 나돌았다.[29] 한편 대처 수상이 보여준 남아공의 인종차별(Apartheid)에 대한 입장은 소련의 아프가니스탄 침공에 대한 반응과 미국의 올림픽 보이콧에 기꺼이 동조했던 외교적 입장과는 매우 대조적이었다. 대처 수상은 형식적으로는 1977년 캘러한 정부가 서명한 남아공과의 스포츠교류를 금기(禁忌)시하는 '글레니글 협약'(Gleneagle Agreement)을 지지

28) T. Monnington (1993), p. 147.
29) Neil McFarlane, Sport and Politics (Collins/Willow, 1986), p. 63.

하면서도 남아공과 계속하여 외교와 무역거래를 하는 자신의 분리정책이 협약에서 벗어난 데 대해 비난을 받기도 했다. 스포츠가 실제적인 정치·외교적인 손실과 부담 없이 상대국의 특정 국내정치행위에 반대를 표시할 수 있는 손쉬운 정책무기(policy weapon)였기 때문이다. 그러나 대처 수상이 이처럼 남아공과의 스포츠교류에 엄격한 입장을 취하여 對남아공 경제봉쇄 같은 제재조치를 취하지 않아 다수의 영연방 회원국들을 소외시켰다. 이러한 정책선택의 결과 1986년 에든버러에서 열린 영연방경기에 많은 회원국들이 불참하는 일이 생겼으며 이는 곧 대처 수상 자신이 취한 정책결과로서 수상 스스로 책임을 져야만 했다.

이밖에 대처주의가 개혁이란 이름으로 사회의 다른 영역에서 다양하게 나타나면서 스포츠계에 직·간접적으로 큰 영향을 미쳤다. 예를 들면 의무적인 경쟁 입찰제와 각 급 학교의 지방관리, 지방정부의 통제권으로부터 학교자율화선택허용, 지방정부의 구조조정 등을 들 수 있으며 나아가 체육교과서의 내용수정문제에까지 영향을 미쳤다. 물론 스포츠 자체가 대처정부의 여러 개혁정책의 산물로 빚어진 결과로 영향을 받았지만 처음부터 어떤 정치적 목적을 갖고 이루어진 정책실행(policy implementation)의 도구로 이용되는 경우와는 구별되었다.

끝으로 대처 수상과 '스포츠위원회'(Sport Council)와의 관계를 분석해보면 우선 신자유주의와 신우익의 정치이념으로 출발한 대처정부가 준準정부독립기관의 권한과 숫자를 축소하고자 했던 데서 찾을 수 있다. 그러나 실제 집권11년 후에 이러한 기구들의 중요성이 크게 줄어들지는 않았고 특히 그 중 ‘스포츠위원회’도 그대로 존재하고 오히려 그 역할이 증대되었고 정부교부금(交付金)도 더 받았다. 그럼에도 불구하고 한편으로 이 위원회는 대처 수상의 간섭으로부터 벗어날 수는 없었고 교체된 체육부 장관들처럼 점점 더 '예속화'(clientism) 되어 그녀의 간섭과 지시를 받아야만 했다. 또한 위원회의 헌장(Council's Royal Charter)이 보다 엄격하게 해석 및 적용되었고 위원회는 마치 정부의 정책집행을 맡는 한 예하기구로 간주되었다. 특히 '스포츠위원회'는 점차 공공질서를 유지하는 데 스포츠가 맡아야할 역할에 대한 정부의 입장을 대변하는 기구로 변했다. 이는 곧 우연의 일치로 정부의 지침과 '스포츠위원회'의 정책이 서로 일치했거나 아니면 정부의 일방적인 강압지침에 의한 것인지, '스포츠위원회'가 마땅히 추구해야할 스포츠정책의 이니시어티브가 정부의 부당한 간섭으로 슬며시 타협되었거나 아예 증발된 것이 아니었을까 하는 의구심을 불러 일으켰다.

결론적으로 어떤 경우이든 대처는 직접적인 스포츠 활동에는 무관하였으나 재임기간 내내 스포츠에 대한 정책관여는 분명했다. '철의 여인'(Iron Lady)으로서의 대처 수상에게 스포츠는 법과 질서유지라는 자신의 정치적 목적을 달성하기위한 방편이었고 다른 관점에서 보면 아주 특이한 방법으로 스포츠를 이용한 정치인으로 평가될 수 있다.

3. 피델 카스트로 前쿠바수상

1959년 1월1일 피델 카스트로(Fidel Castro)는 쿠바 게릴라혁명군을 이끌고 아바나를 공격, 1952년에 집권한 바티스타(Fulgencio Batista)장군의 쿠데타 군사독재정부를 패하고 정권을 장악했다. 2006년 7월 31일 건강악화로 자신의 동생, 라울 카스트로(Raul Castro)에게 권력을 이양할 때 까지 47년간 보기 드문 장기집권을 누렸던 카스트로는 아바나의 벨렌 가톨릭고등학교와 아바나대학교 법대시절 야구투수로 크게 활약하며 선천적으로 타고난 스포츠재질을 갖춘 스포츠정치인이었다.

청년시절부터 민족주의 성향이 강하고 사회정의구현을 꿈꾸던 카스트로는 부정부패와 불평등으로 점철(點綴)된 바티스타 정권을 타도하고 국민들에게 토지분배와 빈민권익보호를 우선시하는 정책으로 국민들의 지지를 이끌어냈다. 집권기간 동안 그는 혁혁(赫赫)한 업적을 남겨 모든 국민들의 무료의료서비스, 높은 문맹퇴치, 낮은 유아사망률로 서방선진국들과 비교되었다. 한편 그는 쿠바를 위시한 중남미 전역에서 '제국주의' 미국의 간섭과 영향력을 배제하기 위해 소련과 우호관계를 맺고 1962년 10월 미국의 코앞인 자국의 해군기지에 소련 중거리 공격용 핵미사일을 운송배치하려다 미국과 일촉즉발의 위기를 불러온 이른바 '쿠바 미사일 위기'(Cuba Missile Crisis)를 몰고 온 장본인이기도 했다. 그러나 카스트로는 이보다 앞서 미국과의 악연으로 1961년 4월 25일 자신을 겨냥한 미국 케네디 행정부의 '피그만 공격'(Bay of Pigs Invasion)사건을 진압하기도 했다. 카스트로는 미소냉전의 와중(渦中)에서 소련을 대변하는 듯했으나 독자적인 아시아·아프리카 그리고 중남미국가들로 구성된 비동맹운동(Non-Aligned Movement)을 이끌며 '제3세계'의 지도자가 되기도 했다.[30]

---

30) BBC, "Castro: Profile of the great survivor" (2008. 2, 19, 08:02

카스트로정부는 국가중심의 중앙통제를 원칙으로 공산주의 체제를 수립하고 스포츠정책도 완전히 정부관할 아래 두었다.[31] 따라서 카스트로는 앞서 지적했듯이 모든 공산주의 국가들이 스포츠를 국가건설과 현대화, 국민통합, 국민건강 및 위생, 노동생산성 증대, 국방, 이데올로기 선전, 그리고 국가정체성과 국위선양 등 여러 정치적 목적을 위하여 사용했던 것처럼 스포츠를 정치화했다. 카스트로 수상은 집권초기였던 1962년 8월 9일 자메이카의 킹스턴에서 열리는 제9차 중미 · 카리브연안국경기(Central American and Caribbian Games)에 참가하는 270명의 쿠바선수들을 격려하는 연설에서 다음과 같이 역설했다.

"여러분들은 국가를 대표하여 스포츠맨십을 발휘하고 정정당당히 경쟁하여 승리하기를 바랍니다. 그러나 우리의 적(適)들(the North American imperialists -PRENSA LATINA-미국)은

GMT); http://news.bbc.or.uk/2/hi/americas/244974.stm (검색일: 2008. 6. 26).

31) 카스트로는 처음 1959년 4월 15일-26일간 미국 프레스클럽의 초청으로 미국방문 중 25일 뉴욕에서 가진 기자회견에서 자신의 공산주의관련여부에 대한 질문을 받고 "나는 공산주의에 동의하지 않는다. 우리는 대의민주국가이다. 우리는 어떤 형태의 독재자에 대해서도 반대한다. 그러므로 우리는 공산주의를 반대한다."고 밝혔다. (New York Times, "Castro Whirl" 1959 April 26; NBC, "Meet the Press" 25 November, 2007 비디오 재방송 참고). 그리고 당시의 대미관계는 혁명 후 바티스타 독재정권기간 미국기업들에 의해 소유된 토지를 몰수하여 쿠바국민들에게 재분배하는 과정에서 미국과 불편한 관계였으나 이미 1959년 1월 혁명 수일 후 미국의 쿠바 신정부에 대한 승인이 있었으며 카스트로는 방미 중 아이젠하워 미 대통령 면담을 요청했었다. 그러나 카스트로는 면담이 거부되었고 귀국 후 소련 후르시초프와 밀착했다고 주장했다. (BBC, Castro: The Great Survivor, BBC News(2008. 2. 19); http://en.wikipedia/wiki/Fidel-Castro (검색일: 2008. 6.26).

신성한 스포츠행사에서 스포츠맨십이 아닌 불온한 정치적 동기를 가지고 우리들의 승리를 두려워하며 우리의 혁명과업을 방해하고 저지하려할 것입니다. ‥‥여러분들은 훌륭한 경기선수뿐만 아니라 혈기왕성한 젊은이로서 어떤 그 무엇에도 두려워하지 않은 용감한 전사들입니다. 강력한 적 앞에서 무릎을 꿇지 않고 저들에 의한 온갖 방법의 공격에도 굴하지 않으며 혁명을 끗끗이 진행해 온 바로 우리 국민들을 대표해온 여러분들입니다.‥‥우리의 혁명과업은 스포츠에 큰 업적을 이뤄 만족하고 있습니다. 우리의 혁명은 스포츠의 위상을 높이고 격려하며 동시에 스포츠를 대중문화생활의 영역으로 확대했으며 계속하여 스포츠발전을 극대화할 것입니다. 그리고 우리의 혁명이 과거 스포츠의 상업성을 탈피함으로써 매우 자랑스럽습니다.‥‥선수들은 이제 더 이상 사고 팔 수 없으며 선수를 독점하는 기업도 없고 경마나 투견(鬪犬) 그리고 투계(鬪鷄)와 같이 팔려나가지도 않을 겁니다."[32]

이처럼 카스트로는 준(準)군사적 혁명정부를 수립한 후 마르크스-레닌주의에 입각한 사회주의혁명을 이행하는 한 과정으로 스포츠정책과 예산을 일방적으로 결정하고 집행해 나가면서 스포츠를 통해서 권력기반을 공고히 하기 위한 국민통합과 정치안정 등 국내 정치적 목적을 달성하고 소련 등 동유럽공산국들과의 유대를 강화하는 반면에 바로 이웃 미국에게는 적대감을 표시하는 도구로 이용했다. 카스트로에게 스포츠는 다른 공산주의 지도자들처럼 공산주의혁명과업의 성패여부를 가르는 지렛대로 공산주의의 우수성을 미국 등 자본주의국가들에게 전시하는 '쇼

---

32) Castro, Speech to Athletes (1962, 8. 9, Governmental Official Record); BBC, "Cuba, Sport and Revolution" (1977, August 16).

윈도우'(show-window)역할을 하는 것과 같았다. 카스트로는 “언젠가 미국 양키 야구팀이 우리의 평화공존의 제의를 받아들인다면 우리선수들은 이들을 패배시키며 자본주의 스포츠에 대한 우리의 사회주의 혁명과업의 우수성을 내보일 것이다.”라고 언급했다.[33] 물론 카스트로의 쿠바는 소련 공산주의제도를 그대로 복제하는 스포츠시스템이 아니었으나 스포츠의 인프라구조는 거의 소련식을 닮았다. 마치 1989년 붕괴이전의 동유럽의 소련 위성국가들과 다를 바 없었기 때문이다. 그 예로 카스트로 정부는 전적인 국가주도로 1961년 2월 스포츠전담기구로, 체육부-'INDER'(Instituto Nacional De Deportes, Educa cion, Fisicay Recreacion)를 설치하고 혁명이전의 학교체육의 부재와 일반국민들을 위한 신체단련의 기회부족 등을 혁신하여 대중스포츠를 확대하고 신체교육과 훈련 그리고 높은 수준의 엘리트스포츠를 육성해갔다.[34] 그러나 이 기구는 무엇보다 국민들의 신체적 단련에 역점을 두고 외국침략과 같은 국가위기에 대처하며 극한적 생존을 위한 군사적 사전훈련의 의미가 더욱 컸다. 특히 1961년 4월 '피그만 공격사건'과 1962년 10월 '미사일 위기사건'같은 경험은 카스트로에게 더욱 유의미한 교훈을 남겼다. 양대 사건이후 사실상 쿠바는 약 1100만 명의 도서국가임에도 불구하고 높은 수준의 상비군과 민병예비군을 유지하며 1970년대에는 특히 아프리카의 앙골라(Angola)와 모잠비크

33) Pickering R., "Sport in Cuba," Riordan J., ed., Sport under Communism (London: Hurst, 1980), pp. 143-174.

34) Coghlan, J.,The Reduction of Current Disparities between Developed and Developing Countries in the Field of Sport and Physical Education (Paris: International Council for Sports Science and Physical Education for United Nations Educational Scientific and Cultural Organization, 1986) 참고.

(Mozambique)에 군대를 파견하여 마르크스주의자들의 게릴라전을 돕기도 했다. 한편 앞서 지적했듯이 자본주의의 빅 브라더(Big Brother)였던 이웃 미국에게 사회주의이데올로기의 우수성을 전시하고 싶었던 카스트로의 의도이기도 했다.[35)]

INDER는 앞서 설명했던 소련의 '노동과 방위를 준비'하는 GTO배지제도처럼 신체능력시험인 LPV(Listas Para Vencer-Ready to Win)제도를 창안하여 국영신문과 TV, 라디오 등 언론매체를 동원하거나 우표를 만들어 이를 홍보하며 전국화를 시도했다. 그 결과 1979년의 경우 1백만 명의 국민들이 이에 동참하여 카스트로 정부로 하여금 대외선전물로 각광을 받기도 했다.[36)] LPV의 우수참가자들에게는 상금대신 공인증명서나 배지가 전달되었고 스포츠의 대중적 참여를 유도할 뿐만 아니라 국민의 건강상태와 보다 개선된 영양평가를 내릴 수 있는 계기를 만들어 냈다.

카스트로는 혁명정부이전 제한적이었던 소수의 스포츠시설이나마 주로 수도 아바나에 집중되었던 상황에 대한 개선책으로 1963년 지방농촌지역의 주민들에게도 스포츠 참여를 확대하기 위하여 '마운틴 플랜'(Plan of Mountains)을 짜고 선정된 농촌시골의 산골지역 마을이나 주변 소도시를 직접 INDER직원들이 방문하여 지역주민들이 바라는 스포츠시설과 종목들에 대해 상호의견을 교환하고 그들의 요구에 부응하는 플랜을 이행하는 것이다. 한편 이 플랜은 시골벽지에 혹시 잠재되어 있는 우수한 스포츠인재를 발굴해 낼 수도 있는 이중효과도 있었다. 이들은 농장 옆에 신설된 단조한 체육시설이

35) BBC (1977).
36) Griffiths, J and Griffiths, P., Cuba: The Second Decade (London: Writers and Readers Books, 1979) 참고.

지만 축구, 야구, 농구, 발리볼 등 큰 경비를 들이지 않고 즐길 수 있는 행운이 주어졌던 것이다. 그러나 이러한 행운 뒤에는 자원봉사자들의 활동이 있기에 가능했다. 각 해당마을에서 2명의 자원봉사자들이 INDER에서 주최하는 스포츠행정코스와 코칭코스를 받으며 기본적인 스포츠경기규칙이나 참가자들의 관심 끌기, 기본코칭 법, 경쟁참가팀들에 대한 대전표작성과 관리하는 법 등을 배운 뒤 마을로 돌아가 이를 실행한다. 이 제도의 또 다른 성공열쇠는 소련·동독 등으로 떠난 해외유학생들로서 이들이 귀국하면 의무적으로 6개월간 이 제도에 봉사해야 하기 때문이다. 점차 '마운틴 플랜'의 숫자가 늘어나고 마운틴 플랜간의 경기도 열려 성공적으로 대중스포츠운동이 결실을 거두기 시작했다.[37)]

한편 1964년 카스트로는 직접 전국 초등학교교사들을 상대로 보다 질 높은 체육교사의 양성을 위한 새로운 제도로 'INDER-MINED'를 창설·소개하고 자신이 진두지휘했다. 이는 전국에 있는 모든 초등학교에 체육교사를 배정하려는 목적으로 설립되어 첫 여름학기에만 전국에서 26,000명의 교사들이 참가했으며 추가로 14,500명이 등록하여 수련을 받아 가히 사회주의 중앙통제의 명령제도가 위력을 발휘하여 교사들에게 일사불란한 정치적 통제력을 보여주었을 뿐만 아니라 다소 과장의 여지는 있으나 전체적으로 쿠바의 체육교육의 질을 한층 높였던 것도 사실이었다.

1966년 카스트로정부는 농촌시골이나 인근 소도시에 사는 어린이들을 위하여 또 다른 스포츠제도로서 '스트리트 플

---

37) Hampson, L., Socialism and the Aims of Physical Education in Cuba, Physical Education Review, 3-1(1980), pp. 64-82.

랜'(Plan of the Streets)을 창안하여 6-12세 어린이들이 일요일 오전 8시부터 오후 1시까지 자기들 동네 거리에서 스포츠에 참여할 수 있도록 기회를 제공했다. 물론 이 계획도 INDER에서 선발되어 교육받은 자원봉사자제도 'Concejos Voluntarios del INDER-CVI's)에 의해 성공되었다. 이들 봉사자들은 무보수로 각 동네어귀길거리에서 어린이들에게 스포츠에 참여할 수 있도록 인도하고 스포츠의 즐거움을 어릴 적부터 가르친다. '스트리트 플랜'에 대해 학부모들과 온 동네 마을사람들은 한 결 같이 카스트로혁명정부를 높이 평가하고 부정부패와 무사안일 그리고 공포만을 일삼던 바티스타 전 정권과 비교하며 국민적 자존심을 일깨워주었다고 감탄했다.

카스트로는 앞서 밝힌 '마운틴 플랜', 'INDER-MINED', '스트리트 플랜' 등 3가지의 독특한 스포츠발전 기구를 창안·운영하면서 자발적으로 자원봉사자들과 국민들이 참여함으로써 스포츠를 통해 국민통합을 이루어내고 전 정권에 의해 거의 상실했던 국민과 국가의 정체성을 다시 회복시켰다. 이는 곧 정부가 최선을 다하여 모든 국민들에게 균등하게 스포츠에 참여할 수 있는 기회를 제공하고 참여자들 스스로 스포츠기량을 내보이며 경쟁하게 함으로써 최고의 국가대표 급 선수를 발굴해 낼 수도 있었다.

학생들의 스포츠기량에 대한 자격심사는 학교당국이 자체 결정하여 체육시험에서 우수한 학생이나 전국학생스포츠경기에서 우수한 실력을 보인 선수들을 선발해 초급스포츠전문학교, 'EIDE'(Escuelas d'Inciacion Deportiva Escolar-Schools for the Initiation into Scholastic Sport)에 입학시킨다. 전국에 30개 초급전문학교가 있으며 12세부터 입학이 가능하나 특별히 수영반이나 체조반 학생들은 이보다 일찍 입학할 수 있다. 대부분 19세까지 이곳에서 머물며 전적으로 기숙사에서 생활을 하고 정규학교교육은 물론 체육훈련과 감독을 동시에 받는다. 이들 학교 중 '레닌학교'가 가장 우수했으며 학교당국은 학생들 중에서 국가대표팀을 만들 수 있는 엘리트스포츠 교육에 역점을 두었다. '레닌학교'의 스포츠엘리트주의는 마르크스주의를 기본으로 지적탐구와 신체능력을 동시에 발전시켜나가는 목적으로 소련에서 이미 실행되고 있는 모델을 벤치마킹한 것처럼 4000여명의 학생들 중 최고들이 뽑혀 수업을 받는다.

EIDE를 졸업한 소수정예의 우수학생들은 전국에 있는 13개 고등체육전문학교, 'ESPA'(Escuelas Superior Perfeccion-High Schools of Athletic Perfection)에 다시 들어가 스포츠기량과 학문적 지혜를 더욱 연마한다. 최종적으로 몇몇 최고선수들은 아바나에 있는 INDER본부의 '국가훈련센터'(Cuidad Deportive)에 전속되어 전문선수로 활동한다. 또한 선택적으로 EIDE 학생들 중 7학년까지 마친, 최소 13세 이상의 학생은 전국에 있는 7개의 5년 코스의 특별체육전문학교, 'EPEF' (Escuela Provinciale de Educacion Fisica)에 들어가 체육교사가 될 수도 있다. 'EPEF'를 졸업한 우수학생들은 아바나에 있는 특별체육전문대학인 'ESEF' (Escuela Superior de Educacion Fisica)에 진학하여 스포츠연구를 계속한다. 이 대학 졸업학생들은 스포츠학, 생물학, 교수방법에 대한 전문적 리서치를 하거나 커뮤니티에 나가 현장 봉사할 수 있다.

한편 카스트로정부는 엘리트스포츠 양성을 위해 최고 선수들을 소련이나 동독에 파견하여 훈련을 시키고 1963-1985년 사이에는 45명의 선수들이 소련, 동독, 불가리아, 체코 등지에서 훈련을 받게 했다. 동시에 카스트로는 소련을 중심한 유럽 공산주의국가들의 상호 체육전문가교환제도를 이용하여 이들 국가들로부터 엘리트스포츠지원을 받았다. 1969년과 1972년 사이에는 약 50명 이상의 소련 코치들이 쿠바에 파견되어 올림픽과 다른 국제경기를 준비하고 있는 쿠바국가대표 팀들을 훈련시켰다. 특히 복싱, 체조, 역도, 유도 종목이 우세하고 과거 전통적으로는 열세였던 수영, 수구, 디이빙, 카누, 수구 등 물과 관련된 종목들이 카스트로 혁명정부의 새로운 스포츠 정책으로 우수종목으로 크게 부상했다.

그러나 1989-1992년 사이 소련과 동유럽공산국가들의 몰락으로 이들 우방으로부터의 원조와 협력이 중단된 상태에서 카스트로 정부는 스포츠예산을 포함한 경제난국을 타개할 새로운 전략적 선택은 해야만 했다. 동시에 앞서 지적한바와 같이 그람시(A. Gramsci)의 패권이론에 따라 권력유지를 위해서 일정한 국민의 동의를 수렴하고 제한적이나마 보다 자유로운 국가기구로 탈바꿈하지 않으면 안 되었다. 주로 캐나다와 유럽 국가들을 상대로 한 관광산업의 육성과 해외자본투자를 유치하고 이웃 적대국 미국과도 야구, 배구, 농구, 등 스포츠 교류를 통한 새로운 커뮤니케이션도 시도했다. 그 예로 40년만에 처음으로 1999년 3월 28일 미국 발티모어 오리올스(Orioles)야구팀이 아바나를 방문하여 쿠바 올스타팀과 친선경기를 갖고 3:2로 승리하는가 하면 같은 해 5월 5일 쿠바 올스타팀이 발티모어를 답방하여 경기를 갖고 12:6으로 승리하기도 했다. 한편 카스트로는 1990년대 이후 새로운 세계화의 조류 속에 절대적 국가통제권이 이제 보다 폭 넓은 외적 목적으로 제한을 받음으로써 과거의 다른 공산권 국가들처럼 국가주도의 일방적 '스포츠민족주의'만을 고집하지 않고 세계화와 공생하는 상호의존적 관계로 격상하지 않으면 안 되었다.[38]

결론으로 카스트로는 전체주의적 국가관리 운영체제로 스포츠를 국민통합과 정체성의 확립, 국위선양과 이데올로기선전(특히 소련·동유럽공산권몰락이전까지) 등을 위한 방법으로 정치화하였고 혁명정부산하 체육기관인 INDER를 통해 국민들에게 교육, 문화, 건강, 행복, 국방 그리고 새로운 사회발전을 위해 반드시 필요한 스포츠를 균등하게 널리 이용·참여하도록 여러 스포츠하부구조를 창설하고 그 참여폭을 넓혔으며 국가대표팀을 선발·육성하는 데 국가자원을 총동원했다. 카스트로정부는 단계적인 스포츠전문학교를 개설하고 최고의 엘리트선수로 발전할 수 있는 제도적 장치와 사회적 분위기를 조성하여 인구 1100만, GNP $186억의 작은 도서국가가 스포츠강국으로 부상할 수 있게 했다. 카스트로는 1990년대의 경제사회적 난국에도 불구하고 아래 표4-1에서 보듯이 쿠바가 1992바르셀로나올림픽에서 31개의 메달로 5위권에, 2000년 시드니올림픽에서는 29개의 메달로 상위권에 머물 게 하는 국가주도의 조직적인 엘리트스포츠정책에 기초한 스포츠민족주의의 화신(化身 incarnation)으로 자리매김했다. 1932년 8월 13일생의 카스트로가 언젠가는 사라지고 바로 턱 위에 있는 미국식 자본주의와 스포츠상업주의가 침투될 수 있을

---

38) Hoberman, J.(1993); 이대희, "세계화와 민족주의의 공존: 스포츠의 세계화를 통한 민족주의," 한국국제정치학회·한국프랑스국제정치학회, 스포츠의 정치사회학 (2002년도 추계학술회의, 10월 11일) pp. 3-14. 참고.

지 수년 후 쿠바의 장래가 궁금할 수밖에 없다.

표 4-1 쿠바의 국제경기 메달획득 수

SPORTS	Total	Gold	Silver	Bronze
Titles won in sports competitions				
Central American and Caribbean				
XV Games 1986	299	174	81	44
XVI Games 1990	322	180	90	52
XVII Games 1993	364	227	76	61
XVIII Games 1998	335	191	76	68
Pan American				
X Games 1987	174	75	52	47
XI Games 1991	264	139	62	63
XII Games 1995	238	112	67	59
XIII Games 1999	155	69	39	47
XIV Games 2003	152	72	41	39
Olympics				
XX Games 1972	8	3	1	4
XXI Games 1976	13	6	4	3
XXII Games 1980	20	8	7	5
XXV Games 1992	31	14	6	11
XXVI Games 1996	25	9	8	8
XXVII Games 2000	29	11	11	7

Note: Cuba did not take part in the 1984 and 1988 Olympics.

자료: http://www.cubagob.cu/ingeles/otras.info/one/sport.htm (검색일: 2008. 6. 28).

4. 전두환 前한국대통령

1979년 10 · 26 박정희(朴正熙)대통령의 시해사건과 1980년 5 · 18광주민중학살사건을 계기로 절대 권력의 정상에 올라선 전두환(全斗煥)대통령의 경우도 고향 대구 공고와 육사생도시절 축구선수로 활약한 전력으로 정치권력을 위해 스포츠를 최대한 이용했다.

'스포츠공화국대통령'이란 별명을 얻을 정도의 전두환 제5공화국 대통령은 1987년 6.10국민민주항쟁으로 권좌에서 물러날 때까지 숱한 정통성시비와 민주화요구를 차단하고 권력을 유지하기 위한 방편으로 86아시안게임과 88서울올림픽을 유치하고 국민체육진흥법을 개정하여 체육부를 신설하고 프로야구단을 창립하는 등 다양한 스포츠정책을 폈다.

전두환 국가보위상임위원장은 1980년 8월 27일 장충체육관에서 유신헌법에 의해 통일주체국민회의대의원 2525명이 참여한 간접선거에서 찬성 2524표, 99.9%의 득표율로 제11대 대통령에 당선되었다. 박정희 전 대통령의 총애를 받던 전두환 육군소장은 1979년 10월 26일 박정희 전 대통령이 피격되자 현역 보안사령관으로서 이 사건의 합동수사본부장직을 겸임하고 수사를 진행하면서 중앙정보부(KCIA)와 경찰, 검찰 그리고 군정보기관의 모든 정보와 인맥을 장악하였다. 나아가 그는 중정부장과 국가보위상임위원장을 차례로 맡으며 실질적 통치권자로 부상하면서 12 · 12친위쿠데타를 주도하고 1980년 5 · 18광주민주항쟁을 유혈진압하고 정권을 장악하여 소위 '제5공화국'의 군사독재정권을 수립하였다.

전두환 대통령은 국정의 4대지표로 "민주주의토착화, 복지

사회건설, 정의사회구현, 교육혁신과 문화창달"을 제시하고 '7년 단임제'의 헌법아래 평화적 정권교체를 약속했다. 그러나 전두환 제5공화국은 전임 박정희 군사독재정권의 연장으로 집권기간 내내 체제의 정통성(legitimacy of regime)시비와 민주화요구에 떠밀려 1987년 12월 18일 민의에 따라 대통령 선거를 실시하고 권좌에서 평화적(?)으로 물러났다.

그는 1980년 5월 18일 광주민주화운동 학살사건과 1983년 10월 9일 자신을 겨냥한 버마 아웅산 묘소 암살기도폭발사건, 1986년 대통령직선제개헌을 요구한 5·3인천사태, 1987년 1월 14일 서울대민주화운동의 박종철(朴種哲-21세)군의 물고문치사사건, 6월 9일 연세대 이한렬(李韓烈-20세)군의 민주화시위도중 최루탄피격사망사건, 그리고 다음 날의 6·10국민민주항쟁으로 이어지는 일련의 민주화요구와 정통성 시비로 권좌에서 물러날 때까지 이를 차단할 수 있는 도구가 절실히 필요했었다. 바로 이 도구는 스포츠를 이용한 스포츠의 정치화였다.

앞서 지적했듯 전두환 대통령은 대구공고와 육군사관학교시절 축구선수(육사골키퍼)로 활약했으며 야구나 다른 구기경기에도 선수 못지않은 기량으로 활동하던 스포츠 정치인이었다. 그러나 재임기간 그의 스포츠정책은 다른 독재자들과 마찬가지로 상명하복(上命下服)식의 일사불란(一絲不亂)한 지휘통솔의 방법으로 자신이 의도한 방향으로 정책을 입안하고 집행했다.

전두환 대통령은 자신의 선임자이자 후견인이었던 박정희 대통령의 엘리트스포츠정책을 바탕으로 강력한 국가개입주의의 스포츠정책을 폈다. 먼저 한국 군사독재의 첫 단추였던 1961년 박정희 육군 전 소장의 5·16군사쿠데타 정권은 태생적인 정권의 정통성 시비와 국제사회로부터의 인정과 국위선양 그리고 남북분단체제하의 체제경쟁과 자주국방 등을 목표로 스포츠의 정치화를 처음으로 시도했었다. 박정희 정권은 1962년 9월17일 국가재건최고회의에서 '국민체육진흥법'을 입법하여 "국민체육을 진흥하여 국민의 체력을 증진하고 건전한 정신을 함양하여 국민의 체력을 영위하게 함을 목적으로 한다."고 명시하고 총체적 국민체육의 하위개념으로 엘리트 스포츠정책을 위한 '경기체육'과 대중스포츠를 위한 '건민(健民)체육'으로 나뉘어 체육진흥을 위한 조치와 국민체육진흥기금, 대한체육회 등의 육성 등을 그 내용으로 하였다.[39] 나아가 동법시행령은 "체육진흥시책, 국민체육진흥심의위원회, 학교체육 및 사회체육의 진흥, 선수 및 체육지도자의 육성, 국민체육기금 등"을 규정하고 있다. 또한 국민체육진흥심의위원회는 국무총리직속기관으로 하고 국민체육, 학교체육, 체육기금, 체육시설, 운동용구 및 기타 체육진흥에 필요한 기본 스포츠정책을 심의하고 각 지방은 도지사직속의 지방 체육심의위원회를 두기로 했다. 특히 동법 제15조와 제20조는 엘리트 스포츠선수의 양성을 위한 선수들의 경기력향상 연금과 일시장려금을 지급하도록 명시하고 국민체육진흥을 위해 기부한 금액에 대해서는 조세감면의 혜택을 주도록 했다.

전두환 대통령은 박정희 전 정부의 스포츠정책의 골격인 국민체육진흥법과 체육진흥기금 등 기본정책을 전수(傳受)하고 이를 보완하여 법률개정과 보다 용이한 예산지원책을 마련하여 명실상부한 '스포츠공화국'체제에 돌입한 듯했다. 그는 우선 1986년 아시안게임과 1988년 서울올림픽을 유치(1981년

39) 곽형기 외, 한국체육사 (서울: 지식산업사, 1994), pp. 318-322.

9월 29일)하고 국민체육진흥법을 개정(1982년 12월 31일)하여 체육부를 신설하고 양대 국제스포츠경기에 대비한 체육진흥의 가속화와 국위선양을 새롭게 강조하면서 국가자원을 총동원하는 체육정책을 폈다. 전 대통령의 체육입국의 의지는 개정된 국민체육진흥법 제1조에 잘 표현되어 있다. "이 법은 국민체육을 진흥함으로써 국민의 체력을 증진하고 건전한 정신을 함양(涵養)하여 명랑한 국민생활을 영위하게 하며, 나아가 체육을 통하여 국위선양(國威宣揚)에 이바지함을 목적으로 한다."고 명시하고 있다.[40] 이 개정법은 특히 스포츠체육을 통한 국위선양에 역점을 두었다.

전두환 행정부는 개정된 국민체육진흥법에 따라 1982년 초 정부조직법을 개정하고 3월1일 체육진흥국, 체육과학국, 국제체육국 등 3개국으로 구성된 체육부를 발족하고 각 지방에도 독자적인 스포츠 업무를 전담하는 기구를 설치했으며 동시에 개정된 체육진흥법에 따라 또한 사회체육의 한 분야인 직장체육의 경우 종업원 100명 이상의 사업장은 반듯이 '직장체육진흥관리위원회'를 두도록 규정하여 직장체육을 진흥코자했다.

신설된 체육부의 초대 장관으로 임명된 노태우(盧泰愚) 전 육군소장은 취임 기자회견장에서 "86아시안게임, 88올림픽준비에 만전을 기하고 체육입국의 획기적 계기를 마련하기 위하여 체육부를 신설하게 되었다. ····이를 위해 앞으로 우수선수의 확보와 양성, 체육지도자의 양성, 체육의 과학화, 낙후된 체육시설의 확장, 대한체육회와 가맹경기단체의 조직 강화, 학교·사회·군 체육의 강화에 힘 쓸 것이다."라고 천명했다.[41] 이는

40) http://www.naver.com (검색일: 2008. 6. 17)

41) 정홍진, 5공의 체육정책공과 (서울: 동아일보사, 1993), p. 2.

곧 전두환 정권이 정권안보차원에서 스포츠정책을 추진하겠다는 의지를 표현한 것으로 양대 국제대회를 조직하고 엘리트스포츠를 체계적으로 육성하여 스포츠를 통해 국민 대중을 정치로부터 무관심하게 하는 탈정치화(depoliticization)를 목적으로 한 스포츠의 정치화(politicization of port)를 시도했던 좋은 사례였다.

1981년 11월 2일 전두환 정부는 86아시안게임과 88서울올림픽 업무를 주관하는 '서울올림픽조직위원회'(SLOOC)를 발족시키고 같은 군 출신의 죽마고우(竹馬故友), 노태우를 위원장에 임명하고 동시에 대한체육회, 올림픽위원회, 아시안게임조직위원회(SAGOC)위원장을 모두 맡겨 조직을 일원화하고 경기단체회장단의 임기를 체육회에 맞추어 1985년부터 1989년 초까지로 하여 2개 국제대회에 대처하도록 했다. 물론 다른 스포츠 하부조직에도 군 출신지도자들을 대거 임명·포진시켜 20여년의 군사문화를 이어가며 1985년 12월 비상상황에 대처하는 '긴급계획'(contingency plan)으로 '서울아시아경기대회 통합상황실' 을 설치함으로써 모든 국가기관과 사회단체들이 마치 전투를 치르는 군조직의 상명하복의 일사불란한 체계로 총력전을 치르는 국가주도의 스포츠정책을 폈다.

한편 전두환 대통령은 정권유지를 위한 정통성확보와 국민통합 그리고 대외홍보차원에서 스포츠미디어를 동원했다. 1969년에 창간된 '일간스포츠'의 독점구조를 복수경쟁구조로 바꾸기 위해 관보(官報) 서울신문에 부설 '스포츠서울'을 창간시켜 앞서 지적한 스포츠의 비합리적 상징성을 이용하여 정치사회적 담론을 스포츠 담론으로 홍보·전환시킴으로써 정치적 불만을 무력화·무관심으로 유도하려했다. 이는 곧 스포츠에 내재한 기성의 권위에 대한 존경과 상사에 대한 복종, 성취윤리, 그리고 일종의 의무감 등 자본주의의 보수적 가치를 직·간접적으로 교화(indocrination) 및 사회화(socialization) 시키면서 정권을 유지하려했다. 또한 컬러TV의 이용은 1950년대 흑백TV의 대중화에 힘입어 스포츠세계에 혁명적 변화를 가져오면서 전 세계의 정치인들과 여러 정치제도에 커다란 영향력을 발휘했듯이 컬러TV의 새로운 등장은 전두환 군사독재정권에게 스포츠와 스크린을 통한 국민들의 정치사회적 불만을 어느 정도 잠재우거나 해소시키며 정치안정을 도모하는 도구로서 큰 역할을 했던 것으로 알려졌다.

전두환 대통령은 양대 국제경기대회에 대비한 엘리트스포츠의 확보와 육성을 위해 스포츠 특기자나 금메달리스트에게 병역을 면제하는 '병역특례법'이나 이들에 대한 포상과 '체육인연금제도' 등 특별법을 제정하고 과학적인 국가대표팀의 체력관리와 기량향상을 위하여 태릉에 대한체육회 산하 '스포츠과학연구소'를 설치하는가 하면 각 대학에 부설 체육연구소를 설립하여 스포츠를 보다 과학적으로 접근 연구할 수 있도록 했다.[42]

전두환 정부는 이러한 정책목표를 현실화하기 위해 체육예산의 확대가 필요했으며 표 4-1에서 나타나듯 해당연도별 정부예산계정이 이를 잘 증명해주고 있다. 체육부가 발족한 1982년의 체육예산은 이전 전체예산의 0.1%로부터 83년 이후 0.2-0.3%까지 급격하게 증가하였다.

앞서 지적했듯이 전두환 정부의 스포츠정책의 핵심은 1980년 5월 광주민주화운동의 학살사건부터 시작된 국민들의 민주

---

42) 체육부, 체육한국 (서울: 체육부, 1986), p. 45.

화요구와 정권의 정통성시비 로 상처받은 자신의 가장 아픈 '정치적 아킬레스건'(腱 political achilles heel)을 치유하기 위하여 1986아시안게임과 1988올림픽게임으로 국민들의 관심을 유도하여 전국을 스포츠열풍으로 몰아가려던 일차적 목적에서 출발한 점으로 비추어 체육예산의 증가분은 당연히 이 양대 국제행사를 위한 시설투자와 선수육성에 대부분 사용될 수밖에 없었다. 반면에 대중스포츠를 위한 사회체육의 '건민체육'에 대한 투자는 아주 미미하여 1985년의 경우 그 예산은 불과 체육부 예산의 0.1%에 불과했다.

표 4-1. 1977-1987 연도별 체육부예산

(단위: 억원)

연 도	일반회계예산	체육예산	비 율	대통령
1975	15,375	21	0.14	박정희
1976	21,425	23	0.11	
1977	27,406	35	0.13	
1978	35,398	75	0.21	
1979	52,137	86	0.16	
1980	64,668	109	0.17	최규하
1981	80,400	99	0.12	전두환
1982	93,137	123	0.13	
1983	104,167	244	0.23	
1984	111,729	332	0.29	
1985	125,325	444	0.35	
1986	138,005	385	0.28	
1987	160,596	433	0.27	

자료: 재정경제부(1975-1999), 예산개요 및 결산자료.

한편 전두환 대통령은 '국민체육진흥법'에 의거하여 별도의 체육기금을 마련하였다. 정부출연금이나 경기장입장료 부가모금 그리고 담뱃갑 광고수익 등 사업으로 마련한 기금은 주로 국제대회메달리스트들과 경기지도자들의 복지향상을 위한 국민주택분양이나 연금지급으로 경기향상과 국위선양을 위한 인센티브(incentive)와 보조금(subsidiary)으로 사용되었다.

전두환 정권의 엘리트스포츠정책에 떠밀린 사회체육정책은 그 불균형성에도 불구하고 학교체육시설확충과 지방체육시설의 기초를 다지기 위해 모든 시 · 군에 1개운동장, 1개체육관, 1개수영장 확보를 위한 정책목표를 세우기도 했다.[43] 동시에 전국체전시설, 소년체전 및 동계경기시설 등 총 139개소에 1,250억 원의 예산집행으로 1991년까지 전국 시 · 군 운동장의 59%, 체육관의 51%를 확충하도록 했다. 나아가 전국에 13개 국민경기종목을 보급하고 직장체육진흥을 위해 매년 2회 이상의 체육대회 개최와 '체육주간' 및 '체육의 날' 행사를 갖도록 법으로 규정하고 권장했다. 그러나 이러한 전 대통령의 사회체육정책은 엘리트스포츠정책의 비대칭적인 집중지원과 강제성으로 변방의 소외지대로 그대로 남겨졌었다.

결론으로 전두환 대통령은 다른 정치인들처럼 자신의 정치목적을 위해 스포츠를 이용했으나 그 방법은 군사독재로 1961년 박정희소장의 쿠데타 이후 형성된 장기간에 걸친 군사문화의 전형(典型)으로서 군 전략차원에서 정책을 입안하고 수행하는 일사불란한 명령하달방식이었다. 전 대통령은 80년 광주학살사건에서 탄생한 무자비한 군사독재정권에 대한 국민들의 정통성 시비와 민주자유화요구, 그리고 국제사회로부터의 정

43) 문화체육부, 문화체육공보연감 (서울: 문화체육부, 1997), p. 142.

권인정과 국위선양 등 정권안보차원에서 스포츠를 정치화했으며 평화적 7년 단임의 헌법을 간신히 지켜냈다. 한편 역설적으로 그의 스포츠정책은 국외적으로 한국 스포츠가 세계화의 첫 거보를 내딛고 국내적으로 스포츠시설 확충과 프로스포츠의 활성화, 그리고 스포츠 미디어의 확대 등으로 스포츠를 대중화하여 사회스포츠를 육성하는 계기를 만들어 이른바 '스포츠공화국'의 기수로 한국 스포츠역사 뿐만 아니라 한국 정치사의 연대기(chronicle)에 길이 기록될 수 있다.

참 고 문 헌

곽형기 외, 한국체육사 (서울: 지식산업사, 1994)
문화체육부, 문화체육공보연감 (서울: 문화체육부, 1997)
이대희, "세계화와 민족주의의 공존: 스포츠의 세계화를 통한 민족주의," 한국국제정치학회 · 한국프랑스국제정치학회, 스포츠의 정치사회학 (2002년도 추계학술회의, 10월 11일)
정홍진, 5공의 체육정책공과 (서울: 동아일보사, 1993)
체육부, 체육한국 (서울: 체육부, 1986)

Alan Tomlinson and Garry Whannel, ed., Five Ring Circus (Pluto Press, 1984)
BBC, "Cuba, Sport and Revolution" (1977, August 16)
BBC, "Castro: Profile of the great survivor" (2008. 2, 19, 08:02 GMT)
Castro Fidel, Speech to Athletes (1962, 8. 9, Governmental Official Record)
Coghlan, J., The Reduction of Current Disparities between Developed and Developing Countries in the Field of Sport and Physical Education (Paris: International Council for Sports Science and Physical Education for United Nations Educational Scientific and Cultural Organization, 1986)
Dennis Kavanagh, The Thatcherism and British Politics (Oxford: Oxford University Press, 1987)
Griffiths, J and Griffiths, P., Cuba: The Second Decade (London: Writers and Readers Books, 1979)
Hampson, L., Socialism and the Aims of Physical Education in Cuba, Physical Education Review, 3-1(1980)
Jay Coakley, Sport in Society: Issuses and Controversies (Times Mirror/Mosby Col. Publishing, 1990)
Lou Cannon, President Reagan: The Role of a Lifetime (Simon and Schuster, 1999)
Neil McFarlane, Sport and Politics (Collins/Willow, 1986)
New York Times, "Castro Whirl" 1959 April 26
Paul Erikson, Reagan Speaks (New York University Press, 1985)
Pickering R., "Sport in Cuba," Riordan J., ed., Sport Under

Communism (London: Hurst, 1980)
Terry Monnington, "Politicians and Sport: Uses and Abuses," in Lincoln Allison, ed., The Changing Politics of Sport (Manchester: Manchester University Press, 1993)

찾 아 보 기

(ㄱ)

(ㄴ)

(ㄷ)

(ㄹ)

(ㅁ)

(ㅂ)

(ㅅ)

(ㅇ)

(ㅈ)

(ㅊ)

(ㅋ)

(ㅌ)

(ㅍ)

(ㅎ)

(A~Z)

(1~10)

양동주(梁東柱)

- 경희대학교 정치외교학과 졸업
- 뉴욕대학교 대학원 정치학 석 · 박사
- 뉴욕대학교 강사
- 한국외국어대학교 대학원 객원교수
- (사단) 북태평양문제연구소 소장
- 경희대학교 대학원 객원교수
- **저서** : 「*The North Pacific As An Emerging Arena of Conflict and Cooperation*」, 「*20世紀 世界와 韓國*」 외 다수

스포츠 정치학

2010년 11월 20일 초판인쇄	• 저 자 양 동 주
2010년 11월 25일 초판발행	• 발행인 최 국 주
	• 발행처 동 명 사

경기도 파주시 교하읍 문발리 535-10 파주출판단지 30블록 4롯트
전 화 : 031) 955-7200(代), 955-7201~4, 7203 (편집부)
팩시밀리 : 031) 955-7205
출판등록 : 1950년 11월 1일(제1-76호)
E-mail : dms723@chol.com
홈페이지 : www.dmsbook.com

정가 16,000원

ISBN 978-89-411-7112-6 93340